城市研究系列

Urban Studies

城市研究系列

主　　编　周　宪　[加]罗伯·希尔兹

项目总监　王瑞书

项目执行　任　晖

NEW STATE SPACES

新国家空间

城市治理与国家形态的尺度重构

URBAN GOVERNANCE AND THE RESCALING OF STATEHOOD

【美】尼尔·博任纳（Neil Brenner） 著
王晓阳 译

江蘇鳳凰教育出版社
Phoenix Education Publishing, Ltd

图书在版编目(CIP)数据

新国家空间：城市治理与国家形态的尺度重构 / (美) 尼尔·博任纳著；王晓阳译.—南京：江苏凤凰教育出版社，2020.5

ISBN 978-7-5499-8688-0

Ⅰ.①新… Ⅱ.①尼… ②王… Ⅲ.①城市管理一研究一世界 Ⅳ.①F299.1

中国版本图书馆 CIP 数据核字(2020)第 110200 号

NEW STATE SPACES: URBAN GOVERNANCE AND THE RESCALING OF STATEHOOD, FIRST EDITION
9780199270064

书　　名 新国家空间：城市治理与国家形态的尺度重构
作　　者 [美] 尼尔·博任纳(Neil Brenner)
译　　者 王晓阳
责任编辑 任　晖　杨赤民
出版发行 凤凰出版传媒股份有限公司
江苏凤凰教育出版社(南京市湖南路 1 号 A 楼　邮编 210009)
苏教网址 http://www.1088.com.cn
照　　排 南京紫藤制版印务中心
印　　刷 江苏凤凰通达印刷有限公司(电话 025-57572508)
厂　　址 南京市六合区冶山镇(邮编 211523)
开　　本 787 毫米×1092 毫米　1/16
印　　张 26.25
版　　次 2020 年 7 月第 1 版
印　　次 2020 年 7 月第 1 次印刷
书　　号 ISBN 978-7-5499-8688-0
定　　价 80.00 元
网店地址 http://jsfhjycbs.tmall.com
公 众 号 苏教服务(微信号:jsfhjyfw)
邮购电话 025-85406265，025-85400774，短信 02585420909
盗版举报 025-83658579

出版说明

城市研究领域很深广，涉及多学科内容。经济、政治、文化、环境、资源、规划、可持续发展等主题，都与城市有关。这些主题大致涵盖了实体的物质空间和抽象的文化空间，也许在一定程度上与当代生活有关的问题大多是城市问题。

“城市研究系列”即是对中国城市化进程中可能遭遇的各种问题在理论上的一种回应。“系列”以经典性与前沿性为导向，理论研究与实证研究并重。在内容方面重点关注与城市主题有关的经典性著作、各学术流派的代表作、当代前沿问题研究、城市研究新理论、城市文化现象与发展方向的探讨等。这些内容不仅追溯了城市发展的历史进程中诸多富有影响力的节点，也契合了当前社会的热点和趋势。

“城市研究系列”既重视国外先进的城市研究著作的引入，也重视国内城市研究领域中优秀的原创著作的出版。我国的城市研究起步较晚，引入国外先进的学术理论，其目的是丰富我们认识城市的路径，建立更加科学的观照体系，从而形成并完善我们本土的城市理论系统建构。

作为中国城市化进程的目击者、参与者、解释者、引领者，我们有责任告诉世界这个历史悠久的农业大国在这一巨大的城市化转型中所发生的一切。而城市本身所具有的多样性与复杂性，也值得我们去探究，去呈现，去引领。

我们期待“城市研究系列”这一高水准的中外城市理论研究出版平台所带来的新角度和新方法，所开启的新视野，所探讨的新问题，能为我国新型的城市化进程提供充分的学术支持。

江苏凤凰教育出版社

目　录

专栏目录

图表目录

前 言

本书代表了我自 20 世纪 90 年代中期以来理论和实证研究的集成。在芝加哥大学攻读政治学博士期间，我发现国家理论家、比较政治经济学家和政治社会学家对领域性、空间性和尺度在现代政治生活中的作用漠不关心，这让我感到沮丧。1991 年，亨利·列斐伏尔（Henri Lefebvre）的《空间的生产》（*The Production of Space*）被翻译成英文，使我将国家视为一种“空间架构”，并激励我进一步探究现代资本主义背景下国家权力的地理。随后我进一步研读了列斐伏尔四卷未翻译的作品《国家》（*De l'État*）（1976—1978 年）。在第四卷《空间与国家》（Space and the State）中，列斐伏尔对“国家空间”进行了刺激但又吊人胃口的不完整分析。在阅读这样的杰作的时候，我意识到已经开始了一段知识之旅，并且未来的一段时间内会让我全神贯注。1995—1996 年，在加州大学洛杉矶分校地理系学习的机会使我能够探索批判性社会空间理论、政治经济地理学和城市研究的前沿，并为我打下了坚实的基础，以实现用空间化的方法研究当代国家的目标。通过更加彻底地领会批判的地理政治经济学，对将这个非常有活力的研究领域的一些见解引入“忽视地理”的社会科学的可能性，我感到兴奋。1996 年夏天，我回到芝加哥，开始勾勒博士论文的轮廓。

在加州大学洛杉矶分校学习期间，我完成了一篇关于西欧地区全球城市-区域城市治理重构的研究论文，该论文批判了全球城市研究学者认为在当代条件下国家的作用呈下降趋势的假设。在批判这种假设的前提下，我试图证明西欧国家在全球城市形成进程中发挥了关键作用，并且在这个进程中国家的角色在功能和地理上都随之发生了转变。离开洛杉矶后，我仍旧确信全球化的城市-区域将为更系统地研究这种国家形态的变革提供有趣的样本。我对全球城市形成与国家空间重构在不同国家和本地背景下互相影响的比较特别感兴趣。我选择了欧洲两大主要的二线全球城市-区域法兰克福和阿姆斯特丹，作为合适的田野调查对象。一年后，亚历山大·冯·洪堡基金会的论文奖学金和社会科学研究委员会使我能够进行这样的调查。20 世纪 90 年代后半期，关于大都市体制改革的争论已经开始在这些城市-区域爆发。虽然法兰克福建立一个“区域县”(regional county)和阿姆斯特丹建立一个“城市省”(city province)的努力最终失败了，但是我发现在本地、区域和国家监管结构的重大变化上，都市治理斗争是一种重要的表达和媒介。在这两个城市-区域，从各种意识形态的视角，国家空间结构的变化被证明是合理的。这些变化作为增加地方和区域嵌入的社会经济资产的手段，从而在一体化的欧洲经济中吸引流动的外部资本投资。而且，在这两个城市-区域，大都市制度改革的主要战略，无论是新自由主义还是社会民主主义，都是以显著的集约化、经济发展政策本地化的形式和“城市企业家精神”为前提的。我的论文投入了大量的精力比较非常不同的制度秩序、监管安排和政治联盟，这些政治联盟在国家、区域和本地尺度上突出了德国和荷兰的资本主义。然而，一个最让人惊讶的结论是，在 20 世纪 90 年代，国家尺度重构和城市治理重构的广泛类似的过程正在德国和荷兰全球一体化程度最高的城市-区域展开。这个研究让我思考在欧洲其他国家或者欧洲以外的城市-区域是否正经历相似的国家形态和城市治理转型的现象。1999 年夏天，我完成了博士论文，然后搬迁到纽约大学，在社会学系和大都市研究项目找到了一个新的(跨)学科基地。

我最初打算通过对法兰克福和阿姆斯特丹的案例研究，以比较性质的、专著的形式探讨关于全球城市形成、城市治理和国家尺度重构。然而，当回到手稿的时候，我不断地想要更多抽象层面的研究，追求对当代国家空间尺度重构进程和相关转型的额外理论见解。与此同时，随着对欧洲局势的认识不断扩展，我越来越相信在德国和荷兰的城市-区域观察到的国家尺度重构和城市治理重构的进程，事实上并不是独一无二的，而是遍及整个西欧的城市系统，以背景下特定的形式呈现出惊人的相似性。因此，写一本新书的想法开始在我的脑海中浮现——本书试图系统地针对国家尺度重构研究建立恰当的理论范畴，同时描绘过去三十年里，在西欧主要城市-区域出现的国家空间重构的普遍类型。与鲍勃·杰索普、罗杰·凯尔和尼克·西奥多的讨论，使我确信这样一本书是可行的，甚至可能是有价值的，尽管他们对最终结果不负任何责任。为此，我搁置了对法兰克福和阿姆斯特丹的案例研究，开始新的研究项目。

2000—2001 学年间，哈佛大学欧洲研究中心的詹姆斯·布莱恩特·科南特奖学金为我提供了必要的时间和空间，加上一个真正优秀的图书馆设施，我在哈佛开始了此书的写作。哈佛大学图书馆的庞大资源让我受益匪浅，我可以更详细地探索战后英国、法国、德国、意大利和荷兰等西欧国家的空间重构和城市政策变化轨迹。我在哈佛大学的一年，也使我能够更系统地面对把我最喜欢的国家理论形成中的两个关键见解——亨利·列斐伏尔《国家》第四卷中关于“空间和国家”的章节以及鲍勃·杰索普的国家城市理论——结合起来的挑战。感谢纽约大学艺术与科学学院的戈达德学院奖学金，让我在2002年夏季和秋季期间撰写此书取得了相当大的进展。其余部分在2003年的夏季和秋季完成。

因此，本书汇集了大约八年来我对国家理论、国家尺度重构和西欧城市治理结构重构的研究。虽然其中一些论点的初始表述在新世纪前后以各种方式发表在期刊上或合辑中，但为了此书，这些观点已经被完全重新修正进而被纳入此书综合的理论和实证框架中。第二章的早期版本已在其他地方发表，但也已经过修改和扩展，以便纳入此书。

本书旨在作为对20世纪70年代初全球经济衰退以来旧的资本主义世界各种已经形成的国家尺度重构的不同路径的长期比较研究的第一部分。虽然本书专门用于国家尺度重构过程的理论化和阐明泛欧洲的趋势，但仍有许多工作要做，其目的是破译和解释西欧内部和西欧之外不同的国家、区域和本地背景下国家的尺度重构进程所具有的背景化的特定形式。本书中构建的理论框架和宏观历史视角旨在为这种变异发现比较研究打下基础。

从我对他们作品的大量引用中可以看出，亨利·列斐伏尔、鲍勃·杰索普和埃里克·斯温格杜对我的学术研究影响很大。这些作者关于国家空间性、国家重组和重组进程的思考，为我的研究提供了很多理论上的启发。自20世纪90年代中期我开始致力于城市政治经济和国家理论研究以来，马吉特·梅尔和罗杰·凯尔对我不断发展的研究议程提供了宝贵的批判性反馈；他们的指导、鼓励和友谊帮助我在这个项目的长期酝酿期间保持了自己的势头。最近，我感到非常幸运，能与鲍勃·杰索普、马丁·琼斯、戈登·麦克劳德和尼克·西奥多保持学术上的伙伴关系。我与这些非常有创造力、勤奋和敬业的学者合作形成了一种学术和个人经历，事实证明这对我承担和完成此书的工作是至关重要的。另外还有一些不为人知的事情，有许多朋友和同事在我写书的过程中帮助我解决各种理论和实证问题。为此，衷心感谢鲍勃·博雷格、朱莉·安妮·鲍德劳、尼桑·乔里夫、朱尔根·埃斯莱茨比克勒、杰米·高夫、史蒂夫·格雷厄姆、苏珊娜·海格、安德里亚·卡恩、斯特凡·基普弗、安德鲁·柯比、斯特凡·克拉特克、赫尔加·莱特纳、彼得·马尔库塞、安迪·梅里菲尔德、哈维·莫洛奇、肖恩·奥里亚因、安西·帕西、杰米·佩克、艾伦·普里德、马克·珀塞尔、克劳斯·朗内贝格、萨斯基娅·萨森、内森·赛尔、克里斯蒂安·施密德、杰西卡·苏厄尔、比尔·斯泰尔斯、尼尔·史密斯、恩盖·林森、彼得·特霍斯特、迪克·沃克、丹尼·沃科维茨和凯文·沃德。

在曲折的研究生学习期间，我很荣幸与一些慷慨而且聪明绝顶的学者合作——包括加州大学洛杉矶分校的尼克·恩特里金、约翰·弗里德曼、艾伦·斯科特和爱德华·苏贾；还有芝加哥大学的加里·赫里格尔、莫伊·波斯顿、比尔·苏厄尔和乔治·斯坦梅茨——他们每个人都应得到我最温暖、最诚挚的谢意。我亏欠以前的论文主席比尔·斯维尔很多，他在学术上和生活上都对我帮助很大。自从十年前第一次见到他以来，他一直是一个坚定的倡导者，一个很棒的有建设性的批评家，也是一贯可靠的顾问。此外，在我不计其数的写作中，通过他尴尬频繁的标注法可以看出，他仍然是一个清晰行文的坚定捍卫者。尽管我对他的好意经常抵触，尽管我怀疑现在的文本能否达到他要求的高度标准，我只能希望比尔对我的思考和写作的影响力在此书中会有明显的体现。

自 1999 年秋季以来，我有幸在纽约大学社会学系工作，系里给我的研究和教学提供了一个支持、包容并富启发性的知识环境。纽约大学的大都会研究课程是一个令人兴奋的后学科空间，非常感谢不知疲倦的同事们带给我无穷尽的能量、热情和日常的快乐。我特别感谢 2002 年春天纽约大学社会学系的“国家/空间”研究生研讨会上的参加者，他们对我的国家理论的许多观点进行了热烈的批判。我还要感谢在多伦多约克大学政治科学系（2002 年 11 月）和罗格斯大学地理系（2003 年 2 月）举办的座谈会上的参与者，他们对本书中提出的一些论点表现出尖锐的批判性的反应。

特别值得感谢的是尼特桑·乔里夫、鲍勃·杰索普、埃里克·克林伯格、安迪·梅里菲尔德、内森·赛尔和尼克·西奥多，他们在较短的时间内尽职尽责并仔细地阅读本书的终稿。他们详细的建议、质疑和批评对我在 2004 年初冬的最后一轮修订起到了指引作用。我热切期待有机会回报他们的慷慨。当然，对最终文本中所有剩余的事实或者解释性错误和其他的局限性我将承担全部责任。

在成书的过程中，与牛津大学出版社的安尼·阿什比合作真的很高兴。他是一名乐于助人的、耐心的、可靠的编辑。牛津大学出版社的设计经理保罗·克莱尔同样值得我衷心感谢，他对本书中许多笨拙死板的图表格式进行了修订。真挚地感谢纽约大学数字工作室的理查德·马莱尼扎，他专业地耐心地扫描书中的地图；还有摩根·乔内斯和马修·墨菲，在我工作的各个阶段提供了研究帮助。

我花了不少时间才融入纽约的生活。为了防止我误入歧途，许多人帮我尽快融入纽约。我深深地感谢尼桑·乔里夫、彼得·多德、道格·古思里、科琳娜·霍克斯、安德里亚·卡恩、安迪·梅里菲尔德、邓肯·沃茨和利兹·沃克曼。此外，还有一些真正的朋友和伙伴——包括安东尼奥·贝利萨里奥、杰里米·本迪克·凯默、斯蒂芬·科利尔、莫伊拉·伊根、朱尔根·埃斯莱茨比克勒、泰德·哈姆、霍华德·哈林顿、露丝·霍洛维茨、埃里克·克林伯格、史蒂夫·蒙特、塔拉·墨菲、埃桑·罗德尼、内森·赛耶、约翰·肖夫林、吉布里尔·西纳约科、桑德拉·史密斯和凯特琳·扎鲁姆——贡献了良好的氛围，帮助我在写作之外保持生活中的平衡。自行车精灵克里斯·格里芬值得特别感谢，他鼓励我勇往直前并加快步伐。最后，但是同样重要，我毫不吝惜地感谢萨拉·纳达尔的奉献，她与我分享如此多的日常生活。她年轻的搭档露拉·马提尼帮助我在完成本书的最后过程中，保持专注和好心情。

在纽约之外，我要感谢我的祖母西尔维娅·布鲁克带来的灵感和鼓励。我将永远感激曼努·戈斯瓦米，多年来，通过爱、陪伴和笑声，她在生活和工作中支撑着我。最深切地谢谢我的兄弟姐妹——克莱顿和迈克尔、吉尔和特蕾西——记得不要太拿我当回事，以及我的侄子约拿，给我的世界带来更多的光明，虽然相距甚远。我把本书献给了最杰出的父母龙尼·博任纳和桑迪·博任纳。他们无条件的爱和支持，帮助我经历疯狂与曲折的生活，以比他们所知道的更多的方式支撑着我。

尼尔·博任纳

2004 年 1 月，纽约布鲁克林

第一章　简介：城市、国家和“空间的爆炸”

> 我们发现自己面临着一个不寻常的、很少被注意到的现象：空间的爆炸。资本主义和国家都不能维持它们所产生的混乱的、矛盾的空间……
>
> 亨利·列斐伏尔(1979:290)

本书试图解读当代资本主义背景下的国家转型。近几十年来，这个话题吸引了相当多的学术注意力：全球化理论家、国际政治经济学家、政治社会学家和其他当代政治专业的学者；从全球化的支持者(Ohmae 1995)到反全球化的批评者(Hardt and Negri 2001;Strange 1996)。由于所谓的无国界，政治力量无法控制的全球经济一体化，许多学者预言国家政权即将灭亡。然而，在过去十年里，政治-经济研究提出了用来反驳的观点。在当代地理经济条件下，国家正在发生质的变化，而不是被瓦解。[①] 在这些新兴的跨

① 过去十年，在当代全球化条件下关于国家重构的文献发展迅速。代表作包括 Agnew and Corbridge 1994; R.Cox 1987;Evans 1997;Gill 1995;Helleiner 1994;Jessop 2002;

学科文献中，学者们探索了国家权力的多样化竞技场、政策形成和社会政治斗争的各种方式，这些方式正在被重新定义以应对全球和国内的压力。这些广泛的转变催生了新的国家形态，呈现出各种特征：竞争型国家、工作福利制国家、国际化国家、催化国家、网络国家、后福特主义国家、后国家形态，或者更广义地说，后凯恩斯主义国家。①

尽管最近“变革主义”的方法对当代国家研究提供了有价值的理论和实证见解，但它们总是过度地关注两个地理尺度：国家和超国家。例如，除了其他制度变迁外，当代研究国家重组的学者，还关注凯恩斯主义福利国家的危机与重组、国家政策体系的日益国际化、巩固新的超国家制度安排，以及与地缘经济一体化相关的国家权力带来的种种可能的挑战。在这样的研究背景下，本书旨在通过调查城市-区域在当代国家制度和空间重组中作为关键地点的主要角色，来扩大深化当代国家理论的地理想象。与把城市和城市-区域作为国家行政体系的一部分不同，我暗示城市政策——包括所有面向资本主义城市化监管的国家活动——通过正在产生深远影响的国家制度和地理转型，已经成为一种必不可少的政治机制。我的主张不仅是城市治理的制度基础正在被重新定义，而更普遍的是，城市政策的转变从 20 世纪 70 年代早期对国家进行根本性改造时就已经开始。关于国家理论的地理调和与尺度敏感的方法是为了破译当代资本主义背景下正在产生的新国家空间。

McMichael 1996; O'Riain2000; Panitch 1994; Sassen 1996; Wade 1996 and Weiss 2003。对国家衰落论点及其相关认识论假设的研究将在第二章中详尽论述。

① 这些标签在当代跨学科的国家重组文献中被广泛使用。可参考其他文献来源：Ansell 2000; Boyer and Drache 1996; Hirsch 1995; Cerny 1995; R. Cox 1987; Evans 1997; Jessop 1999a, b; Keil 1998a; Peck 2001a, b; Scholte 1997; Weiss 1998; Whitfield 2001。

这一分析的核心是关注过去三十年西欧国家城市治理和国家空间政策的一个主要的重新调整。在 20 世纪 60 年代，大多数西欧国家通过它们的领域建立了相对统一、标准化的行政结构；并启动再分配空间政策，旨在推动城市工业增长溢出到不发达的边缘地区，以缓解国家内部领域的不平等。空间凯恩斯主义（Martin and Sunley 1997）一直延续到 20 世纪 70 年代，但随着政策制定者越来越多地关注城市工业衰退、福利国家的挑战紧缩、欧洲一体化和经济全球化，在后来的十年里空间凯恩斯主义被广泛废弃。随后，哈维（Harvey 1989a）经典地总结了这个转型的特征：面向企业家的城市治理；针对城市与区域政策，国家、区域和地方政府启动新的、面向增长的方法；通过自下而上而不是自上而下的项目努力推动经济发展。从 20 世纪 80 年代初开始引入新的后凯恩斯主义空间政策，旨在重新集中生产能力和专业化、高性能的基础设施投资于境内最具全球竞争力的城市-区域。同时，主要城市-区域都配备针对特定地点的国家行政管理形式和特殊用途的定制化的监管安排，并越来越被视为重要的制度基础，用于提升全球竞争优势，吸引流动资本投资。这些调整带来了高度分化的国家政治-经济地理，主要特征为新自由主义言论的传播，强调市场驱动的增长、灵活性和区位竞争力；城市-区域之间的空间竞争的加剧；随着国家政治空间在独特的城市和区域经济之间的差异化，每个经济体都有自己独特的、地方性的经济概况，以及基础设施配置、制度安排和发展轨迹。因此，战后的国家领域均等化和社会空间再分配项目已被全新的中央、区域和地方政府战略所取代，这些战略将主要城市经济体最优化地置于全球和超国家的资本循环之内。

本书的中心议程之一是追踪这一城市政策的根本性重述，并探讨其对 20 世纪 70 年代后西欧国家形态的多方面影响。首先，我认为城市-区域已经成为一个关键的制度场所，在这里，国家权力的大规模尺度重构已经展开。在过去二十年中，国家针对本地和区域经济（再）发展战略的集约化目标并未在固定的制度框架内发生，而是通过国家尺度架构的根本性转变来实现的，并进而加速了城市-区域发展。随着国家制度结构和国家监管活动新的尺度等级的建立，长期以来根深蒂固的国家尺度主导的政治经济监管已不稳定。在这些重新调整的国家权力配置中，为了增强地方经济增长能力而进行的各种深远的体制改革和政策调整，主要的城市-区域已经成为重要地理目标。因此，国家尺度向下重构的过程（将监管任务权力下放或去中心化到地方行政层级，再加上对地方制度结构的重组）对于当代政治空间的重塑，与国际政治经济学家详细研究过的国家尺度向上重构的形式一样（Gill 1998a，b；Mittelman 2000）。第二，我认为即使国家尺度在政治经济生活中的首位度下滑，国家机构在制定、实施、协调和监督城市政策倡议中仍然继续发挥关键作用。从这个角度来看，空间凯恩斯主义的侵蚀并未产生单向化的欧洲化、去中心化、区域化或本地化，其中单一尺度（无论是欧洲的、区域的还是地方的）取代国家尺度，成为政治经济协调首要层次的现象并没有发生。相反，我们看到，通过作为一个整体的国家机器，一旦处于超国家、国家、区域和城市尺度的状态，尺度的等级和尺度之间的关系就会被广泛地重新校准。正如佩克（Peck 2002：332）所解释的，“不断扩展的[国家权力]功能，例如与福利国家相关的功能，并不是简单地被转移，而是通过尺度重构正在进行质的转变”。因此，与预测国家形态线性下降的分析相比（无论是通过加强超国家的机构集团，还是由于国家监管能力的区域化或本地化），本书强调了空间重组的国家体制在所有地理尺度上作为政治和经济结构调整的主要“动画师”和“调节员”

的持续重要性。如本文所述,国家尺度重构的概念,旨在描述当代资本主义背景下国家形态的转变形式,而不是暗示其侵蚀、枯竭或消亡。

在文体上我尽量减少提及"the state",作为一个单数名词,国家的单一概念误导性地意味着,根据定义的必要性,有关制度在单一(国家)地理尺度内趋同,并服从于单一(国家)的政治中心。尽管地方政府、区域政府和中央政府的概念仍然适用于在多尺度体制层级中引用特定级别的国家权力,但我相信国家的普适性概念已变得越来越成问题。在我看来,国家形态的概念似乎是描述现代政治制度更精确的基础,因为它在逻辑上并未预先判断国家尺度组织的结构、国家集权水平或国家机构之间的制度同构程度。[①]尽管我们看到在整个 20 世纪的大部分时间里,建立中央集权、全国性的国家权力等级的政治策略确实发挥了关键作用,但随着一个多中心、多尺度和非同构的国家形态的创建,这些政治策略已经被广泛取代,这就需要新的概念性词汇表才能超越从威斯特伐利亚地缘政治时代继承来的关于国家空间和体制结构的一些根深蒂固的假设(Agnew 1994;Ruggie 1993)。在接下来的各章中,我试图通过开发和部署明确的历史化、空间化和尺度敏感的方法进行"国家形态"的生产和转型,来系统地应对这一任务。

从尺度问题到尺度的新政治经济

世界历史的大潮不仅取决于大国的兴衰或流动的社会团

① "国家形态"一词通常用来表示反殖民主义、分裂主义或民族自由主义者的目的,如在争取巴勒斯坦、库尔德或克什米尔国家形态的斗争中。相比之下,在本书中,"国家形态"一词的理解更为直截了当,感觉上很像德国术语 *Staatlichkeit*,意思是独特的社会群体体现在国家机构中并通过国家机构表达的关系。第三章详尽阐述了这一概念。

体之间的连环斗争，还取决于政治空间的属性，无论其弱化、加强还是改制为更大或更小的指挥单位。

查尔斯·梅尔（2000：809）

我的出发点是主张历史上根深蒂固的主权国家领域形式正在被系统性地揭开，而且在所有空间尺度上，重新组织资本主义制度地理的各种社会政治斗争都在扩散。法国社会理论家亨利·列斐伏尔（1979：290）在20世纪70年代后期撰写的书中生动地描述了这种情况，并称之为“空间爆炸”。工业化、国家权力、城市化和日常生活等业已建立的地理格局正在被彻底破坏和重新编织。从那个时期开始，随着全球化、新自由化和城市化资本主义的转变，这些趋势愈演愈烈（Brenner and Theodore 2002a）。在整个社会科学中，这些转变的起源、轮廓和含义虽然是一些有争议的问题（有关概述，请参阅 Amin 1994；Albritton et al. 2001），但仍然可以通过对当代世界范围内三种趋势的粗略研究来收集一些初步证据，表明今天继承的政治-经济空间的全国化和领域化形式正在被大量修改。

1. 全球经济一体化。国家领域经济对投资、货币、贸易和劳动力的超国家、大陆和全球流动的渗透性越来越强（Dicken 1998；Daniels and Lever 1996；Knox and Agnew 1995）。在过去三十年中，外商直接投资的大规模扩张，先进的信息、通信和运输技术的发展，对跨境金融交易的各种法律约束的解除，贸易政策的自由化以及国际劳动力迁移的加剧，共同促成了卡斯特尔（Castells 1996）所定义的术语“流空间”，它似乎超出了从资本主义发展的早期阶段继承的领域经济体系。随着外商直接投资的扩大和投机性跨境金融交易的出现，出现了新的离岸经济体，由欧洲市场、避税天堂、出口加工区、自由贸易区和其他虚拟监管空间组成（Cameron and Palan 1999）。尽管在对经济全球化的恰当解释上仍然存在着很大的分歧，但大多数学者会同意，我们目前正处在一个显著强化的地缘经济一体化阶段，正在破坏旧的国民经济形态。在这种情况下，随着国民经济在全球尺度内变得更具渗透性和更加紧密地交织在一起，纯粹的领域主义经济生活模型在国家边界的“内部”与“外部”之间进行了严格区分，从而失去了理论上的合理性（R.B.J. Walker 1993；Sassen 1996）。

2. 城市和区域复兴。伴随着离岸经济的结晶、全球贸易关系的扩大以及资本市场的全球一体化，就工业、金融和服务资本的主要部分而言，本地集聚经济重新获得了重视（Storper 1996；Grabher 1993；Scott 2001）。正是在地缘经济一体化迅速加剧的条件下，本地参与的经济互动成为全球化资本积累的基本前提（Sassen 1991）。因此，随着“生产者的超级集群以密集的集聚体形式出现，往往形成大都市区或世界城市，并在全球劳动力分工中紧密地联系在一起”，本地和区域的复兴正在展开（Scott 1996：400）。有关全球城市、工业区、学习型区域、离岸金融中心和其他新产业空间的大量文献提出，这些国家的领域生产综合体代表着“全球经济的区域动力”（Scott 1996）。在这种情况下，跨国资本主要行业所依赖的社会经济资产、创新能力、技术基础设施、专业技能、制度网络和社会文化环境都集中在这些区域。在以国家为中心的模型中，如将经济活动划分为自封闭的、国家规模的领域单位，就不能充分认识到城市和区域经济的复兴。随着关于当代“本地-全球相互作用”的争论激增（Dunford and Kafkalas 1992），城市和区域经济作为工业增长引擎的作用得到了越来越广泛的认可。

3. 巩固新的超国家和跨国界机构。从欧盟、北美自由贸易协定、亚太经合组织、东盟和南方共同市场到国际货币基金组织、世界银行、八国集团和关贸总协定，这些超国家机构的监管和多国监管在整个世界经济中都得到了增强(Larner and Walters 2002; Mittleman 2000)。这种超国家机构在新自由主义意识形态的制度化中发挥了工具性作用，因此，在为扩大集团间及集团内贸易和投资流动的政治前提中发挥了作用(Gill 2003)。它们还支持新形式的多层次治理的发展，这种新形式的建立基于国家机构之上和之下各级政治权威之间紧密的相互依赖性(Caporaso 1997; Scharpf 1999)。这些趋势是在地方和区域政府以及其他非中央政府之间加强横向网络、跨地区联系以及跨境合作倡议的过程中得以阐明的(Perkmann and Sum 2002; Hocking 1998)。因此，新形式的制度组织、政治权威和经济协调似乎在国家政权的国家尺度之上和之下激增，导致“从全球舞台到区域的各个层次机构之间的复杂交织”(Boyer and Hollingsworth 1997:470)。这些发展表明资本主义经济不再代表连贯、整齐、独立的地理单元。通过多样的多尺度的制度形式，资本主义经济正被新型的纵向和横向联系所渗透。

就像这个简短的当代政治经济转型描述所表明的，纯粹领域主义、以国家为中心的模式已经不足以成为理解迅速变化的资本主义制度和地理格局的基础。在当代条件下，“一度在全国范围内一致的制度安排现在分散在多个空间层次上”；同时，“多方面的因果关系几乎遍及社会各个层面：国家、部门、自由贸易区、国际政权、超国家地区、特大城市，甚至是小而专业化的地区”(Boyer and

Hollingsworth 1997:472,470)。对于本研究而言,最关键的是,这些范围广泛的机构和地理重组与重新调整的过程紧密地交织在一起,由此根深蒂固的尺度等级结构(从城市和区域扩展到国家、大陆和全球)已经变得不稳定并被重新解读(Swyngedouw 1992a)。本书的主要议程是研究当代西欧这种尺度重构过程的起源、动态和影响,首先要参考国家空间监管和城市政策的尺度调整。在这种情况下,基本任务是研究以国家为中心的福特-凯恩斯主义国家形态的消散以及西欧政治经济格局中国家监管活动在全新的尺度等级体系中有争议的合并。

对当代尺度重构过程的调查提出了一些艰巨的方法论挑战。其中最重要的是,需要开发理论上精确而又在地理尺度的历史上特定的概念,以作为社会、政治和经济生活的关键维度。尺度的具体化似乎是建立在日常的尺度术语中(例如本地、城市、区域、国家、全球等),因为它们代表了独特的社会领域进程(例如本地化、城市化、区域化、国有化、全球化等),就好像它们是永久冻结在地理空间中的静态实体一样。与此相关的是,现有的尺度词汇量不足以把握地理尺度之间复杂的、不断变化的相互联系和相互依存关系。因为就本地、城市、区域等术语而言,它们被用来划定社会关系中所谓的领域"岛",从而掩盖了各个尺度深刻的相互影响。由于许多社会科学分工是根据独特的尺度焦点,例如城市研究、区域研究、比较政治、国际关系等,所以这些情况进一步加重了难度,并系统地阻碍了探索尺度间关系复杂性的努力。借鉴列斐伏尔(1976a:67—68)的术语,我将这一系列方法论难题称为"尺度问题"(专栏 1.1)。

专栏 1.1 走进尺度问题

今天的尺度问题最初是在文本分析和事件解释的基础上插入的。

(Lefebvre 1976a:67—68)

关键的方法论挑战:

- 将尺度概念化为一个过程,如本地化、区域化、国有化或全球化,而不是作为永久固定的既定事物;
- 概念化所有地理尺度的内在联系及其在更广泛的尺度层级结构中的嵌入;
- 发展强调学科间关系和多尺度转换的后学科方法,而不是本体化传统学科分工所基于的独特尺度焦点。

为了有效地应对尺度问题,有必要阐述一种辩证方法,以解决资本主义条件下的尺度重构进程,该方法能够抓住斯温格杜(Swyngedouw 1997:141)提出的观点,"在永久的变革性社会空间权力斗争中,尺度和它们嵌套的关系成为暂时的僵局"。在迅速增多的关于地理尺度的社会生产的文献中,这项任务正在面临直接的挑战。[①]正如这些文献的撰稿人令人信服地指出的,尺度等级不是固定的或预先确定的社会互动支架,而是它们自身在互动中并通过互动而定期产生和修改的。就像史密斯(Smith 1995:60—61)所解释的:

① 在过去十年中,有关空间尺度的社会生产的文献迅速增多。有关基础性陈述,请参见 Smith 1993,1992,1990; Swyngedouw 1997,1992a。有关最新工作的详细概述,请参阅 Marston 2000。

> 地理尺度传统上被视为物理空间的中立度量标准：假定社会活动的特定尺度主要是根据城市、区域、国家和全球事件与过程之间的区别给出的。然而，现在有大量文献认为，人类活动的地理尺度不是中立的“给予者”，不是固定的社会经验普遍性，也不是任意的方法论或概念选择[……]地理尺度是同时作为某些社会活动的平台和容器在社会上产生的。因此，地理尺度远非中立的和固定的，而是经济、政治和社会活动与关系的产物。因此，它们和这些关系本身一样多变。

当今时代，地缘经济一体化加剧，欧洲化、福利国家紧缩以及城市-区域重组加速，是这一提议的生动例证，因为它可以说是资本主义发展史上影响最广泛、最具有变革性的尺度安排之一(Swyngedouw 2000a)。我将把20世纪70年代后西欧国家空间的改造解释为这些更广泛的尺度重构过程的重要媒介、催化剂和表达方式。在本研究的各个关口，我还将有机会考虑国家空间的尺度重构与其他制度形式(尤其是资本主义经济和城市体系)的尺度重构之间的关系。专栏1.2总结了支持这一分析的尺度重构进程的概念化。

专栏1.2 理论化尺度和尺度重构进程：核心提议

参见Brenner 2001a，2000a，1998a。

最近的学术研究以多种方式定义了地理尺度。代表性的定义包括以下内容：

- 尺度是“大小不同的有界空间的嵌套层次结构”(Delaney and Leitner 1997：93)。

- 尺度是“考虑、采取或研究某种现象的地理分辨率水平”(Agnew 1997:100)。
- 尺度是“地理的组织者和集体社会行为的表达”(Smith 1995:61)。
- 尺度是“竞争与合作中相互矛盾的过程的地理解析”(Smith 1993:99)。

本书中使用的地理尺度概念与上述定义大致兼容，但最重要的是强调相互关联的空间层级。从这个角度来看，地理尺度(或更确切地说是尺度扩展的过程)与科林格(Collinge 1999)所说的社会形态的“垂直顺序”有内在的联系。社会生活的地理维度不仅仅在于以下事实，即社会关系在不同的地方、区域或领域采用特定的环境形式。除了跨地理空间的社会实践“水平”或“区域”差异外，还存在“垂直”差异，其中社会关系被嵌套到领域单位的层级支架中，该领域单位从全球、超国家和国家向下延伸到区域、大都市区、城市、地方和身体。社会、经济和政治实践的这种垂直顺序定义了任何社会形态中的尺度组织。最初的概念化提出了许多提议：

1. **社会进程的尺度重构**。严格意义上说，地理尺度不是静态的、固定的，或者社会世界或者社会空间的永久性财产。它们最好被理解为社会生产的，因此是特定社会过程的可延展的维度，例如资本主义生产、社会再生产、国家管制和社会政治斗争。只要任何社会、政治或经济过程在内部被划分为不同空间单元的垂直层次结构，就会出现尺度组织的问题。正如史密斯(1993:101)所指出的，地理尺度提供了一种“分区的地理”，在其中展开了各种形式的社会互动。同时，将社会过程分化为确定的尺度等级从来不是“一劳永逸”的事情，而是通过日常实践、冲突和斗争不断形成（Swyngedouw 1997；Jonas 1994）。因此，社会过程或制度形式的尺度组织可能成为直接的社会政治竞争的对象，因此会被重新校准。

2. **尺度的关系**。尺度不能被解释为由绝对地理尺度（一种“俄罗斯套娃”比例尺模型）定义的嵌套领域容器系统。任何一个地理尺度的制度结构、功能、历史和机制都只能通过其向上、向下以及与它所嵌入的更广泛尺度顺序内的其他地理尺度的横向联系来相对地把握（Lefebvre 1991：85—88；Howitt 1998）。因此，诸如全球、国家、区域、城市和地方之类的尺度术语的重要性，可能会根据其所指的特定社会过程或制度形式而存在质的不同。

3. **尺度组织的马赛克**。资本主义的制度格局没有以一个单一的、无所不包的尺度金字塔为特征（这个金字塔中所有社会过程和制度形式都被巧妙地纳入其中）。这是因为“不同类型的社会过程具有非常不同的地理区域，它们并不能完全适合同一套嵌套的层次结构”（Allen，Massey and Cochrane 1998：60）。只要每种社会过程或制度形式都可以与尺度组织的独特模式相关联，整个资本主义的尺度结构就可以被描述为叠加的和相互渗透的尺度等级体系的马赛克（Lefebvre 1991）。因此，在资本主义制度下，任何关于尺度重构过程的系统说明都必须从分析如何、为什么以及何时将所讨论的社会过程或制度细分为单独但相互交织的地理尺度的垂直层级开始。与之相关的，这样的解释还必须指定该层级的相关空间单位、它们在层级内的演变角色以及它们与该层级内其他单位的变化关系。

4. **尺度修复**。现代资本主义的主要大尺度制度形式(例如资本主义跨国公司和国家)不断相互作用和发展,以产生某些“嵌套的尺度等级结构”(Harvey 1982:422),从而将社会生活圈定在临时加固的“尺度修复”之内(Smith 1995)。这样的尺度修复方法由暂时稳定的地理层级组成,在这些层级中,某些尺度组织的社会、经济和政治活动往往比其他尺度更为重要(Collinge 1999),一旦建立起来,这些尺度等级就构成了相对“固定的地理结构,以特定方式限制了政治、经济和文化活动”(Smith 1995:63)。资本主义发展的长期历史地理是以一系列确定的——即使是长期不稳定的——尺度修复为基础,通过尺度修复,资本积累的社会-领域先决条件先后被确定、动摇、废弃和重新建立。在资本主义的大部分历史进程中,国家制度在构造、复制、修改、破坏和创造新的此类尺度修复中都发挥了重要作用(Brenner 1998a)。

5. **尺度转换**。尺度重构的过程并不需要将一个尺度结构简单地“替换为另一种完整形式的尺度结构”;也不会因为被替代,某些尺度就完全消失。相反,尺度重构过程的发生,通常是由旧的尺度结构与新兴的,往往是高度实验性的策略之间的路径依赖互动来转换后者。因此,即使在重组给定尺度顺序的巨大压力中,旧的尺度结构也可能会通过在确定的制度和地理参数范围内限制新尺度的产生而关闭某些尺度重构路径。一个历史时期的主要尺度顺序可能会强烈限制后续尺度结构的发展。虽然尺度间关系的既定模式从未永远固定下来,但通常只有在进行激烈的社会政治斗争后,它们才会动摇和转变。

总之，我关注的是探索杰索普(Jessop 2002：179)最近提出的“尺度的新政治经济”。尺度的新政治经济可能与所谓的尺度的“旧”政治经济形成有益的对比，包括关于社会科学调查恰当分析单位的认识论辩论。正如沃勒斯坦(Wallerstein 1991)所指出的，自从19世纪后期制度化以来，这类争论在社会科学领域便定期出现。然而，直到最近，社会科学家才明确认识到尺度组织的历史可塑性和政治争议性。因此，尺度的新政治经济在明确的、反身性的关注基础上来解码各种方式，通过这些方式，尺度组织的旧形式被系统地重新安排。专栏1.3总结了本书探讨的尺度的新政治经济的关键要素。

我认为，当代尺度重构的过程对相关社会科学家分析当代资本主义不断变化的制度格局提出了根本的理论和方法论挑战。在以下各章中，我将在最近有关全球化、国家形态转变和城市治理重建这一学术辩论的背景下，制定并部署一种研究尺度的新政治经济的特殊策略。当然，还有其他理论观点、方法论取向和实证焦点，可以通过它们来广泛研究当代尺度重构的过程。[①]因此，我的分析旨在为当前的社会科学研究做出贡献，这一研究关乎当代尺度重构过程及其对21世纪初期资本主义的社会、政治和经济生活的意义。

---

① 上述尺度的新政治经济的定义是有意宽泛的，因此包含了极其多样的政治经济学研究。对尺度重构过程的解释，在有关地缘政治经济学的众多跨学科文献中，已经开发出许多方法论反思和理论创新，其中包括：Cerny1995；K.Cox 1997；Boyer and Hollingsworth 1997；Eisenschitz and Gough 1996；Gough 2002，2004；Heeg 2001；Herod 1997；Hollingsworth 1998；Jessop 2002；Jones 2001；Kelly 1999；Larner and Walters 2002；Leitner 2004；Leitner and Sheppard 2002；MacLeod 2001；MacLeod and Goodwin 1999 D. Newman 1999；Peck 2002；Peck and Tickell 1994；Schmitter 1999；Sheppard 2002；Smith 2004，1995；Swyngedouw 2000a，1997，1996。

专栏 1.3　尺度的新政治经济的关键要素

现在没有新的特权尺度可以围绕其他级别进行组织，以确保尺度内部以及尺度之间的结构化一致性。取而代之的是，关于哪个空间尺度应成为主要尺度以及如何重塑尺度的问题，人们一直在进行斗争，这反映在不同尺度的重新嵌套过程中，它们的嵌套和交织更加复杂[……]尺度的新政治经济与只是重新排序预先设定的场所、空间或尺度无关，而是新的地方正在出现，新的空间正在被创造，新的组织尺度正在被发展，新的行为视野正在被构想……

(Jessop 2002:179)

- 作为集体社会行动的舞台和结果，地理尺度和尺度层级结构被不断地生产和争夺。这样，它们可以在社会历史发展过程中被修改或转化(Smith 1995)。
- 在当代条件下，主要制度形式和社会过程的尺度结构(包括资本积累、国家监管、城市化和社会政治动员)处于不稳定状态。目前，在每个制度领域中，我们目睹了旨在消除旧的尺度结构并产生质变的新的尺度结构的策略。
- 新兴的全球化、新自由化的资本主义的尺度架构比战后福特-凯恩斯主义时代的国家间的尺度安排更为复杂、纠结、怪异和动荡。政治经济组织不再具有单一的特权尺度，并且新兴的尺度结构不会以整齐的同构、一致的模式相互重叠。因此，“不同的行为尺度以垂直、水平、对角线、向心、离心和涡旋方式在各种混合组合中联系在一起”(Jessop 2002:180)。

尺度重构的国家、极化的领域：重塑不平衡的空间发展

尽管边界模糊，跨国公司不断扩张，但发展不平衡的老毛病仍然无法消除。它总是以新的形式出现。

理查德·沃克(1997:345)

我对国家尺度重构的调查主要涉及资本主义城市化的监管，更广泛地说，涉及不平衡地理发展的政治形式和制度调节的变化。在最笼统的意义上，不平衡的地理发展是指资本主义条件下的社会、政治和经济进程在地球表面没有均匀或同质分布的情况，但始终以不同的社会空间结构来组织，例如城市群、区域集群、农村地区、国家领域、超国家经济集团等，其特征是社会经济条件、发展能力和制度安排的差异。因此，在资本主义政治经济体系中，不平等不仅以阶级和收入分层的形式在社会上表现出来，而且通过不同领域、区域、地点和尺度之间的发展极化在空间上表现出来。虽然核心-边缘极化模型总是以特定背景的形式加以阐述，但它们通常意味着先进的社会经济资产和发展能力系统地集中在某些核心区内，同时也意味着其他较不发达地方和领域的长期边缘化或外围化(S.Amin 1979;Storper and Walker 1989)。

长期以来，对不平衡发展的研究一直是批判地理政治经济学的基本关注点之一。[①]正如史密斯(1990)在其开创性的著作中所论证的，资本主义条件下的不平衡地理发展模式不仅仅是现存的地理差异或个人、家庭或公司层面的区位决定的偶然的副产品。

---

① 主要贡献包括：Harvey 1982；Massey 1985；Smith 1990；Soja 1989；Storper and Walker 1989。

相反，它们代表了资本主义条件下地方性张力的系统表达，这种张力表现在引导跨区域的均衡化资本投资与被迫区分这种投资之间，目的是针对积累而利用地方、领域和特定尺度的条件。

- 一方面，资本间竞争的强制力迫使各种资本在分散的地理位置上相互复制各自的盈利战略，从而趋向于资本积累的空间条件均衡化。
- 另一方面，资本间竞争的力量产生了一个同样强大的地理差异化过程，在这一过程中，各种资本不断寻找特定地点的区位资产和特定领域的生产条件，以增强其竞争优势。

因此，资本主义的每个阶段都基于不平衡地理发展的历史特定模式，这种模式阐明了均衡和分化之间对立的相互作用。这些社会空间两极分化的模式在不同类型的地方和领域之间横向结晶，在地方、区域和国家到大陆和全球的不同地理尺度之间纵向结晶(Smith 1990)。这种不平衡的地理轮廓并没有永久地铭刻在资本主义的制度景观上，而是通过资本动荡不安的发展机制和连续的政治策略对其进行的某种程度的国家监管控制而不断地改写。

不平衡地理发展的每种历史模式还与某些基本的监管难题交织在一起：因为资本的不均衡发展不仅是积累过程的基础，在一定条件下也可能成为积累过程的重要障碍(Harvey 1982)。换言之，不平衡发展不仅是资本投资差异模式总的地理效应，而且在资本循环内外产生的各种基本的监管问题，可能严重破坏整个积累过程的稳定(Peck and Tickell 1995)。例如，在充满活力的城市核心区域和外围区域之间，领域发展的两极分化可能使某些个体资本从规模经济和其他外部性中获益，但也可能产生功能失调的政治经济效应，从而破坏整个空间经济的稳定。随着工业城市和外围区域经济的衰退，不得不采取防御性的、基于成本的调整战略，导致当地基础设施过早降级，许多居民的生活条件恶化，国家工业水平可能随之削弱(Leborgne and Lipietz 1991)。此外，即使在最强大、最具活力的城市群内，由于社会两极分化、生产过剩、资本外逃的威胁以及各种负面的外部性(如基础设施压力、住房短缺、交通拥堵和环境恶化等)，扰乱了既定的工业发展模式，不平衡发展的问题也可能“回到原点”(Harvey 1989b：144)。最后，如果社会空间不平等的模式没有保持在政治上可接受的范围内，那么破坏性社会政治冲突可能会在(国家或地方)领域内出现，进而导致严重的合法化危机(Hudson 2001)。因此，不平衡的地理发展不仅与新的资本获利机会有关，还与潜在的不稳定、破坏性影响有关，这些影响可能侵蚀可持续资本积累的社会-领域前提。

虽然大多数关于不平衡地理发展的研究都集中在资本投资模式与领域不平等演变间的相互作用上，但本书探讨了国家制度在不同尺度上的调节和监管相互影响这一主要作用。这种调查具有相当重要的意义，因为自 20 世纪初有组织的资本主义得到巩固以来，各国已经部署了各种空间政策，旨在影响资本投资的地理分布，从而管理其领域范围内不平衡发展的进程(Hudson 2001；Lefebvre 2003a；Massey 1985)。例如，国家可以发动领域再分配战略和其他补偿性区域政策，以促进产业在其领域上的分散，从而缓解国家内部的领域不平等。而且，国家还可以采取截然相反的空间政策，以促进增长能力、社会经济资产和基础设施投资集中在最具经济活力的城市-区域。正如哈德森(Hudson 2001：273)所解释的，国家空间政策的再分配、凝聚力导向和发展主义、增长导向的形式之间的地方性政治张力，源于资本主义社会形态内部的矛盾，即“将一个地区作为其居民所依附的社会生产地加以对待，将其作为资本能够创造利润的社会生产空间的一部分加以对待”①。在20世纪资本主义发展的过程中，国家空间政策以独特的、历史上特定的、常常是相互矛盾的方式将凝聚力和增长的优先事项结合起来。大多数西欧国家在20世纪30年代引入了国家再分配、以凝聚力为导向的监制战略，这些战略在20世纪70年代中期达到了历史最高点，因为福特主义的积累制度正处于动荡之中(Clout 1981a)。随后，自20世纪70年代末以来，以城市为中心、增长为导向的空间政策方法逐渐取代了以前占主导地位的领域再分配形式(Martin and Sunley 1997)。尽管这些对立的国家空间政策方法常常无法实现其既定目标，并经常产生许多意想不到的功能失调效应，但必须承认它们给所有空间尺度的不平衡地理发展过程带来了重要的媒介影响。

虽然我对战后福特-凯恩斯主义时期(第四章)整合再分配、以凝聚力为导向的监管战略给予相当大的关注，但我同样关注后凯恩斯主义时代以增长为导向和以竞争力为驱动的国家空间政策，这些政策是自20世纪70年代后期开始实施的(第五章和第六章)。最初，随着20世纪70年代后期各国政府实施新的大规模紧缩政策，旧的国家内部领域再分配计划被缩减，从而使地方和区域经济更直接地暴露在欧洲乃至全球经济竞争的压力之下。这些政策举措的主要目的是减少公共支出，并削弱国家干预经济的、集权的传统经济管理模式。随后，在20世纪80年代期间，国家、区域和地方政府机构开展了各种以创业和竞争力为导向的监管试验，

① 这一提法与洛根和莫洛奇(Logan and Molotch 1987)强调资本主义社会条件下地方作为使用价值和交换价值的双重作用类似。

以促进战略性次国家空间内的经济复兴(Harvey 1989a; Leitner and Sheppard 1998)。因此,城市政策并没有继续作为国家领域再分配系统中的一个本地化中继站,而是在20世纪70年代后期转变为国家干预的领域,其首要目标是在欧洲和全球尺度内促进本地化的领域竞争力。德国术语*Standortpolitik*大致翻译为"区位政策",为这种尺度重构的城市政策方法提供了一个恰当的案例特征,因为其中心目标是在欧洲和全球尺度内更广泛的竞争空间中提升特定领域的竞争力(Brenner 2000b)。这些城市区位政策不仅试图"将地方[或区域]变成自我推广的创业岛屿"(Amin and Malmberg 1994: 243);还需要从根本上重新界定国家作为不平衡地理发展的制度媒介作用。

后一种转变是本书论点的核心。在福特-凯恩斯主义时期,不平衡的地理发展问题通常被解释为在国家范围内纠正"不充分"或"不平衡"的工业化问题。在这些条件下,国家空间干预的任务是将资本投资的地理格局塑造成一个在全国范围内更加平衡、连贯和一体化的区位格局。相比之下,随着20世纪70年代后国家空间的尺度重构和城市区位政策的激增,这一国家领域均等化项目从根本上被颠覆了:不再将资本塑造成国家空间的(区域整合)地理,而是塑造成资本的(领域差异)地理。换言之,通过部署城市区位政策,现在正在重新区分和尺度重构国家空间,以便更直接地与跨国资本在每个国家领域内的区位偏好(实际的或预计的)轨迹相对应。因此,战后资本主义相对统一的、全国化的行政区域正被所谓的"分裂的"(Graham and Marvin 2001)制度配置所取代。这种制度配置由定制的、专门针对地方的监管安排组成,旨在战略性地将特定的次国家级司法管辖区置于全球和欧洲资本循环之中。以这种方式,在后凯恩斯主义时代,在西欧两极分化的经济地理区域内，通过正在进行的国家尺度重构和城市政策改革，建立一个"差异化监管空间的平行马赛克"(Goodwin and Painter 1996：646)。国家、区域和地方政府的空间政策目标，不再是缓解不平衡的地理发展，而是积极地强化不平衡的空间发展。城市区位政策的实施，旨在增强具有战略意义的、全球联系的城市-区域的特定地方社会经济资产。

然而，正如我们将看到的，这种尺度重构的系统性失误，后凯恩斯主义时代的城市政策体制所面对的任何空间尺度上不平衡地理发展带来的两极分化、破坏性和政治动荡效应，是它的一个主要内部矛盾。因为，如上所述，尽管在某些条件下，不受约束的不平衡发展可能为短期资本积累的爆发提供暂时的基础，但也可能产生严重的负外部性、协调问题和合法化缺陷，威胁到资本的中长期再生产。因此，正如我在第六章中所说，在过去十年中，城市区位政策的破坏性、功能失调的政治经济后果越来越明显，导致欧盟委员会和各国家、区域，以及市政机构，调动一系列空间选择性危机管理战略，这些战略涉及进一步扩大和强化国家尺度重构进程。特别是最近旨在促进基于邻域关系的反排斥方案、加强大都市内部合作和城市间网络的新形势项目，至少消除了不受限制的不平衡空间发展带来的一些破坏性影响，尽管仍处于以明确的增长驱动、竞争力导向的国家空间监管模式之内。这些国家尺度重构的替代项目在欧洲国家架构中带来了重要的制度和尺度转换，值得仔细分析。因此，我将分析过去三十年中国家尺度重构进程的演变，而不仅仅是参考城市区位政策的激增。此外，我将考察新的、尺度敏感的危机管理形式的应用，虽然这些形式并未成功缓解城市区位政策的一些监管失误。

在普遍性和多样性之间:抽象和实证焦点的各个层面

在当代关于全球化、国际政治经济和城市/区域结构调整的辩论中,“趋同”的幽灵引起了相当多的学术争议。在这些领域中,许多学者预测社会、政治和经济结构最终会与统一的、包容的组织模式趋于一致。另一些人则强烈反对这种预测,强调国家、区域和地方资本主义模式的持续多样性。[①]虽然本书并不打算为这种辩论做出直接贡献,但将我的论点与它们联系起来或许是有益的。

以下分析表明,在过去三十年中,西欧各地出现了一些大致类似的国家尺度重构和城市治理结构调整趋势。然而,我强调西欧国家之间在制度和空间重组方面的这些共同途径,不应被理解为赞同这样一种观点,即认为出现了单一的、普遍的、模式化的管理。恰恰相反,我认为,个体化和差异发现比较(Tilly 1990)(通常强调背景的特殊性、制度的多样性、路径依赖和演化路径的多样性)在当代的地理经济条件下依然显著(Brenner 2001b)。最近,一些城市学家通过对西欧和北美城市的经济结构调整、城市体制形成和社会空间极化模式进行详细的比较研究,从而将注意力转移到后者。[②] 尽管我非常赞同这种方法,但是本书所要进行的分析的目的,不同于证明地方或国家对经济结构调整的各种反应。相反,我的目标是探索在过去三十年中,整个西欧国家空间系统重组的主要要素。在我看来,一个连贯的、稳定的、可复制的后福特主义领

① 关于各种研究领域中这些争论的有价值的概述,参见 Berger and Dore 1996;Boyer 1996;Guillén 2001;Harding 1997;Le Galès 2001;Scholte 2000;Scott 2001。

② 见 Marcuse and van Kempen 2001;Savitch and Kantor 2002;Sellers 2002;Harding 1997;DiGaetano and Klemanski 1999。关于这种研究的早期尝试,见 Logan and Swanstrom 1990。

域发展框架，能否通过这些多样的、有争议的、极不平衡的转变而具体化，是一个非常值得怀疑的问题(Peck and Tickell 1994)。同样显而易见的是，这些转变以不同的速度和不同的政治体制形式在每一个国家的背景下展开，导致在国家、区域和地方各级高度多样化的社会空间结果。尽管如此，我仍认为，对北大西洋福特主义危机的监管对策，以许多可以在多种国家背景下进行概括性分析的基本方式重塑了西欧国家的面貌(另见 Jessop 2002)。自北大西洋福特主义危机以来，西欧国家空间结构发生这种根本性转变的证据已经很明显，即使是在本来就不断变化的体制框架和监管地理之中。本书的中心任务之一是以综合但适当详细的形式提供此类证据，并阐明其对当代国家形态解释的分歧。

通过区分三个抽象化层面，可以进一步阐明本文采用的方法论，每一个抽象层面都是我论点的核心(图表 1.1)。

1. *抽象层面*。对抽象层面的思考使学者能够审视特定历史社会体系的一般性、系统性特征。根据这种"具体抽象化"在特定历史地理背景下支撑社会生活的程度，这一层次对社会学研究可能或多或少有用。在现代资本主义社会中，抽象的社会形态在社会互动和历史变迁中起着重要的媒介作用，抽象层面是一个必不可少的分析视角(Postone 1993)。在资本主义背景下，抽象层面为一般地考察支撑所有资本主义社会形态的系统过程提供了基础，例如劳动力的商品化、资本积累、阶级斗争、大规模的城市化趋势、经济和政治的分离等等(Harvey 1982)。在现代资本主义社会形态中，对工业生产、城市结构调整和国家管制的实证研究，通常以某种一般性为前提，以确定其核心分析对象为基础。尽管后者通常被视为理所当然，而不是明确的考察。所谓的抽象层面，是指即

图表 1.1　本书中涉及的抽象化的各个层面

<table>
<tr>
<td>抽象层面
强调理论上的普遍性；专注长时段的暂时性</td>
<td colspan="3">· 资本主义作为生产方式和社会制度的一般特征
· 资本主义城市化和资本主义社会空间格局的一般特征
· 现代国家形态和现代国家空间组织的一般特征</td>
</tr>
<tr>
<td>中观层面
强调一般过程的历史特定维度和具体的、实证发展的广义方面；重点关注中期时间范围内的长期趋势</td>
<td>→
20 世纪 60 年代至 20 世纪 70 年代早期：高度福特主义
福特主义积累制度
福特主义城市化与区域发展模式
凯恩斯主义福利国家和国家空间规划系统的巩固</td>
<td>→
20 世纪 70 年代：全身性休克和初步转型的时期
福特主义大规模生产系统的危机，灵活/精益生产系统的出现
工业衰落、城市-区域重组和新的不平等在各种空间尺度上出现
传统凯恩斯主义宏观经济工具和补偿性空间政策危机</td>
<td>→
20 世纪 80 年代至今：后凯恩斯主义时代的监管试验
加速的地缘经济和欧洲一体化，跨国资本对本地集聚经济体的依赖性增加
全球、欧洲和国家尺度上的地区间竞争加剧以及社会空间两极分化
后凯恩斯主义时代竞争型国家体制的巩固，国家空间的尺度重构，城市区位政策的扩散</td>
</tr>
<tr>
<td>具体层面
强调实证多样性；侧重于相对短期的时间尺度、结局和事件</td>
<td colspan="3">——— 1960—2000 年 ———→
· 国家、区域和地方特定的产业结构调整与城市-区域变革的途径；不平衡地理发展的新地理生产
· 国家、区域和地方特定的国家空间重组和监管试验途径；产生新的国家空间架构和监管面貌
· 实证基础：关于西欧城市和国家的空间重组、制度变迁和监管试验的案例研究材料</td>
</tr>
</table>

使处于社会历史变迁的狂风暴雨中，社会生活的某种深层次结构依然存在，它一般与时间尺度有关。

2. *中观层面*。中观层面指的是相对持久的制度安排、监管框架和领域结构，这些基础支撑着不同的历史发展时期。在资本主义背景下，中观层面不同于抽象层面，因为它揭示了历史上特定的、正规化的形式，在这些形式中，系统的基本社会进程，如商品化、资本积累、城市化和国家监管都得到了阐述。因此，正是在这一层次上，资本主义发展的阶段性最为普遍。例如，法国监管主义的积累制度和监管模式的分类在中观层面上体现得很明显，因为它们试图确定某些特定的历史制度形式和监管做法，暂时取代资本主义的地方性矛盾。在这种包容性的发展模式中，虽然在不同的国家、区域或地方背景中可能会出现相当多的制度多样性和地理不平衡现象，但中观层面却揭示了潜在的规律性。这些规律性将这些多样化的背景联系在一起，形成了共同的历史地理结构。中观层面最近成为重大学术争论的焦点，特别是在全球化理论家、国家理论家、宏观历史社会学家和比较政治经济学家之间。因为正是在这一层面上，可以提出有关当代大尺度的社会、政治和经济转型特征的基本问题。就中观层面而言，它指的是某些根深蒂固但可能具有可塑性的制度安排、监管实践和发展趋势，它涉及对中期时间尺度（通常是几十年）的长期趋势分析。

3. *具体层面*。具体层面是指日常生活中社会再生产的具体政治经济框架和领域结构。正是在这一层面上，可以最连贯地观察到不同国家、区域和地方资本主义模式之间的差异。因为在这里，生产系统、国家制度等级、监管实践和社会空间安排的特殊性最明显。例如，尽管承认最近中观层面变革的影响（北大西洋福特主义危机、凯恩斯主义福利国家的缩减以及地缘经济一体化的进程），但学者主要还是在具体层面上对资本主义的种类进行了研究。在此基础上，本领域的学者对国家技术创新、劳资关系、公司治理、金融和宏观经济政策体系的重组进行了大量的实证研究，并取得了丰硕的成果。[①] 关于资本主义地缘政治经济最复杂的具体研究，其特征是努力将特定背景下的制度动态和结果与更广泛、更中观的变革联系起来。可以说，这是监管理论（Boyer and Saillard 2001；Lipietz 2001）、新马克思主义国家理论（Radice 1999，2000；Panitch and Gindin 2003）、新产业地理学（Storper and Salais 1997；Scott and Storper 1986），以及比较城市研究（Abu-Lughod 1999；Marcuse and van Kempen 2001）近期主要的工作成果之一。这里仅列举了关于当代资本主义重组研究的一些代表性著作。就具体层面而言，需要关注国家、区域或地方政治经济体的特定背景特征，通常涉及相对短期的时间尺度，如某些危机和具体事件。

抽象层面、中观层面和具体层面，不应从本体论上被视为社会生活的独立领域。相反，它们代表了社会理论和研究在分析上三个截然不同的（虽然辩证地相互交织）认识论优势。在资本主义背景下，对这些层面的综合考虑可以产生对社会、政治和经济关系有价值的见解，而这些见解是不能通过单独某一层面获得的。因此，一项关键的学术任务是有效地组合分析层面，以推进特定的研究问题。

在本书中，我的首要分析关注点是中观层面，因为正是在这一层面上，可以最连贯地研究跨城市、区域和国家的空间结构与尺度

---

① 例如 Berger and Dore 1996；Hall and Soskice 2001；Hollingsworth and Boyer 1997；Kitschelt et al. 1999。

层级系统性重组的可能性。但根据上述讨论，显然这种分析也必须建立在抽象和具体层面的基础上。因此，我研究抽象层面，以阐明资本关系、资本主义社会空间结构和现代国家形态的某些基本特征（第二章和第三章）。同样，我用相当长的篇幅关注具体层面，以便详细说明过去四十年在西欧不同城市、区域和国家中形成的国家尺度重构、城市政策变化和监管试验的主要模式（第四章、第五章和第六章）。本书的大部分实证材料提到了 1960—2000 年间在英国、丹麦、法国、德国、意大利和荷兰进行的重组。

因此，我对中观层面的关注不应被理解为对制度多样性的否定，这种多样性在具体层面上，通过对全国、区域和地方的国家尺度重构和城市治理结构具体轨迹的调查，可以很容易观察到。恰恰相反，本书中阐述的中观层面是基于对这些轨迹的大量实证案例研究，包括我的研究以及关于国家空间政策、政府间关系、城市基础设施系统、城市治理和城市政策等主题的大量学术文献。然而，在描述这些具体的研究时，我关心的不是解释特定案例的细微差别，也不是对不同的国家、区域或地方进行系统的比较分析。相反，我将此类研究作为实证基础，在此基础上，对整个西欧逐渐形成的新国家空间进行更广泛的中观层面的概括。关注特定国家、区域和城市的专家可能会发现，我的论述忽略了有关正在讨论的许多制度变更和政策调整的重要背景性细节。尽管如此，我还是希望他们发现我的中观层面的论述与他们最熟悉的国家、区域和城市的当代趋势的基本事实大体一致。以这种方式进行研究，我的目的是在更广泛的地理历史和理论背景下，以大量关于城市治理结构重组的案例研究文献为基础，揭示本地、区域和国家特定趋势的表达方式。这些趋势是系统性的，催化了欧洲范围内国家形态的转变。[①]

虽然国家空间和城市治理的重大转变正在整个世界经济中发生，但本书的重点是西欧的发展。这一实证焦点使我能够将调查纳入一个单一的宏观地理区域，即欧盟，其成员国在我研究期间日益相互依存；其机构顶点是欧盟委员会在整个欧洲地区启动了各种空间政策。欧盟是本书研究的尺度重构过程中的关键制度领域、媒介和产物。它代表着一种主要的尺度，在这种尺度上已经向城市和区域施加了新的竞争压力，尤其是自1993年单一欧洲市场合并以来；它也代表了超国家政策形成的日益重要的层面（参见第五章和第六章）。探索在北美和东亚等其他主要资本主义超级地区国家尺度重构和城市治理改革的类似轨迹已经形成的程度，将是相当有意义的。尽管我在本书中不会研究此类问题，但我相信，随后各章中介绍的许多核心理论类别和研究策略可以为解决此类问题提供初步的方法论基础。

面向新国家空间研究的后学科方法

这项研究并不完全吻合社会科学的既定学科方法。相反，我的目标是为赛耶(Sayer 1999)恰当地描述为"后学科"的社会探究模式做出贡献。在这种方法中，概念工具和方法论战略是参照理解特定社会现象的挑战而采用的，而不是基于传统的学科分工。正如赛耶(1999:3)所说：

---

① 目前关于趋同的辩论大多集中在具体层面。在这一论点中，趋同表现为不同国家、区域或地方背景下的政策或制度之间的经验认同日益增强。然而，正如前面的讨论所表明的，在不同的政治经济背景下划分中观层面的共同点，完全符合在这些背景下坚持存在经验多样性和政治体制差异的论点。

> 当学者忘记学科以及是否可以用任何特定学科来鉴定思想时，就会出现后学科研究。他们认同学习而不是学科。他们会随心所欲地跟随思想和联系，而不是仅仅跟随学科的边界。这并不意味着消极主义或折中主义最终会导致很多事情做不好。它与消极主义或折中主义的不同之处恰恰在于，它要求我们遵循联系。人们仍然可以研究一组连贯的现象，实际上，因为一旦没有将其分解并选择适合特定学科的要素，它就会比学科研究更加连贯。

在一个社会、经济、政治和文化进程之间的既定分歧正在被破坏的时代，这种非正统的、后学科的社会分析方法变得越来越重要(Jessop and Sum 2001；Wallerstein 1991)。当代的全球社会空间结构重组还没有解决以国家为中心的地理假设，这些假设长期以来一直是社会科学的传统和学科方法的基础，在这些方法中，社会、经济和政治过程被假定在国家范围内的均质空间上(参见第二章)。在这些条件下，在传统学科分工的边缘，新的非正统分析模式正在发展，即(a)探索社会、政治、经济之间的相互构成关系，以及文化过程，并(b)引入政治经济生活的替代映射，而不是将社会空间组织的国有化形式自然化。

三十多年前，列斐伏尔(1996 [1968])以科学客观性的名义抨击主流社会科学对待城市生活的碎片化，主张以一种更综合的、多视角的方式研究城市社会空间动态。在过去的三十年里，列斐伏尔对主流城市研究的批判引起了众多批判城市主义者的注意，他们开始把地理学、社会学和政治经济学分析模式联系起来，并对城市空间的生产和转型形成新的理解。尽管主流的社会学和政治学对城市进程研究一直坚持传统的学科方法，但批判性城市研究已经成为一个非常活跃的领域，可以进行跨学科理论辩论、方法论创新和实证研究(最近的综述见 Soja 2000)。

直到最近，国家理论的后学科方法才被开发出来(Jessop 2001)。除了主要的马克思主义方法外，它从未接受传统的学科界限，关于国家形态性质的大多数著作都针对特定学科或亚学科群体的特定方法论和主题问题。然而，在过去十年中，这种情况通过一些关键的事态发展而发生了变化。首先，随着经济社会学制度、新波兰尼主义方法的增加(Block 1994)，对国家形式的文化构成的兴趣日益浓厚(Steinmetz 1999)，包括针对政治生活的人类学方法的发展(Coronil 1998)，许多学者已经开始认识到国家形态的多面性和学科本体论的局限性。其次，通过与传统马克思主义模型的批判性接触，引入了新的国家理论的理论方法，同样拓宽了该领域的参数，以跨学科的(虽然不是后学科的)方式探索了各种关键主题。这些新的理论范式包括福柯方法、女权主义国家理论和话语分析(Jessop 2001)。第三，许多国家理论家已开始更明确地质疑以国家为中心的政治空间模型，并开发新的国家空间映射(Agnew and Corbridge 1994;Goswami 2004;Gupta and Ferguson 2002)。尽管这一领域的研究是由地理学家开创的，但社会科学领域的学者们现在正在寻求对国家形态进行空间调和的方法，特别是在关于全球化和未来国家形态的辩论中(Brenner et al.2003a, b)。这为国家理论的方法开辟了新的可能性，这种新方法超越了自我封闭的国家领域的传统关注。

本书定位于城市研究和国家理论范围，并致力于为这些新兴的后学科研究潮流做出贡献。与其他地理政治经济学的后学科方法一样，我对国家结构重组的分析是基于这样一个假设：经济和政治过程并不位于本体论上不同的领域，而是在所有空间尺度上相互构成(Jessop 1990a;Poulantzas 1978;Lefebvre 1978)。此外,我的一个主要关注点是超越与现代国家主流学科研究方法相关的地理假设。这些假设将在接下来的章节中得到详细说明和批判,目的是对西欧的城市-区域和其他地区目前正在形成的新国家空间形成一个后学科的视角。

本书的结构

本书的其余部分安排如下。第二章批判性地分析了一些主要的地理假设,这些假设隐含在最近关于全球化的跨学科著作中,并在此基础上发展了一种对当代政治经济变革具有尺度敏感性的替代概念。假如读者对国家理论和城市问题而不是全球化争论的研究更感兴趣,可以直接跳过这一章。本章还介绍了随后要分析的一些重要的理论和方法论基础。第二章我总结了全球资本主义重组的空间化研究所面临的各种核心方法论挑战。第三章通过引用一种新的理论方法来应对现代资本主义条件下国家形态的变化,从而解决了其中的一个挑战。我认为,需要对国家理论采取一种明确空间化的、尺度敏感的方法,以便破译当前正在兴起的国家形态重新领域化的尺度重构的形式。我通过杰索普(1990a)战略关系国家理论的系统空间化来发展这种方法,进而采用这种方法刻画过去四十年中整个西欧形成的国家空间监管、国家空间重组和国家尺度重构的广泛模式。

基于这些理论基础,本书的其余部分在中观和具体层面上探讨了城市政策在西欧过去四十年中作为一个动画师、调节者和国家尺度重构过程的角色。第四章考察了空间凯恩斯主义的巩固和随后的消亡,从 20 世纪 60 年代初到 70 年代末,西欧大部分地区普遍采用的是国家空间政策和城市治理的全国化、领域再分配的方法。第五章考察了自20世纪70年代后期以来逐步形成的尺度重构、以增长为导向、以竞争为驱动的国家空间政策和城市治理形式，以及城市工业衰退、空间竞争加剧、福利国家紧缩、欧洲一体化和经济全球化。我认为，在20世纪80年代和90年代，这些新的城市区位政策是国家尺度重构更广泛进程的关键催化剂和表现形式；它们还促进了国家监管安排的地理差异性增强，并加剧了整个西欧不平衡的空间发展。

最后，第六章对20世纪80年代后西欧城市区位政策的制度化进行了深化，对国家空间的深层不稳定、容易发生危机的原因做出了一般性解释。我将这一新的国家结构称为"尺度重构的竞争型国家体制"，并认为它包含了一些长期的监管缺陷和危机倾向。然后，针对这些问题，我研究了在20世纪90年代和21世纪初出现的三种不同的国家尺度重构形式：以邻域为基础的反排斥举措；大都市区改革倡议；城市网络计划。虽然危机管理的尺度重构战略有助于竞争型国家体制进一步的制度化和尺度分化，但我的观点是它们加深了而不是缓解了前几轮城市区位政策所产生的政治经济混乱、监管失灵和领域不平等。我认为，在全球和欧洲新自由主义没有受到更广泛挑战的情况下，在任何地理尺度上建立国家空间监管的替代性、领域再分配框架可能是一项极其艰巨的任务。

第二章　全球化辩论：开启新的空间？

有一种观点认为，社会科学过于地理化，而不具有充分的历史性，因为地理假设将社会和政治经济过程的考虑局限在抗拒历史变化的地理结构和容器中。

约翰·阿格纽（1995：379）

“全球”一词在许多文学和政治修辞中的突出地位，模糊、边缘化和沉默了一场激烈的、持续的社会空间斗争。在这场斗争中，重新确定治理的空间尺度占据了中心位置……

埃里克·斯温格杜（2000a：64）

简介：重新思考全球化的地理

自20世纪70年代初以来，整个社会科学界对“全球化”的过程进行了激烈的辩论。全球化本质上是一个有争议的术语，其含义与近三十年前首次就这一问题展开系统研究时一样，如今也是争议的根源。当代关于全球化的研究涵盖了非常广泛的主题：新的国际分工、跨国公司、技术变革、产业组织形式、资本金融化、新自由主义和城市-区域结构的整合、国家权力转型、公民社会、公民身份、民主、公共领域、战争、民族主义、政治文化特性、意识形态、消费模式、环境问题、地方性和建筑形式。[①]然而，尽管有关该主题的研究激增，但对全球化过程最基本要素的解释，包括其适当的概念化、其历史分期、其潜在的因果决定因素或其社会政治含义，仍未形成任何学术共识。

尽管如此，在这场关于全球化的对立争论的旋风中，许多研究者对社会、政治和经济生活的地理如何在当代背景下转型进行了详细的探讨。当代全球化研究的主要方面都渗透着明确的地理概念，如“时空压缩”“时空分离”“流动空间”“地方空间”“去领域化”“全球化”“全球-本地联系”“全球-本地互动”“超领域性”“侨民”“跨地区性”和“景观”等许多术语。同时，全球化文献的作者通常使用各种地理前置词，如“sub-”“supra-”和“trans-”，用于描述社会过程的变化，这些变化似乎在根深蒂固的地缘政治边界之下、之上，或者之外运行。简而言之，全球化是一个内在的地理概念：认识到社会关系在全球尺度内日益相互关联，必然对这些关系的空间参数以及依托的地理背景提出疑问。在这种情况下，空间不能被视为一个静态的、预先设定的社会关系平台，而必须被视为构成

---

① 在过去二十年里，有关全球化的社会科学文献硕果累累。关于一般概述和延伸的书目指南，见 Agnew and Corbridge 1994；其他类的著作如 Beck 2000；Guillén 2001；Hold et al. 1999；Mittleman 1997；Scholte 2000；Waters 1995。此外，Economic Geography（78/3，2002），International Sociology（15/2，2000），International Social Science Journal（June 1999），International Journal of Urban and Regional Research（24/2，2000）and Review of International Political Economy（4/3，1997）等期刊，为最新的主题研究提供了主要分析和实证观点的价值样本。

性的、历史产生的维度之一。正如哈维(1995：5)所说，最近关于全球化的研究激增，为更广泛地研究现代资本主义空间形式的社会生产特征提供了一个机会：

> 如今，采用"全球化"一词表明……资本主义发生了深刻的地理重组，这使得许多在资本主义轨迹中发展的"自然"地理单位的假设变得越来越没有意义(如果曾经有的话)。因此，我们面临着一个历史性的机会，去抓住资本主义地理上的困境，把空间生产看作是资本积累和阶级斗争动态中的一个组成瞬间(而不是由其派生而来的)。

在我看来，当代社会科学中这些主要的重新定位中的核心方法论联系——全球化研究的兴趣激增；以及最近的"在批判性社会理论中重申空间"①——对把领域化国家作为社会研究预先设定的地理分析单位提出了普遍质疑。正如许多学者所争论的那样，20 世纪社会科学的重要研究脉络被锁定在一个以国家为中心的认识论框架中，在这个框架中，国家被视为社会、经济、政治和文化关系相对固定、自我封闭的地理容器(Agnew 1994；Taylor 1996)。然而，在一定程度上，当前的全球重组已经重新配置了国家这一类似于容器的性质，并且至少部分破坏了这些性质。这种在领域上自我封闭，由国家组织的社会、经济或文化的旧模式已经遭遇严重质疑。因此，出现了对新的分析模式的需求，这些分析模式不能归化国家领域及其相关的静态块、平台或容器的笛卡尔式的空间图像。特别是自 20 世纪 80 年代初以来，全球化研究人员已经构建

① 这句话是苏贾(Soja 1989)《后现代地理学》(*Postmodern Geographies*)的副标题。

了各种非正统的、跨学科的甚至是后学科的方法论，这些方法论已经开始挑战“民族国家在社会想象力层面上的铁腕统治”（Taylor 1996：1923）。这一超越以国家为中心的认识论的广泛努力可以说是当代全球化研究的统一理论议程之一。

在当代全球化研究出现明显空间转向的背景下，本章批判性地考察了全球化研究者为超越以国家为中心的社会分析模式所做的努力。在实践中，这一目标比人们通常认识到的要困难得多，因为它不仅仅是需要承认跨国或全球进程正在变得越来越重要。相反，正如我在下面所提出的，要克服国家中心主义，就需要对将其理解为固定的、预先确定的社会关系容器或平台空间这一根深蒂固的观念进行全面的重新概念化。尽管近几十年来批判人文地理学家一直在努力打破这些假设，但作为静止、固定和稳定领域的空间概念（包含但并未被社会行动实质性地改变）仍然令人惊讶地遍及整个社会科学领域（Massey 1994）。[①]在当代全球化研究中，近几十年来关于社会空间性问题的争论也越来越多。甚至这些研究仍然基于非时间的地理假设，这些假设是从日益陈旧的、以国家为中心的资本主义发展构架中得出的。因此，对当代全球转型更充分理解的一个核心知识障碍，就是当前缺乏与既定政治经济地理区域内系统变革可能性相适应的社会空间历史的和动态的概念化。

超越以国家为中心的分析模式的挑战并没有就此结束。即使有效地克服了静态的、领域主义的社会空间模式，但如何更充分地将全球化的空间性概念化的问题仍然存在争议。那些成功地超越

---

① 亨利·列斐伏尔《空间的产生》（1991）代表了对这种“永恒”的空间概念最尖锐的批判之一。

了以国家为中心的地理假设的全球化研究者，一般都是这样做的，他们断言，由于所谓的去领域化过程，国家领域甚至地理本身目前正在减少、收缩或消失。所以，通过对国家概念的否定，以及更广泛地对社会生活领域层面的概念否定，可以确保与国家中心主义决裂。然而，我认为，这种方法论策略回避了至关重要的任务，即分析当代资本主义条件下正在进行的政治经济关系的再领域化和尺度重构。因此，在大多数关于去领域化的标准解释中，克服国家中心主义的目标是在对当前出现的社会空间形式进行严格的片面描述的基础上实现的。

与这些立场相反，本章提供了当代社会空间重构替代概念化的初步草图，并将在本书中详细阐述。这一论点的核心是，资本主义目前正在经历(a) 对整个 20 世纪大部分时间都盛行的国有化社会空间安排的超越；同时，(b) 新的、尺度重构的社会空间结构不能基于纯粹的领域主义、国家尺度的模型来进行有效描述。该论点的一个重要推论是声明以国家为中心的社会空间映射，严重限制了把国家作为当代全球重构的地点、媒介和代理人这一主要角色的理解。因此，超越以国家为中心的分析模式的努力，并不意味着否定国家作为政治经济调控主要场所的持续相关性。相反，这样的研究工程需要的是在当代地缘经济条件下，国家空间地理如何在各种地理尺度上进行转型的重新概念化。这种重新概念化是本书后续章节要追求的核心目标之一。

在下一节中，我总结了资本主义背景下社会空间重构的概念，这也是分析全球化辩论的基础。在此基础上，我发展了对国家中心主义认识论的解释，并指出了当代全球结构调整破坏以国家为中心的分析模式的各种方式。然后，通过对全球化研究的两个主要方面的批判性分析——“全球领域主义”方法和“去领域化”方法——我对当代全球重组做了另一种解释，认为这是一个矛盾的再领域化和尺度重构的过程，在这个过程中，国家机构发挥着关键的媒介和促进作用。最后一节概述了当代全球重组研究各种主要的方法论挑战，本书的其余部分将对此进行探讨。

资本主义的发展和社会空间架构的创造性破坏

"全球化"是一个充满争议的术语。一些研究者关注世界经济的变化，如 20 世纪 70 年代初布雷顿森林体系的解体、跨国公司重要性的增强、金融资本的放松管制、贸易和投资自由化、外国直接投资的大规模扩张、密集化部署的信息技术，以及长途运输成本和时间的减少。对一些学者来说，全球化伴随着对既定国家权力形式的各种威胁或转变。另一些人则强调新出现的集体认同、政治动员和侨民形式，这些形式往往通过新的信息技术进行调节，似乎动摇了作为日常社会关系中心的国籍原则。还有一些学者提出，全球化带来了世界范围内各种形式的民众意识和政治权威的巩固，为人类解放开辟了新的可能性。①

显然，这些方法和其他全球化方法的相对优劣，取决于它们作为参考特定研究问题和政治关注的分析工具时的相对有用性。然而，无论展望的是哪种特定的社会、政治、经济或文化进程，至关重要的是要避免将全球化视为单一的、包罗万象的、因果力量或最终

---

① 关于全球化的经济层面，见 K.Cox 1997；Knox and Agnew 1995；Boyer and Drache 1996；Daniels and Lever 1996；Dicken 1998；Ruigrok and van Tulder 1995；Wade 1996。关于全球化的政治层面，见 Cerny 1995；R.Cox 1987；Jessop 2002；Mann 1997；McMichael 1996；Strange 1996。关于全球化与文化形式和集体身份的转变，参考 Appadurai 1996；Featherstone 1990；Magnusson 1996；Marden 1997；Scholte 1996。关于全世界范围内的大众意识的出现，请参见 Robertson 1992；Shaw 2000；Albrow 1996。

状态的普遍趋势(Dicken, Tickell and Peck 1997)。全球化的概念首先是一个描述性的范畴,在最广义的层面上,表示世界范围内社会相互依存的空间扩展(Rosenberg 2000: 2)①。在某种程度上,如果世界范围内的社会相互依存正在增强,这种发展必须被解释为各种相互关联的趋势的合力,而不应被看作是单一的、内在一致的因果机制的表现。从这一角度出发,对全球化的充分分析必须区分支撑社会关系在世界范围内扩展的多方面的因果过程,同时要努力追踪这种过程在不同政治经济背景下的各种不平衡影响(Yeung 2002)。换句话说,"全球化是一个结果,不能简单地通过把全球化作为实现这一结果的过程来解释"(Rosenberg 2000: 2)②。因此,为了规避支撑当代全球化主流观点的许多"混乱"的前提和解释,需要大量的方法论反思(Jessop 1999c)③。

就目前而言,我的关注是:探讨当前这一轮全球重组对不断变化的资本主义地理结构的影响。因此,在更仔细地审视当代全球化辩论的地理轮廓之前,首先有必要解释一些关键的理论假设,这些假设是我对社会空间性和社会空间结构理解的基础。这种分析

---

① 该定义的五个版本来自 Giddens 1990,Hold 1995 and McGrew 1992。

② 除了在全球化研究中混淆因果关系的危险外,认识到关于这一主题的大众和学术话语在政治上有争议的特征同样重要。为了追求特定的政治和意识形态议程,全球化的概念已经由包括跨国公司、国家机构、非政府组织和反对派社会运动在内的各种行为主体和组织进行了战略部署。政治和战略方面,全球化这种话语,在影响人们对当代资本主义的认识方面发挥了巨大的强有力的作用,无论是否作为一种手段去采纳新自由主义的政策处方、促进国家机构重组、调整公司战略、重新诠释社会身份或组织反资本主义的抵抗运动(Kelly 1999; Kipfer and Keil 1995; Bourdieu 1996)。

③ 为了避免此类混淆,本章其余部分采用"全球重组"的术语,而不是简单地指"全球化"。与全球化概念形成对照:全球化的概念意味着存在一个单一的、统一的大趋势,而重组的概念则意味着一个不均衡、多面、多态和开放性的变革过程(Soja 1989)。但在讨论那些提出全球化概念的作者的研究时,我将继续使用这一通用术语。

的出发点是现代资本主义条件下社会空间形成过程的概念化(Lefebvre 1991)。按照这个观点,空间与时间和历史性并不对立,而必须被看作是后者的共同构成,是辩证的不可分割的瞬间。因此,虽然空间、领域、地理、地点和尺度等概念通常用来描述固定物体、既定平台或静态事物,但本书中把它们用作速记标签,以进行更精确(也许在文体上更麻烦)的术语表达——如空间化过程、领域化过程、地理生产、地方生产和尺度化。换言之,现代资本主义条件下社会空间的方方面面,必须被理解为社会不断竞争和变革这一动态过程的前提、场所和结果。这种概念化需要将传统的笛卡尔式的“空间即事物”或“空间即平台”观点与一种辩证的、社会建构主义的“空间即过程”的观点放在一起。为了文体上的方便,我继续使用标准术语空间、领域、地点和尺度,但必须强调的是,这些标签意味着正在进行的是空间化、领域化、地理塑造和尺度化过程,而不是固定的、预先给定的或静态的实体。二十多年前,苏贾(Soja 1980)用一个令人难忘的短语“社会空间辩证法”总结了这一重要的方法论观点。如今已广为人知的概念,列斐伏尔(1991)的“空间的生产”,其核心也是一个类似的观点。

任何资本主义背景下空间生产的研究,基本问题都是这种空间化、领域化、场所营造、尺度化等过程如何塑造和不断重塑地理景观。[①]在此背景下,基于哈维(1985,1982)对资本主义空间形态生产的概念化,我将以此作为检验当代全球重组形式的独特地理参数的基础。

---

① 这个问题长期以来一直是批判社会空间理论家关注的焦点,特别是在城市和区域研究以及地理政治经济学领域。这些讨论的详细概述和贡献包括 Benko and Strohmayer 1991;Gottdiener 1985;Hudson 2001;Katznelson 1992;Soja 2000, 1989;Storper and Walker 1989。

根据哈维(1985)的观点,资本主义迫切需要寻求更廉价的原材料、新的劳动力来源、新的产品市场和新的投资机会,从而消除积累过程中的所有地理障碍。马克思清楚地认识到了资本主义内部这种具有破坏性的扩张趋势,他将资本的全球化动力描述为“时间消灭空间”的驱动力,并认为世界市场是这种驱动力的历史产物及其地理表达(Marx 1973[1857]:539)。在马克思(1973:408)《政治经济学批判大纲》那个著名的公式中:“建立世界市场的趋势是资本本身固有的。每个限制似乎都是一个需要克服的障碍。”因此,对于哈维和马克思来说,资本同时面向时间加速(周转时间的持续加速)和空间扩张(积累过程中地理障碍的克服)。最近,哈维(1989c)将资本关系中的这些时空趋势称为“时空压缩”过程。只要它们消除了历史上特定的阻碍积累的领域,就可以说这些趋势体现了资本的去领域化瞬间。

同时,哈维坚持认为,减少资本在社会上的必要周转时间和扩大其空间轨道的理由必然取决于相对固定和不可移动的社会空间架构的生产。事实上,哈维认为,只有通过历史上特定的社会地理基础设施的生产(例如城市建成环境、工业集聚区、区域生产综合体、集体消费体系、大规模交通网络、远程通信网络和国家监管机构),时空压缩的进程才可以展开。从这个意义上说,每一个去领域化的瞬间都取决于一个同样重要的再领域化瞬间,在此瞬间,相对固定和不可移动的空间安排得以建立或修改,并以此作为扩展和加速资本轨道的基础。正如哈维(1985:149)所说,“克服空间的能力取决于空间的生产”。从这个角度来看,资本主义的历史演变已导致越来越多的老的先前的资本主义格局被特定的资本主义社会空间格局所取代,这是社会生产地理基础设施的“第二性质”,适合于特定条件下的资本运作(Harvey 1989b:191)。在资本主义背景下，这些社会生产的地理景观，我称之为“资本主义社会空间架构”，代表着一种基本的生产力量，它们作为特定类型社会活动的前提、竞技场和结果，在为整个资本循环过程提供后勤基础方面也发挥着重要作用（Swyngedouw 1992b）。资本主义社会空间组织的每一个框架都与历史上特定的不平衡发展模式紧密地交织在一起，因为它涉及对某些区位、地方、领域和尺度赋予系统性特权，而对其他区位、地方、领域和尺度进行边缘化或者排斥。

哈维将这些历史上特定的社会空间架构及其相关的不均衡发展形式称为资本的“空间修复”，即“在一个给定的生产和消费空间内倾向于[……]一种结构化的一致性”（Harvey 1985：146）。通过提供一个相对固定和不可移动的基础，在此基础上，资本循环的过程可以被加速、扩展和集约化，每个空间修复都需要“将时间约束转换为空间约束以实现积累”（Harvey 1982：416）。然而，哈维也坚持认为，没有一种空间修复能够永久解决资本主义普遍存在的地方性危机倾向。因此，社会空间架构只是在永久的社会空间变化背景下更广泛的、混乱的跷跷板上暂时的、长期不稳定的“动态平衡”（Harvey 1985：136）。在此基础上，哈维（1985：150）将资本主义的历史地理解释为一个不断重组的过程，在这个过程中，社会空间架构不断地被创造、破坏和重新构建：

> 资本主义发展必须在保留过去某一特定地点和时间所认可的价值观或使其贬值以开辟新的积累空间之间进行谈判。因此，资本主义永远努力在特定的时间点以其自身的形象和满足自身需求的必要条件来创建社会和自然景观，就像在以后的某个时间削弱、干扰甚至破坏该景观一样。资本主义的内在矛盾是通过地理景观的不断形成和再形成来表达的。这

是资本主义历史地理学必须不停地舞动的旋律。

对哈维来说，固定和运动之间特有的张力——“在克服空间的力量不断增强和为此目的所需的固定空间结构之间”（Harvey 1985：150）——为研究资本主义社会空间重组过程提供了分析的钥匙。资本主义的社会空间架构是以资本全球化机制这一历史的特定地理前提而生产的，但最终在系统性危机、撤资和制度重组的浪潮中被拆除、重组和再领域化。通过这种创造性破坏的动荡过程，陈旧的地理景观、制度安排和不平衡发展的形式被显著改变。通过主要资本派系努力分摊现有空间架构的全部价值，达到“洗掉过去投资的沉重负担”并争取开启新的积累可能性的目的（Harvey 1989b：192—194）。

在过去二十年中，哈维关于资本主义制度下创造性地破坏社会空间架构的方法在地理政治经济学、城市和区域研究以及社会空间理论领域具有深远的影响。我的研究目标是强调其解释通常被归入“全球化”范畴的各种重组过程的含义。如前所述，全球化是一个多方面的概念，其核心是指世界范围内空间相互依存关系的扩展。虽然将这种趋势减少到任何单一的因果机制显然是有问题的，但哈维对资本主义社会空间架构的概念化为解释全球化核心的时空机制提供了强有力的分析基础。从这个角度来看，当代的全球结构调整可以解释为去领域化、再领域化和不平衡地理发展长期的最新历史表现形式，这是现代资本主义空间性生产的基础（Harvey 1995）。与前几轮危机引发的社会空间结构调整一样，当代的全球变化带来了一个多方面的辩证的过程，通过这个过程，(a) 商品、资本和人员在地理空间中的流动得到了扩展和加速；(b) 相对固定和不可移动的社会-领域基础设施为了激活这种扩大的、加速的运动而生产或改变；以及(c) 在不同的空间尺度上系统地改变了不平衡地理发展的旧模式。因此，正如早期资本主义的创造性破坏一样，当代的全球结构调整建立在去领域化和再领域化趋势之间多尺度的、辩证的相互作用的基础上。

下面，通过对全球化文献主要流派的批判性分析，我将更详细地阐述当代全球结构调整的概念。上述理论化的六个初步含义值得特别强调。

1. 当代形式的全球结构调整代表着社会空间变化的矛盾、不平衡和辩证过程，而不是一种静态的终结状态。
2. 当代全球结构调整的过程既是空间的(基于对旧的社会空间架构的重新配置)，又是时间的(基于资本社会平均周转时间的加速)。
3. 当代的全球结构调整过程同时在多个相互交织的地理尺度上展开——不仅在全球空间内，还在不同的亚全球空间中生产和重构，例如超国家集团、国家、区域、城市、地方和社区。
4. 这些多尺度变化并不意味着彻底抹去了旧的社会空间架构，而是它们的功能、制度和地理的重新定义：因此，它们以连续性和变化的复杂结合为前提。
5. 当前的去领域化和再领域化过程源于各种各样的政治经济原因，其中包括公司积累战略重组、巩固新自由主义、放松金融管制、加速的技术变革、新的人口流动、地缘政治变化和全球劳动力的转变，而不是单一的大趋势(Harvey 1995；Jessop 1999c)。在不同的政治经济背景下，其影响也各不相同。
6. 最后，也是最关键的一点是，必须将国家领域视为当代全球重组形式的重要地理舞台和媒介，而不是这些进程中被动的或无助的受害者。

最后一点对我的论点特别重要。虽然许多学者有效地强调国家在促进当代地缘经济一体化方面的积极作用[①]，但本书中关注的是探索国家制度在国家和国家以下空间尺度上与资本有关的领域化运作。因为，就像城市群一样，国家长期以来一直作为相对固定和不可移动的(再)领域化形式进行连续的时空压缩，特别是自19世纪末第二次工业革命以来(Lefebvre 1978；Brenner 1998a)。在此期间，随着国家发展主义政治体制的巩固，国家在资本主义扩张的促进、监管和融资方面变得越来越重要——最重要的是国家在工业生产、集体消费和长途市场交换、运输以及通信等大规模地理基础设施建设中发挥作用(参见第三章)。从这一角度来看，19世纪末20世纪初的地缘经济一体化形式，需要巩固国家作为加速资本循环领域化的脚手架和作为国家以下和超国家尺度之间的制度接口的作用。在此期间，全球化和(国家)领域化的进程同步进行，并以强有力的方式相互加强(Goswami 2004)。

下文中我将论证，在当代地缘经济条件下国家继续作为资本主义社会关系的主要领域化运作形式，但这一国家组织的领域化进程的尺度地理已经从根本上得到了重构。这种进展系统地破坏了以国家为中心的政治经济空间的传统观念。但是，这种以国家为中心的设想需要什么样的地理假设呢？现在我转向这个问题。

被隐藏的地理和国家中心主义认识论

20世纪中叶，作为一名年轻的集邮家，我按政治管辖权

① 参阅 Helleiner 1994；Panitch 1994；Radice 1999；Sassen 1996；Scholte 1997；Sites 2003；Weiss 1998。

对邮票进行分类。我将注意力集中在技术和象征性的国家形式上，通过这些形式进行了国内和国际交流。许多社会科学以同样的方式对社会关系进行分类，只是假设社会边界与国家边界重合，并且社会行为主要发生在这些分类之内，其次是发生在这些分类之间。社会关系由国家社会来代表，而国家社会被认为是它们的框架。正如我收集国家邮政系统的各种临时信息一样，社会科学家也收集了独特的国家社会形式。

马丁·肖（2000：68）

嵌入的国家主义包含了一个显著的地理假设，即所有重要的人类社会活动共享完全相同的空间。这种空间上的一致性可以简单地表述为：社会学家研究的“社会”、经济学家研究的“经济”和政治科学家研究的“政治”，它们都有一个共同的地理边界，即国家的边界。无论社会理论多么抽象，都是对国家社会的描述；无论经济模型多么量化，都是对国家经济的描述；无论政治学多么行为学，都是对国家治理的争论。

彼得·泰勒（2000：8）

阿格纽（1995）质疑社会科学中有关空间、领域和地方的最新讨论是否构成了一个成熟的“社会空间转向”，阿格纽认为，就社会科学而言，它始终被历史上特定的地理假设所渗透，“复兴”的概念或空间影响力的“重申”毫无意义[①]。虽然我认为当代全球化研究

① 阿格纽批评的主要目标显然是苏贾的《后现代地理学》(1989)，文中主张战后社会科学中“历史决定论”对空间关注的支配。苏贾最近的著作(1996)保留了他关于“社会理论的空间再认识”的观点，即使在历史主义的分析模式中，也要承认地理假设的存在。

确实以新的强度面对了社会空间性的问题，但本节为阿格纽的论点提供了支持。正如肖和泰勒的上述陈述所指出的，以国家为中心的方法并不排除地理因素构成空间化的社会科学；相反，一个独特的历史空间本体位于其核心。

在我看来，国家中心主义可以被最准确地定义为三个最基本的(即使通常是隐含的)地理假设：(a) 空间作为一个静态的社会行动平台的概念，其本身并不构成或改变社会；(b) 假设所有社会关系都是在领域上自封闭的空间容器中组织起来的；(c) 假设所有社会关系都是在国家范围内组织起来的，或者正在经历一个国有化的过程。[①]第一个假设导致了空间被视为永恒的空间拜物教，因此不受历史变化的影响。第二个假设导致了方法论的领域主义，在这种领域主义中，空间封闭原则被视为社会关系的必要空间形式。第三个假设产生了一种方法论的国家主义，在这种方法论中，国家尺度被视为社会关系本体论的主要场所。综上所述，这些假设产生了一个社会发展的内部主义模型，其中国家领域被假定为一个静态的、固定的和永恒的历史性容器(图表 2.1)。尽管这三个假设都已渗透到主流社会科学中，但是当将空间拜物教的假设与方法论的领域主义或方法论的国家主义联系起来时，按照这里提出的术语，任何给定的分析模式都可以说是以国家为中心的。

---

① “以国家为中心”一词在“使国家回归”的文献中有着不同的含义，其中以国家为中心的方法与以社会为中心的方法形成了对比。在这些讨论中，以国家为中心的理论强调国家的自治制度力量，而不是社会或阶级力量。关于这一文献的批判性综述，见 Jessop 1990a：278—306。与这些文献相比，这里提出的国家中心主义概念是指一种更为普遍的社会空间本体论，它隐含在整个社会科学的广泛研究范式中。

图表 2.1　国家中心主义认识论：三个核心的地理假设

空间拜物教	社会空间的概念是永恒的和静止的，因此不受历史变迁的影响
方法论的领域主义	假定所有社会关系都是在自封闭、有边界的领域内组织的
方法论的国家主义	假定所有社会关系都是在全国范围内组织或正在被国有化

以这种方式定义，一种以国家为中心的认识论从 19 世纪末开始就渗透到现代社会科学中了。毫不奇怪，政治学在社会科学中一直是最明确的国家中心论。国家被视为政治上的主权和经济上自我推动的实体，国家领域被理解为所有次国家和超国家政治经济进程的基本参照点，国家被视为社会的容器，而国家间体系则是根据“国内”政治和“国外”关系之间的区别绘制的，在这种区别中，国家边界被称为“内部”和“外部”的分离（Agnew 1994；R. B. J. Walker 1993）。然而，至关重要的是，上述定义使得国家中心主义问题远远超出了直接关注国家运作和政治生活的调查领域，扩展到人类学、社会学和经济分析的各种模式，在这些模式中，国家的概念甚至可能都没有明确的界定。事实上，如上所述，一种以国家为中心的认识论可以说是社会学（由于它关注全国性的后现代地理学社会和社区）、人类学（由于它关注有界的、领域化的文化）和宏观经济学（由于它关注据称是自给自足的、自我推动的国民经济）等重要分支的基础。

首先，按照传统的观点，社会概念意味着社会关系的边界在空间上与国家的边界是一致的（Giddens 1984；Urry 2000）。即使社会的概念没有明确地按照国家的边界来定义，但它仍然被广泛地理解为领域上的自我封闭实体，本质上是国家界定的社会的次国家级复制，是其在较小的空间尺度上的地理模拟（Agnew 1993；

Häkli 2001;Pletsch 1981)。其次,尽管人类学在战后区域研究出现之前避免了这种明确的国家中心主义形式,但纵观其历史,大多数学科仍然预设了一个领域化的文化概念,即一个地方化的、空间固定的社区(Gupta and Ferguson 1997;Malkki 1992)。最后,从史密斯和里卡多到李斯特、凯恩斯和当代货币主义者,宏观经济理论长期以来一直将领域化的国民经济视为其最基本的分析单位,即生产、交换和消费的预构容器,也就是说在空间上与国家的领域边界是重合的(Radice 1984)。虽然贸易理论始终包含明确的国际层面,但这一点也明显以国家为中心,因为国家被视为生产要素转移和衡量比较优势的主要地理区域(Taylor 1996:1925)①。

这种非历史性的空间概念可以被有效地描述为以国家为中心的认识论,因为其广泛的知识合理性是以现代国家特定的国家/领域形式的自然化为前提的。领域性在社会生活中最基本的特征之一是它作为一种基于空间的分块和封闭的战略作用(Sack 1986)。然而,在现代国际体系中,领域性具有特定的历史地理意义。随着中世纪晚期欧洲封建等级制度的解体,政治空间开始按照国家对自我封闭领域的专属控制来组织(Spruyt 1994)。这种发展在1648年的《威斯特伐利亚和约》中得到制度化,该和约承认存在着由主权民族国家统治的、毗邻的、有界的领域组成的国家间体系,这些国家奉行互不干涉内政的原则。这种转变的结果是将政治、

---

① 正如泰勒(1996:1922—1923)所指出的,直到最近,即使是人文地理学学科也复制了这种领域化的、以国家为中心的概念取向,无论是关于城市尺度(城市生态学和城市系统研究)、国家尺度(政治地理学)还是跨国尺度(地缘政治学)。由于其无政府主义、反国家主义根源于理论家伊莱丝·雷卡斯和彼得·克罗波特金的作品,古典区域地理学为这种趋势提供了一个例外,因为区域被视为生态分隔的特定环境,而不是国家领域的亚单位。同样,在历史学科的主要分支中,以空间为背景的特殊概念可以替代以空间为容器的概念,而该概念主导着其他以非理性为导向的社会科学。

经济和军事力量长期封闭在全球尺度内相互排它但地理上连续的国家领域的网格中。领域与国家主权的捆绑可以说是现代国际体系的基本特征(Gottmann 1983; Ruggie 1993; R. B. J. Walker 1993)。在这一制度中,政治权威的基础是:(a)国家权力的领域化,即每个国家都试图对划定的、自我封闭的国家空间行使专属主权;(b)领域国家形式的全球化,即整个地球在毗连的国家之间逐步细分不重叠的国家领域。

显然,领域性概念是一个多义范畴,并不是所有的都是指统计意义上的全球和国家地理。然而,自19世纪末以来,社会科学已经开始以一种领域主义的、国有化的社会空间形象为前提,这种社会空间形象源自在现代国际体系中产生并不断在国家范围内重新确立的领域主权关系。到20世纪中叶,现代社会科学的每个概念构建模块,尤其是国家、社会、经济、文化和社区的概念,都已经假设了同一时期在分散的、固定的并且基本上是永恒的地理空间内社会关系的同时领域化和国有化。由此产生的以国家为中心的认识论要求将历史上独特的现代国际体系的领域和尺度架构转换为社会空间组织的广义模型,无论是否关乎政治、社会、经济或文化过程。在这个框架内,社会历史的变化被认为是发生在国家、社会、文化或经济的固定领域边界之内,而不是通过边界、尺度轮廓和假定的政治经济实践的转变而发生。以国家为中心的分析模式在20世纪引起了一定的怀疑,因为它们的“空间前提”进入了“常识”领域,在这种情况下,研究被认为既是不必要的,又是毫无根据的(Taylor 2000:6)。[①]

---

① 这不是分析复杂制度史的地方,通过这些制度史,这种以国家为中心的认识论逐渐获得社会科学探究模式的霸权,特别是在战后的美国,以及欧洲、苏联和第三世界的大部分地区。在此,我的关注点不是研究国家中心主义的制度整合,而是分析

特别是从21世纪早期的角度来看，认识到国家中心主义认识论不仅仅是幻想或意识形态的投射，这一点至关重要。事实上，其广泛的学术上的合理性源于19世纪末和20世纪初的历史地理背景，当时社会科学首次出现。在此期间，领域国家在其边界内"促进"社会经济和政治文化关系的作用显著（Mann 1993；Maier 2000）。尽管这种国家发展架构的血统可以追溯到18世纪末，当时英国的领域经济取代了阿姆斯特丹的城市中心经济，但最重要的是在20世纪，国际体系开始运转，就像"吮吸漩涡"一样（Taylor 1994：152；另见 Braudel 1984）。英国在19世纪通过将帝国主义的扩张与贸易自由化相结合来使一个自我调节的世界市场制度化的尝试，最终导致了一种反补贴的"大变革"，在整个西欧和北美逐渐建立了自给自足的、贸易保护主义的监管框架（Polanyi 1957）。在这些条件下，正如麦克迈克尔（McMichael 1987：223）所指出的，"世界市场被国家内部化，国家[……]成为资本再生产的源泉"（引自 Radice 1998：267）。国家有组织的管制形式随后得到巩固，成为"有组织资本主义"的体制基础，这就是20世纪初至70年代

其主要地理前提的特征。关于国家中心主义的制度史，参阅 Pletsch 1981；Pala 1996；Wallerstein 1996。

在这种情况下，还必须指出，古典社会科学中这些以国家为中心的趋势，与一种相反的，甚至很大程度上是地下的"全球主义"理论研究流派不协调地共存着。这种全球主义的分析模式是在19世纪和20世纪初马克思的资本积累理论和列宁、卢森堡与布哈林发展的帝国主义理论中阐述的。虽然马克思社会理论的主要线索最终也注入了以国家为中心的假设（例如国家尺度是阶级斗争的主要战略据点），但这一知识传统被认为是古典社会学话语中对国家中心主义最重要的替代。第二次世界大战之后，出现了各种非马克思主义的国家中心主义替代方案，包括历史学的年鉴学派和诺伯特·埃里亚斯的形态社会学。除了这些研究，泰勒（1996：1918—1919）还发现了19世纪晚期各种不同于以国家为中心的空间概念的背景论选择，例如独特的历史学方法和马歇尔式的侧重于城市-区域集聚问题的经济分析。

初盛行的全球积累制度(Lash and Urry 1987)。二战后,在美国全球霸权、冷战地缘政治分歧、布雷顿森林全球货币体系和新非殖民化国家不结盟运动的旗帜下,国家发展主义实践和意识形态在整个世界体系中得到进一步巩固,基于这样一个概念,即每个国家都将通过一个线性的、内部定义的、自我推动的现代化进程来指导本国的社会和经济(McMichael 1996)。在这一国有化但也全球化的政治地理范围内,国家的组织世界原则允许一种令人宽慰的、可理解的观点,即政治被经济命运所捆绑,所有这些政治都坐在一艘名为"国民经济"的大船上,在一场世界性的帆船赛中与其他国家经济体竞争(Reich 1991: 4—5;引自 Larner and Walters 2002: 401)。

这种在全国范围内加强的社会关系领域化表明,"社会科学以国家为中心的性质忠实地反映了支配它所研究的社会世界的权力容器"(Taylor 1996: 1920)。然而,前面概述的资本主义社会空间结构的理论指向了一种不同的解释:从这个角度来看,国家中心主义认识论与其说是对历史地理背景的忠实反映,不如说是对该背景的政治介导的错误认识。国家中心主义认识论与 19 世纪末 20 世纪初出现的国家发展主义的领域化和再领域化紧密结合在一起。一方面,随着第二次工业革命、世界经济的全球化扩张和主要资本主义国家的帝国主义掠夺,时空压缩过程迅速加剧。另一方面,资本主义在空间上的急剧扩张和时间上的加速是以新的资本主义社会空间架构形式的建设为前提的,最关键的是包括主要工业城市-区域的生产、分配和消费的基础设施;新的日益巩固的市场交换、运输和通信的国有化网络;以及国家高度官僚化的制度监管体系。我认为,以国家为中心的分析模式的本质,是把一个单一的术语集中在领域化和再领域化的辩证法中,即领域稳定性,体现在国家有边界的、领域化的形式中。

列斐伏尔(1991：280)的分析将现代国家视为一种“指向空间的暴力”，这有助于阐明领域主义的错误认识。列斐伏尔认为现代国家建立在一种无懈可击的动力基础上，在其领域范围内使社会关系合理化、统一化和同质化：“每个国家都声称创造了一个空间，在这个空间里，某件事是完成的，甚至某件事是完美的：即一个单一的同质社会。”(Lefebvre 1991：281)但正如列斐伏尔(1991：308)所言：“同质化的空间……并没有同质化。”以国家为中心的分析模式的基本认识论特征之一是，将其在全国范围内对社会关系进行领域化的历史趋势与完整的历史认识相混淆，这种趋势在20世纪的大部分时间里无疑得到了加强。因此，领域化和国有化的过程被描述为社会生活的自然条件，而不是被视为国家范围内的条块化、集权化、封闭化和包围化这一历史特定战略的产物。因此，正如列斐伏尔(1991：287)所阐述的现代资本主义的“抽象空间”：

> 抽象空间不是同质的，它只是以同质为目标，以同质为取向，以同质为“透镜”。而且，事实上，它导致同质化。但它本身是多种形式的[……]因此，把抽象空间看作是同质的，就是包含一种表现形式，这种表现形式对原因起作用，而目的则是追求目标的原因。当只是一个图像、一面镜子和一个海市蜃楼时，它就是作为一种概念的表示形式；而不是挑战，不是拒绝，只是反思。这样的镜面呈现反映了什么？它反映了所寻求的结果。

只有在这个特定的意义上，国家中心主义认识论才反映了它的历史-地理背景——不是通过模仿的操作，而是通过一种“寻求结果”

的关系形式，这种“为国家服务的空间拜物教”被视为一个现实，而不是一个不稳定的持续的辩证趋势(Lefebvre 1991：21)。

因此，关键的一点是，在任何空间尺度上，领域化都必须被视为一个特定的、不完整的和矛盾的历史过程，而不是一个既有的、自然的或永久的条件。如果国家尺度(或任何其他地理尺度)获得了作为社会、政治和经济关系的组织舞台的有限性，就必须被视为特定尺度工程和战略的历史或结果，而不是一种本体论必要性的表达。相比之下，以国家为中心的认识论把国家领域的形象冻结为社会的普遍特征，而忽略了在资本主义发展史上社会领域的产生和不断变化的方式。

领域性的尺度重构：从全球化到尺度的相对化

正如本章开头所指出的，自 20 世纪 70 年代初以来，资本主义的地理发生了深刻的变化，导致许多评论家认识到政治经济空间的旧形式是由社会产生的，因此具有延展性。史密斯(1996：50—51)恰当地描述了这种状况：

> 20 世纪不同尺度资本主义的地理稳固性已经融化；关于世界的惯常空间消费已经蒸发了[……]如果说世界地图就像拼图游戏一样在过去二十年里被抛在空中，那么我们就可以构建一个从身体与地方变化到全球认同的可行的地图。在这种情况下，被视为领域主义的空间是无法维持的。空间越来越成为一种丰富的政治和社会产品，而将拼图游戏重新组合在一起(无论是在实践中还是在理论上)是一件备受争议的事情。

史密斯的表述使人们感到宽慰,可以说这是当代全球化研究的核心方法论挑战之一,即可以用超越以国家为中心的认识论这一“习惯性空间假设”的方式来绘制当代资本主义的地域图。由于20 世纪资本主义的地理基础尚未稳固并需要重塑,因此迫切需要一种分析框架,该框架不应将社会学想象力牢牢地笼罩在永恒的、领域主义的和非历史性的社会空间表征之中。

然而,到目前为止,多数全球化研究都以两种问题严重的方式面对这一方法论上的挑战:(a) 或者通过以国家为中心的含蓄方式分析全球尺度,将其作为一个全球延伸的领域网;(b) 或者通过强调领域化的进程,据称这会导致国家领域的侵蚀。前一种方法将以国家为中心的空间映射转移到全球尺度,因此仍然局限于对当代资本主义狭隘的领域主义理解。后一种方法基于两个同样有问题的假设,超越了国家中心主义的领域主义认识论:(a) 全球化本质上是一个非领域、无边界、超领域或领域分离过程的概念;(b) 全球化是导致国家权力收缩或削弱的概念。在本章的剩余部分,我认为这两种方法论策略都不能提供当代社会空间转型的充分映射。在这个讨论过程中,我也开始勾勒出当代尺度重构进程的一般解释,并将在本书的其余部分详细阐述。

我的论点的核心是这样一个命题:当代全球结构调整从根本上重新确立了资本主义领域化进程,使国家尺度的首要地位相对化,同时增强了国家以下和超国家尺度在这类进程中的作用。可以说,当代一轮全球化代表着一股新的去领域化和再领域化浪潮,在这股浪潮中,全球社会经济相互依存关系随着建立或重组相对固定形式的资本主义社会空间组织而在不同的亚全球地理范围内得到了显著扩展。相对于 19 世纪末以来的国家架构模式,这种去领域化和再领域化机制的政治经济地理学如今已经从根本上得到了调整。前几轮去领域化和再领域化主要是在国家领域的地理框架内发生的，而当前这一轮的社会空间结构调整却大大分散了作为资本领域化主要制度场所的国家尺度的作用。

科林格(1996)将这些多方面的转变描述为“尺度的相对化”，其中与早期资本主义社会空间组织架构形成鲜明对比的是，目前没有一个单一尺度的政治-经济互动水平占绝对主导地位(另见Jessop 2002)。随着这一尺度相对化进程的迅速推进，一系列次国家级和超国家级的社会空间架构——从全球城市-区域、工业区、区域政府机构到跨国经济区、超国家监管机构、全球治理制度——已成为全球资本主义再生产的地理基础设施。斯温格杜(1992a：40)用类似的术语描述了当代的尺度变换：

> 在过去十年左右的时间里，国家在尺度层面上的相对主导地位已经发生了变化，让位给了新的架构，地方/区域和跨国/全球都已变得更重要。跨国公司、全球金融运动和全球政治在日常生活结构中起着决定性的作用，同时也更加关注地方和区域的反应和重组过程。换句话说，双重运动发生在一方面是全球化，另一方面是权力下放、去中心化或本地化的过程中。当代结构调整过程中本地/全球的相互作用应被视为一个单一、整合的过程，其中有两个内在相关的过程，尽管是矛盾的运动，但事实上是一个重新调整经济和社会生活地理尺度的过程。

对斯温格杜来说，这些尺度重构的过程代表了一种“全球本地化”(glocalization)的矛盾机制，在这种机制中，全球社会空间整合与一种普遍的三位一体、区域化和本地化的社会关系同步进行。[①] 从这个意义上说，“全球化不仅是一个尺度变得比其他尺度更重要；它还涉及尺度之间关系的本质变化”(Dicken，Tickell and Peck 1997：159—160)。图表 2.2 中概述了尺度的相对化和全球本地化的核心概念。

图表 2.2　作为尺度重构进程的全球化：两个核心概念

尺度的相对化 (Collinge 1996；Jessop 2002)	国家尺度的政治-经济组织根深蒂固的首要地位正在被破坏 新的社会空间格局和社会政治斗争地理正在超国家和次国家范围内激增 任何尺度的政治-经济组织或社会政治斗争都不能凌驾于其他尺度之上
全球本地化 (Swyngedouw 1997，1992a)	全球一体化进程正在与不同的亚全球规模(包括超国家、国家、区域和城市)的社会空间架构重组中进行 政治-经济生活的尺度组织正在从根本上重塑；根深蒂固的尺度层级正在重新构建；关于社会、经济和政治生活中的恰当的尺度构架，正在产生大量激烈的斗争

① 另见斯温格杜 1997，2000a。根据罗伯逊(Robertson 1994：36)的说法，“全球本地化”一词起源于日本的商业话语，20 世纪 80 年代被用作一个营销术语，用来描述全球企业战略适应当地特定条件的情况。然而，这一术语并非毫无问题，尤其是因为它明显意味着全球和地方两个地理尺度支配着当代的尺度重构过程。和斯温格杜一样，我反对这种对当代空间转换的狭隘观点，坚持认为全球化的本质是多尺度的。因为除了全球和地方，包括身体、城市、区域、国家和超国家在内的各种其他尺度，也同样是目前正在展开的尺度重构进程的关键领域和目标。此外，在当代条件下，每一个尺度的政治、制度和文化表达都在进行显著的重新定义，从而破坏了任何将尺度视为稳定的、固定实体或平台的概念语法。尽管存在这些分析上的危险，但全球本地化的概念是有用的，因为与尺度相对化的概念一样，它强调了在当代资本主义条件下，老的尺度等级制度正在以何种方式被动摇并被重新调整。关于其他学者对全球本地化的讨论，可参考 Courchene 1995；Galland 1996；Bauman 1998；Kraidy 1999。

尺度重构过程的主要结果是，将表面上僵化的、根深蒂固的国家领域性的固定性突然地、显著地推向了历史运动，并从根本上重新定义了其地理意义、组织结构以及与地方和超国家尺度的联系。领域化进程仍然是资本主义的特有现象，这些进程在 20 世纪大部分时间里都发生在全国范围内，但今天迅速地延伸到其他地理尺度。因此，国家领域目前不是作为一个同构的、自封闭的绝对空间块来运作，而是作为一个由多个部分重叠的制度形式和既不一致、不相邻也不相同的监管结构组成的多态的、多尺度的制度镶嵌体（Anderson 1996）。我认为国家领域性的尺度重构是当前正在展开的全球社会空间结构调整的一种特殊性。尽管当代形式的去领域化已部分侵蚀了国家边界的容器性质，但我认为，国家继续作为社会、政治和经济关系领域化的重要政治与体制场所及调节者在运行。关键是，这一领域化进程的政治-经济地理不再主要集中在任何单一的、自封闭的地理尺度上。

接下来的两部分，我通过对上述两大全球化研究方向的批判性分析，进一步发展了国家领域性尺度重构的概念。因为如此多的全球化研究仍然是建立在以国家为中心或其他问题严重的地理假设之上，我认为针对当代社会空间转变的考察来发展一种地理上更具自反性和尺度敏感性的方法，这种认识论批判是一个关键前提。

全球领域主义：世界尺度层面上的国家中心主义

> 真正令人吃惊的是，国际政治系的学生对领域概念的研究如此之少：这种漠视就好比从不看自己所行走的地面。
>
> 约翰·鲁杰（1993：174）

所有关于全球化的论述都包含着某种说法，即全球尺度作为社会关系的一个组织中心已变得越来越重要。而且，全球化研究者对全球尺度的重视与全球社会空间的不同概念交织在一起。本节讨论全球化研究的方法，这些方法基本上是以国家为中心，将全球空间视为一个预先形成的领域容器或延伸到全球尺度的一种领域形式。

我称之为"全球领域主义"的这类方法论的运用通常是相当明确的，正如阿尔布鲁(Albrow 1990：9)将全球化定义为"世界人民融入一个单一的世界社会、一个全球社会的那些过程"。"世界社会"的概念在全球化主流研究的主体部分中起着决定性的作用，根据这一概念，全球化不仅意味着全球不同地区日益相互关联，而且在瓦特斯(Waters 1995：3)的特征表述中，还意味着"一个占领地球的单一社会和文化"的构建。[①]其他全球化研究人员对"全球文化"和"跨国公民社会"进行了类似的阐述。[②]

在每种情况下，修饰语"全球"都位于传统的以国家为中心的、领域主义的概念(社会、公民社会或文化)之前，以便划定超越任何单个国家领域边界的社会互动范围。无论是从规范的角度(如作为人权、平等、和平以及民主等普世价值观的场所)，或是从制度的角度(如作为全球标准化经济、政治、教育和科学实践的框架)，还是从经验的角度(例如作为美国、欧洲或西方文化影响的全球传播)，世界社会的做法有一个共同的基本概念，即全球空间是国家领域的结构化模拟。全球空间的解释，是直接从对国家社会和民

① 关于全球化研究者中"世界社会"概念的其他典型用法，见 Spybey 1996；Hondrich 1992；Meyer 1999；Meyer et al.1997；Shaw 1992；Waters 1995。关于这种方法的批判性讨论，见 Marden 1997；McGrew 1992；Altvater and Mahnkopf 1995。

② 见 Lipschutz 1992；Peterson 1992；Spybey 1996；Wapner 1995。

族文化的领域构成空间的理解中得出的，社会空间组织的世界尺度过程定性问题，本质上是通过一种概念语法的选择来进行排除。因此，社会空间的全球架构与国家架构之间的差异被缩小到地理尺度的大小上。同时，由于全球化主要被理解为一个世界尺度的过程，因此无法明确分析国家和次国家领域转型在当代全球结构调整过程中的作用。从这个意义上说，即使其分析单元扩展到国家领域边界之外，世界社会的方法仍然植根于以国家为中心的认识论之中，这种认识论把全球和国家尺度上的空间视为社会关系的永恒的领域容器。全球预先设定的地理空间只是由与全球化进程相关的社会实践所填补，而不是通过全球化产生、重构或改造。

罗伯逊在《全球化：社会理论与全球文化》（*Globalization: Social Theory and Global Culture*，1992）一书中阐明了全球化的新帕森斯文化社会学理论，例证了一种不太明确但仍具有广泛影响力的全球领域主义方法。[①]在这里，全球空间的特点不是直接以国家为中心的术语，例如社会或文化，而是通过地理上比较模糊的地点和场所来分类。对罗伯逊来说，全球化是一个多方面的过程，它导致了“全球单一性”局面的形成——世界的发展“作为一个地方”或“整个世界的具体结构”（6，53）。罗伯逊对全球化的分析包括一个共时方面（“全球视野”的“维度模型”）和一个历时方面（“全球化的顺序阶段模型”）。罗伯逊认为，全球视野是组织世界社会文化概念的基本结构矩阵；其组成部分是“可能影响世界感受的术语的典型特征”（32）。罗伯逊把后者分为四个基本维度，“社会、个人、社会的系统和人类的系统”，它们共同构成了“全球-人类状况”（26，77—78）。全球化随之被定义为这些维度之间关系提升的“自

① 以下两段中的所有附加说明引用均指本著作。

我意识”，进而导致“全球化主要领域的差异化”(26—29，50—51)。罗伯逊精心设计了五个阶段，来描述这种世界历史向“全球一体性”加剧的趋势：“萌芽”阶段(15 世纪至 18 世纪)；“初期”阶段(18 世纪中叶至 19 世纪 70 年代)；“起飞”阶段(19 世纪 70 年代至 20 世纪 20 年代)；“争夺霸权”阶段(20 世纪 20 年代至 20 世纪 60 年代)；以及“不确定性”阶段(20 世纪 60 年代至今)(58—60)。

尽管罗伯逊专注于分析世界尺度的过程，但他的分析再现了以国家为中心的全球空间概念化：一个永恒的领域框架，其中包含历史性，而本身并没有历史的演化。首先，罗伯逊将全球尺度视为一个自我封闭的领域容器，在这个容器中出现个人、社会、社会间关系和人类的结构差异：“全球化”从本质上被视为(国家)领域的宏观地理形式。因此，正如上面讨论的世界社会方法所构想的那样，全球化需要在“整个世界”的尺度上相互融合预设的法理社会和礼俗社会结构，而不是对这些旧的国家形式的领域组织进行全新的结构调整、再领域化或尺度重构。其次，罗伯逊的全球空间概念本质上是非历史性的。罗伯逊用正统的帕森斯学说分析了个体、国家、社会和“全球-人类状况”之间不断变化的相互依存关系，认为这是预设空间尺度之间结构性分化的单线性进化过程(Parsons 1971)。但是，他认为这种全球空间并不是在历史上得以构成、修改或转变的。相反，全球领域被视为一个不变的系统等级，从个体和社会延伸到国际体系和全球人类状况。在罗伯逊的理论中，全球化过程贯穿了每一个组成部分，但没有从性质上改变它们或它们所嵌入的尺度层级。因此，通过将当前正在发生的全球转变纳入一个普遍的、历史上不变的结构分化过程中，罗伯逊的分析排除了固有的可能性，即根深蒂固的尺度层级或其他定性的社会空间转变在任何地理尺度上都可以进行基本的重构。罗伯逊的全球化文化社会学要求将以国家为中心的分析模式转移到世界范围，而不是超越它们。

在沃勒斯坦的世界体系分析方法中，可以找到一种截然不同但同样存在问题的全球领域主义形式，要不然这将是社会科学中尚待发展的以国家为中心框架的最为持久的批判。通过证明资本主义的生存期和宏观地理参数，沃勒斯坦的开创性研究也对 20 世纪 70 年代后全球化浪潮过度现世主义的解释进行了有益的纠正，这些解释夸大了全球化与资本主义发展早期历史架构的不连续性。[①]尽管取得了这些重大成就，但我认为，沃勒斯坦的理论框架，在全球尺度内复制了他以其他方式如此有效地批评过的以国家为中心的认识论这一方法论领域主义。为了详细说明这一点，必须更仔细地研究沃勒斯坦的世界体系分析方法中全球空间与国家领域性的交集。

沃勒斯坦将资本主义概念化为建立在单一劳动分工基础上的地理综合历史体系。全球空间不是由社会、文化和地方组成的，而是根据"现代世界体系"在地理和历史上更具体的概念来定义的。尽管沃勒斯坦在多个层面上定义了资本主义世界体系，例如，在不断积累的动力方面；生产、分配和投资过程的商品化；以及资本家和工资劳动者之间的对立阶级关系。他一再辩称其独特的尺度形式是其构成特征之一。[②]世界体系与以往的历史体系（"世界帝国"）相反，在历史体系中，劳动分工、国家权力和文化形式或多或少地在相同的领域范围内完全重叠，资本主义由"单一的劳动分工

① 参见沃勒斯坦 1974，1980，1989，2000。关于世界体系分析中空间的特定问题，请参见沃勒斯坦 1988。

② 关于沃勒斯坦著作中对资本主义的各种定义，请参见沃勒斯坦 1983：13—19；1979：7—19；1974：37—38，348。

但多重的政体和文化”组成。[①]正是通过两个几何图像之间的抽象对比——世界帝国中的劳动力分工在空间上与政治文化组织的结构一致;世界经济中的一个单一的劳动分工涵盖了多个国家和多种文化形态——沃勒斯坦描绘了现代资本主义的地理基础。本质上,沃勒斯坦通过经济结构(“单一”)与政治制度和文化形式(“多重”)的领域不一致的角度来把握资本主义空间的特殊性。沃勒斯坦认为,资本主义的长期再生产在很大程度上取决于这种尺度安排的持久性,它为资本提供了“以结构为基础的操纵自由,从而使世界系统不断的经济扩张成为可能”(Wallerstein 1974:348)。在此基础上,沃勒斯坦参照三个时空交叉过程概述了世界资本主义的悠久历史,首先是康德拉季耶夫周期、长期的趋势和世界尺度积累过程的系统性危机;其次,核心国家之间霸权上升和下降的循环;第三,外部区域的地理并入,直到 19 世纪末,国际劳动力分工已分布在地球上大多数自然地理表面。[②]

但是,考虑到沃勒斯坦所表达的对超越以国家为中心的资本主义现代性模型的忧虑,国家领域在他的概念框架内占据着令人惊讶的关键性理论地位。尽管资本主义世界经济中的劳动分工被划分为三个超国家区域(核心、半边缘和边缘),但沃勒斯坦认为其最基本的地理单位是国家,或更确切地说,是国家行使主权的有界领域。沃勒斯坦坚持认为,世界体系超越了每个国家的领域边界;但他一贯用国家在分层的核心-边缘结构中的地位差异来描述世界经济的历史机制,而不是参照企业、产业、资本循环、城市系统或空间分工。因此,对于沃勒斯坦来说,经济分工本质上是由国家组

① 沃勒斯坦 1979:6。另见沃勒斯坦 1974:67,348—349。

② 除了《现代世界体系》(*The Modern World-System*)三卷外,另请参阅沃勒斯坦 1979,1984 的论文。

成的;资本主义企业在其相关的国家领域内"定居"[1]。沃勒斯坦关于全球空间的概念被最精确地描述为国家间的分工:国家的国家领域是世界经济的基本地理单位。同时,全球空间被划分为三个区域模式(核心、半边缘、边缘),而这三种模式又由国家尺度的领域经济组成。因此,将国家领域性和全球空间融合在一起,形成了无缝对接的国家-全球尺度地形图,其中国际体系和世界经济是一个单一的、完整的系统。[2]

从这个意义上说,沃勒斯坦将全球尺度作为一种独特的分析单位进行研究,并未导致空间概念化的方式发生任何质的变化。在沃勒斯坦的框架中,全球空间的主要地理单位是由国家的领域边界定义的,而国家的领域边界又构成了一个单一的包含宏观领域的世界跨国体系。因此,国家尺度被纳入了全球尺度,而全球尺度实质上被扁平化为各个国家组成部分的集合。正如旅行家格列佛经历人类社会的微观和宏观复制、小型社会和巨人协会的故事一样,全球和国家尺度被视为单一空间形式的结构类比——领域性。[3]因此,全球尺度只会通过一种全球拼图来使国家领域倍增,而无须修改其基本地理属性。我要指出,沃勒斯坦的世界体系分析方法不仅需要在领域国家的国家尺度上,还需要在整个世界系统的全球尺度上复制领域主义的空间模型。

沃勒斯坦将全球和国家尺度的方法融合在一起,也导致对当代全球化的解释主要是资本主义制度的自然地理扩张,而不是资本主义制度所基于的社会、政治和经济空间的重塑或变革。可以

① 参见沃勒斯坦 1984:39,27—36;1983。

② 因此,批判沃勒斯坦降低了国家对经济结构的权力是不正确的(Skocpol 1977),他的框架与后者在本质上是相同的。

③ 关于"格列佛谬论",见 R. B. J. Walker 1993:133—140。

肯定的是，沃勒斯坦将全球空间视为资本主义扩张的复杂历史产物，但他承认全球空间的历史意义是有限的，这与诸如世界帝国之类的先前历史体系形成了鲜明对比。因为在资本主义的历史体系内，空间似乎被冻结成一个单一的几何结晶——“一个经济体，多个国家”，如果不消除资本主义作为一种独特类型的历史体系的身份，就无法进行质的改变。在沃勒斯坦的框架中，每一次长期的资本主义扩张浪潮都再现了资本主义所基于的结构不变的地理格局，一种由国家组织的国家领域网络，通过核心-边缘结构与全球劳动力分工联系在一起。所以，自相矛盾的是，沃勒斯坦将现代世界体系定义为国家空间的全球融合，从根本上产生了以国家为中心的方法论结果，即一种特定的资本主义形式的全球化只能在国家尺度的政治经济组织形式中展开的假设。因此，定义法令排除了资本主义发展过程可以摆脱这种根深蒂固的国家-全球尺度互联，而赋予其他次国家或超国家社会空间架构以特权的可能性。①

从对全球领域主义方法的批判性分析中，可以得出两个一般性的方法论结论。

1. 对全球空间尺度的强调并不一定会克服以国家为中心的认识论。全球领域主义方法以国家为中心的方式表达全球空间，将其作为预先存在的领域容器，全球化进程在其中展开，而不是分析其历史的生产、重构和转型。值得注意的是，国家中心分析的主要缺陷之一是将领域化视为静态条件，而不是正在进行的辩证过程。全球领域主义方法的前提是这种以国家为中心的错误认识从国家

① 然而，应该强调的是，沃勒斯坦理论的这些问题并不是世界体系分析所固有的。对于尝试在世界体系方法论的广泛参数内去发展对资本主义空间性更加历史性的特定分析，请参见 Arrighi 1994；Taylor 1994，1995。

范围转移到全球尺度。当前一轮全球重组确实正在加强全球尺度内的互动和相互依存的形式。然而，全球领域主义者的方法将这种突现的矛盾趋势化为一个已实现的、全球尺度的领域体系，从而规避了将全球空间分析为一种历史构成的、由多个多形态竞技场组成的、叠加的空间形式这一核心方法论任务。

2. 以国家为中心的全球空间概念掩盖了国家作为全球重组过程的基地和推动者所扮演的关键角色。上面讨论的全球领域主义方法将国家的领域视为一个静态的体制框架，全球化在此框架之上发生。国家领域和尺度组织的深刻变革在当代全球结构调整中发挥了关键的促成作用。因此，全球化研究中以国家为中心的认识论的持续存在，是阻碍人们更充分地了解当前出现的国家领域和国家尺度组织形式的主要认知障碍。这些论点在图表 2.3 中进行了概括。

图表 2.3　全球领域主义的认识论：示意图概述

主要特征	以国家为中心的分析模式的三个关键组成部分中的两个：空间拜物教和方法论领域主义，已从国家尺度转移到全球尺度 结果：把全球尺度分析为(a)作为社会关系既定不变的舞台；和/或(b)延伸到全球尺度的国家领域网格
典型例证	•“世界社会”方法(Meyer 1999；Spybey 1996；Wapner 1995；Waters 1995) • 全球化文化社会学 (Robertson 1992) • 世界体系分析方法 (Wallerstein 1974，1980，1984，1989)
问题和局限性	忽视了系统地审查(a) 作为各种社会、经济和政治进程结果的全球尺度的历史构成和持续转变，或(b) 全球和次全球关系之间复杂的、不断变化的相互依存关系 领域性被认为是组织社会空间过程的自然形式。因此，在狭义的领域主义概念语法中描述了全球尺度的多形态地理学 忽视了以下方面：(a) 国家在当代全球重组过程中的关键作用；(b) 国家启动和调节过程中的作用反过来重塑国家的方式

如上文所建议，当代的全球结构调整可以被认为是在多个重叠的地理尺度上对政治经济空间冲突的重构。现在，我通过对全球化研究的去领域化方法进行批判性讨论，来更仔细地思考这些社会空间的转变。

跳跃的尺度：在去领域化和再领域化之间

> 尚待解决的问题是，是否领域在整体上失去了其制度的作用，又或者我们正处于一个领域资源尺度重构扩大的时代，如从哈布斯堡王朝向法兰西帝国的过渡，或是 17 世纪后期由荷兰向英国的商业战略过渡，或者 1860 年以后的省和土地过渡到国家和大都市。
>
> 查尔斯・梅尔(2000:824—825)

> 随着全球化的加剧，它产生了用次国家、区域和超国家经济区、治理机制和文化综合体的形式来重新划分社会经济活动的压力。它还可能会加强社会的“本地化”和“国有化”。因此，全球化涉及政治和经济权力复杂的去领域化和再领域化。
>
> 戴维・赫尔德等 (1999:28)

与全球领域主义方法相反，对去领域化的分析明确地面临着以历史特定方式分析社会空间性的任务。从这个角度来看，领域性被视为社会空间组织的历史特定形式，在当代条件下正在系统地分散。网络和流的新的超领域的地理正在取代长期以来一直困扰着社会科学想象力的国家领域的旧的地理。去领域化研究人员已经分析了这些新兴的、据称是各种因果过程结果的后领域地理，包括部署新的信息、军事和运输技术；资本、货币和金融市场的国际化；通过电子媒介货币交易实现的经济活动虚拟化；在全球尺度内，国家监管和公民身份定义的危机；跨国组织，包括跨国公司和非政府组织的活动扩展；电子媒体在组织社会文化身份方面作用的日益强化；全球生态问题的扩散；跨国流散人口的密度和速度的不断提高（有关概述，请参见 Scholte 2000）。

在大多数关于去领域化的研究中，全球化的空间（基于循环、流和地理流动性）和领域化的空间（基于封闭、边界和地理固定性）意味着相互对立的社会互动系统。因此，根据奥布莱恩的说法（1992：1—2），全球金融一体化已经导致了这样一种局面，即"地理位置不再重要或者重要性将越来越弱[……]货币[……]将在很大程度上逃脱现有地理的限制。类似的，在广泛讨论的《帝国》（*Empire*）一书中，哈特和内格里（Hardt and Negri 2001：336）提到了一种"社会空间的普遍平等或平滑化"，其中资本取代了根深蒂固的领域边界，国家的权力被有效地消灭了。更广义的，如肖尔特（Scholte 1996：1968）所述：

> 全球空间是无处不在、无距离和无边界的，因此在这种意义上是"超越领域的"。在全球关系中，人们彼此之间的联系几乎与他们的领域位置无关。在某种程度上，除了广泛地位于地球上之外，他们实际上没有领域区位。全球关系由此形成了世界体系的 non-，extra-，post-，supra-领域的方面。在全球尺度内，领域边界没有特别的障碍，跨越距离不需要费多少时间。

全球空间作为"无处不在、无距离和无边界"的形象是去领域化方法的地理本质。从卡斯特尔（1996）对"流空间"的描述、詹姆森(Jameson 1992)对“后现代超空间”的理论化、鲁基(Ruggie 1993)对欧盟作为世界上“第一个后现代政治形态”的解释以及阿帕杜莱(Appadurai 1996)的“种族景观”概念，到肖尔特(2000)将全球化概念化为“至高无上的地位”、大前研一(Ohmae 1995)提出的“无边界世界”概念、奥布莱恩(1992)提出的“地理终结”论点，以及哈特和内格里提出的“帝国”概念，对领域化的分析通常以全球化发生的超领域或去领域空间与不同的亚全球性领域、本地和场所之间这种基本概念上的对立为前提。①

这种概念化逻辑的必然结果是全球化必定导致国家的衰落、侵蚀或丧失权力。鉴于全球领域主义者的方法实质上是在一个领域国家壮大的情况下映射全球空间，对去领域化的研究颠覆了这种领域主义的认识论，以强调国家领域性的日益渗透甚至完全否定。国家权力的下降被视为现代国家去领域化进程的媒介和结果。一方面，国家尺度的领域封闭形式的侵蚀为全球尺度越来越多的非领域形式的相互作用和相互依赖开辟了空间。另一方面，这些在全球尺度上进行的去领域化过程会加速该国丧失对国家边界的控制，从而进一步破坏其领域的自我封闭。从这个意义上说，国家衰落论和去领域化的概念需要累积的、相互促进的，而不仅仅是相加的、与外部相关的全球社会空间转型的概念。确切地说，全球空间可以被视为非领域形式，因为它是通过国家尺度的侵蚀或消失来定义的。同时，国家衰落的论点不是通过国家尺度本身来阐述的，而是参考了各种全球尺度，据称是超领域的或去领域的社会经济进程。

通过强调领域性的历史性和潜在可延展性，领域化方法已开

① 有关“地理终结”论更极端的说法，请参见 Der Derian 1990；Virilio 1984。

始阐明对国家中心主义认识论的重要挑战。这种方法论上的领域去国有化使去领域化研究人员能够构建替代性的地理类别，以描述当前新兴的社会空间形式，而这些形式并不以其包围着领域上的有界空间为前提。然而，当通过上文概述的资本主义社会空间架构的视角进行考察时，去领域化方法存在三个严重缺陷。

1. 领域的历史性被简化为存在或不存在的二元对立。因此，领域性被重新配置和尺度重构，而其被侵蚀的可能性无法得到充分探讨。

2. 全球空间与国家领域之间的关系被视为零和博弈，其中前者的重要性可能日益增加，从而导致后者的衰落。通过将地理尺度视为相互排斥而不是共同构成的、相互交织的社会互动级别，这种二元化的概念化无法充分地论证亚全球转型（超国家政治经济集团、国家领域、区域、城市、地区或场所）在当代全球重组过程中的作用。

3. 对于本书的论点而言，最关键的是，去领域化方法把以全球流动为基础的各种形式的空间固定性、空间嵌入、尺度重构和再领域化搭成一个支架。从这个角度看，去领域化的过程并没有与领域性脱节。实际上，它们的存在以固定的社会领域基础设施（尤其是城市-区域集聚和国家监管制度）的生产和持续复制为前提，全球流动的循环可以在这些基础设施之内，或以它们为基础，或通过它们实现。因此，在全球尺度上，社会关系明显地去领域化，本质上取决于其在各种相互联系的次全球尺度上相对固定且稳定的社会空间结构内的再领域化。

本书的主要议程是推进对当代全球重组的解释，因为这种重组是对国家组织社会空间格局的尺度重构，长期以来，这些格局一直是资本主义发展的基础地理框架。在这种持续的尺度转移的背景下，可以将去领域化过程重新解释为使政治经济组织的国家尺度去中心的、协同但不协调的战略。如果说领域性是以有限的地理空间内封闭的社会关系为基础的战略（Sack 1986），那么去领域化可以理解为“跳跃尺度”的一种反击策略，也就是规避或破坏了历史上根深蒂固的尺度层级（Smith 1995）。从这一角度看，当代去领域化过程最重要的地理影响之一就是动摇并重新确立了根深蒂固的、全国尺度的政治经济组织结构。至少自 19 世纪末以来，资本主义工业增长一直以此为基础。这种去国有化、尺度条约的战略也与各种冲突的再领域化形式紧密地交织在一起，并通过这种方式不断构造新的次国家级和超国家级的社会空间结构。然而，至关重要的是，领域国家（尽管现在已进行了重大的尺度重构和再领域化）仍继续作为这种去领域化和再领域化的多尺度辩证法的重要地理基础设施。这些论点可以通过对两种经常援引的去领域化形式——资本的去领域化和国家的去领域化——进行批判性反思而得到进一步说明。

资本的尺度重构

去领域化的概念最早发迹于 20 世纪 70 年代初，用来描述跨国公司在协调全球分散的生产网络中明显存在的不受领域限制的行为（Agnew and Corbridge 1994）。从这一时期开始，去领域化的概念就具有了更广泛的含义，还包含了将全球各地分散的地理区域联系起来的新的信息和通信技术，这些技术建立了一种时间上一体化的世界经济。自 20 世纪 70 年代初布雷顿森林体系的货币管制消失以来，跨国金融资本的作用得到了大幅度扩展，这进一步表明了资本在世界经济中的增长速度和地理流动性。在这种情况下，再也无法参照自我封闭的、离散的国民经济，或更笼统地说，再也无法在严格的空间领域表达的基础上对资本的全球循环进行充分分析（Agnew 1994）。

但是，无论周转时间有多快，领域化的瞬间仍然是资本所特有的，这是资本循环过程的基本结构特征。资本仍然像以往一样依赖于相对固定的、本地化的以及在领域上嵌入的技术制度集成体。在这些集成体中，技术、生产资料、产业组织形式和劳动力被有效地结合起来以获取剩余价值。因为，正如杨（Yeung 1998：291）简短地指出的，资本是有“地方黏性的”。与当前的地缘经济一体化相关的去领域化进程最好被视为社会空间转型更广泛动态中的瞬间，在这种动态中，战略性次国家级经济空间（如全球城市、工业区、技术中心、离岸金融中心等灵活生产复合体）发挥了重要作用。[①]这些变化与企业积累战略的尺度重构密切相关，因为工业、金融和服务资本的主要派别试图通过利用本地和区域特定的生产条件来确保全球生产链中的竞争优势（Swyngedouw 1992a）。尽管这些城市和区域性领域生产复合体受到国家政治经济框架的严格限制，但许多学者认为，由于这些新的全球本地化形式，当今城市化地区正逐渐取代国民经济，成为世界资本主义的最基本地理单位。[②]图表 2.4 示意性地说明了这种普遍的资本的尺度重构。

这里的要点是，在实践中，资本减少其场所依赖性的动力并不意味着要建立准自治、无处不在或无距离的流空间，如卡斯特尔、大前研一、哈特和内格里等学者所提示的那样。相反，我们目睹了历史上根深蒂固的以国家为中心的地理基础设施深刻的不平衡的

---

① 近几十年，有关“后福特主义”形式的城市和区域重组的文献大量增加。最新的概述，请参见 A. Amin 1994；Lipietz 1993；Storper 1996。

② 参见 Benko and Lipietz 2002；Scott 1998；Scott and Storper 1992；S. Krätke 1995。

图表 2.4　资本地理的尺度重构

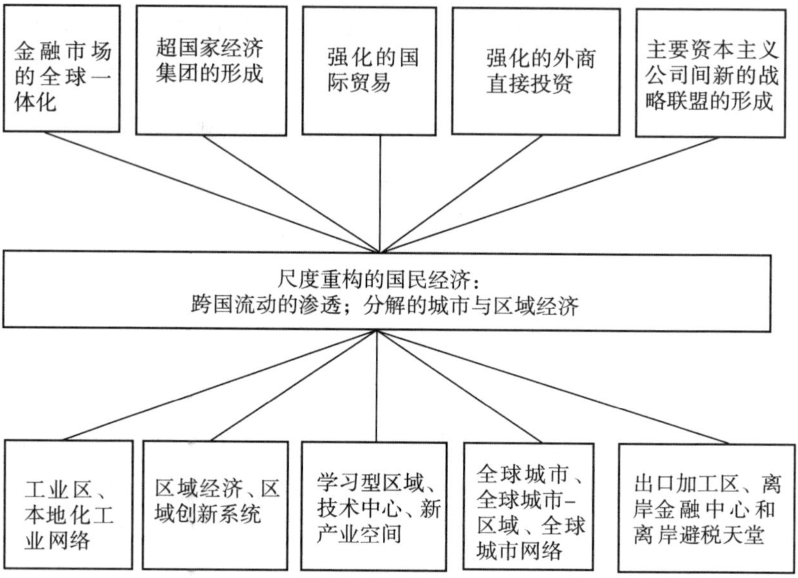

来源：斯温格杜(2000b:548)。

尺度重构和再领域化。这些基础设施是20世纪资本主义工业化的基础。从这个角度来看，当代全球资本主义作为“平滑世界”(Hardt and Negri 2001)或作为无边界“流空间”(Castells 1996)的学术性表述，是基于对新自由主义意识形态神话的非批判性使用。正如雷迪斯(Radice 1998:274)所言，这些论点相当于“大企业政策偏好的意识形态掩护”。史密斯(1996:72)对卡斯特尔的近期著作进行了有力的批判，进一步阐述了这一论点：

> 资本[……]可能会引起人们对无空间的幻想，并采取相应的行动。但实际上，每种避免和取代“历史上建立的机制”[亦即场所]的策略和社会控制领域本身并不涉及场所的消失，而在于不同尺度的场所的发明——以资本为中心的尺度

跳跃。的确,这些组织(和阶级)的控制权的持久化恰恰取决于离散场所的重新发明,在这些场所中,流空间上的权力是根深蒂固的。

因此,必须将去领域化视为一种独特的地理积累策略,作为一种全球本地化的机制,主要的资本主义企业正试图通过这种机制来规避或重组福特-凯恩斯主义积累制度下普遍存在的国家组织的社会、货币和劳动监管体系(Swyngedouw 1992a)。

可以肯定的是,资本主义的去领域化战略很可能成功地部分规避了国家领域边界所施加的限制。但是,即使成功,这种策略也不会转化为纯粹的资本超级流动或没有地方偏好的情况。随着资本努力跳跃的尺度,无论是通过重组现有尺度还是构建质变的新尺度,它都被迫为其他尺度的循环过程重建或创建新的可行的社会空间基础设施。从这个意义上说,近几十年来,资本对国家尺度监管体系的明显超越与新的次国家和超国家的积累空间和国家监管的产生密不可分,后者提供了积累的场所和特定的领域条件(K. Cox 1997)。因此,当前的地缘经济一体化并没有减轻资本对场所、城市、区域和领域的普遍依赖,而是取决于“劳动力空间分工组织在尺度上的改变”(K.Cox 1992:428)。去领域化的动力不断地重新刻画了资本主义社会空间结构的角色,同时,为了追求特定区位的生产能力和竞争优势,重新构造了其尺度体系结构。

国家的尺度重构

如前所述,去领域化的描述通过国家领域的衰落或侵蚀概念化了全球空间的出现。当前一轮的地缘经济一体化确实使国家对资本、货币、商品、劳动力和信息的跨国流动更具渗透性。但是,这种发展并没有导致国家本身的灭亡、侵蚀或削弱。相反，在一系列的空间尺度上，国家的功能、制度和地理都进行了重大重组。尽管这些趋势动摇了长期以来束缚社会科学家的国有化观念，但并没有削弱国家机构在政治经济调节过程中的核心地位（虽然现在已经进行了重大的再领域化和尺度重构）。

在20世纪70年代的全球经济危机期间，传统的凯恩斯主义宏观经济政策工具在许多老工业化国家越来越无效。在这种情况下，经济合作与发展组织（OECD）国家开始重组或废除战后福特-凯恩斯主义监管规则的主要内容，例如国家社会福利制度、国家组织的集体谈判安排和国家货币框架（Jessop 1993）。除这些重大政策调整外，还采用了一系列通过减税来刺激生产和投资的监管策略，以促进产业结构调整和鼓励各区域领域经济内的灵活性和技术创新。[①]正如杨（1998：296—299）所指出的，此时的国家开始通过各种政策策略积极促进地缘经济一体化进程：通过建立和执行全球资本运作所依据的（全球和国家）法律制度；通过为跨国公司的全球运营提供关键的国内条件；通过收购总部设在本国的大型跨国公司的大量股份或完全所有权；通过建立针对全球资本投资的特定地区监管条件；通过建立新的超国家或全球经济治理形式；通过控制其领域边界内再生产劳动力的关键条件。因此，广泛流行的"无权力国家的神话"（Weiss 1998）代表了对当代政治动态理解的误导基础：国家不是全球化的束手无策的受害者，而是其主要的政治制度催化剂。正如潘尼奇（Panitch 1994：64）所说：

① 关于这些政策调整及其长期制度的后果，见 Jessop 1993；Helleiner 1994；Panitch 1994；Radice 1999；Sassen 1996；Weiss 2003。

资本主义全球化是一个在国家内部、通过国家或国家主导的进程。全球化是由国家编码的，在重要方面甚至由国家编写；它涉及国家内部权力关系的转变，这通常意味着国家权力的中心化和集体化是全球市场规则的必要条件和伴随条件。

自20世纪80年代以来，在OECD国家，全球经济标准在制定和实施国家政策方面具有越来越重要的意义。R.考克斯(R.Cox 1987:260)将这种转变描述为“国家的国际化”，其中“针对全球竞争力的调整已成为新的绝对必要”。同样，塞尔尼(Cerny 1995)研究了后凯恩斯主义“竞争型国家”的巩固，其重点是为跨国资本在其领域内创造有利的投资环境。根据塞尔尼(1995:620)的观点，启动领域竞争型政策已成为各政治光谱的主导者和联盟日益重要的优先事项，“国家本身成为集体商品化的推动者，而集体化则位于更广泛的市场主导的竞争环境中”。国家权力的这些重组反过来会产生“鞭策效应”，在这种状态下，国家的各个层面必须对在其边界之内和之外运作的各种竞争力量、政治压力和体制约束做出反应(1995:618)。塞尔尼(1995:620—621)提出，这种发展的主要地理后果是建立了新的“多边”形式的国家权力，这些形式不会在任何一个单一的最佳尺度上趋同，也不会在一个内部凝聚的、全国尺度的官僚等级体制中融合。

正如我将在后续章节中详细探讨的那样，当代西欧的后凯恩斯主义竞争型国家的巩固确实与国家空间和尺度组织的根本(甚至常常是偶然的)转变紧密地交织在一起。这些持续的国家空间再领域化和尺度重构，不能仅仅被理解为对加剧的全球经济竞争的防御性反应，而是代表协调一致的政治战略的表现。国家制度正通过这些战略尝试在各个空间尺度上促进、管理、调节和重新引导经济结构调整的进程。在大陆尺度内，各国家通过形成超国家经济集团（例如欧盟、北美自由贸易协定、东盟等）来促进地缘经济一体化，旨在增强结构竞争力，促进新大陆积累区内的资本流动，并为抵御全球经济竞争的压力提供保护性壁垒（Larner and Walters 2002；Mittelman 2000）。国际货币基金组织、世贸组织和世界银行等超国家机构在整个世界体系中执行的新自由主义、市场主导的政治经济结构调整战略中也发挥了关键作用（Gill 1998a；Peet 2003）。同时，即使国家试图瓦解或消除战后福特-凯恩斯资本主义的体制妥协，以降低国内生产成本，它们也将实质性的监管责任移交给了区域和地方机构，以更好地促进主要城市与区域经济的产业发展。监管任务的尺度向下重构不应被视为国家权力的缩水或放弃，因为它经常被用作在主要城市地区促进跨国资本投资的中央统筹战略，无论是通过大型基础设施项目的公共资金筹集、动员地方经济发展政策、建立新形式的公私伙伴关系，还是其他旨在增强城市领域竞争力的公共举措（请参阅第五章）。图表 2.5 提供了通过这些转型而建立的重塑国家形态的示意图。

在接下来的章节中，我将解释西欧城市-区域当前的国家尺度重构的浪潮，作为各种政治策略的表达、媒介和结果，其目的是增强特定次国家级政治管辖区的特定地点和特定领域的竞争优势。

在当前情况下，关键在于国家体制和空间组织的这些持续变化并没有像去领域化理论家所主张的那样预示着领域性的终结。相反，我们正在目睹越来越多的多形态的再领域化的政治地理的巩固，在这些地理中，领域性不再围绕单个主要重心聚集，而是在多个制度层面之间重新区分。如今，传统的威斯特伐利亚式政治空间作为一个自封闭的地理容器的形象似乎已经越来越过时了，

图表 2.5 国家形态地理的尺度重构

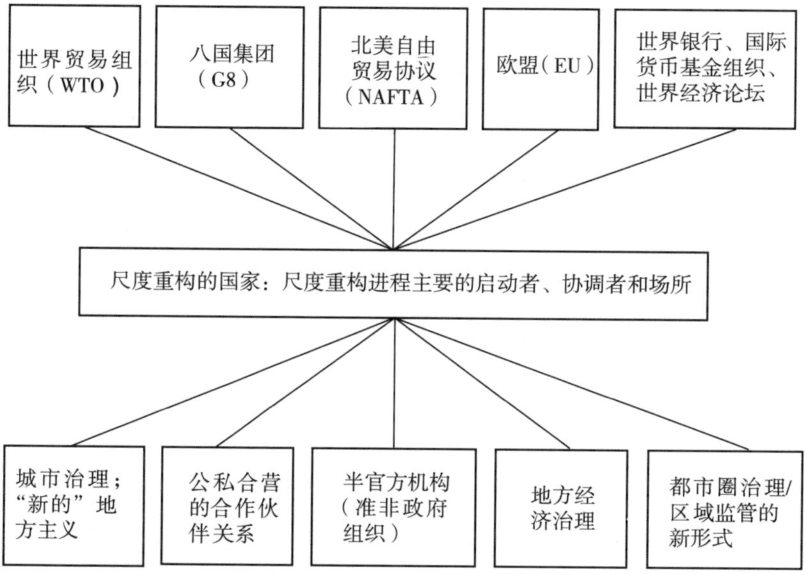

来源：斯温格杜(2000b:548)。

但是，领域性仍然是国家形态的基本特征，也是在所有空间尺度上进行政治经济调节过程的基本制度框架(Nevins 2002;D.Newman and Paasi 1998)。如图表 2.5 所示，领域不再主要或仅在国家范围内组织起来，因为今天次国家和超国家层面的社会空间组织在政治经济调节过程中起着至关重要的作用。在这种情况下，正如安德森(Anderson 1996:151)所说，为了掌握新兴的后威斯特伐利亚时期政治地理的结构特征和动态，需要新的地理隐喻：

> 有时，机构之间或机构的各个部分之间在不同级别之间可能存在一条线性的命令链，但总的来说，这种线性模型（如嵌套层次结构的俄罗斯套娃比喻）并不适合复杂的现实。当代世界并不是一个阶梯向上或向下的过程，以一种有序的方式从一个梯级移动到下一个梯级，而中央政府则调节了外部

> 或更高层与内部或较低层之间的所有联系。这样的情况从来没有过，今天更不是这样。现在不仅有更多的梯级，而且从性质上来说，它们也更加多样化。高低水平之间的直接运动，错过或绕过"中级"梯级已经成为当代生活的标志性特征。复杂的攀爬架、滑梯、秋千、绳索和绳梯，带有脆弱或断裂的零件，可能会更接近标记。与梯形图比喻相比，用冒险游乐场的隐喻，包括混合结构、多个层次和刺激的运动——上、下，侧面、对角线，从上到下，从低到高——来捕捉现代形式和过程的混合要更好一些。

在接下来的章节中，我将特别关注理论和分析此类后威斯特伐利亚政治空间所面临的诸多挑战，尤其是在次国家尺度上。就像我们将看到的，大型城市-区域代表着至关重要的地理、制度和政治竞技场。在这些领域中，当代资本主义国家形态的尺度重构正在被锻造和争论。

通过指出取代历史的国家领域形式的方式，去领域化研究人员以明确的历史方式为社会空间理论化项目做出了重要贡献。但是，由于他们主要从领域的消失、过时或灭亡的角度认识到了领域性的历史性，因此，去领域主义的方法无法分析上文简述的对领域性的各种质的尺度重构。即使国家尺度作为一个自动中心领域容器的角色被动摇，但国家仍在生产资本循环过程所依赖的地理基础设施以及在所有空间尺度上调节政治经济生活方面发挥关键作用。旧的国家组织的体制形式和政策传递的再领域化和尺度重构，是一项重要的政治战略，国家正试图通过这种战略来适应和(重新)控制快速变化的地缘经济环境。图表2.6提供了对全球化研究去领域化方法先前批判的示意图。

图表 2.6　去领域化方法的认识论：示意图概述

主要特征	随着网络和流的无处不在，无距离和超领域性的地理分布在整个世界系统中，领域性正在下降、侵蚀或消失 结果：国家调节其领域管辖权的能力正在减弱
典型例证	· 阿帕杜莱(1996)的全球文化流动理论 · 卡斯特尔(1996)的流空间理论 · 哈特和内格里（2001）的"帝国"概念 · 詹姆森(1992）的后现代超级空间 · 大前研一(1990,1995）的无边界世界观点 · 奥布莱恩(1991)的"地理终结"概念 · 鲁基(1993)的视欧盟为无领域区域的分析 · 肖尔特(2000)的"至上管辖权"理论(但他明确否认了国家衰落的论点)
主要贡献	与方法论上的领域主义方法相反，领域性的历史性和潜在可延展性得到了强调 引入了替代性地理类别，用于描述当前未出现的空间形式，这些形式不以其在领域范围内的地理空间为前提
问题和局限性	领域的历史性被简化为存在或不存在的二元对立；因此，领域性被重组、再领域化和尺度重构的可能性(而不是其被侵蚀的可能性)无法获得充分的探讨 全球空间与国家领域之间的关系被视为零和博弈，其中前者的重要性日益提高，必然导致后者的衰落。因此，无法研究亚全球转型(如国家、区域和城市的转型)在全球重组过程中的作用 支持各种形式的空间固定性、嵌入性和(再)领域化(尤其是在国家、区域和地方范围内)，全球流动必然以此为前提

结论：重新思考全球化的地理

与 20 世纪大部分时间在社会科学中占主导地位的国家中心主义形式一样，全球领域主义与去领域化之间的方法论对立可以被视为对当代社会实践的真正抽象。在整个讨论中，我一直认为，每个方法都把握了当代社会现实的真实面貌，尽管是以一种截断的、单方面的方式。如前所述，资本长期以来一直以领域固定性或领域性为前提，以此作为其不断扩大的循环过程的基本前提。以国家为中心的认识论迷恋资本主义的这一领域性瞬间，而去领域化方法则具有相反的立场，在这种立场下领域性随着全球化的加剧而削弱或消失。当代全球化研究在这些对立的方法论上的分歧反映了当代社会空间变革的众多矛盾方面，但没有批判性地解释它们。

本章介绍的全球重组的替代理论认为，去领域化和再领域化是相互构成的，即使是高度冲突的，也是正在进行的辩证的瞬间。通过这种辩证法，政治-经济空间在资本主义的作用下不断生产、重构和转化。因此，当代的全球重组既不意味着社会、经济或文化绝对领域化到全球尺度，也没有去领域化为超领域、无距离、无地点或无国界的流动。相反，正在发生的资本主义社会架构的多尺度重构，配合根深蒂固的尺度等级的改组，进而导致了资本积累、国家监管和不平衡发展的全新的地理。我认为，未来全球资本主义地理学研究面临的一个关键挑战是发展一种社会空间的认识论，这种认识论可以批判性地把握去领域化和再领域化的过程，这些过程是当代社会空间转型的内在关联维度，以及在特定的政治经济背景中各种路径依赖的后果。本章试图概述应对这一任务的一些方法论基础。

从最广义的角度来看，我认为当代的全球资本主义重组已经破坏了根深蒂固的以国家为中心的地理假设，这些假设在 20 世纪的大部分时间里都是社会科学的基础。因此，我相信，正是由于这个原因，当代有关全球化的辩论促使许多学者对社会空间性有了更富表现力、动态性和历史性的理解。这些辩论的先前讨论强调了当代全球社会空间重组研究的四个特别关键的方法论挑战。

1. *社会空间的历史性*。当前的全球重组使国家领域作为一种社会空间组织的形式具有具体的、历史的特定特征。由于国家领域的首要地位已被剥夺和相对化，无论是在社会学分析还是在日常生活中，政治-经济空间继承形式的历史性以及因此而具有的延展性特征都变得十分明显。在这种情况下，方法论面临的最主要挑战是分析各种尺度的社会空间，这是一个持续不断的历史过程，在这个过程中社会关系的地理被不断塑造、重构和改变（Lefebvre 1991）。

2. *多形态的地理*。如今，国家领域与各种各样的新兴社会空间形式交织在一起，并相互叠加——从欧盟的超国家制度结构到全球金融流动、跨国公司组织的新形式、后福特主义的产业集聚模式、全球城市网络和跨国移民社区——国家领域已不能被描述为连续的、相互排斥的和自封闭的领域空间块。在这种情况下，政治-经济空间的图像是由重叠的、互相渗透的节点、层次、尺度和形态组成的错综复杂的马赛克，这种认识论比传统的笛卡尔模型（即同质、自封闭和连续的区域块）更适合用来描述现代国际体系（Lefebvre 1991:87—88）。为了分析这些新兴的多形态、多中心和多尺度的全球社会变革的地理，迫切需要社会空间形式新的表达方式。[①]因此，当代社会空间研究面临的一个关键方法论挑战，是以超越传统规则的方式分析新兴的地理，以便在政治-经济空间的纯粹领域主义和去领域化映射之间进行选择。

3. *尺度的新政治经济*。当前一轮的全球重组极大地分散了全

① 有关该任务最近的重要进展，请参阅 A. Amin 2002; Dicken et al. 2001; Graham 1997; Graham and Marvin 2001; Larner and Walters 2002; Leitner 2004; Sheppard 2002。

国尺度的政治-经济生活，并加强了次国家级和超国家级社会空间组织的重要性。这些转变破坏了静态的、固定的和嵌套层次结构的地理尺度的旧观念，并揭示了尺度的社会生产、历史多样化和政治争议的特征。从这个角度，不仅要把地理尺度看作政治-经济过程的产物，还要把它们看作前提和媒介（Smith 1995）。因此，尺度安排从来不会一成不变，而是随着资本积累、国家监管、社会再生产和社会政治斗争的动态而不断发展。在这种情况下，方法论上的一个主要挑战是立即将地理尺度概念化为制度化的脚手架，在这个脚手架中展开去领域化和再领域化的辩证，以及这种辩证不断变化的媒介和结果（Brenner 1998a）。

4. 重建国家空间。最后，现存的讨论强调了国家在促进和调节当代社会空间转型中的关键角色，同时国家又通过这种角色在功能、制度和地理上进行了重组。当代国家制度正在被显著地向上、向下和向外尺度重构，以创建质的、全新的、多形态的、多边的制度地理。这些制度地理不再彼此均匀地重叠、集中在一个单一的主导地理尺度内或构成一个单一的嵌套组织层次。这些发展破坏了传统的威斯特伐利次国家形态模式，并且与以前存在的国家相比，更复杂、多形态和多尺度的监管地理正在出现。在这种情况下，方法论面临的一个重要挑战是开发一种空间协调且尺度敏感的国家理论方法，该方法不仅可以把握与旧的国有化的政治空间形态相关的各种监管地理，还可以洞察在世界经济中展开的深远的不平衡的再领域化和尺度重构。

在对当代西欧的政治、经济、制度和社会空间变化进行后学科研究的背景下，本书的后续各章面临上述方法论的挑战。这些挑战是相辅相成的，因为解决其中任何一个挑战就可以开辟新的方法论和实证视角,通过这些观点可以应对其他挑战。但是,鉴于本书中对国家空间转型的总体关注,在后续各章中占据中心位置的是第四种方法论挑战。因此,我将通过更直接地破译当代国家空间重组过程来应对前三种方法论的挑战。相应的,在以上介绍的社会空间理论方法的基础上,下一章阐述了空间化的、尺度敏感方法的理论基础。

第三章　资本主义背景下的国家空间进程：一个分析框架

最终将国家建立在给定的领域上这是永远没有意义的，打个比方说，就像有明确、固定、必然规则的自动驾驶仪一样[……]人们能否、如何以及在何种程度上以明确的方式谈论国家，实际上取决于要实现或多或少特定的“国家工程”的努力所产生的偶然性和临时性结果。

鲍勃·杰索普(1990a:9)

奇怪的是，对于惯常的政治反应，空间是一个陌路人[……]空间属于学术分工中的地理学家。然后，它通过外围、边缘、区域、村庄和地方社区的影响而颠覆性地重新引入自己，这些影响长期以来由于中央集权而被抛弃、被忽视和被降级[……]在这里提出的概念中，[社会]关系具有社会支持的空间……这需要对政治理论进行空间化，包括对抽象化领域进行批判，同时还要考虑到本地性和区域[……]这还需要从空间、资本的流动、可移动元素和稳定元素，总之，从空间的生产和再生产方面重新考虑经济。

亨利・列斐伏尔(1978:164—145)

领域陷阱之外的国家理论？

国家理论家和政治地理学家长期以来一直强调现代世界中政治权力的特殊领域特征。在威斯特伐利亚地缘政治秩序中，国家由自我封闭、连续且相互排斥的领域空间组成，这些领域空间将“内部”(政治秩序和公民权的领域)与“外部”(国家间暴力与混乱的领域)分开了(R.B.J. Walker 1993)。但在大多数情况下，领域性尽管被公认为现代地缘政治组织的基本特征，但在主流社会科学领域中，却被视为相对固定的、毫无疑问的且无关紧要的国家形态。就好比水之于鱼，战后大多数社会科学家都把国家领域视为社会政治生活的自然环境(Taylor 1994:157)。的确，大多数现代政治和社会学者早就接受了在上一章中进行过严肃讨论的以国家为中心的地理假设，即空间拜物教、方法论领域主义和方法论国家主义。因此，在阿格纽(1994)令人难忘的表述中，“领域陷阱”为社会科学的主流方法提供了支持，因为它们将国家领域性视为监管进程和社会政治斗争的静态背景结构，而不是其构成性维度之一。

这样的假设在福特-凯恩斯主义时期具有某种认识论上的合理性，在这一时期，一种历史上史无前例的政治-经济空间的领域封闭得到了尝试(Lipietz 1994)。但是，今天，它们已成为对正在进行的社会空间转变进行更充分概念化的主要知识障碍。因为，当代有关全球化的辩论，以国家为中心的地理假设为无益的极化提供了支持，一些观点认为国家仍然是完全主权的领域控制国，而另外一些观点主张国家监管能力正在削弱(参见第二章)。第一种观点通常基于对国家领域作为固定不变的国界网格的静态理解；第二种将国家重构仅设想为领域性收缩或消失的进程，在这个进程中，领域已经过时。这场辩论将国家领域性的概念范围缩小到两个同样有限的可能性(存在与否)，因此排除了对国家空间重构进程进行相关背景调查的可能性。

在过去十年中，这些根深蒂固的方法论假设受到质疑，特别是那些从事既定学科分工的学者。正如社会科学这一异常分支中的许多分析家所指出的，通过(a)使国家尺度的监管活动分散并(b)破坏国民经济和公民社会的内部连贯性，20世纪70年代之后的全球政治经济转型已经重构了威斯特伐利亚式的国家领域。在这种情况下，由来已久的、由国家组织的领域形式明显僵化的固定性已被显著地纳入了历史动议。因此，当代学者面临着艰巨而激动人心的任务，即开发新的类别和方法来破译这些新兴的、后威斯特伐利亚式的国家形态风貌。

通过强调国家制度在促进整个世界经济以市场为基础的监管改革中的重要作用，有关国家空间性的许多新研究可以置于更广泛的批判社会科学体系中，以应对新自由主义全球化的叙述。因此，就关于后凯恩斯主义国家的新兴制度架构而提出的众多论据中，当代对国家空间重组的讨论，最重要的是它们着重于全新的地理尺度和治国方略的领域轮廓。近几十年来，国家空间的这种不断重新概念化在方法论和主题上都极为复杂，到目前为止，它至少集中在国家空间重组的三条相互交织的轴线上。

1. 国家的再领域化。国家领域的含义、组织和功能,正在新中世纪主义、穿孔的主权、国家形态的国际化这一全球化资本主义背景下加以重新考察,这一背景的非物质化、以流为基础的经济交易越来越重要。因此,领域性不再被视为政治关系中预先给定的、自我封闭的平台,而是作为历史上特定的空间封闭战略以及不断演化的多尺度的制度架构(Kobrin 1998;Ruggie 1993;D. Newman 1999)。

2. 国家的重新划界。正在参照经济治理、公民身份、移民、跨境区域、军事暴力和政治文化认同等问题,系统地探讨国家边界在新的地缘政治秩序中不断变化的作用。因此,边界不再仅仅被视为国家主权的分界线,而是被理解为通过多方面的符号、标记和政治经济实践来表达和争夺国家权力的方式(Newman and Paasi 1998;MacMillan and Linklater 1995; Perkmann and Sum 2002)。

3. 国家的尺度重构。与早期迷恋国家尺度的政治权力相反,学者们已经开始分析一系列尺度重构的进程,通过这些进程,新的、多层次的国家制度组织、政治权威和监管冲突正在产生。因此,国家权力的尺度组织不再被理解为永久固定的背景结构,现在被认为是政治经济进程的构成性,是有争议的,因此可能具有延展性的维度(Swyngedouw 1997; Smith 1995; Boyer and Hollingsworth 1997)。

目前,我们对当前新兴的新国家空间的理解仍然相对初级。但最近对这一多学科研究的贡献清楚地阐明了国家空间性的历史建构和政治争议的特征,从而开辟了许多富有成效的方法论和实证起点，通过这些起点可以更系统地探讨当代国家形态的变化。[①]

尽管取得了这些成就，但在没有明确的理论基础的情况下，有关新国家空间产生的许多最新工作仍在进行。在该研究领域的许多贡献中，国家权力的地理维度被描述为仅是当前正在经历系统变化的国家形态的诸多方面之一。与此相关的是，这些文献常常没有明确指出当代国家空间重组进程中的因果关系。但考虑到过去三十年来不断发生的动荡的政治地理变化，可以说，迫切需要对国家空间的性质和机制进行更系统的理论反思。在这种情况下，尤为重要的是，要不断地研究将旧的国家空间地理从相对固定的、稳定的环境转变为何种条件，在这些条件中，国家监管操作会发生转变，成为可能具有延展性的社会政治竞争。同时，迫切需要对确定的社会、政治和经济进程进行更明确的理论概念化，通过这些概念化，国家空间的变化得以展开。

本章通过一系列相互交织的步骤来应对这些任务。我的总体目标是为分析国家尺度重构和城市治理重组提供理论基础，这些理论基础将在后续章节中进行阐述。下一部分将介绍一些初步的方法论前提和类别，从中可以分析现代资本主义条件下的国家空间地理。在此基础上，我演示了如何将空间性、领域性和地理尺度等问题从基本层面上整合到现代国家形态的概念中。基于杰索普(1990a)发展的国家理论的战略关系方法，我认为国家空间应该被概念化为空间选择性政治战略的舞台、媒介和结果。然后，我概述

---

① 有关这些新兴研究领域的最新概述，请参见 Brenner et al. 2003a；Blomley，Delaney and Ford 2001；Albert，Jacobson and Lapid 2001；Ferguson and Jones 2002；Peck 2003，2001a。

了资本主义发展进程中国家空间在其中演化的一些广泛的制度和地理参数，从而扩展了这一概念模型。这条分析主线生成了一个多维概念框架，通过该框架可以研究国家空间重组的特定路径。这也使我能够介绍自20世纪60年代初以来西欧国家空间重组的程式化模型，该模型用于标定本书其余部分的理论和实证领域所处的位置。

方法论的准备工作：空间进程、空间形式和空间尺度

> 难道不是在空间中发现了因如此明显而被隐藏的国家秘密吗？
>
> 亨利·列斐伏尔(2003a:87)

在当前对国家理论进行空间协调的方法复兴之前，古典政治地理学家已经引入了许多描述性分类，通过这些分类可以绘制国家运作和政治生活的空间轮廓。一些学者讨论了领域、边界、核心/外围结构、地缘政治和战争问题；其他的则集中在该国内部空间结构的各个方面，例如联邦制、行政区划、管理、都市管辖权分割和领域政治(有关概述，请参见 Taylor 2003，1993)。通过承认各种尺度上政治管辖权所具有的社会建构性和政治竞争性，这些文献的某些线索即使在福特-凯恩斯资本主义统治下的历史高潮期间，也至少设法部分地规避了国家中心主义的领域陷阱。但是，政治地理学的经典方法包含许多主要的理论缺陷，包括(取决于背景)对地理影响力过于自然主义和确定性的观点、对生物学或有机隐喻的过度依赖、普遍的功能主义、作为一种政治形式的自由民主

的归化，以及对国家活动更广泛的地缘经济背景的隐藏（Taylor 1993）。

直到最近三十年，结合着人文地理学家和关注空间的其他学者对批判性社会理论和激进政治经济学的浓厚兴趣（Gregory and Urry 1985），国家权力的地理才开始得到更为详尽的分析，并与资本主义发展的历史机制关联起来。从这个角度来看，主要的关注点是分析“领域国家与必须在更广泛的社会经济结构和地缘政治秩序（或空间实践形式）中运作的那些国家之间的历史关系”（Agnew and Corbridge 1994：100）。此外，有关国家形态政治地理学的新研究考察了国家空间安排在各种地理范围内调节、复制和巩固日常权力关系中的作用。

如上一章所述，国家中心主义意味着政治经济生活被冻结在物化的、无视历史变化的国家领域结构内。因此，以国家为中心的假设对在社会空间组织的旧形式内发生重大破裂的可能性出现了系统性的失明。不管是作为研究当代社会空间转型的基础，还是作为分析国家制度本身在历史或当代语境中不断变化的地理手段，这样的假设都存在很大的问题。因此，与继续盛行于主流社会科学的空间拜物教、方法论领域主义和方法论国家主义相反，本研究从根本不同的理论起点着手。就我的目的而言，国家空间在概念上是：(a) 作为持续的变化进程，而不是静态的事物、容器或平台；(b) 具有多形态而不仅仅是领域的地理形式；(c) 具有多尺度，而不仅仅是国家组织结构（见图表 3.1）。

本节的目的是为这些开场白添加一些初步的描述性内容，随后，我将更详细地阐述其理论基础，并概述其实质性影响。

图表 3.1　国家中心主义方法之外的国家空间研究

国家中心主义的假设	批判性替代
空间拜物教 · 国家空间被视为永恒且静态的，因此不受系统变化的影响	**国家空间的过程概念化……** · 国家空间被认为是政治、经济法规和体制变革的持续过程
方法论的领域主义 · 国家领域被视为现代国家形态不变、固定或永久的方面； · 国家空间的地理缩小到其领域范围	**强调它的多形态的地理** · 国家形态的地理被认为是多形态的、多方面的且不断演化的； · 领域被视为国家空间的许多地理维度之一
方法论的国家主义 · 从本体论的角度来看，国家尺度被视为现代国际体系中政治权力逻辑上的首要层面	**强调空间尺度的多样性** · 国家监管和政治斗争在各种相互交织的空间尺度上展开； · 国家尺度组织和国家法规的尺度划分被认为是历史演化，有时会进行重大重组

国家空间进程：第一个切入点

从何种意义上说国家空间是进程而不是容器、平台或事物？自二十多年前列斐伏尔（1991[1974]）、哈维（1973）、卡斯特尔（1977[1972]）和苏贾（1980）等激进的城市主义者做出开创性的贡献以来，在重要的批判性的城市和区域研究领域就已经逐步形成了社会空间性的生产方法（Gottdiener 1985；Soja 2000）。出乎意料的是，重要的城市研究人员和其他具有地理倾向的社会科学家的方法论见解对国家理论和政治社会学领域的影响很小。尽管如此，我还是认为，在这些对城市空间性的开创性分析中发展出的社会空间机制概念也可以被有效地启动，用于研究国家空间性的生产和转型。[①]

与“城市”一词很像，“国家”一词在表面上意味着一个固定的类似实体的事物——在这种情况下，封闭的制度体系占据了边界地理领域，就像世界地图上每个国家/地区不同颜色的表达。然而，正如辩证法理论家所言（Ollman 1993；Harvey 1996），变革过程的重新定义根植在主流社会科学的概念语法中，导致学者即使面对令人信服的流动、静止和变革性证据，也不能反身地假设存在停滞、固定和连续性。与其他基本的社会学概念（例如经济、社会和文化）一起，城市和国家的概念可以说是现代社会科学中有关社会空间机制的普遍化的范式样本。

二十多年前，激进的城市学者开始通过引入更多辩证性的、进程性的概念来描述当代城市，以突破这些知识上的束缚——例如，城市化，或者用哈维（1978）更为精确的术语，城市进程。与传统的城市区位分析方法（以欧几里得-笛卡尔式的术语来构想空间）作为扩展经济活动的平面相反，哈维介绍了一种更具活力的、历史特定的观点。对于哈维而言，必须同时将城市理解为资本主义不断变化的社会关系的前提、媒介和结果。从这个角度看，任何关于城市空间性的历史构想都代表着早期社会互动模式的沉淀结晶，也代表着未来社会关系网格状演进的可能性和制约。

我提议可以发展一种直接类比的方法论战略，以概念化资本主义条件下的国家空间进程。就像城市的地理一样，国家空间的

① 亨利·列斐伏尔是为数不多的系统分析城市空间生产和国家空间生产的社会空间理论家之一。尽管列斐伏尔的城市著作在英美城市学者中已广为人知（参见 Lefebvre 2003b，1996），但他研究法国的主要著作并未被广泛翻译，因此在英语读者中仍然相对无名（见 Lefebvre 1978，1977，1976a，b）。有关重要国家理论著作的最新删节译本包括 Lefebvre 2003a，2003c，2001；Brenner 2001c，1998a，1997a，b。

地理也必须被视为前提、舞台和不断发展的政治战略的结果。它不是事物、容器或平台，而是社交产生的、冲突的、动态变化的社会空间交互矩阵。国家权力的空间并不仅仅是被“领域容器”所“塞满”；相反，是通过在不同制度位置和一系列地理范围内进行的监管项目和社会政治斗争，积极地产生和改变国家的空间性。因此，传统的威斯特伐利亚式的国家形象位于静态的、独立的领域之内，必须用辩证的、进程性的分析方法来代替，该分析方法针对历史上特定的国家空间架构生产和不断进行改造的方式。

可以参考国家领域性现象来最直接地说明这一主张，正如上一章所讨论的，政治空间的维度在 20 世纪社会科学中得到了最明确的承认和分析。欧几里得/笛卡尔式地理方法对领域的根深蒂固的传统体现在韦伯（Weber 1946）的政治社会学方法中，其中自我封闭的领域边界是现代政治组织的基本特征之一。尽管相对于前现代政治地理来说，韦伯对现代国家领域性的历史特殊性高度敏感，但他对领域性在现代国际体系内的演变不感兴趣。相应的，韦伯在其关于政治社会学的主要著作中，把领域性简化到了一个明确的清单上，以至于在讨论现代官僚国家时都可以不假思索地被设为前提。从自由民主理论、现实主义的国际关系理论到发展研究的主要方面、社会政策的主流分析，以及有关国家相对自治的传统马克思主义辩论，这种将领域性视为现代国家形态既定、固化、不变因而相对透明的特征，在 20 世纪大多数国家形态的方法中都被不自觉地复制。①

尽管实证上不是错误的，但韦伯学派的观点必须在一个更加

① 有关这种方法论趋势的进一步讨论，请参见 Agnew 1993，1994；Häkli 2001；Held 1995；R. B. J. Walker 1993。

辩证的、历史上特定的概念框架内重建。因为，即使遵循与《威斯特伐利亚和约》相关的历史-地理分水线，其中的国家领域主权的原则也首先被制度化了（Spruyt 1994；Ruggie 1993），经济体系中的功能也已通过历史上特定的监管战略和社会政治斗争进行了修改，有时甚至是进行了重大修改（Agnew and Corbridge 1994；Newman and Paasi 1998）。自 16 世纪以来，国家作为领域权力的角色一直取决于不断扩大的监管活动范围，包括（a）进行战争和军事防御；（b）遏制和增加国民经济财富；（c）促进国有化的政治文化身份；（d）使民主形式的政治合法化、制度化；（e）提供社会福利（Taylor 1994）。因此，从近代早期的欧洲战争机器和重商时代的财富容器，到第二次工业革命国家发展主义和福特-凯恩斯主义时期的凯恩斯主义福利国家，国家已经采取了各种监管战略，并且通过领域性原则努力包含更广泛的社会、政治和经济活动。尽管在现代资本主义的历史进程中，国家的确可能像"社会关系中的一种漩涡吸纳，并通过其领域制塑造它们"（Taylor 1994：152），但这种政治生活的领域化从未彻底实现过；相反，必须将其理解为对领域封闭的历史特定国家工程一种不稳定、有争议的结果（Paasi 1996）。从某种程度来说，国家似乎已经通过其领域把握了政治活动。在这种情况下，其地理架构、监管运作和政治取向的持续斗争，从未有过短暂的稳定时刻。因此，最好把作为空间接触方式的领域边界的作用理解为政治战略的媒介和结果，而不是固定的、永久的条件。

多形态的政治地理

尽管至关重要，但在现代国家空间的多层地理架构中，领域性仅代表着一个维度。因此，可以将前几段中概述的国家领域进程的概念化扩展为阐明国家空间的许多其他方面，这些方面同样充当着竞技场、产品以及正在进行的监管战略和社会政治斗争的赌注。在这种情况下，区分国家空间的两个紧密交织的维度非常有用："狭义"的国家空间和"整合性"的国家空间（Brenner et al. 2003b：6）。[①]这种区分提供了一个初步的分析基础，可以在此基础上概念化现代资本主义国家空间多形态的特征。

首先，狭义的国家空间是指国家独特的空间组织形式，是一种离散的、领域上集中的、独立的、内部差异化的制度配置。国家空间的这一方面首先指的是国家领域结构的变化，以及边界（border，boundary，frontier）在现代国际体系中不断演变的作用。此外，狭义的国家空间涵盖了国家领域组织不断变化的地理环境和国家管辖范围内的行政区划。除了小规模的城市国家（如新加坡、卢森堡）外，大多数国家配置在划分为特定管理任务的多个行政级别时，也表现出明显的内部领域差异（Painter and Goodwin 1995）。在现代国家内部，这种内部领域差异要求建立了政府间等级制度以及地方和区域特定的制度形式，其中特定类型的空间（例如城市-区域、大都市经济、农村外围地区、边界地区等）包含在独特的行政安排中，由此产生的尺度监管划分可以为给定时期内的国家活动提供相对稳定的框架；但是，由于反对的社会政治力量在

① 这种区分源自与鲍勃·杰索普、马丁·琼斯和戈登·麦克劳德的持续合作，博任纳等（2003a，b）展示了一些初步结果。本节中阐述的一些论点代表了后者的进一步发展。但是，在当前情况下阐述这些思想的学术责任仅由我承担。为了进行分析，我必须将国家空间的"代表性"方面掩盖起来，其中包括支配政治经济的行为主体和日常生活中国家空间代表、解释和想象的各种方式（参见 Brenner et al. 2003b）。

努力重组地方行政单位的体制结构、边界或职能，这种尺度安排也可能被动摇(K.Cox 1990)。

其次，从整合性方面来说，国家空间是指启动国家制度来规范社会关系并影响其区位地理的特定领域、特定地点和特定尺度的方式。国家空间的这一方面最主要的是指在给定领域管辖范围内，国家介入社会经济进程的不断变化的地理。国家空间性的每一种历史形成都与针对特定辖区、地点和尺度的政策框架相关联，这些框架是国家监管、公共投资和金融援助的重点(Jones 1999)。通过这种以空间为目标的进程，国家制度试图增强领域内的区位资产，加速资本的流通，吸引劳动力，解决地方特有的社会经济问题，并维持经济活动和人口增长等多种中心内部和之间的领域凝聚力。①因此，早期的工业资本主义国家将大量的公共投资用于铁路、公路、港口和运河等大型领域基础设施。这些战略最终得到国家主导的举措的补充，以规范城市生活和工作条件，并在主要大都市地区建立大规模的公共工程设施(例如医院、学校、能源网、大众运输网络、废物管理系统)。在第二次工业革命之后，西欧大规模的官僚政治的国家开始推广整个国家领域作为经济增长的综合地理框架。在这种情况下，非工业化的农村和周边地区的目标是重新分配国家工程，这些工程旨在使城市工业增长在全国范围内更均等地分布(见第四章)。在 20 世纪 70 年代的全球经济危机之后，西欧的主要城市和区域经济体已成为一系列社会经济、工业和基础设施政策的空间战略目标，旨在提高国家竞争优势(请参阅第五章)。

---

① 此列举并不详尽。国家空间定位的其他示例包括在战争时期或自然灾害中划定“安全区”；以及建立公共森林、国家公园和自然保护区。

除了这些明确的空间政策之外，整合性的国家空间还包含了明显的空间政策所带来的间接社会空间效应。这种现象有两个截然不同的方面(Jones 1999：237—238)。一方面，显然，空间政策可能以独特的方式影响特定区位或这些区位内的特定社会群体。比如美国的军费开支不仅是一种补贴特定行业的工业政策形式(如航空航天和造船业)，还是一种在主要工业区(如洛杉矶和西雅图)产生显著就业增长的空间政策形式。类似的，美国政府资助的抵押贷款补贴和房主减税优惠往往使郊区而不是城市享有特权，在这些城市中，出租房屋居多。另一方面，由于许多国家政策与特定地点的条件相互作用，因此产生了不平衡的空间效应。比如，国家福利政策可以促进在活跃的地方劳动力市场中增加就业，同时在萧条的地方经济体内产生相反的后果(Jones 1999：238)。同样的，由于地方特定的产业基础、制度遗产和政治联盟的影响，建立新的区域经济治理形式的中央授权计划可能会产生彻底分化的政策议程(MacKinnon 2001)。因此，国家监管的不平衡发展代表了国家空间整合性的重要维度。

国家空间狭义的和整合性的层面(包括领域性、领域差异、空间目标和间接空间效应)相互影响以产生历史上特定的国家空间形式。因此，正如列斐伏尔(1991：281)所解释的："每一种新的国家形态，每一种新的政治权力形式，都引入了自己独特的空间划分方式，对空间以及有关事物和空间中人类的论述进行了自己的行政分类。每个这样的形式都会命令空间，以达到其目的。"图表 3.2 对到目前为止的国家空间概念化的主要元素进行了概括。

图表 3.2 国家空间进程:核心维度

<table>
<tr><th colspan="2">国家空间进程</th></tr>
<tr><td colspan="2">国家权力空间并不是简单地被"填充",就好像它们是既有的领域容器一样。相反,国家空间是通过各种地理尺度上的社会政治斗争而积极产生和转变的。因此,必须将国家形态地理视为不断发展的社会关系的前提、舞台和结果</td></tr>
<tr><th>狭义的国家空间</th><th>整合性的国家空间</th></tr>
<tr><td>这是指该国独特的空间组织形式,是一种离散的、领域上集中的、独立的、内部差异化的制度配置
• 领域/边界:国家领域结构的变化以及边界在国家间体系中的作用不断变化
• 内部领域区分:在各个司法管辖区之间划分国家领域。这是通过建立(a)政府间等级制度和(b)特定于地方和区域的体制形式而实现的</td><td>这是指启动国家制度来规范社会关系并影响其区位地理特定领域、特定地点和特定尺度的方式
• 空间目标:启动国家政策、公共投资或财政补贴,以修改或改变特定辖区和特定尺度内的社会条件
• 间接的空间效应:显然是空间的国家政策引起的意想不到的不平衡的社会空间后果。这是通过(a)表面上通用的国家政策在隐藏的地理"选择性"中的角色以及(b)国家政策与特定地区的次国家条件的相互作用而发生的</td></tr>
</table>

国家尺度架构

在我们进一步揭示资本主义国家空间过程辩证的、进程的和多形态的概念化方法论基础之前,必须解决另外一个问题——对国家独特的、历史发展的尺度结构的质疑。正如我们已经看到的,大多数政治社会学家、政治经济学家和国家理论家都过分地假设"国家"必须组织成一个国家,这意味着主权和领域在国家范围内永久地捆绑在一起。鉴于 20 世纪一直在进行的政治-经济生活的普遍国有化,直到最近,这种假设在社会理论和日常生活中仍有某种程度的合理性。但是,它们与上面介绍的国家空间进程的概念直接矛盾,根据该概念,国家地理体系结构的所有方面(包括尺度架构)都代表着正在进行的政治经济调节和社会政治竞争进程的表达,而不是永久固定的国家形态特征。因此,国家尺度架构必须以与国家制度组织、监管活动和政治斗争各个规模的历史性和可延展性相协调的方式来进行概念化。

肖(Shaw 2000)最近开发了一个有价值的框架来应对这一问题。对于肖来说,国家空间的每一种历史形态都“分层”在国家尺度以上和以下的各种不同但相互交织的权力中心和政治权威阶层中。但是,正如肖很快强调的那样,国家权力的某些尺度或“层次”从属于其他国家,因此并不是说每个政治权威级别本身都构成了独特的国家配置。肖对国家权力的分层、多尺度特征的明确认识,提出了一个基本问题,即“为什么给定的国家层次[……]被视为正在定义的特定的时期”(Shaw 2000:189)。肖对曼恩(Mann 1993)的国家形态的定义的扩展与本研究有很大的关系。肖认为(2000:190):“要被视为一个国家,特定的权力中心必须[……]在很大程度上包含和构成其他形式或层次的国家权力(例如特定时间和空间的国家权力)。”因此,关键点在于,在给定的国家权力架构中,哪种监管活动尺度是首要的问题,这个问题本质上是一个经验-历史问题,而不是可以事前解决的问题。因此,即使国家形态的国家尺度长期以来已经涵盖并在很大程度上构成了其他尺度的政治权威层次,但“没有理由将任何特定的国家权力层次视为本质上无法构成的国家形态”(Shaw 2000:189)。而且,即使给定尺度的国家权力成功地涵盖并构成了其他尺度的政治权威,后者通常仍在更广泛的、多尺度的国家制度架构中发挥关键作用。因此,肖指出了从 19 世纪末到 20 世纪中叶后期,“国家帝国”的组织配置中既包括市政府形式也包括国际组织。肖同时强调了市政府和欧盟委员会今天在很大程度上仍然服从于国家配置的方式(Shaw 2000:190—191)。

在目前情况下，肖有关现代国家形态的分层概念特别有价值。因为它强调了：(a) 即使在单一尺度主导条件下国家权力的多尺度性质；(b) 历史上根深蒂固的国家尺度组织形式质变的可能性。这种概念化还意味着国家制度组织和国家监管活动特定尺度的实质性政治体制内容同样在历史上演变。因此，国家形态在超国家、国家、区域和地方尺度上的监管职能、制度表现和政治意义，可能会根据其所嵌入的更广泛的国际体系而有质的不同。在先前介绍的国家空间进程概念化的基础上，可以从以下两个方面分析国家权力的每个尺度：(a) 在狭义的方面，参照其内部组织形式、制度结构和地理边界；(b) 在整合性方面，它是国家对社会经济生活进行各种形式干预的场所(图表 3.3)。

图表 3.3　解码国家尺度架构：狭义的和整合性的维度

	狭义的国家空间	整合性的国家空间
国家空间的尺度架构	超国家、国家、区域或市级政府机构的组织形式、制度结构和地理范围 给定尺度的国家制度组织在更大范围的国家制度尺度层级中的嵌入性	超国家、国家、区域或市级政府机构在各种形式的政治经济监管中的独特作用 给定尺度的国家活动在更广泛的国家监管尺度划分中的嵌入性

上面的讨论产生了许多初步的方法论前提，通过这些前提来研究现代资本主义国家空间的多形态、多尺度和不断变化的地理。这些思考提出了两个基本问题。首先，为什么资本主义的国家形态采取特定的空间、领域和尺度形式？第二，在资本主义发展的历史上，国家的空间、领域和尺度架构如何以及为何演变？在分析当代国家空间转型的基础上，本章的其余部分依次回答这些问题。

作为政治战略的国家空间：一个战略关系的方法

> 在关于资本主义国家的分析中，一直存在着张力。一方面，必须以构成国家的方式来承认历史-地理的特殊性[……]另一方面，资本主义生产方式的普遍影响意味着资本主义国家的理论既有可能也有必要。[因此]在“形式”的一般理论(政治和经济领域的分离)与该形式变化范围内历史和领域特定国家理论的需求之间存在着不可避免的对立关系。
>
> 雷·哈德森(2001:55)

正如哈德森所指出的，资本主义国家的理论家们长期以来一直在努力整合关于资本主义国家形态的本质的各种论点，并分析资本主义地缘政治经济中特定国家配置的历史演变。国家理论的大多数传统都偏向于这种分析鸿沟的一侧或者另一侧，而缺乏两者之间的融合。例如，早期的马克思主义国家理论家和较新的对德国国家起源辩论的贡献者们，主要将注意力集中在国家制度的形式和功能问题(如经济和政治的分离；国家政策在促进资本循环和劳动力再生产中的作用)如何与资本主义生产方式的基本特征交织在一起(如私有财产关系、利润驱动的生产、资本主义竞争、阶级统治和劳动力商品化)。[①]相比之下，其他学术传统，包括历史社会学、制度主义地缘政治经济和法国的监管理论，都将注意力转向了现代资本主义条件下国家权力所依赖的多种政治和制度安排。[②]

---

① 有关这些辩论的优秀论述，请参见 Jessop 1982。

② 有关国家制度演进和比较资本主义的文献太广泛了，在此不再赘述。这一研究领域的代表性贡献包括 Dyson 1982; Boyer and Hollingsworth 1997; Evans, Rueschemeyer and Skocpol 1985; Lash and Urry 1987; Schwartz 1994; Tilly 1990; Weiss and Hobson 1995。

在抽象主义和具体历史性分析模式之间存在的直接相似的对立，必然伴随着任何试图破译资本主义国家形态的空间形式的努力(Collinge 1996)。因此，尽管许多理论家在现代地缘政治秩序中强调了国家领域制的基本特征，但其他学者却将注意力集中在不同国家、区域和地方背景与时间顺序内形成的各种政治地理上。[1]正如哈德森(2001:55)正确指出的，这种对立是“不可避免的”，眼前的任务是以一种能够阐明特定历史地理条件下国家空间的一般性和特殊性的方式来应对它。

我建议通过在基础级别上将空间、领域性和地理尺度等问题整合到由杰索普(1990a)开发的国家理论的战略关系方法中来解决这个问题。为此，我首先启动了杰索普的战略关系框架，以便为上一节中关于国家空间进程性特征的一般性论证提供进一步的理论基础。在此基础上，我以杰索普对“战略选择性”的概念化为基础，指明现代资本主义国家的空间架构在其中演变的一些广泛参数。通过对杰索普分析国家形态的方法进行空间化，将有可能在一个分析框架内分析资本主义国家的一般空间形式以及资本主义发展进程中国家空间安排的历史变迁。从这个角度来看，最关键的是，国家的空间形式和历史上特定的国家空间性的形式都不是结构上预先确定的；相反，它们代表着空间选择性政治战略的竞技场和结果。这种概念化构成了国家尺度重构分析的理论关键，这将在本书的后续章节中展开。

国家理论的战略关系方法：概述

按照杰索普的说法(1990a)，资本主义国家必须被视为制度上

---

① 泰勒(1993)出色的教科书《政治地理学》(*Political Geography*)对这些立场的主要案例进行了分析。有关最新的分析请参阅 K.Cox (2002)。

特定的社会关系形式。正如资本关系是由价值(在生产领域)和商品、价格和货币(在流通领域)构成的一样,杰索普认为,国家形态也是资本循环的"特殊化"和制度分离(1990a:206)。但在杰索普看来,无论是价值形式还是国家形态,都不一定在功能上实现统一,在运作上具有凝聚力,或者在组织上具有连贯的制度安排(另见 Poulantzas 1978)。

价值形式的实质(商品所体现的社会必要劳动时间)取决于(a) 生产领域的阶级斗争,这种斗争限制了资本在榨取剩余价值时从属劳动力的能力,因此,价值形式的含义还不确定;(b) 限制资本在再生产领域控制劳动力能力的超经济阶级斗争;(c) 资本主义竞争的动力和强度(Jessop 1990a:197—198)。因此,杰索普(1990a:198)坚持认为:"在价值形式建立的矩阵内,资本主义发展的节奏和进程存在着真实的变化空间。"那么,根据杰索普的观点,与价值形式相关的相对较早的、相互矛盾的社会关系矩阵只能通过采用积累战略转化为可复制的制度安排体系。按照杰索普的说法,"当经济增长模式与能够复制它的制度和国家政策框架相联系时,就会出现一种积累战略"(另见 Jessop et al.1988:158)①。

这里最关键的是,杰索普提出了一种类似的针对国家形态的论点,因为国家形态的功能统一性和组织连贯性同样存在严重问题。杰索普认为,一方面,只要国家为成功的资本积累提供许多非经济的前提,建立不同于生产和流通领域的政治领域就可能对资本起作用。国家形态的各种更具体的特征可能同样有助于这种资本主义取向,包括资产阶级法律的框架、议会政治的运作、官僚主

① 杰索普提到了许多积累战略:拉丁美洲的福特主义、进口替代和出口激励战略、大法西斯主义(*Grossraumwirtschaft*)、西德模型和撒切尔主义(另见 Jessop 1990a:201—202;Jessop et al. 1988)。

义的性质、国家对经济干预的间接性、国家经济的孤立性，以及来自民众或立法控制的压制性机构（1990a：148）。但另一方面，杰索普（1990a：206）又坚持认为国家不能作为理想的集体资本主义，因为它的存在"允许国家活动与资本需求之间的错位"。在这个意义上，正如杰索普（1990a：148）经常重申的那样，"形式使功能问题化"：国家与资本循环的分离可能会严重限制其作为资本主义利益代理人的能力。在许多其他因素中，政治诱发的政策动荡、官僚主义的低效率以及阶级斗争可能会削弱商业信心并破坏该国资本积累的能力（1990a：148—149）。

因此，杰索普认为，国家作为社会关系的一种独特形式的存在，并不能自动地转化为具体的统一、协调或可复制框架的国家活动。相反，国家形态是关于资本主义社会内部国家干预、政治代表和意识形态支配性质持续战略互动的不确定结合。所以，"国家制度整体不可能有固有的实质的统一性：必须通过具体的操作程序、协调和指导目的在国家系统内部建立其（总是相对的）统一性"（1990a：346，149，161）。对于杰索普而言，国家的功能统一性和组织协调性从来不是预设的，而必须被视为对立的社会力量之间正在进行的社会政治斗争紧急的、偶然的、有争议的以及潜在的不稳定结果。实际上，根据杰索普的说法（1990a：9，346），只有通过启动和整合国家工程（试图将国家活动围绕一系列共同的、明确阐述的议程进行整合），才能将国家作为一个统一的组织实体形象（"国家效应"）投射到公民社会中。[①]因此，国家工程在形式上类似于积

① 杰索普（1990a：346）定义了国家工程，这些工程不仅是赋予国家活动统一性和连贯性的战略，而且还参考了（a）资产阶级社会内部的社会基础，以及（b）相关的"社区"话语和"凝聚力"。

累战略，因为它们都代表了使现代资本主义矛盾的社会形式（即价值形式和国家形态）制度化和再生的战略举措。图表 3.4 示意性地总结了这一论点的关键要素。

图表 3.4　战略关系的国家理论基础

<table>
<tr><td>资本主义以两种主要形式决定的社会关系为基础</td><td>资本关系
生产范围
· 生产被组织为一种价值关系，其中(a) 生产是私人组织的；(b) 劳动力本身就是一种商品；(c) 生产者努力减少生产商品所需的社会必要劳动时间（即通过降低成本和/或增加产出）
流通范围
· 价格和货币机制调节商品和服务的交换
· 资本家竞争降低商品的市场价格并增加自己的市场份额</td><td>国家形态
关键元素
· 国家在制度上与资本循环体系分离或“特定化”
选定的辅助元素
· 国家依靠货币税为其活动提供资金
· 国家依靠议会形式的代表制和理性法律官僚制，这些形式以正式的公民平等为前提，从而掩盖了资本主义社会中阶级统治的现实
· 该国的核心经济和压制职能与民众或立法控制隔离</td></tr>
<tr><td>↓</td><td>↓</td><td>↓</td></tr>
<tr><td>这些社会关系的形式使它们的功能统一性和机构连贯性出现问题……</td><td>· 资本的增值取决于资本在生产过程内外控制工资劳动的能力……
· 但就商品化的条件是生产领域内外阶级斗争的直接对象而言，劳动力是一种“虚拟商品”
· 资本家在资本关系的再生产中具有某些共同的利益……
· 资本家也在资本主义再生产的特殊条件下竞争</td><td>· 资本主义条件下经济与政治的分离使国家能够维持积累各种经济和超经济的前提条件……
· 同时，这种分离使国家机构能够以不直接获益，甚至可能严重失灵的方式启动起来进行资本积累</td></tr>
</table>

续 表

↓	↓	↓
所以，这些社会形式在功能上的统一性和制度上的连贯性从来不是预设的，而只能作为历史上特定的战略和工程的不稳定结果来维持	**积累战略** · 一种特定的经济增长模式或模型、与之相关的制度性社会框架（或调节模式），以及有助于其稳定再生产的政府政策范围(Jessop 1988:158)	**国家工程** · 国家实践和工程定义了国家的边界，并赋予其一定程度的内部统一性 这些包括： · 国家权力的社会基础，即权力集团[……]的性质，其妥协的不稳定平衡在国家系统中得以体现 · 定义虚幻的社区话语，其利益和社会凝聚力将由国家来管理……(Jessop 1990a:346)

来源：杰索普(1990a)。

出于这些考虑，杰索普引入了战略选择性的概念，其目的是建立一个分析政治战略在塑造国家制度结构和社会经济干预模式中的作用的框架。杰索普同意奥菲(Offe 1984)的一个著名假设，即国家具有选择性——倾向于使特定的社会力量、利益和行为者享有相对于他人的特权。根据奥菲(1984:120)的观点："国家积累中制度性的自身利益受到以下事实的制约：国家被剥夺了控制这些资源流动的权力，但这些流动对于行使国家权力必不可少。"奥菲认为，这种情况使国家有系统地享有统治阶级的利益，并将其他社会力量排除在决策进程之外。然而，对于杰索普而言，最好将国家权力的统治阶级选择性理解为正在进行的社会政治斗争的目标和结果，而不是国家制度的结构性特征。因此，杰索普(1990a:260)提出，国家应作为"场所、战略的生产者和产物"来运作。

- 国家是战略的场所,“根据国家为获得某种政权所采取的战略而使某些势力比其他势力更容易获得某些权力”(Jessop 1990a:260)。
- 国家是战略的生产者,因为它是各种社会力量启动积累战略和支配工程的制度基础。
- 国家是战略的产物,因为国家自身的组织结构和社会经济干预模式是从较早的政治战略继承而来的(Jessop 1990a:261)。

杰索普以此方式强调了国家战略选择性的关系特征。国家倾向于将某些阶级派系和社会力量优先于其他派系和社会力量,这是由于旧的国家结构与旨在利用国家制度进行特定社会经济规划的新兴政治战略之间不断发展的关系所致。

所讨论的国家战略可能针对一系列不同的社会制度目标,特别是针对国家自身制度结构的战略可能与针对民间社会的资本循环或支配维持战略不同。在杰索普的术语中,前者代表国家工程,而后者代表国家战略。国家工程旨在为国家制度提供某种程度的功能统一、运营协调和组织一致性的措施。只要特定的社会力量在影响演化的国家制度结构的斗争中享有特权,国家工程就具有战略选择性。当国家工程成功时,就会产生“国家效应”,赋予国家制度统一的、功能连贯的和组织整合的外观(Jessop 1990a:6—9)。相比之下,国家战略代表了启动国家制度采用特定形式的社会经济干预的举措(Jessop 1990a:260—261)。只要特定的社会力量在影响国家调节资本循环和建立支配方面的作用的斗争中享有特权,国家战略就具有战略选择性。如果成功,国家战略将采纳相对连贯的积累战略和支配计划(Jessop 1990a:196—219)。虽然国家战略通常以一个相对连贯的国家工程为前提,但不能保证国家工程会有效地转化为可行的国家战略。同时，成功启动国家战略后，它们也可能会显著改变国家工程所连接的政治和制度领域。因此，只要国家工程与国家战略相互依存相互制约，它们之间就是一种辩证关系（见图表 3.5）。

图表 3.5　国家工程与国家战略

国家工程 ↓↑	使国家机构具有组织连贯性、功能协调性和运行统一性的倡议：它们将国家本身定位为社会力量更广泛领域中的独特机构集合 · 目标：国家制度 · 可能的结果："国家效应"
国家战略	动员用国家制度促进特定形式的社会经济干预的倡议：它们着眼于国家对非国家制度的表述，并试图对国家进行工具化，以调节资本的循环并改变民间社会内部力量的平衡 · 目标：资本和/或民间社会的循环 · 可能的结果：积累战略和/或支配项目

来源：基于杰索普（1990a）。

总而言之，在发展战略选择性概念时，杰索普着重强调国家作为"一种为某些而非全部政治战略提供结构特权的特殊政治形式"的方式（1990a：270）。杰索普没有将选择性视为国家的既定结构特征，而是主张其产生于国家制度内外的战略互动和社会政治竞争的辩证法。按照这种观点，正在进行的社会斗争塑造了（a）国家不断发展的制度结构，（b）国家不断变化的经济干预方式、积累战略和支配工程。同样至关重要的是，这种辩证法得以展开的制度集合被视为早期关于国家权力形式和职能的政治斗争的产物。相应的，"这样的国家没有权力，它仅仅是一个制度集合；它只有一套调节这种权力的制度能力和责任；国家的力量就是在国家内部并通过国家进行行动的势力的权力”(Jessop 1990a:270)。因此,将国家作为政治战略的概念,旨在阐明这些不断演化的制度能力/权责与国家制度中或通过国家制度的社会力量集合之间的复杂互动。

战略关系国家理论的空间化:面向国家空间的选择性

琼斯(Jones 1999,1997)对杰索普的论点进行了有见地的地理重制,提出国家制度也具有独特的空间选择性。琼斯(1997:851)的空间选择性是指“空间特权化和清晰化”的进程,通过这一进程,国家政策在整个领域空间中有所区别,以便针对特定的地理区域和尺度。在发展空间选择性的概念时,琼斯(1999)提出以下建议:评估撒切尔规划的中央-地方重组和劳动力市场干预计划,针对监管干预的高度特定空间和特定尺度的方式。琼斯(1997:851)还注意到了一些其他情况,其中国家政权系统地给予特定的空间特权,或以空间上独特的方式阐明了政策议程。因此,格拉姆希(Gramsci 1971)关于“南方问题”的著作,强调了在意大利工业化进程中国家在生产和强化南北差距中的核心作用。同样,埃塞尔和赫希(Esser and Hirsch 1989)对 20 世纪 80 年代“德国模型”的分析,强调了在西德密集的经济结构调整时期出现的区域性特定形式的政治妥协。因此,正如琼斯(1997:853)所强调的,空间不仅是国家制度组织的关键维度,而且由于它们以特定的地理区域、场所和尺度为目标,因此经常成为国家战略的明确对象。图表 3.6 总结了到目前为止在本书中已经研究过的国家选择性的各个方面(结构的、战略的和空间的)。

图表 3.6　资本主义国家选择性的维度

国家选择性的维度	
结构的	结构选择性来自国家对私人资本的依赖，这些税收对国家自身的再生产至关重要 结果是：国家参与了一个“分类过程”，在制定和实施政策时系统地享有资本利益（Offe 1974）
战略的	战略选择性源自旧的国家结构与新兴战略之间的相互关系，这些战略转变和/或启动了国家权力：国家是战略的场所、生产者和产物，特定的阶级派别和社会力量试图通过战略的场所、生产者和产物将组织统一性强加于国家并促进特殊形式的经济干预（Jessop 1990a） 结果是：国家的特殊形式使某些战略优先于其他战略，使某些势力对其他势力享有特权，某些利益优先于其他利益，某些时间范围的重要性超过其他时间范围，某些联盟的可能性超过其他联盟（Jessop 1990a：10）
空间的	空间选择性是由旧的国家结构的地理与转换和/或工具化国家权力的地理新兴战略之间的相互关系产生的 结果是：国家特权通过积累战略（经济政策）和支配工程（意识形态）来使尺度、场所和空间具有特权（Jones 1999：237）

在琼斯论点的基础上，我建议可以有效地采纳杰索普将国家作为政治战略的概念，作为对现代资本主义国家形态进行空间的和尺度表达的概念化的理论基础。这种概念化的方法论的关键是命题（在上一节中以示意图形式表示），即国家空间永远不会恒久固定，而是像国家形态的所有其他方面一样，代表着一个新兴的、战略上有选择的且在政治上有争议的进程。杰索普的战略关系方法为这一主张提供了理论基础。杰索普坚持认为，国家的组织一致性、运作凝聚力和功能统一永远不会在结构上预先设定，而只能通过部署历史上特定的政治战略来建立。这个论点也可以有效地应用于国家权力的地理。从这个角度看，国家制度和政策的领域

连贯性和等级间协调不是永久性的，而只能通过采纳旨在影响国家空间的形式、结构和内部差异的政治战略来建立。同时，必须将现有的国家制度和政策的地理视为早期重塑国家空间架构战略的产物。因此，与国家制度安排一样，国家权力的空间性同样可以被视为政治战略的场所、生产者和产物（MacLeod and Goodwin 1999）。历史上特定国家空间性的构造是通过旧的国家空间组织模式与修改或改变根深蒂固的政治地理的新兴战略之间的辩证关系而形成的。在此基础上，类似于杰索普的国家形态、国家工程和国家战略的战略关系理论化，可以区分资本主义国家空间架构的三个同样基本的维度——国家空间形态、国家空间工程和国家空间战略（图表 3.7）。

图表 3.7　国家空间性的战略关系方法：一个概念的层级

国家形态 国家配置在制度上与资本循环是分离的或“特定的”	**国家空间形态** 在由形式上等效的政治领域单位所定义的国家间体系内，国家形态是领域集权的和自我封闭的政治权力单位
↓	↓
国家工程 国家系统的组织一致性、功能协调性和运营连贯性从不是预设的，而是直接或间接影响国家制度结构的特定计划和倡议的产物 国家工程代表着试图围绕一个共同的组织框架和共同的政治议程整合国家活动的整体的尝试 · 目标：国家制度 · 可能的结果：“国家效应”	**国家空间工程** 国家空间的地理凝聚力从不是预设的，而是直接或间接影响国家空间结构和国家政策地理的特定计划和倡议的产物 国家空间工程的出现是为了试图在国家领域内不同的地理尺度和区位之间区分或整合国家制度和政策管理体系 · 目标：空间上不同的国家结构 · 可能的结果：巩固监管的空间和尺度划分；监管的不平衡发展

↓ ↓

国家战略	国家空间战略
国家制度促进特定形式的经济发展和维持合法性的能力从不是预设的，而是特定计划和倡议的产物 试图施加特定形式的社会经济干预的国家战略应运而生 • 目标：资本的循环与民间社会 • 可能的结果：积累战略和/或支配工程	国家制度影响积累和政治斗争地理的能力从不是预设的，而是特定计划和倡议的产物 国家空间战略的出现是为了将工业发展、基础设施投资和政治斗争的地理塑造为“空间固定”或“结构化的一致性”(Harvey 1989b) • 目标：国境内的积累和监管地理 • 可能的结果：空间选择性的积累战略和/或支配工程

↓ ↓

历史上战略选择性的特定形式　　历史上空间选择性的特定形式

1. 国家空间形态。就像国家形态是从资本循环中政治领域的制度分离来界定的一样，国家空间形态是参照领域性原理来定义的。自从17世纪威斯特伐利亚地缘政治系统巩固以来，国家形态是由形式上等价的、不重叠的和领域上自我封闭的政治权威单位构成的。在现代世界体系国家发展的整个历史进程中，国家形态的地理本质上是通过对全球国际体系内集体约束的决策权进行领域化来确定的(Ruggie 1993；Sack 1986)。的确，国家形态的领域集权的空间形式是造成资本主义经济与政治分离的可能性的必要条件，因为领域性是国家机构与民间其他社会力量之间潜在自治的基础(Mann 1988；Poulantzas 1978)。即使在当代，虽然超国家流动对国家边界的渗透越来越大，但领域性仍然是国家空间形态的最重要属性，而国家空间形态是阐明国家监管活动的基础地理矩阵。

2. 国家空间工程。如前所述，只有通过“赋予[国家]不同部门的个人或集体活动特定的战略方向"的国家工程，才能确保国家形态的组织一致性和功能统一性(Jessop 1990a：268)。关于国家空间形态，可以进行形式上类似的论证。尽管领域性代表国家行动实施的底层地理地形，但是只有通过国家空间工程才能确保其政治规章制度的连贯性。这些工程必须在不同级别的行政区域之间区分国家活动，并在不同区位和尺度之间协调国家政策。因此，国家空间工程代表了将国家领域划为分区的、功能协调的和组织上一致的监管地理举措。在最基本的层次上，国家空间工程体现了该国内部的行政级别划分，这些划分由次国家、省、区域、大都市和地方领域边界所定义。国家形态的这种尺度差异与政府间项目紧密结合在一起，以协调行政权力、财政关系、政治代表、服务提供以及各级国家权力之间和内部的监管活动。国家空间工程还可能需要一些方案来修改政府间安排的地理结构(例如通过更改行政边界)，或重新配置其运作规则(例如通过集中化或权力下放措施)。从这个意义上说，国家空间工程在狭义上代表了国家空间的战略表达，如前一部分所述：它们最直接地面向国家机构本身，因为它们是给定领域内相对集中、制度不同且尺度明确的政治权力配置。

3. 国家空间战略。如上文所述，国家制度促进特定形式的经济干预和维持社会合法性的能力，只有通过成功启动国家战略才能发挥。类似的论据可以用来描述国家战略的特征，以影响工业发展、基础设施投资和社会政治斗争的领域。因为，正如国家制度在制定积累战略和支配计划中发挥核心作用一样，它们也进行广泛干预以重塑资本积累和政治斗争的地理。但是，只有成功地启动国家空间战略，国家才能参与这些形式的空间干预，从而在国家、区域和地方经济体中建立针对资本主义增长的"结构一致性"的能力(Harvey 1989b)。国家空间战略是通过一系列政策工具来阐明的，包括工业政策、经济发展计划、基础设施投资、空间规划项目、劳动力市场政策、区域政策、城市政策和住房政策。国家空间战略还体现在国界内政策体制的领域差异以及这些政策在地方、领域和尺度上的不同影响。国家制度没有针对任何特定尺度、场所或区位的既定结构取向；但是，只要社会力量成功地启动了将特定空间优先于其他空间的国家空间战略，就出现了确定的国家空间形态和尺度选择性。而且，由于国家政策总是对国家领域内不同尺度和区位产生分化的、因地而异的影响，因此，国家活动之间必然存在地理差异的趋势（Duncan，Goodwin and Halford 1988）。尽管某些国家空间战略可能会明显促进这种监管的不均衡发展，但这也可能会作为国家运作的意外副作用而出现（Jones 1997）。因此，如上所述，国家空间战略可以看作是国家空间的战略体现。如上文所定义：它们试图在给定的领域管辖范围内，影响超出国家配置固有能力的社会和经济关系地理。

图表 3.8 总结了资本主义国家空间性的结构和战略的瞬间。该图表说明了狭义的国家空间与整合性的国家空间之间的结构区别，以及在战略层面上与国家空间工程和国家空间战略平行的方式。

图表 3.8　国家空间性的结构和战略的瞬间

结构的瞬间	**狭义的国家空间：** 指国家制度的特征是在给定领域内相对限定、空间集中和尺度不同的政治权力机构	**整合性的国家空间：** 指国家干预社会和经济关系的地理，以及该干预在给定领域内的间接影响
战略的瞬间	**国家空间工程：** 指针对国家领域和尺度组织的旧模式的再现、修改或转变的政治战略	**国家空间战略：** 指针对各种尺度的国家空间干预旧框架的再现、修改或转化的政治战略

总而言之，杰索普对资本主义国家的战略关系概念化可以扩展，从而为国家理论的“战略关系空间”框架提供基础。在这个概念中，现代资本主义国家形态的地理，代表了政治空间旧的划分/尺度与旨在重塑政治空间的新兴国家空间工程/战略之间所表现出的辩证的相互作用。国家空间可以被认为是一个竞争型的、多尺度的政治制度地域，各种社会力量试图在该地域上影响国家领域组织和国家监管活动的地理。一方面，通过启动国家空间工程，这种斗争集中在国家的领域和尺度架构上。另一方面，通过启动国家空间战略，这种斗争也集中在国家干预社会经济生活的领域上。最后，如上所述，最终启动的国家空间工程和国家空间战略的国家空间性框架，本身就是较早一轮的监管试验和社会政治斗争中竞争性的制度产品。因此，特定国家制度形式的空间选择性可以理解为根深蒂固的国际空间性架构与影响、修改或转变这种架构的持续斗争之间不断辩证互动的一种表达。①

扩展国家空间的选择性：参数、演化与转型

配备了这种具有地理自反性和尺度关联性变体的战略关系国家理论之后，现在我们可以回到上面提出的有关资本主义发展史上国家空间结构和国家空间战略的变化及转型问题。这里涉及三个问题。首先，历史上国家空间选择性形式在哪些主要的制度参数上演化？第二，当不稳定的国家空间旧格局和新的政治地理被伪造时，这些参数会发生什么类型的变化？第三，应该如何

① 这种国家空间选择性的定义旨在扩展琼斯（1999，1997）对这一概念的最初表述。琼斯的定义强调了特定国家形态和政策对空间不平衡的影响，而本文提出的定义着重于空间选择性政治战略与国家不断发展的空间结构之间的辩证互动。从这个角度来看，国家政策不均衡的空间效应又可以看作是辩证互动的结果。

概念化国家空间重组的进程？这些问题的考虑可以扩展和具体化上面介绍的国家空间选择性的概念化。这样一来，本节还将介绍一个中观层次的框架，通过该框架可以研究20世纪70年代后西欧新国家空间的产生。

现代资本主义国家空间选择性的参数

根据曼恩(1993)的观点，现代国家已经被构造成各种政治制度的“结晶”，这些结晶反映了通过国家政策推动的各种政治、经济、军事和意识形态议程。现代资本主义国家权力的空间架构同样在历史和地理背景中表现出巨大的变化。但是，我要指出，国家空间选择性的变化不能完全参照在国家内部和通过国家进行的各种社会力量的不同政治议程和地理取向来解释。由于这些议程和方向反过来被限制在某些确定的制度参数之内，而这些参数与(a)现代资本主义国家形态的独特领域形式有关；也与(b)调节资本主义空间经济中不均衡空间发展的地方性问题有关。

首先，国家空间工程和国家空间战略是在与现代国家基本领域形式相关的确定制度参数内发展起来的。因为现代国家形态从根本上是参照集体约束决策权的领域集中制构成的(Mann 1988)，所以国家空间工程和国家空间战略必定要针对其政治管辖范围或其一部分范围内的制度安排或社会经济关系。政治-经济关系的这种定位和塑造通常沿着两个变化的核心轴——

- 一个尺度维度，其中国家制度和政策在给定领域内的各种尺度之间进行分级区分；
- 一个领域维度，其中国家制度和政策在不同类型的司法管辖区或社会经济区之间按地区划分。

我将前一个变化轴称为国家空间的尺度表达，将后一个称为国家空间的领域表达。正如我们将在后续各章中看到的，这些轴线中的每一个都是深刻的对立和冲突的场所，在这里，各种社会力量为国家制度的地理结构和国家空间干预的形式而斗争。同时，还必须将国家空间选择性视为国家空间组织/干预的旧框架，在这种框架内进行这种斗争，并作为进行斗争的媒介。

第二，国家空间工程和国家空间战略与资本主义发展的不平衡地理紧密结合而发展。如第一章所述，资本主义工业化的进程不断产生变化的不平衡空间发展模式，因为在连续的经济增长阶段中，特定的地方和尺度享有特权，而其他地区处于从属地位或被边缘化(Smith 1990；Storper and Walker 1989)。国家权力的地理并没有消极地反映出不平衡空间发展的这些模式，而是以重要的方式进行了调节和修改。

· 国家制度提供了领域划分和尺度明确的监管环境，在这些环境中嵌入并不断重新定义了资本循环的进程。因此，不平衡空间发展的每一种形态都以关键的方式受到国家权力地理的制约。

· 可以利用国家制度来影响发展不平衡的地理，因为它们"在帮助统治集团组织和管理日益大规模、差异化和不断变化的资本主义社会体系方面具有不可估量的价值"(Duncan, Goodwin and Halford 1988：109)。在某些情况下，可以启动国家制度以减轻领域不平等，但也可以通过启动国家制度来强化这种模式或改变其表述形式(Duncan，Goodwin and Halford 1988)。某些社会力量可能倾向于不平衡的空间发展模式，这些模式使他们对投入大量资金或有强烈文化依附感的特定区位或尺度享有特权，由此造成的领域不平等在政治化的程度上也可能产生重大的合法性问题(Hudson 2001)。

因此,国家制度与不平衡空间发展格局之间的关系常常是激烈的社会政治竞争的对象。尽管国家制度可以为资本主义增长的空间修复做出积极的贡献,而资本主义的矛盾在其中暂时消失了(Harvey 1982),但这种结果绝不是预定的。的确,只要国家制度以加剧不平衡空间发展的方式被利用,它们就可能会严重加剧而不是取代资本的地方性危机倾向和矛盾(参见第六章)。

图表 3.9 综合了这些区别,以便说明现代资本主义发展进程中国家空间选择性演变确定的尺度和领域参数。如图表所示,这些参数一方面是通过给定领域(狭义的国家空间)内国家空间组织形式的变化来定义的,无论是否参考了不同地理尺度上国家权力的层次嵌套,或其在不同类型的区位、场所和区域之间的领域表达。另一方面,图表 3.9 还指明了国家可能试图通过不同尺度的社会经济活动的结构,通过不同类型的区位、场所和区域之间的重新分配来影响其领域(整合性的国家空间)内不平衡空间发展的地理。该图表的单元格说明了(a)一些核心对立,并围绕这些核心对立阐明了国家空间工程和国家空间战略;(b)通过这种斗争可能出现的国家领域组织和国家空间干预的特定尺度和特定区域的模式。

单元格 1:国家空间工程的尺度表达

对国家空间工程尺度维度的研究,揭示了在单一总体尺度(通常是国家层面)上中央集权运作的动力与将政治权力下放或分散在多个政治权威的推力之间的地方性张力。这些竞争的国家空间组织方法之间的相互作用产生了历史上特定的制度等级,其中政

图表 3.9　国家空间选择性演化的参数（1）

	国家空间工程： 给定领域内国家领域组织和行政区划的地理	**国家空间战略：** 给定领域内国家对社会经济生活干预的地理
尺度维度： 特定领域内不同级别的政治经济组织之间国家政策和制度的尺度表达	**（1）中央集权与权力下放** · 国家运行的集权化：倾向于将政治权力集中在国家行政的一个总体尺度上（通常是全国） · 国家运行的权力下放：将各种监管任务从国家权力的中央协调层转移出去（通常转移到国家尺度以下各级）	**（3）单一性与多重性** · 将单一主导尺度（例如国家）作为特权进行社会经济活动 · 社会经济活动在多个空间尺度上的分布
领域维度： 特定领域内不同类型的司法单位或经济区之间国家政策和制度的领域表达	**（2）一致性与差别化** · 促进统一的和标准化的行政覆盖面，在整个领域内扩展大致相同水平的服务提供和官僚组织 · 促进零星的、差异化的或不平衡的行政地理，在这些地理中，在领域内的特定场所或地理区域建立定制的、针对特定地区的制度安排和各层服务	**（4）平衡与集中** · 促进国家领域边界内的社会经济活动和投资均等化：目标是在全国领域内尽可能平均地分布社会经济资产和公共资源，从而减轻领域不平等 · 促进社会经济活动和投资的集中：目标是促进领域内特定区位、场所和区域的社会经济资产和公共资源的集聚

治权力或多或少地集中在单个总体层级上。在资本主义发展的大部分历史中，尽管国家的运作越来越集中在全国尺度，但在过去的三十年中，权力下放的工程在单一制和联邦制国家产生了重大的制度调整和尺度重构（Bennett 1993，1989；Sellers 2002）。在欧盟，相对于福特-凯恩斯资本主义在西欧盛行的更为中央集权的国

家空间结构，多层次治理体系的整合进一步促进了国家尺度组织的去国有化和权力下放（Bullmann 1994；Scharpf 1999）。

单元格2：国家空间工程的领域表达

对国家空间工程领域范围的研究表明，在整个领域内促进行政统一的议程与在该领域内不同类型的区位、场所、区域内建立定制的、针对特定地区的行政安排的目标之间，存在着类似且同样普遍的对立关系。法国大革命和随后的19世纪初期拿破仑式的行政改革浪潮，要求废弃与末期封建国家和早期工业化国家有关的相对零散的、参差不齐的和不稳定的政治地理。随后，在西欧大部分地区引入并推广了更为统一的领域管理框架（Bennett 1993）。到20世纪初的第二次工业革命时，大多数西欧国家通过各种合理化的国家空间工程，建立了大规模的官僚等级制度（Cerny 1995）。在国家领域管理的这些相对集中的、标准化的框架内，每种规模的国家政权都配备了形式上等效的政治制度安排。随着战后凯恩斯主义福利国家的巩固，次国家行政级别的任务是在其辖区维持公共福利和社会服务的最低标准（参见第四章）。然而，在过去三十年中，这种长期的行政统一和标准化趋势，因截然相反的、日益差异化的国家空间架构导向的各种国家空间工程而动摇。在这种反补贴模式下，国家领域内的战略位置（例如首都、主要大都市区的中心和高科技园区）配备了定制的、针对特定场所或特定尺度的管理安排，这些安排被认为适合特定情况和社会经济资产。在整个西欧，这些制度定制项目严重破坏了国家行政安排的统一性，并在其管辖的每个领域内都形成了明显不同的公共服务水平（参见第五章）。

当我们考虑现代资本主义国家空间战略的历史演变时，就会出现类似的国家空间发展周期。与国家空间工程一样，国家空间战略可参照其尺度和领域维度进行分类。

单元格 3：国家空间战略的尺度表达

对国家空间战略尺度维度的研究表明，在推广单一尺度作为政治经济生活的总体重点（尺度单一性）与在给定领域之内或之外的多个空间尺度上以更加多样化的方式分配政治经济活动的议程（尺度多重性）之间，存在着地方性的张力。如上所述，旨在促进尺度单一性的国家战略与旨在促进尺度多重性的国家战略之间的这种张力，在形式上与行政集权化和分权化之间的张力类似。但是，在这种情况下，关键问题不是哪个国家领域组织的尺度具有首要地位，而是哪个资本积累以及更广泛的社会经济关系的尺度通过国家运作而享有特权。国家形成的许多历史都涉及国有化的进程，在该进程中，国家促进了全国尺度作为社会经济生活的主要焦点（Lefebvre 1978；Poulantzas 1978）。然而，随着国家权力的超国家和次国家层级在资本再生产中具有越来越重要的战略意义，最近的尺度重构进程导致了对这些旧的、国有化的尺度地理的重组。在这种情况下，国家在相对自我封闭、自我中心的国民经济中促进尺度单一性的传统战略被管理尺度多重性局面这一问题所取代，在该问题中，(a)超国家和次国家级政治经济组织监管的重要性在增强；(b)在国家配置内外扩散着社会政治斗争，影响着对旧的尺度安排的持续重组（Brenner et al.2003a）。

单元格 4：国家空间战略的领域表达

最后，对国家空间战略领域维度的研究，揭示了在全国范围内平均分配社会经济活动的优先顺序（均等化）与将其引导到该领域内特定的区位、场所和区域(集中化)之间的矛盾。①如上所述,均等化、平衡化的国家空间战略与差异化、集权化的国家空间战略之间的张力在形式上类似于行政统一和行政定制之间的张力。在这种情况下,关键问题不是国家应该如何划分自身的行政和监管职能,而是国家在其领域边界内如何(重新)配置资本积累和社会经济活动的地理。在19世纪和20世纪初,西欧国家试图扩大其领域范围内所有区位、场所、区域和尺度的监管控制(Lefebvre 1978)。举例来说,在此期间,国家开始将大量资源用于国内的大型公共或准公共基础设施的建设中,包括港口、运河、桥梁、隧道、铁路、住房设施、公共事业系统和通信网络(Graham and Marvin 2001:73—81)。国家投资在资本循环空间基础设施中的这种大规模扩展也与国家内部领域不平等和社会空间两极分化的新模式紧密地交织在一起,某些地点和区域被系统地优先于其他地点和区域,作为国家补贴或国家资助的资本投资目标。随着20世纪下半叶凯恩斯主义福利国家的巩固,各国开始采纳多种补偿性的区域和社会政策,旨在将工业、人口和基础设施投资更均匀地分布于整个领域,从而减轻旧的不均衡空间发展的模式(请参阅第四章)。但是,自20世纪70年代以来,在朝着增强行政定制化的发展趋势中,在全国范围内促进空间均等化的项目已经在很大程度上被放弃了。相反,西欧国家试图将主要的公共资源和基础设施投资转

---

① 米达尔(Myrdal 1957:44)在《富饶的土地与贫瘠的土地》(*Rich Lands and Poor*)中指出,这种对立关系如下:"国家从成立之初就几乎总是部分依赖民众的吸引力,因此几乎总是对区域不平等的趋势施加一定程度的抵消力量。每个国家在落后地区都应承担公共服务、修建道路和提高技术水平的责任。尽管通常在贫穷国家用于此类目的的微薄公共资金中有不成比例的一部分服务于较富裕地区。在铁路规划中,考虑短期利润[……]对富裕地区有利。但是,从一开始,在大多数国家,另一个目的也是可操作的,即开放欠发达地区[……]同样,这也适用于建设电站和配电网络[……]"

移到其领域内最具全球竞争力的城市和区域(Brenner 1999b，1998b)。20世纪70年代后，对领域监管采取重新分配方法的危机以及随后启动的再领域化、尺度重构和特定地方形式的社会经济政策的危机，是国家空间性的重要转变之一，这将在第五章中进行研究。

出于分析的目的，我区分了国家空间工程和国家空间战略的尺度和领域维度，将它们视为国家空间选择性的每种形式中的独立组成部分。为了说明图表3.9中介绍的概念区别，我采用了这种分析程序。然而，至关重要的是，国家空间性的真实存在形态是通过国家空间工程和国家空间战略的历史的和背景的特定组合而产生的。

· 如前一节所述，国家空间工程和国家空间战略通过相互转化的辩证关联而共同演化。国家领域组织框架通常有助于确定国家空间干预的形式，并排除其他形式。同时，新形式的国家空间干预的引入通常取决于国家领域组织的改建，并可能反过来加速改建(K.Cox 1990)。

· 国家空间的尺度和领域维度并不存在于本体上分离的领域中，实际上是紧密地交织在一起。因此，国家空间工程和国家空间战略的尺度重构通常会对国家空间作为一个完整的领域衔接产生直接的影响。随之而来的是，当国家空间的地区架构再领域化时，国家尺度架构通常也会被修改。

最后应该认识到，确定类型的国家空间工程通常与特定类型的国家空间战略密切相关。图表3.10示意性地说明了特定类型的国家空间工程和国家空间战略之间的这些相互依赖性。

图表 3.10　国家空间选择性演化的参数（2）

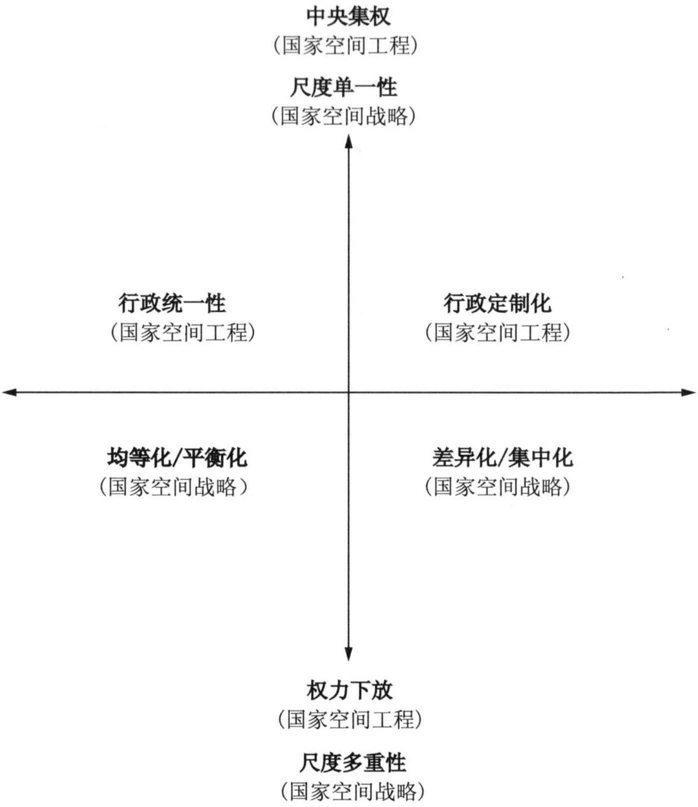

图例
纵轴:国家制度与政策的尺度表达
横轴:国家制度与政策的领域表达

• 促进行政集权化的国家空间工程通常与促进尺度单一性的国家空间战略保持一致(图表 3.10 纵轴顶部)。

• 促进行政权力下放的国家空间工程通常与促进尺度多重性的国家空间战略保持一致(图表 3.10 纵轴底部)。

• 促进行政统一的国家空间工程通常与促进整个领域的社会经济活动均等化的国家空间战略交织在一起(横轴左侧)。

· 促进行政差异化的国家空间工程通常与将社会经济活动集中在领域内特定区位的国家空间战略交织在一起(横轴右侧)。

图表 3.10 提供了一个示意性分析网格,通过该网格可以考察国家空间选择性的不同历史形式。在每种情况下,关键任务是将国家空间工程和国家空间战略与国家空间的特定历史形成关联,定位在图表所示的尺度(垂直)轴和领域(水平)轴上。在此基础上,可以将国家空间的地理解码为特定类型的国家空间工程和国家空间战略的复杂混合体(即产品、场所和催化剂)。它们以不同的尺度进行表达,并且在不同的领域区位上差异化。原则上,国家空间的任何形式都可以通过此概念方案进行分析,方法是将其恰当地沿所描绘的每个轴放置在一个分析象限中。

但最重要的是,该框架的目的不是以静态的方式对国家空间的形成进行分类,就像后者是由整齐的、僵化的、永久的制度组成的一样。相反,通过建立和具体化前面介绍的国家空间性进程的概念化,该模型旨在作为研究与资本主义重组的持续进程相关的国家空间形式动态历史演变的基础。因此,图表 3.10 所示的框架可能不会通过在网格中放置特定的国家形态的"点"来最有效地进行部署,而是通过指明确定的演化路径来实现,这些路径沿着历史的和背景的国家空间重组的特定形式得以展开。图表 3.11 中展示了这种方法策略,该策略通过一系列从左上象限到左下象限开始延伸的对角箭头概述了现代国际系统内国家空间变化的一般参数。

设置对角箭头以划定各种可能的轨迹,国家空间重组的进程可能会沿着这些轨迹展开。图表 3.11 的左下角和右上角已被遮挡,因为它们对应于国家空间的领域和尺度维度之间的连接,这在逻辑上或实证上是不可能的。如图表 3.11 中的对角箭头所示,国

图表 3.11　国家空间选择性演化的参数（3）

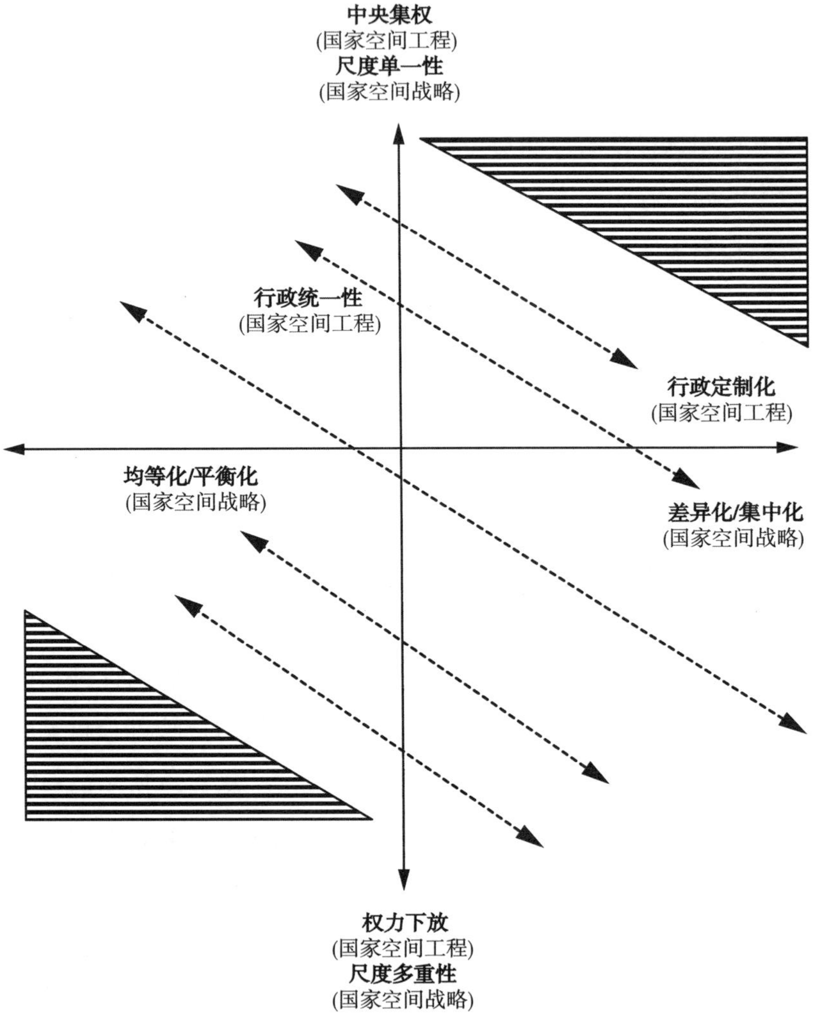

图例
纵轴：国家制度与政策的尺度表达
横轴：国家制度与政策的领域表达
对角虚线箭头：现代资本主义国家空间选择性演化的假设参数

家空间重组的路径可以在给定的象限内进行连接，但是在系统变化或危机的条件下，它们也可以从一个象限移动到另一个象限。后者的主张以及更普遍的观念，即国家空间重组的进程沿着独特的制度和地理路径展开，现在可以更具体地说明了。

对国家空间重组的研究：一个研究假设

在上一章中，我通过强调国家制度在各种空间尺度上调节、塑造和推动当代地缘经济转型的重要作用，反对将当代全球化视为去领域化进程的概念。在这种情况下，我还认为，国家制度积极参与这些变革与国家权力本身的重大政治制度和地理调整紧密相关。本书的主要论点之一是，战后福特-凯恩斯主义时期整个西欧盛行的由国家组织的国家空间性结构，在过去三十年中已经被系统地重组。上面提出的扩展的国家空间选择性概念提供了一个有力的基础，可以在此基础上更具体地探索国家形态不断变化的主要制度和地理参数。

在整个西欧，福特-凯恩斯主义的地理是多方面的，并不对应于一种单一的、通用的政治空间或机构组织模型。在整个战后资本主义的“黄金时代”，不同类型的西欧国家之间的国家空间工程和国家空间战略存在着巨大的差异。单一制和联邦制中的官僚集权和行政统一程度有所不同；经济国有化的程度在较小的、开放程度更高的国家和较大的、更为自我中心的国家之间有所不同；促进社会经济活动的空间均等化战略也因具体情况、领域安排和政治联盟而异。然而，即使在没有完整的政治-地理融合的情况下，福特-凯恩斯主义时期整个西欧国家空间选择性的形式也大致类似。在上面介绍的分析框架的基础上，图表 3.12 左上角的倒 L 形象限描绘了战后时期福特-凯恩斯主义国家的地理演化所遵循的一般参数。因此，我的观点是，福特-凯恩斯主义的国家空间并不是围绕一个单一的通用模型而聚合的。我认为，在此期间大致类似的国家空间工程和国家空间战略的巩固，进而导致了各国家之间独特的制度和地理同源性，而这些同源性具有历史、政治和文化上的重大差异(请参见第四章)。

图表 3.12　国家空间的生产？一个研究假设

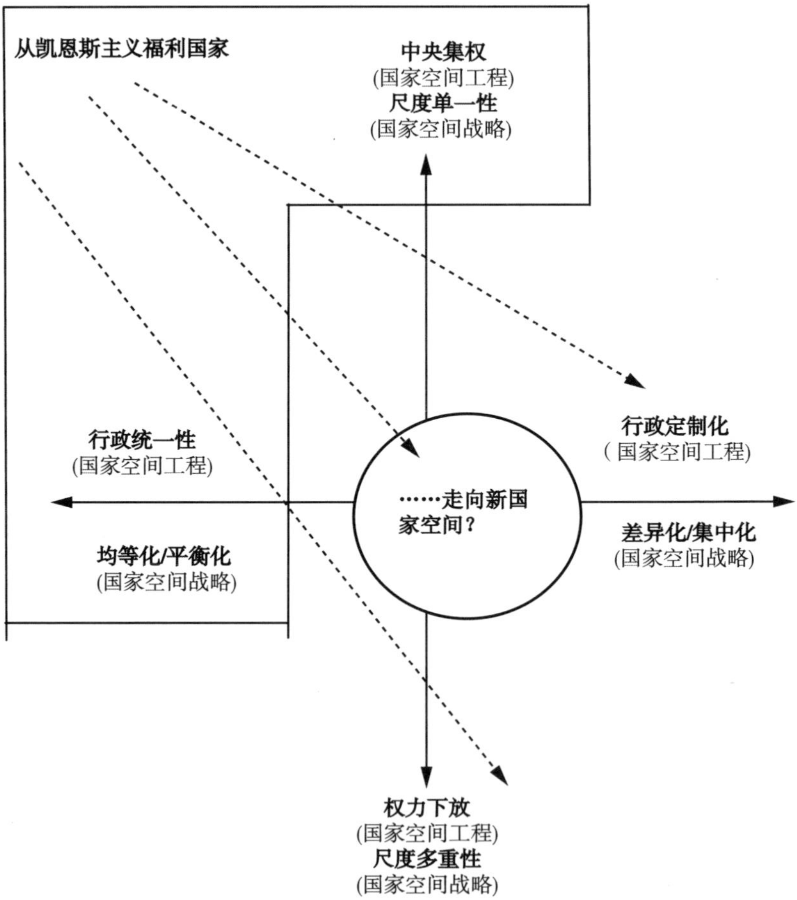

图例
纵轴：国家制度与政策的尺度表达
横轴：国家制度与政策的领域表达

图表 3.12 还指出了自 20 世纪 70 年代以来在整个西欧出现的新国家空间的类似解释。在这里，各国之间的制度差异也很大，这取决于(a) 从福特-凯恩斯主义时代继承来的国家空间架构，以及(b) 随后启动的特定类型的国家空间工程和国家空间战略。但是，我要指出，自 20 世纪 70 年代末以来，整个西欧国家空间重组的许多大致类似的模式已经形成。这种发展是由于启动了(a) 针对行政分化和权力下放的国家空间工程；(b) 制定针对国家领域内社会经济活动差异和尺度多重性管理的国家空间战略(见第五章)。图表 3.12 通过从左上角到右下角的三个对角箭头描绘了当代西欧国家空间选择性的深入改造。

国家空间选择性的任何基本参数内的转换都没有同时发生或突然发生。相反，它们通常以明显不同的节奏、不同的制度模式发生，并且在整个西欧国家中产生了多种多样的政治经济后果。这意味着，即使在看起来形式上类似的体制和空间重组的国家中，也经常会产生国家空间组织和国家空间干预本质上不同的地理。因此，图表 3.12 所示的新出现的国家空间未包含在确定的边界内。尽管可以将这些新兴形式的国家空间定位在短语“新国家空间”的分析区域之内或附近，但由于存在着国家空间重组的多种趋势，其精确的制度和地理轮廓仍然存在激烈的争论，所以非常不稳定。因此，图表 3.12 不过是目前正在出现的新国家空间广泛参数的初步示意图，在此作为研究假设提出，用于研究新国家空间。该假设源于先前介绍的国家空间选择性的扩展的概念化。在随后的章节中，我将通过研究城市政策作为国家空间重组关键机制的作用，来详细阐述和具体化这一假设。

路径依赖和“分层”监管：概念化国家空间重组

国家空间结构的调整并不需要根深蒂固的政治地理彻底瓦解。因为正如利皮耶茨（Lipietz 1992a）所指出的，人类不会在自己选择的条件下创造新的社会空间架构。相反，所有社会行为主体都在其工程中受到限制，想要通过旧的社会空间架构来重塑领域、区域、场所和尺度，这些架构同时成为对未来发展的限制和对旧的社会空间的开放。因此，国家空间的重组是不均匀、不连续且不可预测的：最好将其视为一个分层进程，在这个进程中将新出现的国家空间工程和国家空间战略叠加在根深蒂固的国家空间组织形态上。因此，国家权力的空间性是冲突性互动的前提、媒介和产物，这些冲突性互动，发生在旧的国家空间的地理分割与旨在将工具化、重组或把后者转变为特定社会政治目的这一新兴政治战略之间。

马西（Massey 1985：119）的经济版图中的“投资层次”概念为解释旧的空间安排和新兴政治战略之间这种不可预测的相互作用提供了一个恰当的隐喻。对于马西而言，资本主义的经济地理，体现在对工业生产的区位基础设施进行的历史上特定的投资回合中。由早期的投资带来的劳动力的空间分工，并随着公司为阶级斗争、资本主义竞争和技术变革而建立新的区位地理而不断进行修改。因此，在马西的框架中，投资层次同时代表着（a）较早的工业增长历史中僵化的地理遗产，（b）当前的劳动力空间分工的地理基础，以及（c）新兴的不断变化的区位坐标，在此基础上新的经济地理得以建立。

通过基于现存的国家理论的战略-关系-空间方法，可以用非常类似的术语来分析国家空间重组的进程。在这个概念中，国家空间重组的进程同样可以理解为在不断演化的国家空间马赛克中连续几轮国家监管的“分层”(参见 Peck 1998:29)。

·正如生产的空间结构为特定历史前提下经济活动的地理奠定了基础一样,根深蒂固的国家空间构架也为阐明国家监管活动提供了一个相对分散的、差异化的地理。因此,(国家)监管的空间分工直接类似于劳动力的空间分工,因为这需要在不平衡的领域表面和长期不稳定的尺度层级内区分特定类型的社会关系(无论是资本主义生产还是国家监管)。

·正如经济领域的新一轮投资改变了资本主义生产的区位坐标并由此引发了劳动力空间分工的进一步分化一样,国家空间工程和国家空间战略也不断地改变着国家管制的政治地理,并由此引发国家内部领域和尺度结构的转变。因此,国家空间工程和国家空间战略可以动态地概念化,作为国家空间监管多回合的催化剂,其中国家监管活动的多个新兴(区域的和尺度的)层次逐渐叠加在国家空间的历史地理上。

图表 3.13 示意性地描述了国家空间重组模型。

这种概念化产生了两个至关重要的方法论后果。

1. *监管的不平衡发展*。国家空间的转换既不需要在国家领域内任意并列无关联的监管实践,也不需要用全新的、完整的层次单向替换现有的国家空间性的层次。因为,正如马西(1995:321)所解释的,投资层次“相互作用,既塑造了彼此的角色,又产生了不同区域之间任何一层的根本差异”。类似的,国家空间重组的进程可能会在不同的制度和空间背景中产生根本不同的结果,这取决于旧的和新兴的监管地理在特定背景下互动的特定方式。佩克

图表 3.13　概念化空间重组的机制：劳动力的空间分工与国家监管的空间分工

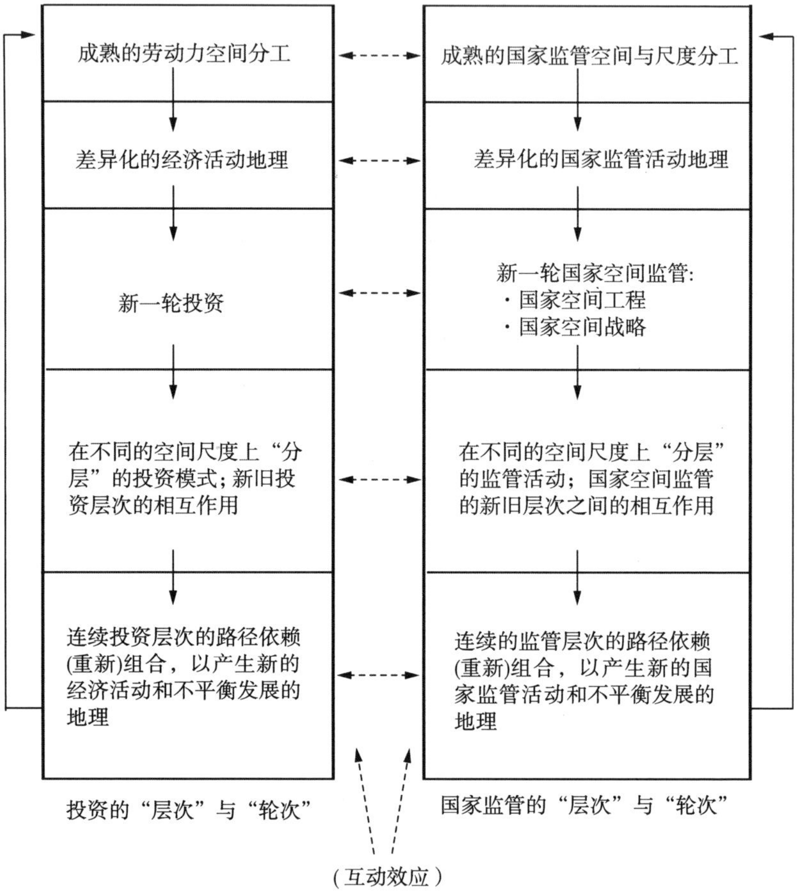

(1998:29)对这一点的解释如下：

> 新的治理的地理形成的进程不是伪地质学的进程，在该进程中，新的一层(或一轮监管法规)取代了旧的一层，从而形成了新的制度性地表。治理的地理是在监管流程/配置的展开层与旧的制度环境之间相互作用的点上进行的。展开的层……仅通过这种交互进程才成为地面上的现实。

因此，从这个角度来看，每一轮新的国家空间监管都会在调节层之间产生特定背景的交互作用，进而在国家形态的监管体系内导致新的、特定地方的、特定管辖区的和特定尺度形式的空间分化和不均衡发展（另见 Duncan and Goodwin 1989；MacKinnon 2001）。

2. *路径依赖性和空间结构的并列*。国家空间结构的所有维度都不会同时或以组织同构的模式发生变化。确实，就像保留了基本轮廓的主要工业城市的早期定居形态一样，通过一系列的经济增长和社会空间结构调整（Abu-Lughod 1999），即使重组了周围的层次，某些国家空间监管的僵化层也可能依然根深蒂固。因为与许多其他社会历史进程如技术发展和制度重组一样（North 1990；Pierson 2000），国家空间性的演化在很大程度上取决于路径，在历史发展进程中，它的许多基本特征都可以被复制、加强甚至锁定。如在 19 世纪初颁布的许多构成的、行政的和领域的结构，不论是拿破仑时代，单一制还是联邦制，即使在后福特主义的欧洲，也继续对国家空间的重要方面产生影响（Bennett 1989）。类似的，国家空间性的尺度同样以强烈依赖路径的发展轨迹为特征。正如我们所看到的，在整个现代国家形态的地理历史中，西欧和其他地区国家的全国尺度一直是领域管理、监管活动和社会政治斗争的主要场所。在国家空间发展的历史中，相对较新的是，这种国有化的国家权力尺度等级制已被破坏并被重新设计。因此，在任何历史关头，国家空间的组织都代表了一个多层的、多形态的马赛克，其中交织了历史时间不同时刻建立的政治地理。正如在大多数当代城市的建成环境中可以看到资本主义工业化的前几轮空间烙印一样，国家空间性的结构同样带有早期监管工程、体制妥协和政治斗争的明确领域标记。

从战略关系空间方法到国家形态的一项关键任务是研究与路径相关的分层进程，通过这种进程，国家空间监管的连续轮次出现在国家空间性根深蒂固的形态中。国家权力新领域的和尺度的地理，是通过对历史继承的国家空间组织架构与新出现的各种地理尺度上的国家空间工程和国家空间战略进行对抗的、开放式的互动而形成的。

概括与结论

本章的出发点是逃脱“领域陷阱”(Agnew 1994)的挑战，这种陷阱长期以来一直是主流理论、政治社会学和政治经济学的主流方法。在这种背景下，我阐述了国家空间性生产进程性方法的理论基础。从这个角度来看，国家制度并不存在于“预先设定的”领域容器中。相反，国家制度必须被视为历史上演变的多尺度社会空间架构，通常以对整个资本主义的地理架构产生重大影响的方式来发展。随之而来的是，国家干预的进程不会发生在平坦的、没有轮廓的社会关系平面上，而总是以针对特定类型的国家运行的不同地点、领域和尺度的空间选择性形式表达出来。正如列斐伏尔所言(2003a:85)，空间是国家制度的“特权工具”之一，因为它被启动用来调节资本主义的社会关系。简而言之，在现代资本主义条件下，国家形态是以地理上不同的形式来构造的。同时，随着国家制度被用于规范政治经济生活中不平衡的领域，它们不断参与地方、区域、领域和尺度层级的生产和改造。随着多样化的社会力量努力调动国家制度实现自己的目标，无论是通过明确的工程重组国家领域组织和国家干预的地理，还是作为正在进行的监管试验和社会政治冲突的间接结果，国家空间都在不断地被重新构造。

我运用杰索普的国家理论战略关系空间化的方法，对资本主义的国家空间进程进行了理论化。通过从狭义和整合意义上构想国家空间，作为历史特定政治战略的舞台、生产者和产物，有可能从历史和当代的角度探索国家权力变化的地理范围。在此基础上，我提出了扩展的国家空间选择性概念，涵盖了国家空间工程和国家空间战略在生产国家空间的特定形式中的作用。我曾暗示，资本主义制度下的国家空间结构在某些确定的制度参数下展开，这些制度参数由现代国家形态的基本领域形式和调节各国不平衡空间发展的长期问题所定义。通过区分沿尺度轴和领域轴的国家空间工程和国家空间战略，本章提出了一种方法框架，运用该方法框架，可以研究那些广泛的制度参数内国家空间性路径依赖的历史演变。这些论点也为 20 世纪 70 年代中期福特-凯恩斯主义积累政权危机以来有关西欧国家空间转变的一系列一般性主张提供了理论基础。国家空间工程和国家空间战略的概念不仅可以用来指明与凯恩斯主义福利国家相关的国家空间选择性的形式，还可以划定过去三十年来在整个西欧逐渐形成的一些国家空间重组的趋势。最后，我认为，国家空间重组并不意味着用一种完整形式的国家空间框架单向代替一个制度地理的架构。相反，它是通过国家空间组织的旧模式与新兴工程之间冲突的、不平衡表达的和路径依赖的相互作用来重构原来的制度架构。因此，旧的国家空间和新兴国家空间之间的界面代表了进一步研究资本主义国家空间进程的关键点。

关于国家空间产生的许多研究问题都可以从这个理论框架中得出。首先，可以研究特定历史地理条件下国家空间工程与国家空间战略之间的相互作用，探索国家领域组织形式和国家空间干预模式相互影响和相互制约的方式。其次，可以研究资本主义发展进程中国家空间性特定维度的演变,例如领域性、管制的空间划分、特定场所的治理形式或国家运行的尺度表达。第三,可以研究与资本主义特定监管问题有关的国家空间前述方面的演变,例如与资本积累、社会再生产、政治合法性等相关的问题。最后,学者可以调查各种社会力量(包括阶级、阶级派别、政治联盟和社会运动)在塑造国家空间工程和国家空间战略方面的作用,以及由此产生的国家空间组织结构反过来塑造领域联盟形态、社会政治动员和争论的地理。

在后续章节中,这些问题都是我的中心研究目标。但是,本书的总体目标是研究自福特-凯恩斯主义时代以来资本主义城市化进程产生的与主要监管问题有关的国家空间演变。下一章通过三个相互交织的步骤详细阐述了这一议程:首先,探讨现代资本主义城市化进程与国家空间发展之间的关系;其次,通过分析战后整个西欧逐渐形成的城市化和国家空间监管的国有化形式;第三,研究20世纪70年代初全球经济危机后,战后建立的国家空间性架构的系统的崩溃。

第四章　城市治理与国家空间的国有化：空间凯恩斯主义的政治地理

在意大利开始大肆宣扬福特主义：大城市的兴建，米兰城市化的总体规划，等等；人们意识到资本主义只是起步阶段，有必要为它的宏伟发展模式做好准备。

安东尼奥·葛兰西(1971:287)

反自然的或非自然的但又是第二自然的城市预示着未来世界，即广义的城市世界。

亨利·列斐伏尔(1976c:15)

伴随着从帝国正式退出历史舞台和对融入超国家经济集团的有限承诺，凯恩斯主义福利国家最充分地表达了民族国家组织和社会化的可能性。这种关注并不是由于潜在的某种目的论上的发展，而是由于与美国霸权统治下的大西洋福特主义组织有关的特定经济和政治条件。

鲍勃·杰索普(1999a:383)

简介

在西欧，当代国家空间重组的形式可以最直接地追溯到20世纪70年代的福特主义体制和凯恩斯主义福利国家的危机(Jessop 2002;Swyngedouw 1997)。此后，国家尺度重构已成为一种重要的政治策略，各种政府联盟试图通过这种策略来应对根深蒂固的社会经济危机带来的破坏性后果。这种由危机引起的国家尺度重构的过程，需要对旧的福特-凯恩斯主义国家形式进行重大重组，并建立全新的(尽管长期不稳定的)国家空间架构。但是，在研究这些转换之前，至关重要的是研究在福特-凯恩斯主义时期盛行的国家空间性架构。因为正是与这种旧的、国有化的国家结构有关，在20世纪70年代早期北大西洋福特主义危机之后，新的、尺度重构的国家空间的产生必须得到理解。在上一章中，我认为，国家空间重组的过程必须被视为旧的监管安排与新兴政治策略之间路径依赖的相互作用。因此，为了掌握当代的国家尺度重构策略，首先有必要探讨承载这种政治策略的旧的国家空间架构。

本章通过分析空间凯恩斯主义的政治经济地理学来应对这一任务。空间凯恩斯主义是国家和地方领域规制的框架，盛行于20世纪50年代后期至20世纪70年代后期，这是福特-凯恩斯资本主义的“黄金时代”(Martin and Sunley 1997)。[1] 空间凯恩斯主义

---

① 马丁(Martin 1989)、马丁和森利 (Martin and Sunley 1997)等学者使用“空间凯恩斯主义”一词来强调战后凯恩斯主义福利国家对区域和地方经济的稳定和再分配作用。正如马丁(1989:28)所解释的，在这个框架内，“经济贫困地区的问题被解释为主要源于需求的局部结构性缺陷，可以通过工业的区域再分配或旨在降低工资成本的劳动力补贴来纠正。区域公平本身不仅是合法的福利目标，而且还基于国家经济效率的原因被证明是合理的，因为在贫困地区利用失业的劳动力可以带

是国家空间工程和国家空间战略多层面、多尺度、自相矛盾的融合，旨在应对战后西欧福特主义城市化带来的一些主要监管难题。它的关键是通过将城市增长尽可能平均地分布在国家领域的整个表面，来缓解根深蒂固的不平衡空间发展格局的政治议程。该目标是通过启动国家空间工程和国家空间战略实现的：

- 国家空间工程旨在建立相对集中的、统一的国家领域组织框架；
- 国家空间战略旨在将私人资本和公共基础设施投资从迅速扩展的城市核心带入欠发达地区和农村边缘地带。

在这个国有化的空间矩阵内，国家行政管理的每个部门都应配备相对类似的（即使不是完全相同的）制度安排，并在每个地方和区域经济中锚定可比较的基础设施、公共服务传递和社会经济能力。同时，对与空间凯恩斯主义有关的国家内部领域不平等的补偿性、再分配方法，被视为可确保稳定、可重现的工业发展格局，促进公共服务的有效分配，以及维持国家政治和地理凝聚力。因此，空间凯恩斯主义代表了历史上空前的国家工程组合，可以将资本投资、基础设施建设和公共服务的地理塑造成一个平等、均衡且相对统一的国家空间网格。

来宏观经济收益”。虽然凯恩斯本人很少关注宏观经济政策的区域或空间维度，但许多学者和政策制定者却利用他的经济理论来探讨此类问题及其政策含义。这项工作与 20 世纪 50 年代由佩鲁（Perroux 1950，1955）、赫希曼（Hirschman 1958）和米达尔（1957）等学者开创的不断壮大的区域经济理论融合在一起，并激发了广泛的政策议程，有关此期间区域经济理论和区域政策发展的有价值的概述，请参见齐泽姆（Chisholm 1990）和霍兰（Holland 1976a）。就本章而言，空间凯恩斯主义的概念是指战后时期为管理和稳定福特-凯恩斯资本主义的区域和地方经济发展而采纳的一系列政策处方。因此，对凯恩斯主义的提法并不意味着该框架内出现的所有政策处方都直接源自凯恩斯主义经济理论的宗旨。相反，该标签的目的在于强调将相关政策嵌入更广泛的制度监管矩阵中的方式，该矩阵后来被称为凯恩斯主义福利国家（Jessop 2002，1999a，b）。

显然，在此期间，福特-凯恩斯资本主义所导致的深远的政治空间国有化，是由国家活动、政策形成与政治生活的不同方面所塑造和重塑的。因此，可以通过研究各种监管问题的空间和尺度表达来考察凯恩斯主义福利国家的政治地理。这些监管问题包括货币/金融法规、工业发展、劳动纪律、社会再生产、环境关系、性别关系和军事安全。但是，我的具体目标是研究战后时期的城市化进程与国家空间监管模式的变化之间的相互作用。分析的重点绝不是要否认上面提及的国家空间发展其他方面的重要性。我的目的是研究自二战以来，有关福特主义城市化形式的监管对策如何塑造了整个西欧国家空间的演变。更概括地说，本章认为，面向城市发展监管的政策提供了一个具有启发性的分析窗口，通过该窗口可以考察国家空间变化的尺度地理。可以说，这样的政策在战后资本主义国家空间国有化中起着关键作用，正如将在随后的章节中看到的，它们在 20 世纪 70 年代后期也曾作为国家尺度重构进程的主要媒介和催化剂。因此，本章旨在提供一个历史地理参考点，以研究国家尺度重构的最新进程。

下一部分研究了西欧的城市化模式与国家空间监管形式之间的关系，特别着重于自 19 世纪以来国家和地方政府对城市发展各个方面进行监管的强化举措。在此基础上，我对战后西欧的空间凯恩斯主义进行了更详细的分析。我认为，空间凯恩斯主义由多种空间选择性的政治战略组成，通过这些战略，西欧国家试图应对在福特-凯恩斯主义时期整个西欧逐渐形成的独特的城市化模式和空间不均衡发展。最后，我分析了 20 世纪 70 年代空间凯恩斯主义的动荡，这一展示为随后的西欧国家尺度重构战略的扩展开辟了政治和体制空间。

产业化、不平衡城市化和西欧的国家空间发展

> 目前，人们可以称之为城市“内爆-外爆”的诱发过程正在加剧。这种城市现象遍布工业大国的大部分领域。它跨越了国界：欧洲北部的大都市带从鲁尔区延伸到北海，甚至延伸到英国城市，再从巴黎延伸到斯堪的纳维亚国家。尽管并非没有地区差异，也没有将(技术和社会)分工扩大到区域、聚集区和城市，但领域内的城市结构却越来越紧密。
>
> 亨利・列斐伏尔(1996:71)

正如我们在第二章中讨论的，资本主义的发展建立在相对固定和稳定的社会空间架构的基础上。这种架构提供了社会生产的地理基础设施，资本可以在其中循环：这些设施包括城市建成环境、区域生产系统、大规模运输、通信和公用事业基础设施，以及国家监管制度。在一定条件下，这些资本主义社会空间组织网格可以为资本主义增长提供稳定的基础；然而，它们也可能成为积累过程的障碍，因为它们倾向于将资本禁锢在不再产生可观的投资回报的陈旧的地理环境中(Harvey 1982)。因此，资本主义的政治经济地理经历了几乎持续的转变过程。正如哈维(1989b:192)所指出的：“人类在空间中的奔腾……与他们所奔跑的景观中加速变化的步伐相称。”为了促进和稳定资本积累的过程，历史上特定的社会空间架构被精心打造，直到系统性危机爆发，才可以废除和重新改造(Harvey 1989b,1982)。

在资本主义社会空间组织这一更广阔的地理中，城市化进程是关键要素之一。因为，自 19 世纪资本的大规模工业化以来，全

球资本主义的扩张一直以城市空间的生产和持续转型为前提(Lefebvre 2003b;Harvey 1989b)。全球范围内这种资本主义城市化进程极为不平衡:它并没有导致城市中心线性扩张,而是一种“高度失衡的增长形式”(Storper and Walker 1989:8),其特征是随着行业的兴起、扩展、成熟和衰退,地方、区域和领域的命运不断演变。虽然推进的产业通常在专门的地方和区域经济内集群,但随着它们的成熟和利润空间的缩小,也趋向于从这些领域集群中分散开来。此外,许多新兴产业的出现与发达的集聚经济体相距遥远,通常位于以前处于边缘地位的区位,这些区位为创新活动提供了新的契机(Storper and Walker 1989:70—99)。因此,工业结构调整和技术变革的过程在城市和区域经济中以有力且经常具有破坏性的方式做出反应。随着产业结构调整,城市、区域以及所涵盖的更广泛的空间劳动力分工也随之改变。从这个意义上说,通过连续的积累制度进行的资本主义演变不仅涉及改变工业专业化,还涉及各种地理转变,其中(a) 工业活力的推动中心会定期在不同领域和尺度之间转移;(b) 地方、城市和区域的结构不断变化,以适应不断变化的空间劳动力分工(Storper and Walker 1989)。简而言之,城市化进程是“不断重塑地理景观”的核心(Harvey 1989b:192),这是资本主义作为历史体系所特有的。

就我们的目的而言,中心议题是国家制度在调节其领域内各种尺度的资本主义城市化不平衡地理方面不断演化的作用。在20世纪,这种作用得到了显著增强,导致国家空间架构发生了许多重大变化。因此,在研究先进资本主义的领域发展中,必须研究国家制度在其领域内不同尺度的不平衡城市化地理的方式以及这些地理塑造国家制度的方式。

随着17世纪和18世纪初商业资本主义的到来,欧洲城市化的中心地带从意大利北部和地中海转移到英格兰南部、法国北部和低地国家(Bairoch 1988)。自1750年工业资本主义巩固以来,西欧各地出现了全新的城市发展模式。最初,由于在无产阶级化的农村劳动力市场附近建立了小型制造工厂,因此主要城镇的腹地出现了原始工业化。但是,随着工业发展的强化以及大规模固定资本支出在资本主义生产过程中的重要性日益提高,这种趋势在19 世纪得到了扭转。结果,许多农村地区开始去工业化,因为资本和劳动力都流入迅速扩张的城市,包括较旧的城市中心(如巴黎、伦敦和柏林)以及较新的工业集聚区(如曼彻斯特、伯明翰和鲁尔区)。在此期间,英国经历了爆炸性的城市化,因为中等规模的工厂小镇成为前所未有的工业增长浪潮的引擎。到 19 世纪 80 年代,整个欧洲西北部大部分地区都建立了新的工业城市主义马赛克,这些城市围绕资本主义生产基地、煤炭产区以及广泛的铁路和内陆水道网络而建,从法国北部的加来海峡、比利时东部的列岛,到德国的亚琛和鲁尔区。重要的外围工业区也出现在上西里西亚/摩拉维亚北部、里昂/圣埃蒂安、加泰罗尼亚和意大利北部(Pounds 1985)。

在整个欧洲城市化时期(大致对应资本主义发展的自由竞争阶段)(Lash and Urry 1987),工业区位地理条件很大程度上取决于对煤炭供应和运输网络的便捷需求。因此,主要的工业中心出现在含有大量煤炭或与河流、运河和铁路紧密相连的地区(Hohenberg and Lees 1995)。在这种情况下,各国领域内的不平衡空间发展表现为快速工业化的城市地区与主要的农村及农业区之间日益扩大的两极分化。从法兰德斯、法国中西部和德国南部的部分地区到安达卢西亚和意大利的梅佐焦诺,出现了内部边缘地区,这些边缘地区主要是为每个国家内部核心工业区提供原材料和廉价劳动力(Soja 1989：164—165)。西欧核心国家内部的这种空间劳动力分工通过帝国主义的扩张和殖民主义在全球尺度内得以复制(S.Amin 1979；Arrighi 1994)。

自由竞争资本主义条件下的国家经济干预绝不是不存在的，但它对城市和区域结构的影响仍然相对间接。在整个 19 世纪的大部分时间里，欧洲各国政府将其监管活动的重点放在建立和巩固一体化的全国市场上。国家试图消除各种旧的前资本主义的障碍来进行市场交换；为在土地、商品和劳动力方面建立充分的资本主义市场的制度前提；确保本国货币健全；并巩固其领域内的中央官僚机构(R.Cox 1987：130—133)。尽管如此，在 19 世纪，欧洲国家越来越多地参与了各种关键基础设施的融资，或直接提供如道路、运河、铁路和港口等。这些基础设施在各种空间尺度上改变并加速了城市化进程。在城市内部，国家机构也更加直接地参与各种公共物品的生产和维护，诸如供水、能源生产、通信、废物处理和公共交通等基础设施。但在此时，这种基础设施系统仍然相对零散且缺乏联系；它们还没有在快速城市化的国家领域上彼此系统地加以整合或标准化(Graham and Marvin 2001：40—45)。随着工业城市主义的成熟，主要的社会和环境问题激增，包括住房不足、公共卫生不良、交通拥堵和污染。为了应对这些日益明显的市场失灵，更广泛的国家监管形式随之启动。在整个西欧，新的城市规划技术的部署，缓解了土地利用冲突，并重组了人满为患、污染严重的城市空间。此外，诸如社会住房和贫困救济之类的公共服务也得到了扩展，用于减轻工业城市主义带来的一些最具社会破坏性的后果(Hohenberg and Lees 1995)。

在 19 世纪末和 20 世纪初的第二次工业革命之后，资本主义从自由竞争的架构演变成国家管理或组织的形式(Lash and Urry

1987)。尽管向有组织的资本主义的过渡在各国领域内呈现出不同的形式和不同的节奏，但它与全新的城市化模式、不平衡地理发展、国家权力以及整个西欧的城市政策紧密地交织在一起。有组织的资本主义的政治经济要求公司组织结构的集权化、科学管理技术在生产过程中的广泛应用、劳动过程的细分，以及内部规模经济的大规模扩张(Chandler 1977)。在这种情况下，许多新兴重工业如钢铁、石化、汽车、机械、电器和加工食品，以及面向耐用消费品的加工、包装和分销的大型零售公司，引领了新一轮的城市和区域扩张(Scott and Storper 1986)。随着这些部门在西欧的扩展，新的工业地理逐渐形成，其中管理、金融和控制职能集中在传统的城市核心地区，而制造活动则越来越分散到大型区域生产集群中。在20世纪上半叶，这种国有化的城市-区域发展的多中心模式在整个西欧得以扩展。二战之后，随着福特主义大规模生产技术的广泛推广，这种模式得到了进一步的巩固。

这种新的工业地理被部分叠加在19世纪第一次工业革命的地理上。但是，这也导致许多较老的工业区和煤矿区的边缘化程度不断提高，而这些工业区和煤矿区现已开始经历显著的去工业化。西欧福特主义的地理中心地带从意大利北部的工业三角区和德国鲁尔区，一直延伸到法国北部和英国中部地区(Storper and Scott 1989)。

福特主义的积累制度是建立在国家有组织的空间劳动力分工基础上的，进而建立在国家领域内不平衡空间发展的独特模式上。大型都市区域变成了“增长极”(Perroux 1955)，在这里，主要的、推动性的福特主义工业，上游供应商和工会工人形成集群。在整个福特主义时期，这些巨大的工业区及其周围的工业卫星区经历了持续的人口增长和工业扩张(Dunford and Perrons 1994;

Rodríguez-Pose 1998)。在同一时期，分支机构、输入及服务供应商以及其他从属经济职能，被转移到偏远的城镇和外围地区(Storper and Scott 1989)。随着 20 世纪 60 年代福特主义积累制度的成熟，大型企业开始更广泛地将分支机构从核心区域转移到外围空间，这种分散化的趋势加剧了(Massey 1985)。亨利·列斐伏尔是西欧福特主义最敏锐的观察者和批评家之一，他描述了战后"新资本主义"背景下国家内部这种不平衡空间发展的格局：

> 再生产[……]不仅存在于整个社会中，还存在于整个空间中。被新资本主义占据的空间被分割、缩小为同质而又零散的，变成了权力的所在地……空间被分配到了相对中心来说更加层级化的外围；它被粉碎了。殖民[……]已成为普遍现象。在中心周围，除了受统治、被剥削和依赖的空间——新殖民主义空间——外，没有其他东西。(Lefebvre 1976c：83，84—85)

福特主义的积累制度是由大型制造业地区的活力推动的，但是后者现在比以往任何时候都更受国家领域经济的影响。在这种情况下，正如迪金森(Dickinson 1964：388)在福特主义高潮期的欧洲城市系统地图中清楚证明的那样，城市-区域通常被理解为国家城市系统中的节点，因此仅仅是国家领域经济的子单元。

尽管跨国间的城市联系对于北大西洋福特主义至关重要，但在此期间，城市活力与国民经济增长之间建立了相对紧密的联系(Sassen 1991)。随着全国空间劳动分工和全国市场的进一步划分，可以参照所在国家的相对地缘政治力量来最有效地衡量西欧主要城市-区域的地缘经济意义(Taylor 1995)。因此，在西欧和其他地方一样，福特主义时期代表了“国家资本主义的高潮标记”(Scott 1998:17)。

有组织的资本主义统治下的国家权力，建立在集权的国家经济规划、扩大的国家官僚机构、对工业基础设施的大规模投资，以及越来越依赖社团主义的议价安排来调节劳资关系的基础上(Lash and Urry 1987)。在这个福利国家主义的框架内，“国家用新功能补充了自由国家的市场维持职能，旨在弥补市场对大量公民的负面影响”(R. Cox 1987:165)。在这种情况下，西欧的主要国家也加强了对国内社会关系的安抚、监视和管理，以使“该国的边界内没有任何东西可以摆脱国家的控制”(Maier 2000:820)。从本质上讲，欧洲国家开始更加积极地通过一系列空间选择性的行政分类、基础设施投资和政策抵押来“填充”其内部领域。如列斐伏尔(1991:334)指出的，结合了这种“新的政治合理性”及其相关因素的“技术结构”，“在巨大的尺度上标记、探索、发现和重新发现空间”。因此，“在一国境内发生的任何事情都不会超出该国及其‘服务’的范围。这些覆盖了整个空间”(Lefebvre 1991:378)。在这种情况下，工业发展采取了“相对国家主义”的形式，这是基于集权领域规划和国家官僚机构对日常生活日益强化的“基础设施渗透”(Mann 1993:61,493)。

对于本次讨论而言，最关键的是，有组织的资本主义对政治经济空间的广泛国有化，与战后西欧国家的剧烈干预以及城市和区域发展的进程交织在一起。[①]因为正是在这个时代，西欧国家开始大量投资，建设大规模的国有化的领域基础设施来促进资本循环

① 可参考其他文献：Castells and Godard 1974; Dunford 1988; Evers 1974; Läpple 1978; Lefebvre 1978; Lipietz 1977; Lojkine 1977; Saunders 1979。

和社会再生产；参与长期的城市、区域和领域规划形式；推动其领域内特定聚居地、地方和区域的贬值和恢复价值；并更直接地干预国内社会空间差异的监管。在西欧的许多国家中，为了集权政府间关系并扩大主要城市-区域内公共物品的供应，对市政机构进行了重大重组。随着国家机构在领域内承担“社会基础设施生产和再生产的总体管理者”的工作（Harvey 1982：404），国家经济发展的政治与各种大规模的在战略性城市和区域空间投资之间的联系，前所未有的紧密。在西欧，这些由国家补贴、国家资助或国家规划的对城市群的投资，最重要的需求是大型公路、运河、港口、隧道、桥梁、铁路、机场和公共交通系统；管理关键的公用事业和能源，例如汽油、电力和核能，以及水、污水和废物处理系统；扩大公共住房、学校、大学和其他研究机构；维护邮政、电话和电信系统等通信网络；规划和建设大型歌舞团以及其他大型城市发展项目。

随着福特-凯恩斯主义体系的成熟，国家的财政资源和协调活动使“分散的基础设施可以整合为标准化的受监管网络，旨在为整个国家提供可预测的、可靠的服务”（Graham and Marvin 2001：40）。在整个福特-凯恩斯主义时期，基础设施网络在区域和整个国境内的日益标准化和物理扩展，不仅促进了福特主义城市形态的复制，而且在促进国家空间国有化方面也发挥了关键作用。因为，正如格雷厄姆和马文（Graham and Marvin 2001：74）所指出的：“控制生产中网络化基础设施的供应，控制网络在空间中的分布以及将新服务应用于现代消费[……]是现代国家自身发展的重要组成部分。”他们认为：“这种国家标准化、组织集权化和公共拥有的基础设施网络对于支持城市融入国家城市体系和市场是必要的，并对支持凯恩斯主义区域政策的平行发展也是必要的。”（Graham and Marvin 1995：173）

对列斐伏尔(1978,1977)而言,国家制度在管理领域发展过程中的这种强启动能力是国家权力全新形式的关键方面,他将其称为“国家生产模式”。在列斐伏尔的概念化过程中,随着国家制度更直接地参与构建、维护和复制20世纪资本积累的政治-经济和领域前提,国家生产模式出现了。列斐伏尔(1991:378)认为:“随着这种发展,行政和政治配置不再[……]仅仅以抽象的方式干预资本对国家及其官僚政治的投资[……]行政和政治配置不断地在空间中进行干预,并在其工具性方面利用空间,以便在各个层面上通过经济领域的媒介进行干预。”因此,国家生产模式标志着国家生产力体系的巩固,其中“国家直接或间接地负责增长”,其结果是“经济失败归因于国家”(Lefebvre 2001:773)。列斐伏尔认为,在这种时代性的转变之后,国家生产力主义被铭刻在现代国家形式中,而与政治体制的变动或执政联盟无关。随后,关于国家/经济关系的政治斗争越来越集中于(a)寻求积累的恰当监管策略,以及(b)在给定领域内国家主导的社会和空间再分配的形式和范围。①

在本章的背景下,列斐伏尔对国家生产模式的描述是有意义的,因为它着重于国家空间架构与资本主义城市化监管之间的相互作用。列斐伏尔从四个方面重点研究了20世纪针对城市进程的国家空间干预:②

1. 国家通过各种形式的基础设施投资、空间规划、产业政策、

① 有关列斐伏尔对国家生产模式更详细的讨论,请参见 Brenner 2001b, 1997a, b; Elden 2004;H. Schmidt 1985。列斐伏尔的国家生产模式概念发展于20世纪70年代后期,旨在在北美和西欧等发达资本主义国家、东欧的国家社会主义集团、苏联以及后殖民和发展型国家,描述国家生产力的特征(请参阅 Lefebvre 2003a, 2003b,2001,1978 and 1977)。

② 参见列斐伏尔 2003a,2003b,2001,1978,1977。列斐伏尔讨论的国家空间干预的各个方面都可以解释为独特的国家空间战略,如上一章所定义。

土地利用规划、城市和区域政策以及金融法规来激活空间，作为主要城市-区域内的生产力，以促进本地化的资本主义企业的空间生产和创新能力。正如列斐伏尔(2003a：90)所言，“只有国家才能‘大规模地’负责空间管理[……]——因为只有国家才有支配适当的资源、技术以及‘概念化’的能力”。根据列斐伏尔(1977)的观点，在20世纪的进程中，国家制度通过采取措施使过时的工业空间贬值，并在其领域内为资本主义的增长创造新的空间架构的工程，大大增强了国家制度在动员城市空间组织作为生产力方面的作用(另见 Dunford 1988；Läpple 1978)。

2. 国家通过各种形式的住房政策、运输政策、劳动法、教育和培训政策、人口规划、福利政策和部分城市政策，在主要城市-区域构建和维护社会再生产的领域条件(另见 Castells and Godard 1974；Castells 1976；Preteceille 1975)。国家促进城市集体消费的行动可能以多种形式发生，公共机构或多或少地承担了社会再生产的费用。

3. 国家作为全国城市系统中不平衡地理发展最关键的制度中间人来运作。除了资本固有的不均衡发展趋势外，促进城市空间生产力的政策可能会严重加剧全国范围内固有的社会空间差异，从而加剧宏观经济危机趋势以及政治合法性问题。因此，在20世纪下半叶，发达资本主义世界的国家采取了各种空间政策举措，旨在调节并在许多情况下减轻其领域内城市快速增长的两极分化的后果。

4. 最后，列斐伏尔强调了国家制度在确保城市-区域内外资本主义增长的空间修复方面的重要作用。国家试图将资本主义城市发展的过程嵌入相对稳定的领域构架和尺度等级体系中，这种现象为持续积累提供了暂时的制度基础。正如列斐伏尔(1976b：56)

所暗示的那样，国家“将实际上具有破坏性的冲突转化为增长的催化剂[……]从而保持了不稳定的平衡条件”。列斐伏尔（1991：378）坚持认为，它最终是通过国家制度在生产和重组社会空间中的作用，来获得针对积累过程——“某种连贯性，即使不是逻辑上的连贯性”——的空间修复。

虽然在20世纪初期，国家对城市进程进行空间干预的四个方面首先得到了巩固，但自那时起，往往是通过激烈的社会政治竞争对它们的政治制度形式进行了重构。20世纪50年代末至20世纪70年代末，在西欧出现的空间凯恩斯主义的政治地理，代表了涉及资本主义城市化监管重要的制度产物和竞技场。对空间凯恩斯主义更详细的研究，可以阐明与战后西欧凯恩斯主义福利国家有关的国家空间选择性的历史特定形态的关键方面。因此，下一部分将在其嵌入的战后资本主义更广泛形成的背景下，考察空间凯恩斯主义的一些重要政治制度支柱。

战后西欧国家空间选择性的映射：空间凯恩斯主义的地理学

> 在凯恩斯主义理论中，国民经济享有特权的纯粹原因，是民族-国家体系用理论上方便的必要特征定义了地缘政治空间：共同货币、共同法律和共同制度。
>
> 雨果·拉迪斯（1984：116）

> 福特主义的政治地理是一种国家地理，具有国际影响力和区域限定。
>
> 弗兰克·穆拉尔特、埃里克·斯温格杜和帕特里夏·威尔逊（1988：13）

在整个旧的工业化世界中，福特-凯恩斯主义对资本主义发展的架构都建立在历史上特定的一套监管安排、制度形式和政治妥协之上，这些暂时稳定了资本主义固有的矛盾和冲突（Boyer and Saillard 2002）。尽管资本主义扩张史无前例的"黄金时代"的根源仍然存在着相当大的学术争议（Marglin and Schor 1990；Webber and Rigby 1996），但许多学者强调了国家尺度作为积累以及在此期间对政治经济生活监管的主要地理基础的关键作用（Swyngedouw 1997；Jessop 2002）。可以肯定的是，监管组织和政治妥协的确切构造根据各国背景下建立的特定资本主义模式而有所不同。专栏 4.1 总结了支撑北大西洋福特主义体系的基本监管制度架构。[①]

专栏 4.1　福特-凯恩斯主义监管的关键轴线 来源：基于 Boyer 1996；Petit 1999；Swyngedouw 1997。
福特主义不是一种状态或稳定的架构。相反，它指的是社会空间变化的动态，有争议且始终不稳定的过程，在此过程中会产生一组嵌套的、新的或重新定义的尺度。 （Swyngedouw 1997：154） · **工资关系**。集体谈判主要发生在全国范围内，通常是通过资本、劳动力和国家之间的社团式调节来实现的。随着大规模生产系统在全国各地的社会组织中的扩散，工资劳动力得到了扩展和标准化。工资与生产率的增长息息相关，并且倾向于增加工资以承保大众消费。

① 关于西欧福特资本主义的制度架构，还可以参阅 Altvater 1992；Boyer and Saillard 2002；Herrigel 1996；Hirsch and Roth 1986；Jessop 2002，1999a，b，1992；Lipietz 1987。

· **资本主义竞争的形式**。垄断形式的监管使企业可以在主要的国家工业部门集中。大公司之间的竞争是通过合理化大规模生产技术的战略来进行的。国家采纳工业和技术政策，以巩固其最大企业在世界市场中的地位。

· **货币和金融监管**。货币供应通过美国主导的布雷顿森林体系固定汇率在全国范围内受到监管。国家中央银行监督对公司和消费者的信贷分配。稳定的国家宏观经济增长方式使资本的长期投资决策成为可能。

· **国家和其他形式的治理**。各国广泛参与管理总需求，包括控制经济周期的波动、促进充分就业、促进大众消费、通过福利规划再分配社会产品，以及解决社会动荡。

· **国际架构**。世界经济被分散在相对自给自足的国民经济中，并受到美国全球霸权的监管。随着福特主义积累制度的成熟、跨国公司之间竞争的加剧、贸易关系的扩大，以及美元作为世界货币的地位上升，各国经济空间之间的全球相互依存关系日益加强。

北大西洋福特资本主义的架构以“在国家与全球交往中”阐明的各种监管安排为前提(Peck and Tickell 1994:290)，包括美国的全球军事霸权、布雷顿森林体系、关税和贸易总协定、新巩固的凯恩斯主义福利国家制度，以及劳资关系和社会政治斗争的国有化框架(Agnew and Corbridge 1994;Ruggie 1982)。因此，“战后看到了一个国际监管空间的建设，该空间包括一组国家，它们通过货币、商品和服务流动相互联系，并辅以一套已经存在的国际机构，用于管理国际经济中的调整过程”(Leyshon and Thrift 1997:71)。但是，即使福特-凯恩斯主义体系已经确定了国际(以及次国家)层面，其最重要的地理基础仍然是国家政治经济形态。的确，根据利皮耶茨（1994：29—30）的观点，“从来没有将资本空间与国家框架如此紧密地联系在一起”。正如杰索普（1999a：382）所解释的，在这个框架内，“处理复杂的经济关系领域就好像它被分为一系列相对封闭的国民经济一样”。随之而来的是，“通过国家，国民经济将被作为一种独特的想象的经济空间进行监管，并将[努力]确保国民生产和消费的互补增长，以此作为繁荣政治的基础”（1999a：383）。

凯恩斯主义福利国家并不是二战的必然目的论的产物。然而，回顾西欧近代国家形成的历史，凯恩斯主义福利国家可以被看作是政治空间国有化和领域化这一长期趋势的高潮。这个趋势在17 世纪中叶随着威斯特伐利亚地缘政治秩序的巩固而出现，并在19 世纪末显著加剧（Maier 2000）。20 世纪 30 年代大萧条之后，政治-经济空间的国有化形式在先前的资本主义扩张和国家发展浪潮中进一步确立。随着战后重建，凯恩斯主义的社会经济政策在西欧广泛部署，以使需求管理、赤字支出、集体谈判、垄断定价和反周期货币政策制度化，所有这些都以主权国家的地理政治空间为前提（Radice 1984）。①根据杰索普（2002）有影响力的描述，凯恩斯主义福利国家立足于（a）国家（而不是国际或国家以下各级的政治权威）作为监管活动的关键制度主体的首要地位；并且（b）国家经济和人口是社会经济监管的首要目标。在 20 世纪 50 年代至20 世纪 70 年代初期的福特-凯恩斯主义时代，西欧国家作为政治经济生活的主要地理容器的作用得到了显著增强（Milward

① 参见彼得·霍尔（1989）对自 20 世纪 30 年代以来凯恩斯主义诱发的宏观经济政策在西欧和美国的传播更详细的比较讨论。

2000)。在这个国有化的政治监管框架内,“公共开支在公用事业、社会和实体基础设施以及各种集体商品上增加了,特别是在住房和全国范围内的教育、医疗保健与社会福利系统上”(Martin and Sunley 1997:280)。公共部门的就业显著增加,不仅是通过扩大福利服务,还因为欧洲许多国家主要的福特主义工业的国有化,包括意大利、法国、英国、比利时、荷兰和瑞典,以及其他国家(Parris,Pestieau and Saynor 1987;Toninelli 2000)。因此,“这一时期标志着欧洲国家作为经济、政治和社会力量的容器的高潮,其最高点发生在马歇尔规划成功实施和欧洲共同体兴起(1945—1968年)之后的20世纪60年代末”(Jessop 2002:60)。图表4.1示意性地总结了福特-凯恩斯资本主义条件下国家监管的尺度架构。[1]

在整个福特-凯恩斯主义时期,国家对城市和区域发展过程的干预是多方面的:在特定的国家背景下,它被明确表达为多种政治制度形式,并且对整个西欧空间经济的城市和区域增长方式产生了不同的影响。正如斯温格杜(1997:153)所解释的:“在全国范围内,一系列社会经济方面(工资、再分配规划、国家干预、社会经济规范、规则和程序)的同质化是在高度不平衡且差异化的地方和区域发展过程中进行的。”然而,即使在福特主义条件下,城市和区域发展模式和治理安排仍有很大的差异,西欧大部分地区也逐渐形成了独特的空间凯恩斯主义政治,国家在这些政治上启动了广泛类似的领域管理和城市-区域管制策略。

---

① 有关凯恩斯主义福利国家在战后资本主义构建独特的时空修复中的作用,请参阅Jessop 2002。

图表 4.1　福特-凯恩斯资本主义国家监管的尺度结构

监管的空间尺度	主要特征和制度体现
全球	布雷顿森林体系的金融体系和关贸总协定为全球金融稳定和全球贸易提供了保障，导致福特主义制度形式和监管实践在国际上的传播
全球-国家关系	在美国持续全球霸权的背景下，国家对货币政策承担独立责任
国家	凯恩斯主义福利国家在促进国家社会政治和领域凝聚力的同时，确保了大规模生产和大规模消费的体制条件
全球-本地关系	中央政府集权的政府间关系，并启动各种领域再分配机制，以缓解国内差异
本地	地方福利政府是中央政策的传递带，主要是为规划、补贴和资助社会再生产的各个方面而运作

来源：Tickell and Peck 1995：377。

一般来说，空间凯恩斯主义可以被理解为国家制度形式和监管战略的广泛合成，其目的是减轻国家空间经济内部不平衡地理发展，从而促进稳定的国家工业增长。在这种情况下，人们假设“领先区域的过度发展和其他地区的欠发达会给国民经济造成产出和收入的损失”(Holland 1976a:13)。在这一背景下，国家行动的目标不是增强资本主义社会空间配置的生产力，而是将工业化过程尽可能均匀地分布在整个国家领域上，就像在一块面包上涂抹黄油一样。就大范围的领域差异被视为对稳定的宏观经济增长方式的主要威胁而言，缓解国家内部社会空间两极分化的政治战略已成为国家社会经济和产业政策的重要工具。列斐伏尔(1976c:111—112)写于20世纪70年代中期的著作，正处于西欧空间凯恩斯主义的高潮中，深刻地揭示了战后资本主义城市监管、经济增长的政治与不平衡空间发展问题之间复杂的相互联系：

> 1950年至1970年这段时间[……]是整个资本主义田园诗般的时期[……]落后地区、发达国家,可以而且必须纳入增长。用经典的比喻来说,资本主义的航母及其领导人发现自己有动力、方向舵和固定路线。更准确地说,现在它本身就构成了坚固的核心,弗朗索瓦·佩鲁(François Perroux)称之为"增长极"。一切都服从于增长[……]在这个欣欣向荣的时期,似乎已经解决了与这个社会相对立的所有的整合与选择问题,包括意识形态、社会群体、阶级[……]一个明显强加于自身的事实,现在变得自相矛盾:无限增长的"事实",中心和增长极的无限延伸。1950年至1970年的这一统治情景不仅产生了所谓的"逻辑",也产生了逐渐覆盖整个空间的战略。

正如列斐伏尔所指出的,试图将所谓的"落后"地区纳入整个国家空间经济的发展轨迹,是战后将反对派力量纳入大规模生产和大规模消费国家社会形态导向这一更广泛计划的关键组成部分。战后福特主义的生产主义经济学以其无止境的工业增长为目标,因此与无止境的空间扩展和同质化的政治地理的逻辑密不可分,后者基于标准化的城市网格在全国范围内的持续传播。这种政治地理把空间作为一个整体,涵盖从郊区和新城镇到旧工业区、农村边缘地区和外围农业区(Lefebvre 1976c:112)。这个促进"领域泰勒化"(Veltz 1996:24)的空间扩展和同质化的政治规划,可以说是空间凯恩斯主义的地理本质。

在凯恩斯主义时代,空间凯恩斯主义对国家空间的国有化(即使在很大程度上未被认识到)做出了重要贡献,因此,它为研究战后西欧在凯恩斯主义福利国家中以及通过其产生的国家空间选择性的独特形式提供了启发性的基础。[①]借鉴上一章中发展的国家理论方法，可以将空间凯恩斯主义最准确地描述为：(a) 启动国家空间工程，以建立集中统一的领域管理框架；(b) 启动国家空间战略，使城市发展尽可能地在整个国家领域上平均分布(见图表 4.2)。

图表 4.2　福特-凯恩斯资本主义的国家空间选择性：空间凯恩斯主义的案例

	国家空间工程	国家空间战略
尺度维度	国家行政和监管能力在全国范围内集权：区域和地方"服从于[国家]中心的宏观经济和宏观分配要求"	国家尺度被提升为政治经济生活的最基本尺度：国民经济因此成为"经济组织、积累和监管的基本地理单位，国家是其中的主要行为主体"
领域维度	在整个国家空间经济中建立了相对统一的领域管理结构："跨区域和地方建立了统一的社会福利和社会基础设施供给标准，从而将它们纳入了越来越多的集体经济或公共空间经济中"	为了平等化工业和基础设施投资在全国空间经济中的分配，启动了再分配政策："在大多数国家，战后凯恩斯主义干预主义是人均收入稳定区域趋同过程的关键因素，这种特征在发达国家一直延续到 20 世纪 70 年代后期"

来源：在图表 3.9 援引的马丁和森利(1997：279，280，281)的基础上绘制。

总而言之，在福特-凯恩斯资本主义统治下，国家不仅试图通过制度化的集体谈判安排国家社会福利政策在社会上再分配剩余价值，而且还在空间上通过旨在集权、同质化、标准化和规范化的各种政治战略来再分配剩余价值。在佩克(2002：338)的术语中，

① 战后，美国出现了一种截然不同的空间凯恩斯主义的形式(Friedmann and Bloch 1990)。战后的欧洲国家试图通过在整个领域上尽可能均匀地分配工业城市化来促进福特主义的空间修复，而美国则促进了本地增长机器之间激烈的城市竞争(Logan and Molotch 1987)，为郊区发展提供了大量补贴(Florida and Jonas 1991)，并将主要的公共资源引入军工联合体(Gottdiener 1989)。战后西欧和美国的空间凯恩斯主义尚待进行更系统的比较。这样的比较将很有启发性，不仅作为了解支撑北大西洋福特主义国家基础的不同形式的国家空间的窗口，还作为比较后福特主义时代之后显然更类似的国家空间重组轨迹的基础。

这样的策略要求建立各种地方以外或地方之间的“规章-制度”，以“限制和引导本地行为主体的战略选择与战术行为”。在空间凯恩斯主义的主导下，这种地方以外的规章-制度通过“服从中心的宏观经济和宏观再分配要求”，使“经济体内的区域和地方处于更大的中央政府的控制和依赖下”（Martin and Sunley 1997：279，280）。在这个框架内，当地单位被认为没有自己的基本经济生活。它的工作是遵循国家政策规定的增长之路（Sengenberger 1993：316）。同时，与空间凯恩斯主义相关的地方外规则体系在整个国家政府间系统中建立了一定的社会福利和基础设施供给的最低标准，“从而将[区域和地方]纳入了越来越多的集体或公共空间经济中，在某些情况下，除了公用事业和其他集体商品外，这种经济还扩展到了大规模国有制对关键产业的所有权和管理权（Martin and Sunley 1997：280）”。这些地方化规章-制度合在一起，直接或间接地产生了各种“区域再分配稳定化效应”，包括刺激消费需求、促进充分就业、将资本投资扩展到边缘化地区以及人均收入水平的趋同。这些效应在复制整个福特-凯恩斯主义规则时至关重要（Martin and Sunley 1997：280—281）。凯恩斯主义福利国家的崛起、福特-凯恩斯主义城市化形式的扩散、空间凯恩斯主义的启动，以及国家空间的国有制之间的相互作用，如图表 4.3 所示。

在目前的背景下，我不会对空间凯恩斯主义政治在整个西欧产生的不同的国家政治地理进行全面研究。相反，以下分析着眼于一些最普遍的政策机制和制度形式，通过这些机制和形式，在 20 世纪 50 年代后期至 20 世纪 70 年代中期，空间凯恩斯主义在不同的国家、区域和地方监管环境中得以阐明。专栏 4.2 和 4.3 总结了空间凯恩斯主义的基础——主要的国家空间工程和国家空间战略。随后选择一些案例对空间凯恩斯主义进行研究。

图表 4.3　战后西欧的城市化、空间凯恩斯主义和国家空间的国有化

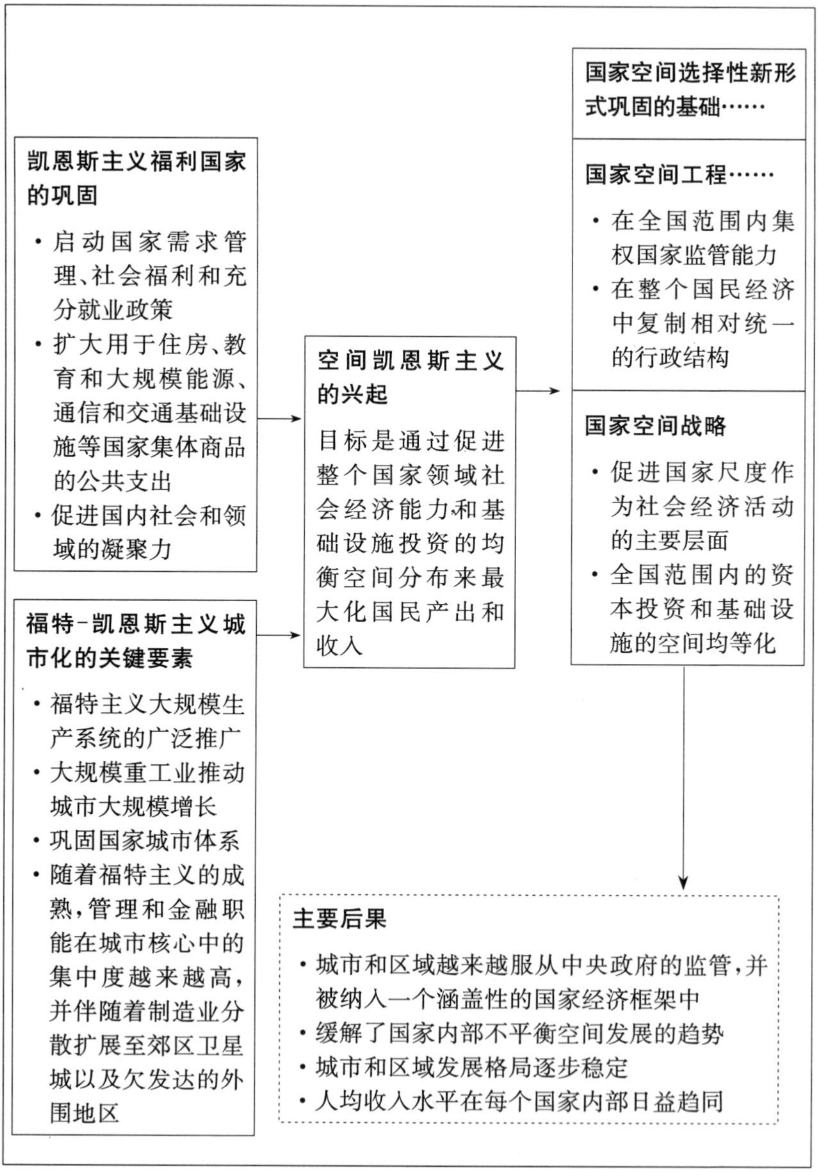

专栏 4.2　促进空间凯恩斯主义的主要国家空间工程

这个现代国家明确地把自身推进并强加为(国家)社会和空间的稳定中心。

(Lefebvre 1991:23)

伴随着政治化,社会空间一方面集权并固定在政治中心,另一方面又专门化并分散。国家决定并凝结了决策中心。同时,空间被分配到与中心相关的外围环境中……

(Lefebvre 1976c:84)

空间凯恩斯主义依赖于旨在建立中央集权和统一的国家领域组织模式的国家空间工程。这些集权化、标准化的国家空间工程包括:

- **政府间集中化**。在联邦制和单一制国家,中央政府都对次国家的领域治理进行了更集中的控制,使它们能够将中央社会经济政策的重点放在区域和地方政府部门上(Mény and Wright 1985;Rose 1985)。
- **地方政府重组**。随着各国政府试图规范福利服务的提供并协调其领域上的国家经济政策,市政机构进行了重组、合理化和扩展,以便为当地居民提供各种公共服务。在这种国有化的体制结构下,地方政府主要是中央决策政策的传播地(Mayer 1991)。
- **大都市政府合并**。在 20 世纪 60 年代中期至 20 世纪 70 年代初,西欧主要城市-区域建立了合并的大都市机构。这些新形式的大都市地区行政管理在分配凯恩斯主义福利国家的公共服务时起着重要作用,同时还管理着在快速扩张的福特主义城市-区域逐渐形成的密集的土地利用和郊区扩张模式(Sharpe 1995a,b)。

续 表

• **领域改革举措**。结合使政府官僚机构合理化的项目，西欧主要国家的次国家领域单位（尤其是市政当局）的数量已大大减少。通过这种领域改革举措，简化了国家内部的管辖范围，并将许多以前相邻的本地领域行政区合并在一起。

专栏 4.3　促进空间凯恩斯主义的主要国家空间战略

一个明显强加于自身的事实，现在变得自相矛盾：无限增长的“事实”，中心和增长极的无限延伸。1950 年至 1970 年的这一统治情景不仅产生了所谓的“逻辑”，也产生了逐渐覆盖整个空间的战略[……]

(Lefebvre 1976c：112)

空间凯恩斯主义以国家空间战略为基础，该战略旨在实现国家边界内政治经济生活的国有化、同质化和均等化。这些国有化的再分配国家空间战略包括：

• **补偿性区域政策**。各国政府部署了各种形式的财政援助、区位激励措施、转移支付和基础设施投资，以促进主要核心城市以外的工业增长和经济复兴。他们的目标是减轻核心地区的过热，同时提高边缘地区或欠发达地区的经济活动和就业水平(Clout 1981a)。

• **自动平衡器**。这些涉及跨区域资源转移的机制，“内置”在国家财政和社会福利体系中，并通过区域特定的经济波动来激活。它们使低收入区域可以缴纳较低的税款并获得较高的政府支出，高收入地区必须缴纳较高的税款并获得较低水平的公共支持(MacKay 1994)。

• **国家空间规划系统**。启动了新形式的国家空间规划，以全面、系统的方式指导未来的领域发展模式。这种指示性的规划举措通常集中在新成立的政府部门中，例如法国 DATAR（区域发展和领域规划代表团）和荷兰 RPD（国家议会）。这些部门专门针对城市发展问题如住房、人口分布、基础设施规划和大规模领域管理等。与补偿性区域政策一样，国家空间规划系统刺激并协调了将投资从过热的核心都市圈转移到欠发达或边缘化地区的渠道。

• **国有化产业**。在西欧许多国家/地区中，中央政府直接拥有主要的福特主义工业，例如煤炭、钢铁、能源、造船、航空航天和汽车等。通过这种方式，国家提高了选定区域和地方的就业水平和发展潜力，同时还在旧的空间劳动力分工中增加了新的由国家主导的工业投资层（Holland 1974；Martin and Sunley 1997）。

• **新城镇政策**。各国政府试图通过在主要大都市圈较近的地方建立郊区新城镇来缓解城市拥堵。各国政府通过指示性的规划举措和各种形式的基础设施投资，促进了人口的分散，并指导了全国领域上的城市和区域发展。在英国、法国、斯堪的纳维亚半岛和荷兰，新城镇政策尤为突出，欧洲其他国家也推进了规模较小但意义重大的政策（Merlin 1971；Golany 1978）。

• **城市管理主义**。地方政府和市政府成为国家政策的“长臂”，并且越来越多地面向管理、社会福利职能（Harvey 1989a）。他们通过对集体消费的本地化基础设施（包括交通、住房和教育）进行大规模投资，在促进主要城市-区域的社会再生产中发挥了关键作用。

补偿性区域政策

> 一个国家越能有效地成为一个福利国家，抵制盲目市场力量冲击的能力就越强。盲目市场力量往往会导致区域不平等；而且它还会以循环的因果关系刺激该国的经济发展。
>
> 戛纳·迈尔德尔(1957:41)

在西欧的大部分地区，区域政策是空间凯恩斯主义最重要的机制之一，因为它们明确地缓解了地方间的差距，在国家边界内再分配了就业，从而促进了整个国民经济的空间整合。在 20 世纪 50 年代和 20 世纪 70 年代间，一系列区域性工业和基础设施政策的引入，促进了每个国家"欠发达"地区的工业化(Clout 1981a; Holland 1976b)。由于人口密度高，主要城市和都市圈在福特-凯恩斯主义时代仍然获得了大量的公共基础设施投资和福利服务。而且，引进的各种补偿性政策机制，意在将就业和增长能力再分配到全国范围内的欠发达地区和农村边缘地区。从意大利的梅佐焦诺和西班牙的安大路西亚，到法国的西部和南部、西德的农业地区和边界地区、比利时北部的林堡煤矿区、荷兰的东北部地区、丹麦的西北地区和岛屿、北欧的斯堪的纳维亚半岛，西爱尔兰，以及正在衰落的工业区如英格兰北部、南威尔士、苏格兰部分地区和北爱尔兰大部分地区，欧洲每个国家都有其所谓的"问题地区""落后地区"或"困境地区"。这些经济空间通常由在前几轮工业发展中被边缘化的或被锁定在过时的技术工业基础设施组成(OECD 1976)。这样的区域"在全国工业地图上被认为是空白区域，必须由相同的发展策略来填充，就像在第三世界中填充这些空白一样"(Sabel 1994:126)。因此，从战后直到 20 世纪 70 年代后期，整个西欧都引入了广泛的区域和空间政策，明确针对这些外围或边缘空间。这些经典的福特-凯恩斯主义区域政策举措几乎没有针对西欧主要城市或城市-区域，而完全针对的是不发达的农村边缘地区、边界地区和衰落的煤炭开采地区。

这些再分配的区域政策，通常以平衡的国家发展和空间均衡等优先事项的名义被证明是合理的，因此需要引入各种形式的财政援助、区位激励和转移支付，以促进主要城市核心地区以外的工业增长和经济复兴；而且它们经常将大量的公共基础设施投资引入这些地区，其中一些政策源自戛纳・米达尔（1957）和艾伯特・赫希曼（1958）的著作，他们都建议需要采取各种形式的公共干预来减轻市场驱动的区域间不平等。在西欧背景下，由此产生的补偿性区域政策包括“利息回扣、政府担保、税收优惠、资本赠款、工业建筑的建造和购买，[以及]改善区域基础设施（运输设施、道路、工业用地开发）等等”（Albrechts and Swyngedouw 1989：68）。弗朗索瓦・佩鲁（1955）的增长极理论强调了推进产业在特定地区创造投资和就业中的作用，在此期间同样受到广泛欢迎，并经常用于为各种具有重大区域和地方影响的产业政策辩护（Parr 1973）（见专栏 4.4）。特别是在 20 世纪 60 年代期间，增长极理论激发了部分或者全部公共政策，在刺激英国（苏格兰、默西塞德郡）、法国（布列塔尼、福斯）和意大利（塔兰托）等边缘化地区的汽车和钢铁行业的大规模投资中发挥了重要作用——而且在中长期内取得了不同程度的经济成功（Keating 1998：48）。①

① 亨利・列斐伏尔（2003a［1978］：91—92）在 20 世纪 70 年代后期撰写的文章中提到了塔伦特和滨海福斯以及洛林、邓克克和萨贡特的福特主义重工业的“巨大装置”，这是在现代空间经济中证明国家在协调固定的空间生产与资本流动的相互作用中角色日益重要的典型例子。

专栏 4.4　知识基础：区域经济理论和空间凯恩斯主义的逻辑

来源：Chisholm 1990；Friedmann and Weaver 1984。

战后再分配区域政策的概念基础之一是国家内部的领域不平等现象（通过全国领域上的投资就业和人均收入水平的两极分化来表示）有害于国家经济稳定。这个假设以及由此产生的各种补偿性区域政策，都源于战后区域经济理论中的各种主要潮流。

米达尔（1957）和赫希曼（1958）提出了"累积因果关系"理论，这些理论强调了在没有公共干预的情况下领域发展两极分化模式的必然性。两位作者都建议采取各种"均等化措施"（Myrdal 1957：45），国家可以通过这些措施来抵消资本在最发达集聚区的长期集群趋势。更广义地说，米达尔和赫希曼通过批判新古典主义的假设，即空间均衡（资本和劳动力的最大有效地域分配）将自动源于市场力量的相互作用，从而为旨在改变每个国家领域内生产要素地区分布的干预主义政策提供重要的理论依据。

佩鲁（1955，1950）的"增长极"理论同样是战后区域政策的有力基础。佩鲁的工作重点是在公司间关系更为广泛的矩阵中，把"推动性产业"作为刺激进一步工业发展的角色。随后，部分地通过雅克·布德维尔（Jacques Boudevill）的研究，佩鲁的分布区中的"极点"概念被用于分析"增长中心"或集聚经济（Darwent 1975）。从这个角度来看，在给定区域内建立具有重要就业基础的大型公司将产生"乘数效应"，从而刺激其他上下游公司在地理位置上与"汽车工业"彼此相邻。因此，佩鲁的理论构成了各种增长极政策的基础，在这些政策中，政府机构补贴或充分资助了不发达地区或外围地区主要工业用地的建设——通常在传统的福特主义行业如汽车、钢铁和化学制品等工业领域(Cameron 1970)。基本假设是,“可以将一些新的投资[……]引导到合适的地点,以提供建立增长极所需的初始刺激,这将引导落后地区的经济。换句话说,一些现有需求的转移,加上对基础设施等明智的初始支出,可能会触发长期的累积增长,而无须持续的公共补贴”(Chisholm 1990:76)。像米达尔和赫希曼一样,佩鲁为在国家领域边缘地区进行大规模的、空间再分配形式的国家干预提供了重要的知识论证。下图描述了佩鲁理论的基本逻辑(基于 Chisholm 1990:66)。

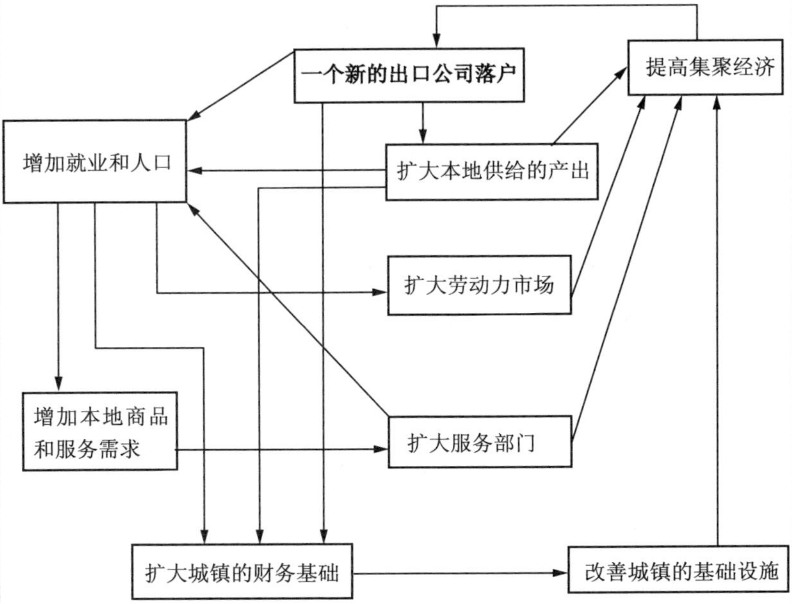

福特-凯恩斯主义时期西欧启动的补偿性区域政策类型的重要例子包括:

·英国。1934年批准了《特殊地区法案》，目的是在四个衰落的煤矿地区（南威尔士、英格兰东北、坎伯兰郡西部和苏格兰中部）促进经济复兴。通过《工业分配法案》，这些目标地区在二战后得到了重视，包括许多遭受严重经济问题困扰的主要城镇、城市和其他地区。1966年的《工业发展法》为区域政策确立了更大的目标范围，涵盖了英国40％的领域和20％的总人口。英国战后区域政策的总体目标是将就业从迅速扩展的城市核心地区（如东南部和中部地区）再分配到北部和西部的贫困地区。尽管这些“辅助地区”的确切界限在20世纪60年代进行了修改，但它们还是划定了英国领域内的广阔区域，在这些区域中，通过多种区域政策措施来鼓励工业搬迁，包括发展补助金、就业保险金、税收优惠和全权委托贷款。①

·法国。战后区域政策是与一系列支持国家经济政策的五年规划紧密结合而制定的。它们的主要目标是将工业能力和就业机会分散到占主导地位的巴黎地区之外，并转移到主要的省会城市、城镇、农村地区和边境地区。1964年第四个国家规划出台，该规划的基石之一是划定了八个“抗衡的大都市”（里昂、马赛、波尔多、里尔、斯特拉斯堡、图卢兹、南特和南希），旨在作为城市发展、人口扩张以及分散在巴黎大都市区以外的外围地区基础设施投资重点。此类政策的目标是“促进城市分工，以使每个[都市]都能以某种方式与巴黎抗衡，成为在某些关键地区开展活动的磁石”（Ross and Cohen 1975：746）。此外，法国的区域政策将大量的公共资金用于带动工业增长和农村地区的中型“区域中心”，同时对致力于

---

① Brown 1972；Law 1980；Moore，Rhodes，and Tyler 1986；Thomas 1975；Yuill 1979.

进驻巴黎地区的企业实施税收处罚。①

·意大利。1950年,意大利启动了战后区域规划,并成立了意大利南部发展局卡萨·伊尔·梅佐焦诺,该执行局负责在整个南部地区促进农业现代化、工业增长和领域管理。随后的区域规划倡议——其中卡萨发挥了核心的协调和财政作用——的首要目标是减轻北方工业化地区与主要南方农业区之间大范围的差距。到20世纪50年代后期,卡萨通过税收优惠、资本捐赠、软贷款和基础设施投资,开始启动各种财政激励,以促进工业迁入梅佐焦诺,在战略位置建立了新的工业开发区、增长中心和"工业化核心"。意大利工业重建研究所(IRI)是一家跨部门的国家控股公司,负责协调公有企业的投资活动,在所谓的"非常规国家干预"期间,同样发挥了积极作用,将资金引导到欠发达的梅佐焦诺。从20世纪60年代中期开始,随着第一个国家经济规划的实施,面向南方的区域政策与国家经济议程更加明确地融合在一起。②

·西德。1965年,西德《空间规划法》(ROG)的批准,开启了战后区域政策,该法案要求在整个国家领域推广"平等化的生活条件"。ROG把城市-区域和问题地区划分开来,前者是预期的经济和人口增长将持续下去的区域,后者包括沿东部边界地区、农村外围地区和边缘化地区。问题区域是根据主要城市和城镇来划定的,这些城市被标记为"联邦开发区",以国家援助和基础设施投资为目标,包括资本捐赠、软贷款和折旧津贴。到20世纪60年代后期,ROG已扩大到包括萨尔州和鲁尔区的煤矿开采区,成为国家

---

① Allen and MacLennan 1970; Clout 1975; Dunford 1988: 231—251; Hansen 1968; Hull 1979; OECD 1976; Ross and Cohen 1975.

② Allen and MacLennan 1970; Dunford 1988: 145—161; Holland 1972a; R.King 1975; OECD 1976; Ronzani 1979; Selan and Donnini 1975.

援助的重要目标。1969 年，随着《区域经济结构改善规划》(GA)的引入，这种对空间规划的再分配方法得到了进一步扩展，该规划主要是在联邦政府和地方当局之间加强协调。总体而言，战后西德区域政策的总体重点是将发展能力、资本投资和就业从主要城市-区域扩散到“落后”地区，如小镇、农村外围地区和边界地区。[①]

· 荷兰。荷兰代表了战后区域政策中这些广泛趋势的又一变化。在荷兰，20 世纪 60 年代期间采纳了各种国家土地管理和《空间规划倡议》，目的是把西部兰斯塔德地区(包括阿姆斯特丹、乌德勒支、鹿特丹和海牙)的工业、人口和就业分散到荷兰北部、东部和南部的外围地区和衰落地区。空间分散工程和集中式去中心化的最初推动力是 1962 年的《空间规划法》(WRO)，随后在 1966 年发布了更全面的《第二次国家空间规划报告》。中央政府的这些举措试图促进更均衡的领域发展形式，同时防止兰斯塔德城市群之内和之外不受限制的郊区扩张。中央政府指定了“开发区域”和“开发核心”，通过各种直接和间接的政策措施将工业能力、基础设施投资和公共资源引入其中。此外，战后荷兰的区域政策解决了各种具体问题，例如结构性失业、土地开垦以及港口和内陆水道的发展，这些问题对于荷兰均衡化的国民经济而言尤其重要。[②]

考虑到整个西欧战后凯恩斯主义的政治地理，基廷(Keating 1998:47)总结了国家特定区域政策的逻辑及其影响：

---

① Blacksell 1981; Brenner 1997a; Casper 1979; Schikora 1984; Vath 1980; Zielinski 1983.

② Dutt and Costa 1985; Faludi and van der Valk 1994; Faludi 1991; Gay 1981; S. Hamnett 1982; Zonneveld 1989.

早期[区域]政策的一个关键特征是工业活动从该国的一个地区转移到另一个地区。从政治角度来看,这具有同时安抚多个政区的优势。对于有问题的地区,转移政策带来了就业和投资。对于充分就业的地区,转移政策缓解了基础设施、劳动力市场和住房的压力,并限制了移民人口。对于整个国民经济,该政策可以作为一种利用区域内资源不足并以非通货膨胀方式扩大国民产出的方式提出来。从社会层面看,战后伴随着工人阶级的融合,领域平等是社会和解的一部分。最后,还有一个政治上的理由,因为区域政策被视为一种机制,可以巩固可能存在异议的地区,从而提高执政党的威望。

的确,正如随后的许多研究表明的那样,这种直接和间接的区域间资源转移对战后西欧各国内部不平衡发展的地理产生了重大影响,导致大多数西欧国家的人均可支配收入出现了前所未有的趋同(Ashcroft 1982;Dunford and Perrons 1994)。因此,必须将这个面向国家的工业分权、城市分权和空间均等化工程看作是阐明空间凯恩斯主义调节体系的主要国家空间战略之一。

自动平衡器

一个地区,构成政治共同体的一部分,拥有共同的公共服务尺度和共同的征税基础,只要这个地区与该国其他地区的贸易关系恶化,便会自动获得“援助”。这里有一个重要的内置财政平衡器。

尼古拉斯·卡尔多(1970:345)

除了明确的、有针对性的区域间资源转移形式外，空间凯恩斯主义还以许多所谓的自动平衡器为前提，这些自动平衡器是通过区域差异化的经济波动而不是通过直接的政治干预来激活的(MacKay 1995)。与明确的区域政策相反，这些自动平衡器“将国家支出和税收差异的经济影响从一个地区转移到另一个地区”(Dunford and Perrons 1994:169)。这种区域间再分配机制通常“内置”于国家财政和社会福利体系中，从而使低收入地区在享受较高政府支出的同时缴纳较低的税款，并要求高收入地区在享受较低政府支出的同时缴纳较高的税款(Kaldor 1970)。自动平衡器的主要目的是帮助边缘化地区减轻经济冲击的影响，同时转移核心地区的过剩收入以稳定整个国民经济(MacKay 1995,1994)。自动平衡的逻辑在图表4.4中进行了概述，该图表描述了“捐赠区域”和“接收区域”之间的区域资源转移模型，这个著名的模型是由剑桥大学区域经济学家尼古拉斯·卡尔多(Nicholas Kaldor 1970)提出的。

如图表所示，自动平衡系统被校准，以便随着人均收入的增加，每个区域的中央政府支出都会减少。相反，每个区域内的个人税收水平被校准为随人均收入的增加而线性增加。在这种情况下，“低收入区域享有财政收益(它们所缴纳的税款少于其在服务和收益中获得的税款)；高收入区域提供财政支持”(MacKay 1994:576)。总之，正如战后评论员所解释的：“最贫穷的地区一定不能变成地理上的无产阶级；其人均收入的增长一定不能慢于全国平均水平。”(Boudeville 1966:56)

20世纪70年代后期，欧盟委员会进行了详细的跨国比较研究，被称为《麦克道格尔报告》，用于检视自动平衡器对发达资本主义国家区域收入水平的影响(CEC 1977)。虽然研究发现自动平

图表 4.4　卡尔多的自动平衡器模型：缓解不平衡发展？

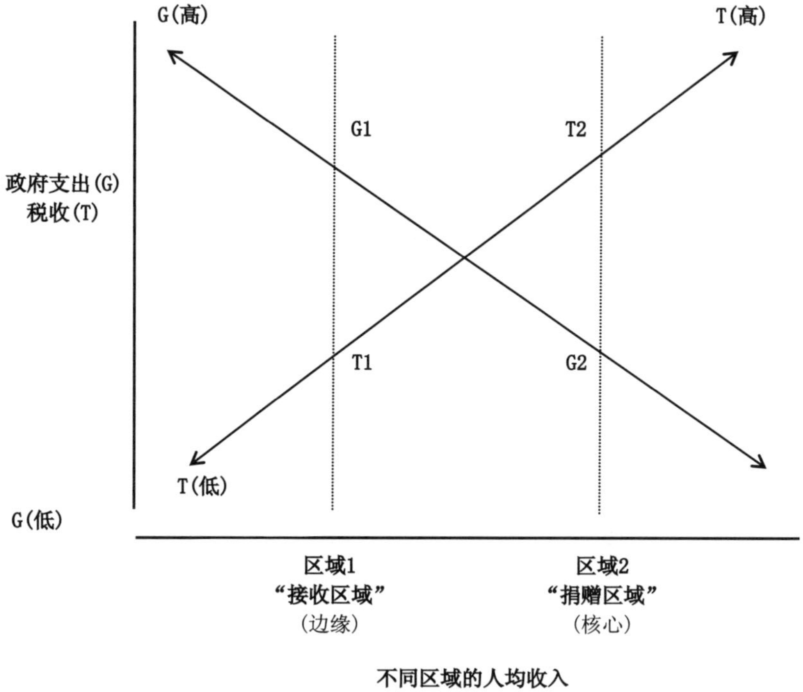

来源：基于 MacKay 1994：576。

衡器在联邦制国家产生的区域效应比单一制更明显，但它表明在福特主义高峰时期，这些区域间资源转移机制在受调查的国家(西德、英国、法国、意大利和瑞士，以及美国、加拿大和澳大利亚)，平均减少了40%的区域收入不平等(CEC 1977：12)。特别是发现英国、西德和意大利的区域间转移支付水平相似(收入水平相同)，否则它们的财政体系就大不相同了。《麦克道格尔报告》因此得出结论：“自动平衡的现实与模型非常接近。”(MacKay 1994：577)

只要自动平衡器对各国机构内政府支出的地理分布产生重大影响，就可以将其视为国家空间工程。同样重要的是，自动平衡器还可以作为国家空间战略的一部分，例如，通过将国家资金再分配到较受青睐或边缘化的地区，它们在整个国家的大部分领域上产生了空间再分配效应。因此，自动平衡器代表了空间凯恩斯主义的主要制度支柱之一。

国有化的空间规划体系

> 经济区域主义起初具有民族特色。这样做的目的在于，该国可以通过实施一项自发发展的补充政策以及旨在刺激新的经济活动的合理政策来为该地区提供帮助。
>
> J.-R.布德维尔(1966:48)

自20世纪50年代末至20世纪60年代初，西欧许多国家引入了国家空间规划体系，旨在全面指导未来的领域发展模式。这些举措通常集中在新成立的政府各部委内，专门负责城市发展、住房、人口分布、基础设施规划和大规模领域管理等问题。这种新的、全面的国家空间规划方法的典范是法国机构“区域发展和领域规划代表团”(DATAR)(请参见专栏4.5)。

专栏4.5　法国的DATAR和国有化空间规划的兴起

来源：Allen and MacLennan 1970; Dézert 1999; Essig 1979; Ross and Cohen 1975。

区域规划也许是二战后法国出现的“统治经济”或“新资本主义”政治经济学的最新创新。在法国也许超过其他先进资本主义世界中其他任何国家，政府在经济生活中发挥着重要的组织和激励作用。由于这些规划工作带来的快速经济发展趋于加剧，法国已经存在区域失衡，法国的区域规划是努力将空间合理性注入国家经济规划，而不是尝试让基层对经济目标有更多发言权。因此，它涉及的是影响力的集权化，而不是人们天真期望的权力的区域化或权力下放。

(Ross and Cohen 1975：748)

DATAR 于 1963 年与第四次国家规划(1961—1964)一起在戴高乐主义体制下成立。该机构由总理负责，就区域规划和政策的所有事宜向政府提供建议。特别是在福特主义高潮时期，DATAR 在管理法国的国家领域发展中起到了多种关键作用：

- 承担了各部委的职能，在涉及区域发展和空间规划各个方面的政府部门之间进行协调。其职责是协调国家、地方和各级之间的区域发展活动。它将成为区域规划的综合机构[……]它是用作区域规划动态和推动活动的一般中心，以使规划和执行程序在需要的地方兴旺发展(Ross and Cohen 1975：739)。
- 监督了各个政策领域的区域发展项目，包括大型工业区的规划和分区、水管理、旅游业发展和国家公园的建立。
- 参与了各种形式的指示性规划，旨在预测和塑造全国范围内的未来发展模式。
- 引入了区域发展基金，将国家资源用于战略性地方公共投资。
- 促进了工业和就业的分散化，从巴黎转移到整个法国领域内的其他城镇，尤其是在西部、中部和南部。在这方面，特别注意的是汽车、航空航天、电信和石油部门。
- DATAR 也是实施大都市区均衡政策的关键，其目标同样是将工业能力分散到周边城镇和地区。

通过建立协调区域发展政策的中央机构，DATAR在法国空间凯恩斯主义的监管架构中发挥了关键作用。它为塑造国家空间建立了新的监管能力，并引入了新的知识和表现形式，据此可以预测发展趋势，并可能通过国家行动对其产生影响。

尽管在国际上不太显眼，但西欧其他许多国家（包括西德、荷兰和瑞典）建立了类似的规划部门。在欧洲其他国家，例如英国和意大利，国家经济部制定了全面的、全领域的空间规划方案，英国是由经济事务部（短暂存在）、意大利则是由国家经济规划委员会来制定的（Wannop 1995）。这类方案被视为中长期宏观经济规划的重要延伸。

国家空间规划通常涉及预测国家领域发展未来模式的努力，并在此基础上制定“指示性规划”，以动用国家资源通过诱导和限制相结合来影响这些模式。这些新的空间规划系统往往需要将每个国家领域全面划分为特定类型的区域单位，并根据通常与现有行政管辖区不同的基本经济指标（人均收入、就业水平等）来进行分类。这些次国家级的经济空间是关键的地理参考点，可以据此预测未来的国家趋势，并确定各种形式的国家监管干预措施的目标。国家空间规划举措还需要通过建立新的区域咨询机构——如法国区域经济发展委员会（CODER）；英格兰区域经济规划委员会（REPCs）；意大利区域经济规划委员会（CRPEs）；比利时区域经济委员会（Keating 1998：50—51）——从而将地方和区域利益纳入国家政策议程中。一般来说，这些指示性的规划举措直接与国家经济规划联系在一起，而国家经济规划是在福特主义高峰期时代开始引入的，以指导宏观经济增长。因此，意大利的国家发展规划或1954年的瓦诺尼规划，1966年的法国国家规划和1965年的英国国家规划，都包含了旨在影响未来领域发展模式并缓解国内领域差异的特定政策法规（Holland 1976b：50—54）。

因此，指示性规划工程与补偿性区域政策议程显著重叠，因为两者都需要启动国家空间战略，以将投资从过热的大都市核心转移到欠发达或边缘化的地区。但是，与补偿性区域政策取得的相对成功相比，指示性规划工程在很大程度上被证明是“无价值的东西”（White Elephant）（Holland 1976b：50—54）。在实践中这些规划工程是无效的：很难将国家宏观经济目标转化为可行的区域发展战略；持续将区域政策重点政治化；长期缺乏适当的诱因来影响资本主义企业的区位决策（Keating 1998：48—50）。

国有化产业：主要福特主义公司的公有制

在福特主义时代之前，主要资本主义企业的公有制就已经存在。在二战期间和战后，国有部门在西欧许多国家中进行了大幅度扩张（Holland 1974）。就本次讨论而言，最关键的是，在西欧许多国家中，主要的福特主义工业部门如煤炭、钢铁、能源（石油、天然气、电力、核能）、造船、汽车和航空航天等的国有化对空间产生了重大影响。因为在为大型产业提供资金时，各国政府也将大量的公共资源转移到了这些工业所在的地方和区域。在福特主义时期，国有企业越来越多地利用政府的工具来“努力解决具体问题，就好像它们是国家的代理机构一样”（Vernon 1974：3）。这些问题中至关重要的是确保“在就业增长缓慢或实际就业下降的地区增加投资和就业机会”（Holland 1974：31）。这些举措中有许多是受到佩鲁的增长极方法的直接启发（见专栏 4.4）。在这种情况下，国有企业原本是要作为推进性企业或“汽车工业”来经营的，它们与其他（私有）企业的上下游联系将增强国内领域边缘化地区投资和就业的空间集中度。因此，在法国、意大利和瑞典等国家的许多著名案例中，区域政策倡议中明确启动了国家对公共企业的控制，以将投资转移到边缘地区。

调动公共企业参与补偿性区域政策举措的最全面规划体现在意大利工业重建研究所(IRI)，这是一家国有控股公司，负责向意大利历史上欠发达的南部地区进行大规模工业投资(见专栏 4.6)。

专栏 4.6　公共企业作为区域政策的一种手段：意大利工业重建研究所(IRI)的案例

来源：Allen 1972；Holland 1972a，b。

IRI 对南部地区发展的贡献如此之大，以至于产生一个问题，即是否应建议其他具有严重地区问题的国家建立类似机构，承担类似义务，以帮助其较不发达地区的经济发展。

(Allen 1972：179)

意大利工业重建研究所(IRI)成立于 1933 年，是一家国有控股公司，负责向主要工业和服务公司分配信贷和财务援助。在随后的十年中，它在资助军事生产方面发挥了重要作用；因此，二战期间，其大部分固定资产遭到了破坏。战争结束后，IRI 重新崛起以实现主要民族工业的现代化。到 20 世纪 50 年代后期，IRI 已转变为一个拥有主要工业和服务公司多数股权的公共机构。IRI 的投资广泛分布在多个领域，包括钢铁、汽车、工业机械、电气工程、电子、飞机、造船、运输、公路建设、电信和铁路等。

与西欧普遍采用的公共企业管理方法不同，“IRI 公式”试图整合国家控制和市场力量。因此，它在其经营行业中通常控股不到 100%。IRI 试图通过引导投资进入多个行业的推进性公司来进行经济规划；它的目标是产生乘数效应，该效应也会影响民营经济活动。通过这种方式，IRI 在刺激工业向梅佐焦诺南部地区迁移方面发挥了重要作用。通过促进公有企业内部的战略迁移，试图产生“跟随我的领导者”的地理效应，在这种地理效应中，与这些行业相关的私营企业将复制其位置模式，从而同样将投资引导到国内领域的欠发达地区。一个突出的例子是 IRI 决定在那不勒斯建立阿尔法-罗密欧汽车厂，随后私人汽车公司菲亚特和倍耐力在南部进行了工厂建设规划（Holland 1972a：26）。

这些政策产生了重大的区域影响。1960 年至 1969 年，IRI 在南部的制造业就业水平提高了 82%；在同一时期，它的总就业（包括服务业）增长了 63%（Allen 1972：174—175）。因此，IRI 代表了以增长极理论和公共企业为基础的区域政策补偿性、再分配方法的经典实例。

虽然 IRI 在明确促进国家内部产业转移方面具有独特性，但西欧其他中央政府同样利用对公共企业的控制权，并通过各种政策机制来促进这一议程。以下示例说明了国家对公共企业的控制可以作为区域政策形式的一些路径：

• 1957 年，意大利中央政府通过了一项法规，“要求国有企业将其现有投资的 40%及其新投资的 60%放在梅佐焦诺”（Grassini 1981：76）。1968 年，为了使新工厂的 100%投资和公共企业总投资的 60%必须位于南部或其他边缘化地区，又对这些法规进行了修改（Holland 1974：33）。这些法规规范了 IRI 以及其他所有国家控制的投资集团的活动。

· 法国的国家规划机构 DATAR 在影响法国公共企业的选址方面发挥了关键作用。例如,经过长时间的谈判,在 1971 年,法国国有汽车公司雷诺被 DATAR 强制在布列塔尼而非巴黎建立一家新的电气铸造厂。经过另一番长期的斗争,DATAR 成功影响了法国中央政府,要求雷诺在南特港口附近建立新的组装厂。此外还在勒阿弗尔建立另一家组装厂,这家组装厂靠近诺曼底现有生产设施(Anastossopoulos 1981)。

· 瑞典议会沿袭 IRI 的样板,于 1970 年成立了一家国有控股公司,以影响采矿、造船和银行业等各个领域的投资。它的明确目标之一就是在欠发达的北部的韦斯特罗斯促进新的就业机会,特别是国防部门(Holland 1972b:261)。

但是,即使在国家政府没有试图明确影响公共企业选址决策的情况下,这种由国家资助的工业投资的存在也显著提高了许多边缘化地方和区域的就业水平和经济能力。在西欧许多国家(如英国、德国和意大利),国有企业在建设大规模运输基础设施(如铁路和公路)中发挥了关键作用,这也对区域工业和就业增长产生了重大影响。通常来说,就公共企业而言,它们在旧的空间劳动力分工中建立了由国家资助的全新的经济活动层面,因此,在空间凯恩斯主义更广泛的政治和经济地理内,公共企业构成了至关重要的要素(Martin and Sunley 1997:280)。

政府间集权化与城市管理主义

战后时期见证了整个西欧政府间关系前所未有的集权化(Rose 1985;Mény and Wright 1985)。政府间权力的这种集中与对国家权力的"全国性方法"的巩固紧密地结合在一起,在这种方法中，政府机构主要是为了“在全国范围内组织和提供福利国家的服务：健康、教育、退休金、公共交通以及邮电通信”（Rose 1985：13—14）。到 20 世纪 70 年代初，在西欧国家政府中，全国性的公共服务已占公共总支出的三分之二以上（Rose 1985：17—18）。

战后时期政府间关系的集权化和全国范围内的公共服务供给系统，使得在国家组织的制度层级下城市和区域的政府机构占比越来越高。为了规范福利服务的提供并协调国家经济政策，各中央政府制定了规范城市发展的工具，从而将地方政府转变为中央确定的政策和计划的传播地带。在这种情况下，地方政府起着下属机构的作用；州或地区仅仅是引导增长并在全国范围内平均分配福特主义现代化福祉的行政单位（Mayer 1991：107）。在城市治理的管理框架内，国家制度在城市尺度内的主要职能是通过住房、交通、社会服务和其他公共物品方面的公共投资来生产劳动力，目的是在全国范围内复制某些最低标准的社会福利和基础设施（Harvey 1989a；Castells 1977）。地方政府以这种方式被工具化，用于“执行对区域平衡和均衡增长的承诺这一国家战略”（Goodwin and Painter 1996：646）。中央资助的地方福利政策也构成了社会工资的重要组成部分，因此对大规模消费实践的普遍化做出了重要贡献。在此基础上，福特主义的积累体制是附带的（Goodwin and Painter 1996：641）。佩因特（Painter 1991：28）总结福特主义管理型政府的核心运作如下：

> 首先，地方政府提供了一系列服务，在现有技术和组织条件下，这些服务的生产无利可图，但有政治需求。普遍提供一系列基本服务这一原则是福特时代的标志之一[……]其次，地方政府参与了广泛的规划和监管活动，包括土地利用、资源

> 规划以及环境卫生法规。最后，地方政府的代表职能意味着福特主义的“相对同意”这一社会民主政治特征可以在地方一级找到部分表达[……]因此，作为福利国家的重要组成部分，地方政府是福特主义监管模式的关键组成部分。

卡斯特尔(1977)在关于城市问题的结构主义讨论中，经典地论证了福特-凯恩斯资本主义国家集体消费功能的这种普遍定位。对于卡斯特尔来说(1977:459)，国家在促进集体消费中的作用是国家垄断资本主义中城市政治的本质：

> 国家制度在消费过程中以大规模、系统、永久和结构上必要的方式进行干预[……]因此，我们将目睹国家接管对劳动力复制必不可少的手段的生产。这些广大部门涵盖卫生、教育、住房、集体设施等。“城市问题”就在这里扎根[……]因为国家干预了相当大的，以及客观社会化的、部分的消费进程；因为它干预了主导这一过程的大型经济集团的直接援助；因为消费已成为经济、政治和意识形态的核心齿轮。尽管没有在经济[水平]上建立对过程的集中监管，但国家成为整个消费过程的真正安排者：这是所谓“城市政治”的根源。

桑德斯(Saunders 1985)在著名的“二元政治”论文中进一步阐明了战后国家监管尺度划分的概念。尽管在理论上，桑德斯与卡斯特尔之间存在着深远的分歧，但桑德斯(1985:302)同样提出了国家监管的尺度划分，其中“消费干预[趋向于]集中在政府的地方选举级别，而生产干预则倾向于更高层级的社团主义机构”。尽管桑德斯强调了表达国家权力形成的全国性特定模式，但他的分析仍然强调了面向社会再生产的政策(例如住房、教育和福利服务)在地方范围内广泛发展的趋势(图表 4.5)。

图表 4.5　桑德斯的“二元政府”命题：空间凯恩斯主义国家监管尺度分工的映射

	中央政府	地方政府
功能	资本主义生产的推动和监管	社会再生产的推动和公共服务的传递
政策竞技场	产业政策；劳动关系；失业政策；区域规划政策；等等	公共交通工具；住房；健康服务；教育；社会福利；休闲计划；等等
社会基础	阶级利益	消费行业利益
主导的意识形态	资本主义：私人产权	公共服务：公民权利

来源：整理自桑德斯(1985：306)；参见桑德斯(1979)。

总之，在整个战后时期，国家空间的国有化是通过对市政机构进行工具化以实施中央确定的政策议程来进行的。因此，西欧管理型地方政府在空间凯恩斯主义更广泛的监管体系中形成了重要的制度支柱。然而，同样至关重要的是，管理型地方政府也充当了重要的制度竞技场，在这些竞技场中，人们可以清楚地了解到福特主义积累制度的危机和最终崩溃。20 世纪 70 年代，随着经济停滞和衰退的开始，新自由主义、新保守主义和货币主义施加给国家财政紧缩的压力越来越大。由于凯恩斯主义福利国家的制度大厦日益不稳定，地方政府服务的不断扩大受到右翼的强烈政治批评。因此，“20 世纪 70 年代初期地方政府的扩张引发了监管危机，而不是代表了成功的监管模式”(Goodwin and Painter 1996：642)。正如我将在下一章中揭示的，自从 20 世纪 70 年代初北大西洋福特主义崩溃以来，市级政府的管理、福利导向的职能已经出现了重大调整。

新城镇政策和国家补贴的郊区化

> 必须在居住系统的国家政策框架内检查新城镇的位置、数量、特征和规模。这项国家政策旨在根据不同经济水平上居住单位的功能整合标准建立合适的居住等级制度。
>
> 加兰泰(1980:25)

二战之后,新城镇在一定程度上受到埃比尼泽·霍华德田园城市概念的启发,在英国主要城市附近,尤其是伦敦附近,建立了新城镇(Osborne and Whittick 1977)。随着福特主义城市化模式的成熟,在20世纪60年代,西欧许多国家政府也试图通过在相对靠近主要城市中心的郊区建立新城镇来缓解城市拥堵,扩大住房基础设施,并应对城市蔓延。尽管苏联、东欧和巴西建立的新城镇是地区补偿性工业政策的一种形式,但在西欧的背景下,它们却是一种便利和协调中心城市以外地区工业和人口分散化的手段。在西欧的许多案例中,引入了新城镇,其明确目标是在先前欠发达地区建立新的经济中心。这种趋势的例子包括法国西南部的穆伦克斯;德国北部鲁尔区的沃尔芬和马尔;德国哈尔茨山区的萨尔茨吉特;德国下萨克森州的沃尔夫斯堡;南威尔士的施白兰镇;英格兰东部米德兰兹郡的科比;英格兰北部的彼得利、牛顿·艾克利夫、华盛顿;利物浦外的斯凯默斯代尔;以及瑞典北部的卢萨瓦拉-基鲁纳等。①然而,战后西欧的大多数新城镇政策旨在补贴和规划郊区发展的过程,特别是在大型城市中心附近。因此,伦敦、巴

① 参考文献:Clout 1981b:50;Merlin 1971:243—244;Burtenshaw, Bateman, and Ashworth 1981:280。

黎、哥本哈根、斯德哥尔摩、德国鲁尔区和荷兰兰斯塔德的大规模城市规划举措划定了发展的通道，人口居住点将集中在这些轴线上（Burtenshaw, Bateman, and Ashworth 1981）。新城镇政策的主要国家示例包括（有关概述请参见 Merlin 1971；Golany 1978）：

• 英国。1946 年的《新城镇法案》建立了一个国家法律和行政框架，用于福特主义时期大部分时间郊区新城镇的建造，成立了新城镇发展公司来指导新城镇的发展，并引入了各种金融激励措施和限制措施，旨在影响公司将其投资分散到最拥挤的城市核心地区之外。该框架的其他组成部分旨在通过鼓励居住的去中心化来降低整个城市的人口密度。为此，规划的新形式的公共基础设施和住房最终在伦敦、格拉斯哥、爱丁堡、加的夫、纽卡斯尔、利物浦、曼彻斯特和伯明翰等主要城市外围建造。结合郊区新城镇的规划，在许多城市-区域周围也建立了大规模的绿化带（Osborne and Whittick 1977）。尽管二战后的二十年中有超过 500 万人迁入新城镇，但这些定居点仅吸收了英国主要大都市地区总人口增长中相对较小的比例（Merlin 1971：59）。

• 法国。新城镇规划是在二战后制定的，旨在解决日益严重的住房危机。随后，通过各种公共或准公共机构，在国家财政的大力支持下，建造了大型住宅区或大型综合体。到 1958 年为止，整个巴黎地区划定了许多优先发展区，住宅群集中在这些地区（Merlin 1971：142；Scargill 1983）。随后，在法国其他主要城镇的边缘，以及少数情况下相对边缘的单一工业区和周边地区，建立了规模较小的居民区。随着巴黎大区城市发展总体规划的出台，法国新城镇规划在 1965 年得到了显著扩展。该规划划定了一组新的相对独立的城市中心，这些城市中心将沿着从东南向西北延伸的两个优先轴线建造，弧线与塞纳河大致平行，跳出了城市最密集的核心地带。随后里昂、南希、南特和鲁昂-勒阿弗尔引入了相似的总体规划。所有这些都旨在预测新兴的城市化模式和人口趋势，并在此基础上建立新的规划框架，通过该框架可以建立适当的住房和交通基础设施。国家政策也反映了建设和管理新城镇的优先权，并将其直接纳入1971—1975年和1976—1980年的第六个和第七个国家规划。此外，在此期间，较早的优先发展区被统一的开发区所取代，以便将私人资本投资和政府补贴引入新城镇(Rubenstein 1978)。

• 荷兰。战后时期的新城镇政策也同样受到重视(Constandse 1978)。先前提到的"集中式去中心化"项目是通过1966年的第二份国体规划报告引入的，其中包含了消除郊区蔓延和保留开放空间的明确议程。它试图通过在兰斯塔德西部大都市的内外建立与主要城市核心紧邻的新城镇来实现这些目标。除了紧邻鹿特丹、海牙和阿姆斯特丹的溢出城镇或"成长城镇"外，主要的新城镇如Almere，Lelystad，Dronten和Emmeloord也是在Zuider Zee开拓地的开垦土地上建造的。因此，荷兰人对新城镇的态度首先集中在将住宅投资引导到城市核心之外、协调城市发展和保留兰斯塔德"绿色心脏"内的开放空间、扩大区域交通基础设施，以及管理全国的人口增长。

可以肯定的是，新城镇政策中体现的去中心化举措的范围比上述区域政策的类型更为明确。在大多数情况下，它们促进了在主要的福特主义工业区内而不是在福特-凯恩斯主义国家的整个国家范围内分散工业投资、基础设施和人口。尽管如此，西欧新城镇政策通过国家政府举措启动，并与各国领域上广泛分布的政治划定的目标地区相联系，这些政策必须被视为关键的空间战略，并通过该战略阐明了空间凯恩斯主义的监管架构。此外，随着福特主义城市-区域扩展到传统工业城市核心的旧边界之外，新城镇政策成为重要的监管工具，国家机构（无论是国家、区域还是本地尺度）都试图在领域范围内通过该工具来管理城市和郊区的发展过程。尽管新城镇政策并未在20世纪70年代初的北大西洋福特主义危机中消失，但必须首先将其在西欧背景下的广泛传播与资本主义发展的福特-凯恩斯主义架构下出现的独特类型的国家空间战略相结合来理解。

统一的大都市政府

在国有化的城市治理体系中，大都市政治机构在地方管理阶层与中央组织的空间规划再分配系统之间起着重要的调节作用。20世纪60年代中期至20世纪70年代初期，西欧许多主要的城市-区域建立了各种类型的统一的大都市机构。在此期间，西欧建立的主要大都市机构包括大伦敦理事会（1963），马德里大都市区规划和协调委员会（1963），里恩蒙德或大鹿特丹港务局（1964），波尔多、里尔、里昂和斯特拉斯堡等法国城市的城市社区（1966），斯图加特地区协会（1972），曼彻斯特、伯明翰、利物浦、利兹、谢菲尔德和纽卡斯尔等英国城市的大都会区，巴塞罗那大都会集团（1974），大哥本哈根议会（1974），大法兰克福协会（1974）和德国鲁尔集聚区的鲁尔市政代理机构（1975）（参见 Keating 1998：55—71；Lefèvre 1998：14—16；Sharpe 1995a）。

在这个时代，关于大都市和区域机构建设的争论主要集中在凯恩斯主义福利国家宏观经济政策框架内的行政效率、本地服务供给、区域规划和空间再分配问题(Lefèvre 1998)。因此,新成立的大都市机构开始运作,在空间凯恩斯主义盛行的政府间关系的集权式等级结构中协调行政层级。建立较大的城市领域行政管理部门,是使福利服务合理化并减少迅速扩展的城市群内行政效率低下的一种手段。同时,人们认为,大都市的制度形式类似于福特主义的大规模生产形式,因为它们被认为可以在公共服务供给领域产生规模经济(Keating 1997:118)。因此,在1969年致英国政府的报告中,雷德克利夫·莫德皇家委员会认为,25万居民是高效的地方政府的最佳规模门槛(Lefèvre 1998:12;Keating 1997:119)。20世纪70年代,随着郊区化和工业扩散进程的加快,大都市政治机构实现了政府结构和功能性领域之间更紧密的空间对应(Lefèvre 1998)。为了在生产、住房、交通、娱乐等区域间按功能区分城市和区域空间,引入了许多统一的大都市机构。大都市当局随后在指导工业扩张、基础设施投资以及将传统城市核心过剩人口迁移到郊区的过程中发挥了重要作用,主要是通过部署全面的土地利用规划和其他政策机制来影响大都市内部的区位模式。专栏4.7总结了鹿特丹的里恩蒙德的基本特征,该特征代表了大型福特主义工业城市-区域内大城市治理的典型实例。

在高度的福特主义时代,大都市政府机构似乎对国家权力和城市发展的地理产生了重大影响。一方面,它们代表了国家空间工程,因为需要在旧的国家行政地理内构建新的政治权力和监管能力。同时,一般而言,为了影响西欧主要城市-区域内的土地使用和投资方式,这一时期的统一大都市政府也在城市和区域尺度为启动新型的国家空间战略提供了重要的制度平台。

专栏 4.7　鹿特丹的里恩蒙德：空间凯恩斯主义都市治理的典型案例

来源：Hendriks and Toonen 1995。

鹿特丹大港口管理局，或里恩蒙德，由荷兰国民议会于1964年成立，旨在协调包括鹿特丹、其周边城市和广阔海港区在内的大型工业区的城市和区域规划。鹿特丹此前曾试图吞并许多郊区市政当局，但都没有成功，而里恩蒙德提供了一个新的体制框架，通过该框架可以协调当地的实体规划、土地使用规划和住房建设。该机构由里恩蒙德委员会管理，该委员会由参与市政当局的居民直接选举产生。理事会不能颁布具有约束力的法规；它的职责局限于就区域关注的问题向市政当局提供指导，包括港口和工业发展、工商业位置、住房、基础设施发展、运输和环境事务。因此，它代表了“一个成熟的竞争力受限的权力……”(Hendriks and Toonen 1995：152)。它主要通过自愿的方式，用一系列规划和政策措施运作，这些措施参照鹿特丹地区在荷兰全国空间经济中的定位来进行阐述：

• 启动了空间规划方案，以协调港口和其他工业区的发展，并建立适当的区域空间功能分区。住房区集中在城镇内，与污染的工业区分开，并应尽可能保留开放空间。

• 在经济发展领域，里恩蒙德发挥了更为有限的协调作用。它提出了一项区域经济计划，其中包含对该地区基础设施发展的愿景。它还间接解决了与经济发展有关的各种问题，包括失业、交通和教育。

• 里恩蒙德在确定整个地区的房屋建设分布方面发挥了关键作

用。房屋建设的配额是在全国范围内确定的，但是区域内的确切位置由里恩蒙德决定。

• 此外，里恩蒙德在各种形式的娱乐和环境政策中发挥了重要作用。里恩蒙德协调了休闲区的维护，监测了噪音和污染水平，并规范了废物管理的各个方面。

里恩蒙德体现了大型的官僚机构，这些机构支撑了福特主义时代的城市和区域治理进程。它是荷兰空间凯恩斯主义框架内的重要制度中转站，同时还解决了城市化的福特主义阶段以及鹿特丹港口地区出现的各种地方性监管问题。

总结

从前面的分析中可以概括西欧福特-凯恩斯资本主义政治地理的四个方面：

1. 战后整个西欧出现的凯恩斯主义福利国家建立在组织、生产和改变政治-经济空间的新方式的基础上：它们带来了各种空间选择性的制度变迁和政策举措，从根本上改变了旧的国家空间组织和干预的模式。

2. 战后资本主义国家空间这些新形式的生产过程，至关重要的是调节和复制福特主义城市发展形式的问题。随着福特主义城市化模式的加速和扩展，西欧出现了一种新的空间凯恩斯主义政治，以应对随之而来的一些主要监管难题。这些难题首先包括提高大都市公共服务供给的行政效率、补贴和协调城市集体消费、控制快速扩展的城市核心区的增长、为福特主义区域生产系统确保恰当的空间修复，以及最重要的，削弱各国领域内新兴的不平衡发展的模式。因此，国家在构建、调节和复制福特主义积累制度赖以建立的历史上特定的社会空间构造中起着关键作用。

3. 空间凯恩斯主义的监管架构由不同的国家空间工程和国家空间战略组成，这两者结合，以基本的方式促进了这一时期所发生的政治-经济空间的普遍国有化。

- 启动了国家空间工程，以便在相对统一的、标准化的管理框架内集中对地方发展的管制，并将国家范围内的所有地点（从城市、工业区、郊区和新城镇到偏远地区和农村地区）纳入其中。
- 启动了国家空间战略，以便将地方和区域经济纳入一个涵盖全国的空间经济体系，并在整个国家领域上均衡工业、基础设施和人口分布。

可以肯定的是，在整个西欧，每个国家都启动了特定背景的国家空间工程和国家空间战略的组合，其精确的机构轮廓和监管方向常常成为政治和领域斗争的重点。尽管如此，如前所述，空间凯恩斯主义的基本要素在 20 世纪 60 年代初至 20 世纪 70 年代中期的西欧主要国家中都以某种形式得以体现。

4. 空间凯恩斯主义的政治信号表明，国家干预对城市和区域发展的作用显著增强。战后，国家不仅合理化、均质化和标准化了地方行政结构，而且启动了各种旨在同时促进经济扩张和社会再生产的政治策略。在核心城市-区域内分散社会经济能力和基础设施投资到郊区、偏远城镇和边缘化地区。以这种方式，城市、区域和所有其他次国家级经济空间越来越多地被包含在国有化的尺度间规章-制度内。这种规章-制度立即使从属的城市和地区服从于中央政府的集中管制，并将其置于全国统一的空间劳动力分工中。虽然通过上面概述的各种制度形式和政策机制重构了这些尺度间规章-制度，但最终还是为福特-凯恩斯主义体制下的地方政治-经济生活定义了基本参数。

因此，空间凯恩斯主义的政治学以深刻的方式塑造了战后资本主义的制度格局。空间凯恩斯主义在生产、稳定和再现独特的城市建成环境、土地利用方式、区域集聚经济以及与福特主义城市化有关的全国基础设施网络方面发挥着关键作用。与此同时，空间凯恩斯主义的启动，加速、加深和加强了北大西洋福特主义条件下正在发展的政治生活的国有化，并以此方式极大地促进了国家空间选择性的全新形式的建立。的确，空间凯恩斯主义可以说是20世纪国家战略的历史高点，其宗旨是缓解国家边界内的不平衡地理发展和领域不平等。国家内部的两极分化被一致认为是稳定国家宏观经济增长的重要障碍，因此，缓解整个国家领域上的空间差异和平衡社会经济能力的工程，在整个西欧具有空前的政治经济意义。

北大西洋福特主义的危机和空间凯恩斯主义的崩溃

> 发展了旧的福特主义机制来规范单一国家内部的区域经济互动，而不是整个欧洲相互依存的区域经济与国家经济互动。
>
> 米克·邓福德和黛安·珀伦斯(1994:170)

20世纪70年代初期，一系列动荡的政治-经济变化通过北大西洋福特主义的领域发展架构发出了冲击波，其中最关键的冲击包括：布雷顿森林体系的货币秩序崩溃、1973年石油危机的爆发、新兴工业化国家经济竞争的加剧、传统的福特主义大规模生产行业的衰落、大规模失业的增加、福特主义大众消费市场的饱和，以及凯恩斯主义福利国家的财政危机（Armstrong，Glyn and Harrison 1991）。这些事态发展极大地破坏了福特-凯恩斯主义政治-经济秩序所组织的尺度间安排的稳定性，即工资关系的国家监管以及货币与贸易的国际监管（Peck and Tickell 1994）。自1973年布雷顿森林体系崩溃以来，金融市场和全球信贷体系的放松管制破坏了国家组织的需求管理和货币政策的可行性。同时，加剧的生产全球化、资本主义竞争和金融流动削弱了凯恩斯主义福利国家掌控国内经济的能力，就好像它们是自我封闭的准专制经济空间一样（Agnew and Corbridge 1994；Jessop 2002）。在这种情况下，正如邓福德（Dunford 1994：102）所解释的：

> 生产率增长的全国模式与国家宏观经济机制之间的联系被削弱了：[福特主义]时期，在一个特定国家中支付的工资也是对该国企业产品需求的主要决定因素；伴随着国际化，工资似乎越来越是一种要降低的成本。随着历届政府采取货币主义战略，需求停滞不前。然而，世界需求只是每个国家的需求之和，因此，当各国相互复制时，世界需求停滞不前，经济衰退国际化。

全球经济衰退持续到20世纪80年代，去工业化的过程遍布整个较旧的工业化世界。即使在货币主义和新自由主义的监管策略取代了提倡充分就业、使需求管理制度化并保证国民社会福利的传统凯恩斯主义的情况下，增长率在这十年中仍继续暴跌（图

表 4.6)。综上所述,这些趋势预示了福特主义发展体制的瓦解、战后监管秩序赖以建立的尺度间安排的系统性崩溃,以及整个北大西洋地区尺度重构进程的急剧扩散(图表 4.7)。①

图表 4.6 "黄金时代"的终结? 1960—1989 年欧共体的产出、就业和生产率增长:年平均增长率

	1960—1968 年	1968—1973 年	1973—1979 年	1979—1989 年
真实的 GDP	4.7	4.8	2.5	2.2
人均 GDP	3.8	4.2	2.1	1.9
制造业就业率	0.5	0.6	−0.9	−1.2
服务业就业率	1.7	1.9	1.7	2.1
就业人员人均 GDP	4.6	4.3	2.4	1.6
制造业就业人员人均增加值	5.2	5.6	3.1	2.6
服务业就业人员人均增加值	3.0	3.2	1.7	0.6

来源:Dunford 1994: 101,数据来自 OECD 1991。

就目前而言,我的关注点在总结 20 世纪 70 年代的政治-经济和尺度转型如何破坏西欧建立的空间凯恩斯主义的监管体系,并开辟出一种政治空间,在这种政治空间中,可以启动其他替代方法来监管资本主义城市化进程。在这种情况下,政治-经济结构调整的四个截然不同但密切相关的过程需要特别关注。

---

① 有关这些转变及其地理后果的一般性概述,请参见 Swyngedouw 1992a; Soja 1989; Brenner and Theodore 2002a。这些破裂的性质及其对资本主义发展未来轨迹的影响仍然是激烈的学术争论问题。有关这些辩论中的主要立场,有价值的概述请参考 Albritton et al. 2001;Boyer and Drache 1996;and A. Amin 1994。关于 20 世纪 70 年代后国家重组的不同轨迹的概述,请参见 Crouch and Streeck 1997。

图表 4.7　北大西洋福特主义的危机与国家尺度架构的瓦解

监管的空间尺度	北大西洋福特主义危机背后的监管压力和矛盾
全球	1971 年布雷顿森林体系危机后，国际金融动荡加剧；来自新兴工业化国家的激烈竞争威胁着美国的全球经济霸权，并有助于形成新的国际分工
全球-国家关系	资本的国际化加速，破坏了凯恩斯主义的需求管理战略和宏观经济政策的可行性。国内宏观经济问题已在全球传播
国家	随着福特主义大规模生产系统的衰落，去工业化加剧，进而导致大规模失业。因此，在降低对利率的控制和加剧国内分配冲突的条件下，各国政府经历了广泛的财政危机
国家-地方关系	国家内部不平衡发展的新形式应运而生，传统的领域重新分配方法越来越无效。财政紧缩缩减了地方预算资源，中央与地方政府间冲突加剧
本地	随着国家财政危机的恶化，当地的福利制度受到破坏。城市社会排斥和社会空间两极分化加剧

来源：整理自 Peck and Tickell 1994：300—302。

1. *大规模生产行业的衰落和重组*。由于激烈的国际竞争、市场饱和的综合作用以及加速的技术变革，福特主义增长机制所依赖的传统大规模生产行业（如钢铁、石化产品、机床、电器、造船等）在 20 世纪 70 年代初期开始收缩和下降（Lipietz 1987）。随着工厂关闭，裁员和产业转移的浪潮席卷整个西欧经济，失业率急剧上升（Coriat and Petit 1991）。尽管新福特主义的大规模生产形式最终在欧洲许多制造业地区得以确立，但相对于福特主义高峰时期的水平，它们的工业产值及其在总就业中所占的比例明显下降。在这些转变之后，欧洲福特主义的许多繁荣地区，例如英国中部地区和德国鲁尔区，经历了长期危机，表现为大规模失业、社会动荡、基础设施衰败和广泛的生态退化（Albrechts and Swyngedouw

1989)。福特主义行业的衰落对伦敦、巴黎、汉堡和米兰等在经济上更加多元化的大都市地区也产生了深远影响，这些大都市地区在传统制造业行业面临着类似的问题。尽管福特主义生产体系并未从西欧经济格局中消失，但过去的三十年中，由于在新的地缘经济结构下重构了维持制造业行业工业竞争力的社会制度条件，福特主义生产体系已进行了深刻的重组(Benko and Dunford 1991; Martinelli and Schoenberger 1991)。

这些事态发展为福特-凯恩斯主义时期引入的领域再分配形式带来了重大难题。空间凯恩斯主义将相对欠发达的地区作为再分配公共补贴的关键地理焦点。在整个战后时期，大型制造业地区被视为以持续的工业发展和社会繁荣为前提的经济空间。但是，在北大西洋福特主义危机之后，这种核心城市-区域、经济持续增长、永久性充分就业以及人口稳定增长的方程式变得越来越成问题。取而代之的是，一种新的领域发展构想开始具体化：(a) 根据国家在超国家空间分工中的相对位置对每个国家领域上的城市和区域进行重组；(b) 新形式的领域不平等被叠加在旧的核心-边缘两极分化的国家模式上。在这种变化的经济格局中，所有主要的地方和区域经济体都在经历着系统的高度破坏性的转变，通过国家干预来缓解国家内部不平衡发展的工程是非常复杂的。因为在福特主义时期的每个国家领域内，增长空间、衰退空间和落后区域似乎在各个地理区域之间都被整齐地分开了。与福特主义的领域结构相反，这些不同类型的空间在所有地理尺度上叠加并相互联系(Veltz 1997:84)。在 20 世纪 70 年代，西欧许多国家试图通过将衰落的工业城市列入再分配领域政策目标区域的清单来应对这种情况。然而，随着经济停滞的持续和国家预算的进一步压缩，在全国范围内促进空间均衡的可行性受到广泛质疑。

2. *灵活的生产系统的兴起*。随着传统制造业的衰落,以灵活或精益生产系统为基础的新兴工业行业的生产率、产出和就业开始显著增长。这些灵活的生产系统具有以下特征:(a) 在公司一级使用非专用机械和多技能劳工,(b) 在公司内部扩大社会分工、密集的分包关系和短期合同,以及(c) 在流通领域加大产品差异化(Storper and Scott 1989)。尽管灵活的生产方式对整个发达工业经济体的劳动惯例和产业组织都有着深远的影响(Moody 1996),但它们在三个行业集群中尤为盛行:高科技工业、先进生产性服务业与金融服务业,以及复兴的手工业(Scott and Storper 1992)。此外,在过去三十年中,灵活的生产方式已被引入如汽车等传统的大规模生产行业中,因为大型企业为了提高效率采取了新的战略,以提高市场份额,并在日益动荡的地缘经济环境中将风险外部化。这些策略通常涉及新的空间分工的建设,其中(a) 指挥和控制职能集中在选定的总部地点,(b) 低成本生产设施通过全球采购安排分散出去,并且(c) 其他主要生产职能被分包或外包给多元化的供应商网络(Nilsson and Schamp 1996)。先进的信息技术促进了这些组织变革,这些信息为"增加生产过程中的灵活性、定制产品和生产的新选择提供了新的机会"(Nilsson and Schamp 1996:122)。

福特主义生产系统及其假定的继承人之间的工业分工的性质,仍然是一个颇有争议的问题(A. Amin 1994; Gertler 1992; Lovering 1995)。这里的关键点是,在过去的三十年中,与这些灵活组织的高科技行业相关的公司和地区在西欧主要经济体中的工业产出和就业所占的比重越来越大(Storper 1996)。与世界经济中其他地区一样,在所谓的"新马歇尔工业区"中,西欧背景下的灵活生产系统的结晶尤为明显,那里的中小型企业传统上一直主导着当地的经济结构，而大规模生产技术从未得到广泛采用（Sabel 1994；Scott 1988）。除了这些新的工业空间外，灵活的生产系统和高科技产业集群也在伦敦、巴黎、阿姆斯特丹、哥本哈根、法兰克福、苏黎世和米兰等欧洲主要全球城市内外引起了轰动。在这里，大型跨国公司广泛依赖生产性服务业和金融服务业的本地网络，这些网络通常以灵活、分散的形式组织起来（Amin and Thrift 1992；Sassen 1993）。

战后的空间凯恩斯主义规划要求采取各种自上而下的政治策略，以建立标准化的社会经济资产、整合的政策框架、统一的制度形式，以及在整个国家空间经济中涵盖领域的基础设施。但是，随着灵活的生产系统的扎根，公司和政治精英开始强调在本地和区域经济体中定制的、专业化的和地方特定的生产条件对于确保全球竞争优势的重要性。正如韦尔茨（Veltz 1997：79）所说：

> 经济发展越来越“系统化”，并假定环境、技术的生产与使用以及能力方面具有高度特殊的条件。在泰勒主义-福特主义的大规模生产中，领域主要是作为通用资源（原材料、劳动力）的存货而出现的，如今，它日益成为建立专业化资源进程的基础。国家、区域和城市之间的竞争所产生的收益，不像传统的比较优势理论那样源于静态的资源禀赋，而是源于它们产生新资源（不一定是物质性资源）以及建立成本、商品或服务质量、速度和创新等方面的有效架构能力。

正如我们将在随后的章节中看到的，对地方特定的监管、制度和基础设施安排日益广泛的需求，不应被解释为反映了必然的经济要求，而应被解释为在超国家资本积累循环中，旨在定位特定的次国家经济空间的新兴政治策略的表达。当前情况下，关键点在于，灵活的生产系统在西欧空间经济中的扩散有助于创造一种政治经济环境，在这种环境中，与空间凯恩斯主义有关的传统的补偿性的管理策略被认为已经过时了。

3. 欧洲经济空间的全球化和一体化。前面提到的行业调整与欧洲空间经济的高度全球化和超国家融合紧密结合在一起。自20世纪80年代以来，欧洲国家的经济通过欧洲共同体的机构，随后与欧盟的机构融合在一起。随着单一欧洲市场的合并，以及由此在1993年取消的关税和非关税贸易壁垒，欧盟成员国经济体之间的国际贸易和外国直接投资进一步加速。这些事态的发展，加上金融部门的放松管制和欧洲货币一体化的进程，大大增强了欧盟国家内部的资本流动性，降低了交易成本，并加剧了企业间争夺欧洲市场份额的竞争(Leyshon and Thrift 1995)。因此，"公司正在逐渐改组自己，以服务欧洲市场，而不是服务于一国市场。它们撤销了国内总部，只拥有一个欧洲总部；它们推行欧洲范围内的营销策略；它们缩小了产品范围并集中了专业化产能"(Cheshire and Gordon 1995:109)。

同时，在整个欧洲经济区中，非欧洲的外国直接投资也有所增加，尤其是在英国、法国、荷兰和德国(Dicken and Öberg 1996; Amin and Malmberg 1994)。通过合并和收购，形成国际战略联盟以及进行新的绿色领域投资，北美和日本公司等已成为欧洲经济体的主要参与者，直接与欧洲公司争夺欧洲各国市场份额。邓福德(1994:106)报告说："[20世纪90年代初]欧盟国家吸纳的海外直接投资达到984亿美元，而20世纪80年代为148亿美元，增长速度比大多数欧盟经济大国的国内固定资本形成总额快三倍。"欧洲主要公司也已将其活动国际化，成为在北美、日本和欧洲本身的外国直接投资的重要来源。在20世纪80年代,欧洲企业之间的跨国合并、收购和战略联盟也得到了显著加强(Amin and Malmberg 1994)。

简而言之,在过去三十年中,西欧内部出现了一场"大规模的组织和地理结构调整浪潮"(Dicken and Öberg 1996: 115)。因为欧洲、北美和日本的主要公司在欧洲经济中争夺市场地位,同时努力适应快速的地缘经济波动。这些发展的结果是,整个欧盟的地方发展越来越被直接地嵌入跨国公司资本的"超级空间"中(Swyngedouw 1989)。甚至在与灵活的生产系统和全球城市形成过程相关的本地化以及集聚日益深化的背景下,城市和区域的经济活力也更多直接地取决于其在国际公司地理中的地位(Amin and Malmberg 1994;Amin and Thrift 1994)。

空间凯恩斯主义的政治取向是,在相对自给自足的国民经济和广泛国有化的城市体系内,形成了福特主义时期的核心-边缘极化的格局,在这一格局内,领域不平等首先以扩大的工业城市中心与相对欠发达的农村外围地区之间的鸿沟来表达。但是,20世纪80年代后的全球化和欧洲化模式通过以下方式破坏了这种金字塔形的领域组织模型的稳定性:(a) 将国家经济纳入欧洲和全球分工;(b) 扩大跨国公司活动的地理范围;(c) 增强位于不同国家领域的大都市区之间水平联系的重要性(Veltz 1997:83)。正如韦尔茨(1996)所指出的,在这种"群岛经济"中,大都市的核心与它们的腹地之间联系减弱,取而代之的是积极参与跨国的城市间网络。在这种新的地缘经济背景下,像战后的区域经济学家(如米达尔和赫希曼)所设想的那样,在单一国家领域内产生扩散效应的项目变得越来越成问题。正如霍兰(Holland 1976a:39)在20世纪70年代已经认识到的,跨国公司没有理由与东道国的区域发展优先事项进行合作；因此，它们对工业能力的扩展贡献很小，跨国公司的业务集中在主要大都市中心。更广泛地说，通过破坏国民经济的领域和功能一致性，全球化和欧洲一体化的当代进程立即在各种空间尺度上加剧了社会空间两极分化，并削弱了为缓解后者而采取的旧的国家政治战略（Veltz 2000）。

4. *凯恩斯主义福利国家的危机*。战后欧洲出现的凯恩斯主义福利国家在 20 世纪 70 年代经历了一次重大危机（Jessop 2002）。上面概述的地缘经济趋势破坏了传统的凯恩斯主义宏观经济目标（如充分就业、价格稳定和持续的经济增长）的可行性，同时还产生了重大的监管新问题，如失业率上升、公共债务增加、公共基础设施恶化和国家预算萎缩。随后，启动了各种各样的后凯恩斯主义时代的监管试验，这些试验的总效应在 20 世纪 80 年代后期侵蚀了战后福利国家的制度基础，并建立了更碎片化、多层化和市场化的国家监管体制（Cerny 1995）。在西欧以不同的时间和速度，福利国家的再分配任务已被新的政治命令框架所取代，这些新的政治命令框架包括提高结构竞争力、劳动力市场灵活性、有效的公共管理和永久性创新，在这种新的政治体制中，劳动力主要被视为世界市场上的生产成本，而不是（国内）消费者需求的来源；因此，在全球尺度内，社会政策正日益从属于维持劳动力市场灵活性的优先地位（Jessop 1993；Mayer 1994）。同时，凯恩斯主义福利国家内盛行的需求方政治规划，例如就业政策、财政政策和货币政策，已从属于供给侧议程，旨在增强市场、企业和行业的灵活性，并为跨国公司的进入建设先进的通信和运输基础设施（Torfing 1999）。以这种方式，如第二章中的概述，西欧见证了竞争型国家的广泛整合。

旧的国家监管形式的转变必然对整个西欧的空间凯恩斯主义政治产生重大影响。首先，凯恩斯主义福利国家的危机和裁员是在国家支出需求显著增加而税收减少的情况下发生的。因此，用于再分配空间政策的公共资金的可用性受到严重限制，传统形式的补偿性区域政策也被缩减。其次，在西欧许多国家中，新权利和新自由主义政治议程的兴起，导致对许多既定形式的国家再分配形式进行了激进的意识形态攻击，这些形式现在被广泛认为是对市场关系的不必要干预。所以，人们对战后社会-领域不平等削弱宏观经济增长的稳定性的观点提出了质疑，人们越来越多地将国家内部空间差异解释为市场驱动型增长的必然前提和后果，而不是视为其本身的监管问题(Brenner and Theodore 2002a)。其结果是国家领域内促进领域再分配的项目被广泛取消，因为它们被视为早期的温和的政治-经济生活架构的过时残余。第三，后凯恩斯主义时代竞争型国家内部建立的多尺度的监管安排，使空间凯恩斯主义的旧形式进一步复杂化。在这些新出现的、从欧盟向下延伸到地区和市政府的制度等级制中，国家不再是政治-经济治理和领域再分配的单一和主导尺度。所以，即使在对空间均等化项目给予政治支持的国家背景下，也存在相当多的困惑、分歧和争论，涉及应启动此类工程的恰当尺度。国家尺度不再作为对资本主义领域发展进行调节的首要基础(Keating 1998)。因此，与上述地缘经济趋势相结合，20 世纪 80 年代福利国家的紧缩进程极大地破坏了空间凯恩斯主义的政治制度基础，导致其各种监管要素被削弱，被重新定义，或者在某些情况下被废除。

借鉴图表 4.2 所示的空间凯恩斯主义的程式化概念，图表 4.8 提供了北大西洋福特主义危机爆发后空间凯恩斯主义出现的新矛盾的示意图。如图表所示，由于危机导致的重组模式，与空间凯恩

图表 4.8　20 世纪 70 年代空间凯恩斯主义的新矛盾(比较图表 4.2)

	国家空间工程	国家空间战略
尺度维度	国家监管能力集中在全国范围内 **新矛盾:** · 随着福特主义危机的加深,国家监管负担增加,税基减少。这导致许多中央政府精简大规模的国家官僚机构和公共服务供给系统 · 特定地点的社会经济问题激增。这破坏了集权的、自上而下的监管安排的可行性,并为权力下放举措提供了越来越多的支持	全国尺度被提升为政治经济生活的最基本层级 **新矛盾:** · 全球和欧洲经济一体化使旧的尺度等级制度相对化,破坏了国民经济的领域一致性。核心大都市经济体与腹地的联系越来越不紧密,这破坏了将扩散效应传播到国家领域落后地区的努力 · 国家权力的监管架构越来越多样化,从欧洲和国家层面延伸到区域和地方层面。严重缺乏特权的国家权力使缓解国内不平衡发展模式的努力复杂化
领域维度	在整个国家空间经济中建立了相对统一的领域管理结构 **新矛盾:** · 随着福特主义制造业的衰落,地方和区域性政府机构试图构建定制的制度形式和政策,以应对自身的、针对特定地点的监管问题。这破坏了国家行政结构的统一性 · 随着灵活的生产系统的普及,公司针对定制的、特定地点的生产条件的需求不断增加。这破坏了在全国范围内建立通用的、高度标准化的国家制度和公共基础设施结构的工程	为了使工业和基础设施投资在全国空间经济中的分配均等,启动了再分配政策 **新矛盾:** · 随着去工业化的加剧,新形式的领域不平等被叠加在核心-边缘极化的旧模式上。城市核心不再等同于持续的经济增长。这引发了传统的空间政策补偿方法的危机 · 国家的财政危机缩减了可用于再分配的社会和空间政策的公共资源 · 新权利的上升削弱了公众对再分配政策措施的支持。人们越来越多地将空间不均衡发展重新解释为宏观经济增长的必要基础,而不是后者的潜在障碍

斯主义有关的关键国家空间工程和国家空间战略在 20 世纪 70 年代变得越来越成问题。这些重组过程产生了许多矛盾，随之破坏了空间凯恩斯主义的基本政治、制度和地理前提。所以，很明显，到 20 世纪 70 年代末，通过在相对封闭的国民经济中促进平衡的城市化来缓解空间发展不平衡的工程，就像福特主义积累制度本身一样短暂。

结论

空间凯恩斯主义在建立和复制国家空间选择性的国有化形式中起着至关重要的作用，这些形式在福特-凯恩斯主义时期得到了巩固。但是，随着 20 世纪 70 年代初期的地缘经济危机之后尺度的相对化，权力的国家尺度的首要地位被显著分散，导致了针对国家尺度安排重构的争议和斗争。然而，至关重要的是，空间凯恩斯主义并没有通过一次灾难性的破裂而被废除。相反，它的构成要素由于不同的重组过程的融合而受到侵蚀，进而导致每个国家配置的路径依赖、政治上有争议的监管重组和制度修改。尽管这些国家回应的形式和步伐差异很大，但这种转变开辟了政治和制度空间，在其中，可以启动对资本主义城市化进行政治监管的可替代的重大的尺度重构的方法。在下一章中，我将分析这些后凯恩斯主义方法对城市政策和领域管制的整合，以及它们对国家空间性地理的影响。这样的研究为阐明当代西欧新国家空间的出现和之后的演变提供了启发性的依据。

第五章　国家工程的区域间竞争：城市区位政策与国家空间的尺度重构

国家在支持外国或跨国资本方面的作用加剧了每个吸引外国资本的国家中资本主义的不均衡发展。它最显著的方式是通过将特定区域指定为“发展区”而损害其他某些区域——这一过程[……]使资产阶级国家的内部凝聚力产生了裂痕。

尼科斯·普兰查斯（1978：213）

国家没有受到全球化的外在力量的束缚[……]而是创造了条件，使其必须在“国家”经济的不同方面与全球经济之间做出规范性的区分。国家不再是整个国家领域范围内得到普遍和平衡应用意义上的“国家”[……]国家的经济政策和制度正越来越多地致力于促进不同产业区之间在投资方面的内部竞争……

安格斯·卡梅隆和罗内恩·帕兰（1999：282）

城市治理与竞争型国家的政治地理

正如我们在第二章对国家重组的最初讨论所指出的，20 世纪 80 年代初见证了整个西欧凯恩斯主义竞争型国家的巩固，当时各国政府努力调整旧的体制框架、监管安排和干预模式，希望从根本上改变地缘经济架构。与凯恩斯主义福利国家有关的再分配议程相反，竞争型国家试图通过加强其领域的全球竞争优势——包括主要企业、劳动力、技术基础设施以及最重要的城市、区域和工业区——来促进经济复兴。在西欧，该议程已通过多种政治策略来贯彻，其中最突出的是：(a)新自由主义倡议旨在消除对资本积累的旧的监管限制，从而降低特定地区的公共管理和经济活动成本；(b)旨在为(再)工业化的高速公路建立制度、社会和技术先决条件的社会民主倡议，使利润率和社会公平的优先权协调一致(V. Schmidt 2002；Scharpf and Schmidt 2000)。专栏 5.1 总结了批判政治经济学家对竞争型国家的一些核心观点。

专栏 5.1　关于后凯恩斯主义竞争型国家的核心观点
“竞争型国家”在这里用来描述一个国家，其目的是通过促进经济和超经济条件，以确保其边界内的经济增长和/或确保其边界之内甚至在国外运行的资本的竞争优势。竞争型国家被认为是与其他国家的经济主体和场所竞争成功的关键[……]在经济和政治上可行的范围内，竞争型国家优先考虑旨在创造、重组或加强其领域、人口、建成环境、社会制度和经济主体的竞争优势的战略。 (Jessop 2002：96)

> 竞争型国家没有试图将某些经济活动从市场中撤出，或者在组织福利国家时对其进行“去商品化”，而是追求增加市场化，以便使经济活动落位于本国领域内，可为国家财富做出贡献，在国际和跨国方面更具竞争力。
>
> (Cerny 1997:259)
>
> 当代全球经济中的国家可以被合理地视为竞争型国家[……]在这方面，国家在努力制定战略以创造竞争优势，从而表现出公司的某些特征[……]实际上，两者都陷入了争夺全球市场份额的斗争中。具体而言，各国竞争以增强其国际贸易地位，并从贸易中获得尽可能多的份额。各国激烈竞争以吸引生产性投资来自己国家建立生产基地，从而提高本国的竞争地位。特别是国家努力创造、获取和维持生产链中更高附加值的要素。
>
> (Dicken 1994:112)

竞争型国家不应被解释为完全巩固的、内部一致的国家形式。它们通常基于投机的、相互矛盾的政治策略，旨在同时促进经济发展，增强国家竞争优势，缓解激增的社会经济紧张局势，并维持政治合法性。因此，在各国领域内，竞争型国家的巩固都会在不同的地理尺度上产生新的政治冲突断层，进而导致进一步的试错监管试验、制度演进和社会政治斗争(Cerny 1995;Panitch 1994)。因此，竞争型国家必须被视为不稳定的政治-制度矩阵，其中各种结构调整、政策调整和社会政治斗争正在展开。

就目前而言，最重要的是，竞争型国家的巩固意味着国家空间选择性的许多基础性变革。与福特-凯恩斯资本主义追求的监管空间全面国有化相比，本轮全球重组导致旧的国家政治地理出现系统性动荡，并在许多主要监管领域中构建了新的尺度架构(专栏5.2)。这些监管安排的重新构建与全球尺度间层级结构的重大调整和重组交织在一起。确实，当前国家空间的变化是由尺度相对化和资本主义社会空间组织的尺度重构、再领域化和重新安排引起的，并反过来显著地加速了这些变化。这种“空间等级的改组”(Lipietz 1994：36)并没有建立一个稳定的用于在国家之上或之下对全球资本主义进行调节的尺度间体系。相反，这些全球范围的尺度重构过程引发了一场激烈的“寻求新的制度修复方案”的竞争(Peck and Tickell 1994)，其特征是政治战略的激增，以管理超国家、国家、区域和地方的地缘经济重组的破坏性后果。必须结合这些更广泛的尺度间转换以及它们引发的各种监管试验和政治斗争，来理解与后凯恩斯主义时代竞争型国家有关的空间选择性新模式。

在这一背景下，本章对西欧国家空间的当代转型进行了解释。我的中心论点是，城市治理一直是国家尺度重构过程的主要催化剂、媒介和舞台。在上一章中，战后西欧资本主义对国家空间的国有化被解释为：针对福特-凯恩斯主义城市化形式所产生的监管困境的政治和制度反应的结果。类似的，本章将西欧国家形态的尺度重构解释为对 20 世纪 70 年代以来不断出现的动荡的危机所诱发的城市重组形式的各种政治和制度反应的表达。①

---

① 在这里，我的意图绝不是要断言当代的国家尺度重构过程完全或主要来自旨在调控城市重组的国家工程和国家战略，而是根据上一章提出的分析模式，在这里将城市治理视为许多可能的经验参考点之一，通过这些参考点可以研究西欧国家形态的当代变化。此类分析的其他关键参考点包括欧洲一体化、多层次治理、福利国家裁员、跨境区域和新的区域主义。此外，可以参照国家特定政策的地理，对国家尺度变化的过程进行富有成效的研究，例如工业、劳工、移民、货币、贸易、福利、住房和基础设施政策。

专栏 5.2　后福特主义监管形式的尺度重构

来源：Brenner and Theodore 2002a；Swyngedouw 1997；Petit 1999。

通常被称为“后福特主义”的[……]是一系列竞争激烈、矛盾重重而多变的过程和权力斗争，通常围绕尺度、对特定尺度的控制、现有尺度的内容、建造新的尺度，以及尺度之间的衔接。

(Swyngedouw 1997：156)

- **工资关系**。国有化的集体谈判协议和确保劳工权利的国家法规被削弱。在许多情况下，在区域、地方、部门或工厂层面以降级的形式重新协商了工资水平、工作条件和工人的福利。
- **资本主义竞争的形式**。国家保护主义政策和外国直接投资的国家壁垒被削弱或消除。由于信息和通信技术的发展，资本主义竞争的新领域和方法应运而生。随着日本和德国资本威胁美国公司的市场份额，资本主义竞争在全球尺度内加剧。
- **货币和金融监管**。随着布雷顿森林体系的崩溃，国家的货币体系和金融市场被放松管制。随着金融资本扩大对工业资本的控制，储蓄与投资之间的联系遭到破坏。随着超出国家监管控制范围的“无国界资金”的兴起，全球金融投机活动加剧。离岸银行业中心激增，全球监管机构的作用也在扩大。
- **国家和其他形式的治理**。传统的凯恩斯主义形式的国家需求管理、国家宏观经济政策和国家社会福利政策受到破坏。在持续的财政危机条件下，国家财政减少，公共就业减少。启动了新的、供给侧的和货币主义的国家干预规划，以及在主要行业促进结构竞争力、技术创新和国际化的规划。再分配的福利政策已被旨在强制将工人征召进入低工资、有条件的劳动力市场的工作福利政策所取代。全球、超国家和次国家等层面都出现了新的监管尺度。

• **国际架构**。随着新自由主义意识形态的日渐盛行，地缘经济一体化日益加深。放松管制的举措有助于扩大外国直接投资和全球金融投机活动。超国家经济集团和次国家集聚经济体（城市增长极、区域生产体系和工业区）逐渐取代了资本积累的国家尺度。新自由主义的政治-经济力量促进了全球、超国家、国家和地方经济空间的进一步放松管制、自由化和私有化。

20 世纪 70 年代后西欧对城市重组的监管，已通过各种政治战略、各种空间尺度和不同的制度调整来进行。但是，在整个西欧城市体系中，20 世纪 70 年代后城市发展的监管尝试已导致国家空间组织和国家空间监管的显著尺度重构。为了实现提高其领域的超国家竞争优势的总体目标，西欧中央、区域和地方政府采纳了许多植入的和尺度敏感的制度重组和监管干预方法，其中许多方法已经明确针对城市和城市-区域。它们包括：

• 国家空间工程。目的是在主要城市、城市-区域和工业区建立定制的、针对特定地点的监管要求，更广泛地说，是将经济监管的关键方面下放到地方（区域或地方）机构级别；
• 国家空间战略。目的是重新整合最具全球竞争力的城市-区域内的社会经济资产和先进的基础设施投资，更广泛地说，是增强主要地方和区域经济体的领域竞争力。

国家形态的尺度重构，不仅侵蚀了福特-凯恩斯主义时代盛行的城市化的国有化形式，还有国家空间政策的再分配形式。它还需要合并新的尺度间规章-制度（Peck 2002），这些制度增加了财政约束和城市与区域的竞争压力，促使其监管机构将地方经济发展和领域竞争力的目标置于传统的福利主义和再分配优先权之上。我将把后凯恩斯主义竞争型国家所启动的各种制度调整和监管策略视为城市区位政策的形式，因为它们明确地将城市和城市-区域作为提升领域竞争力的场所(Brenner 2000b)。这些城市区位政策的关键制度特征、主要政治形式以及与当代国家形态尺度重构之间的关系将在下面详细讨论。

在当代尺度重构过程之后，已经形成了新的以增长为导向的国家干预城市和区域发展的形式，许多城市研究学者在“城市企业家精神”的主题下进行了讨论。[①]本章借鉴了此类研究中产生的实证见解，并将它们嵌入第三章中提出的空间化国家理论的框架中。从这个角度来看，从福特-凯恩斯主义时代管理的福利主义模式到20世纪70年代以后的以企业家和增长为导向、竞争为驱动的框架，城市治理的普遍重新定位不应仅仅被理解为对地方制度形式和功能的重新调整。相反，正如我在下面指出的，企业家对城市治理方法的扩散，代表了由后凯恩斯主义竞争型国家启动的国家空间工程和国家空间战略的特定场所和特定尺度类型的关键表达和结果。因此，企业家的城市政策与当代的国家尺度重构过程紧密地交织在一起。

下一部分研究了过去三十年西欧城市体系的重组，尤其侧重于不平衡空间发展新马赛克的形成，以及正在进行的产业结构调整和欧洲经济一体化的进程。在此基础上，我认为自20世纪70

① 关于城市企业家精神的文献非常广泛，这里不做详尽评论。有关基本陈述，请参见 Harvey 1989a; Leitner 1990。有关西欧向城市企业家精神过渡的概述，请参见 Hall and Hubbard 1998, 1996; Harding et al. 1994; Jensen-Butler, Shachar, and van Weesep 1997; Jewson and MacGregor 1997; Mayer 1992, 1991, 1990; Moulaert and Demaziere 1995; and Stöhr 1990。

年代以来，由于西欧国家、区域和地方政府试图应对与新的城市化架构相关的多方面监管问题，已采取了新的城市政策方法。最初，去工业化的城市和区域实施了内生的发展政策，这些政策试图解决地方和尺度特定形式的经济衰退，同时加强旧的社会妥协和领域再分配形式。然而，20 世纪 80 年代之后见证了城市区位政策的普遍转变，首先是为了增强战略性城市和城市-区域的超国家竞争优势而进行的空间选择性国家倡议。像 20 世纪 70 年代和 20 世纪 80 年代初的内在发展政策一样，这些新的城市区位政策强调了针对地方和尺度特定形式的国家监管干预的必要性，但它们更直接地将重点放在战略性地把主要城市定位在更广泛的全球和欧洲空间分工中，而不是促进国家内部或区域内领域再分配的传统优先权。我认为，自 20 世纪 80 年代中期以来，城市区位政策已成为国家对地缘经济重组和欧洲一体化监管挑战日益普遍的反应，而这些政策又引发了国家空间的一些根本性调整。本章的其余部分，我研究了主要的国家空间工程和国家空间战略，通过这些工程和战略，应用了城市区位政策，并考察了它们对西欧国家形态尺度架构的累积影响。

城市结构调整和空间发展不平衡：走向欧洲群岛？

> 欧洲群岛的“核心岛屿”已经有了名称：巴黎地区；伦敦东英吉利；新的格拉斯哥-爱丁堡地区；法兰克福、斯图加特和慕尼黑地区；新柏林；布鲁塞尔“区”；鹿特丹和安特卫普，加上荷兰兰斯塔德其余地区；丹麦；斯德哥尔摩、伦巴第大区、新威尼托、都灵、马德里、巴塞罗那。这些城市/地区，“最好的”大学、研究中心和科学机构，“最大的”剧院和音乐厅，跨国组织的总

部和最有活力的中小企业网络，将“提供”最积极的财政资源。与群岛上本国其他地区、欧洲和全球的外围国家相比，“核心岛屿”之间往往会建立、维持和加强彼此之间的紧密流动和联系[……]从而使群岛核心岛屿与其他岛屿之间的联系越来越弱。

里卡多・彼得雷拉(2000:70—71)

北大西洋福特主义危机的空间后果已广为人知(Benko and Dunford 1991;Scott and Storper 1992)。在西欧，这场危机导致许多大型制造业地区的动荡不安，这些地区主要以福特主义的大规模生产工业为基础。随着去工业化进程的加速和既有经济专业化的改造，以前充满活力的城市和区域面临不可预见的发展障碍，工业基础设施不断退化和社会问题泛滥。在此期间，西欧的城市化工业重镇，包括英国中部地区、法国东北部、比利时西部、巴黎盆地和德国鲁尔地区，经历了破坏性的社会经济和基础设施危机。在欧洲许多国家，随着制造业规模的缩小，主要城市的失业率超过了20%，是全国平均水平的两倍(CEC 1992:108)。即使在平均失业率未达到这些水平的国家中，主要城市在20世纪80年代也经历了特别严重的失业，尤其是制造业部门(图表5.1和5.2)。

图表5.1　欧洲城市系统制造业就业的下滑

	制造业总就业的变化		
	1973年(千人)	1973—1981年(千人)	%
高度城市化地区(21)	11414	−2044	−17.9
城市化地区(23)	10188	−988	−9.7
一般城市化地区(32)	7318	−548	−7.5

续　表

	制造业总就业的变化		
	1973 年（千人）	1973—1981 年（千人）	%
农村地区（29）	3838	−57	−1.5
合计（105）	32758	−3637	−11.1

来源：Keeble 1986：171；欧盟统计局的劳动力调查数据。

图表 5.2　1980—1988 年欧洲主要城市的失业率（%）

	1980 年	1984 年	1988 年
利物浦	16	24	20
伯明翰	15*	20	15
哥本哈根	8	13	11
巴黎	7	8	9
里昂	6	7	8
马赛	12	15	17
布鲁塞尔	6	10	16
多特蒙德	6	16	17
法兰克福	3	6	6
汉堡	3	11	12
阿姆斯特丹	8	17	19†
鹿特丹	9	17	17†
米兰	5*	7	5
那不勒斯	14	15	25
都柏林	10	14	19†
巴塞罗那	15*	17	14
马德里	12*	18	16

* 1981 年数据；† 1987 年数据

来源：引自 CEC 1992：110—118；百分数四舍五入为最接近的整数。

但是，一些老工业城市，如位于重要边境地区或主要交通枢纽的城市里尔、巴塞罗那或格拉斯哥等，能够在变化的地缘经济结构中重新确立其战略重要性。欧洲其他城市-区域（尤其是伦敦、巴黎、阿姆斯特丹、哥本哈根和米兰等主要大都市圈中心）经历了经济衰退和经济复兴的同步进程，因为当地经济体中的各个行业都在努力适应迅速变化的竞争环境。同样重要的是，在这些重大的行业和地理结构调整中，许多以前落后或边缘化的地区出现了新的增长空间，这些地区"与福特主义大规模生产的旧焦点隔绝了"（Storper and Scott 1989：27）。从布里斯托、剑桥郡、格勒诺布尔和蒙彼利埃，到西日德兰半岛、巴登-符腾堡州、瑞士汝拉州、艾米利亚-罗马涅州和托斯卡纳州，这些新的产业空间都建立在灵活的生产系统的基础上，并在国际化的高科技行业和复兴的手工业方面表现出令人印象深刻的活力（Scott 1988；Cooke and Morgan 1998）。这种新的工业空间还在欧洲主要城市-区域的边缘扩散，例如伦敦西部的M4走廊、法兰克福附近的埃施博恩和达姆施塔特、法兰西岛南部的科学城、毗邻阿姆斯特丹的史基浦机场区域，以及鹿特丹北部和哥本哈根北部（Hall and Castells 1994；CEC 1991：48）。因此，尽管历史上根深蒂固的领域差异决定性地制约了城市和区域的发展路径，但当前时期的特征是在欧洲、国家、区域和地方地理尺度上出现了全新形式的不平衡发展和核心-边缘分化（Dunford and Kafkalas 1992；Lever 1996；Moulaert 1996）。这些在欧洲范围内不平衡空间发展的新地理可以理解为四个密切相关趋势的表达。

1. *大都市化与群岛经济的崛起*。在过去的三十年中，行业转型和新的公司积累战略加强了在先进的高度发达的城市-区域核心与落后的边缘化区域之间的既定空间划分(Amin and Tomaney 1995)。在此期间,面对不断加剧的地缘经济动荡,西欧主要的大都市圈已经能够利用两个关键的区位优势,即在先进的通信和运输网络中的战略地位以及高技能工人的集中(Dunford and Perrons 1994:172—173)。因此,自20世纪80年代初以来,西欧经济中主要大都市的战略重要性得到了显著提高。韦尔茨(1996)将此趋势称为"都市圈化"过程,其中(a)高附加值的社会经济能力、先进的基础设施、工业增长、外来投资和劳动力流动越来越集中在主要大都市圈,并且(b)在整个欧洲经济中,核心城市-区域与周边城镇和地区之间的地域差距正在显著加剧。在过去二十年中,这种都市化趋势体现在欧洲国家城市体系内的许多空间转变中,包括:

- 越来越多的高技能、高科技工作和生产率增长集中在巴黎,目前占法国国民生产总值的30%以上(Veltz 1996);
- 德国的主要城市,如法兰克福、斯图加特、科隆、汉堡、慕尼黑和柏林,管理和控制职能的集中度越来越高(S. Krätke 1991);
- 大伦敦地区在生产性服务业和金融服务业领域的主导地位日益增强(Sassen 1991);
- 荷兰兰斯塔德地区作为公司总部和物流功能中心的意义得到增强(Dieleman and Musterd 1992);
- 在欧洲许多主要城市和区域经济体中,各种工业专业化和制度架构强化了本地生产系统的经济活力(Crouch et al. 2001)。

1993年单一欧洲市场的巩固释放了强大的向心力量,进一步推动了大都市化进程,并由此加剧了领域差异(Cheshire 1999)。简而言之,自20世纪70年代以来的工业结构调整,在整个欧洲空间经济中造成了在"资源丰富且联系紧密的节点中高层次活动本身不断加强的极化”(Dunford and Perrons 1994:173)。根据韦尔茨的观点(1997:83),在由此产生的“群岛经济”中,大都市的壮大创造了自治的发展中心,其发展更多的是受益于与其他国家的大都市形成的网络化水平关系,而不是传统的与腹地的垂直关系。

2. 跨国城市等级体系的形成。在过去三十年中,旧的城市等级制的尺度重构也有助于建立空间发展不平衡的新格局。在20世纪50年代和20世纪60年代期间,每个欧洲国民经济体都按照城市、郊区、工业区和落后地区的内部等级划分,这些等级根据福特主义生产体系和国有化空间分工中的特定功能进行组织。相比之下,在当前时期,产业结构调整、全球化和欧洲一体化进程促进了新的跨国城市体系的形成,在这些城市体系中,全球一体化程度最高的城市之间的联系更加紧密,而欠发达地区和处境不利的地区则更加边缘化(Sassen 1993;S. Krätke1993)。在20世纪80年代大规模的并购浪潮之后,外国直接投资在整个西欧显著加速,导致跨国公司对就业、产出和贸易的控制在许多地方经济中得以扩展(Amin and Malmberg 1994)。这一趋势的主要结果是形成了欧洲的全球城市网络,其中汇集了高级管理、财务和公司控制职能(包括全球和整个欧洲的投资活动)(Taylor and Hoyler 2000)。由于这些职能严重依赖于专业生产性服务和金融服务的综合体,因此它们对当地经济产生溢出效应,从而加剧了上文讨论的大都市化趋势(Sassen 1993)。欧洲主要的全球城市包括伦敦、巴黎、阿姆斯特丹、法兰克福、苏黎世和米兰(专栏5.3)。

专栏5.3　西欧全球城市的形成
城市研究人员已经将各种“全球城市”或“世界城市”确定为当代全球资本主义的关键空间节点。自从科恩(Cohen 1981)、

弗里德曼和沃尔夫(Friedmann and Wolff 1982)于20世纪80年代初首次提出世界城市假说以来,世界城市理论已发展为批判性城市研究的主要框架(Knox and Taylor 1995;Hitz et al. 1995)。尽管已经提出了各种规范世界城市等级的标准(Beaverstock,Smith and Taylor 2000),但大多数研究人员都认为,由于世界城市高度集中了公司决策、财务规划和控制能力,因此它们代表着全球资本主义公司的关键立足点。除了作为跨国公司总部所在地的角色之外,全球城市还包含与跨国公司活动相关的其他推动性产业,其中最重要的是先进的生产性服务业和金融服务业部门,例如银行、会计、广告、财务管理和咨询、商业法、保险等,它们满足跨国资本的指挥和控制要求(Sassen 1991;Thrift 1987)。

弗里德曼(1986a)关于世界城市理论的基本声明包括全球城市等级体系中的许多欧洲城市,如伦敦、巴黎、鹿特丹、法兰克福、苏黎世、布鲁塞尔、米兰、维也纳和马德里。最近,弗里德曼(1995)指出,阿姆斯特丹、巴塞罗那、里昂、慕尼黑和鲁尔集聚区是新兴跨国城市体系中的重要节点。欧洲的许多全球城市,例如伦敦、巴黎和阿姆斯特丹,作为殖民帝国的行政中心和全球贸易的协调中心,历史悠久(King 1991)。其他国家,例如法兰克福和巴塞罗那,只是最近才获得了全球性或大陆性的经济意义。随着世界城市理论方法的完善,对欧洲的全球城市体系的更精确的模型和更详细的描述也得到了发展(Kunzmann 1998;Shachar 1996)。这样的模型不仅强调了全球城市在垂直架构的城市等级体系中的战略功能角色,还强调了它们彼此之间越来越紧密的水平联系(Taylor and Hoyler 2000)。

对全球城市的研究引起了学者对欧洲城市体系内以下重大调整的关注：

- 通过作为跨国公司在全球或大陆总部所在地的作用，欧洲主要城市与全球经济的呼应越来越强（Castells 1994；Feagin and Smith 1989）；
- 根据主要城市在全球城市网络中的不同连通水平，将欧洲的全球城市等级分为“alpha”“beta”和“gamma”等级（Taylor and Hoyler 2000）；
- 整合先进的生产性服务业和金融服务业综合体，将其作为欧洲的全球城市-区域经济活力和就业增长的主要来源（Sassen 1993）；
- 随着城市劳动力市场在正规和非正规经济中的高薪工作与常规化的低薪工作之间越来越分化或“二元化”，欧洲城市中出现了新型的社会空间两极分化（Fainstein，Gordon and Harloe 1992；Fainstein 2001；Hamnett 1996，1994）；
- 随着选定的全球城市功能的分散，战略性郊区外围与资本跨国循环的整合越来越多，而分散的范围却超出了传统的市中心范围（Ronneberger and Keil 1995）；
- 大规模扩展用于通信和运输的先进基础设施，包括高速铁路、机场、物流中心和定制的电信网络，以确保具有战略意义的欧洲城市中心之间的高度连接（Graham 1999）。

这些欧洲的全球城市经济体现在承担了许多以前集中在区域中心或国家首都内的行政和管理职能。而且，如图表 5.3 所示，银行、商业和工业领域的大量全球和欧洲公司总部都集中在相对较小的欧洲都市圈中心网络中。

图表 5.3　1990 年欧洲主要全球城市的公司总部数量比较

	伦敦	巴黎	法兰克福	阿姆斯特丹	布鲁塞尔	米兰
世界银行 500 强总部（总交易额）	15	17	12	4	7	5
欧洲银行 500 强总部	13	13	12	3	7	7
欧洲商业公司 300 强总部（营业额）	49	18	7	4	4	3
欧洲工业企业 500 强总部	85	72	9	4	8	11

来源：引自 CEC 1992：52—55。

3. *都市之间两极分化的新趋势*。通过地缘经济重组和欧洲一体化的结合过程产生的新的空间劳动力分工，已经改变了城市发展的旧模式，即使在缺乏与全球城市有关的跨国指挥和控制能力的城市和区域也是如此（Läpple 1985）。随着去工业化和再工业化进程的深入，整个欧洲城市体系中的城市和区域，在单一欧洲市场和新的国际分工中寻找战略性定位的过程中出现了很大分化（图表 5.4）。20 世纪 80 年代，美国的工业结构调整过程使东北部制造业地带衰落的雪带城市和西部、南部繁荣的阳光地带城市之间的发展模式处于两极分化状态（Sawers and Tabb 1984），类似的，西欧城市体系内的这些变化重新塑造并加剧了国内城市间两极分化的格局。因此，作为 20 世纪 80 年代加剧的国内差异的证据，有关“地区问题”的辩论在政治界和学术界都在重新展开（专栏 5.4）。正如我们在下面看到的，20 世纪 80 年代之后对这种情况的政治反应与在福特-凯恩斯主义占主导地位的时代反应有显著差异。

图表 5.4　西欧城市经济的差异

城市类型	主要特征	案例城市
全球城市	金融、经济、政治和文化总部大量集中；生产者和金融服务业的重要集群；重组的/现代化的工业基地	伦敦、巴黎、法兰克福、阿姆斯特丹、苏黎世、米兰
行政的/政府的中心	大量的政府职能以及国际政府组织和非政府组织	布鲁塞尔、日内瓦、海牙、柏林、马德里、罗马
高科技/服务城市	先进的工业基地、创新活动中心、大量研发设施和生产性服务	布里斯托、剑桥、雷丁、图卢兹、里昂、蒙彼利埃、斯图加特、巴塞罗那
衰落的工业城市/区域	传统的、单一结构的工业基础，过时的工业基础结构，大规模失业，人口下降，广泛的环境退化	遍布英国中部地区、德国鲁尔区、法国的北帕斯德加来和洛林地区，以及比利时的瓦隆大区
港口城市	造船业衰退，环境恶化，结构性失业；随着港口试图对其基础设施进行现代化改造，进行了广泛的空间重组	利物浦、敦刻尔克、鹿特丹、杜伊斯堡、汉堡、热那亚、马赛、安特卫普、雅典
没有工业基础的扩张城市	庞大的非正规经济，工人阶级边缘化，缺乏主体规划和适当的公共基础设施，以及环境恶化	巴勒莫、塞萨洛尼卡、那不勒斯
公司型城镇	地方经济由一家公司主导的中型城镇	勒沃库森、艾恩德霍芬、赫斯特、路德维希港、辛德尔芬根、都灵
新城镇	相对自给自足的城镇，大城市中心地带溢出人口居住地	米尔顿·凯恩斯、朗肯、埃夫里、莱利斯塔德、阿尔梅勒
单一功能的卫星城	新的城市发展中心，通常位于传统城市中心附近，其地方经济只专注于一项职能（技术中心、“科学之城”、游客前哨站、机场）	索非亚-安提波利斯、鲁瓦西、欧洲迪士尼乐园、哈勒默米尔

续 表

城市类型	主要特征	案例城市
小城镇和农村中心	农村地区的小城市和半城市化地区，通常位于海岸线附近，与主要的交通走廊隔离	遍布欧洲
旅游和文化城市	当地的经济基础在很大程度上取决于国际旅游业和欧洲文化活动	萨尔茨堡、威尼斯、布拉格、阿维尼翁、佛罗伦萨
边界和门户城市	腹地与国界交叉。这样的城市通常起着重要的行政职能，并成为经济移民和难民的门户	亚琛、史塔斯堡、阿纳姆、巴塞尔、法兰克福/奥德、的里雅斯特、马拉加、加的斯、巴勒莫、塞萨洛尼卡

来源：Kunzmann and Wegener 1991：35，36—43。

专栏 5.4　区域问题的回归：20 世纪 80 年代德国、英国和意大利的南北分化问题

虽然直到 20 世纪 70 年代初期，战后空间经济的发展总体上是趋同的，但在过去的十年甚至更长的时间里，尤其是自 20 世纪 70 年代后期以来，它的发展是分化的。现在，在各种空间尺度上，不平衡发展的格局是日益扩大的空间分工之一。这些“地区差异”在很大程度上反映了旧的和新的积累制度中不同区域和地点的不同角色，更广泛地反映了它们在不断变化的国际劳动分工中的地位。

(Martin 1989:31)

这种对资本景观的放松[……]所带来的区域影响[……]是令人震惊和困惑的。区域发展不平衡这一相对稳定的镶嵌图突然变得千变万化了。曾经高度工业化和繁荣的核心地区（美国制造业地带、英格兰东北部和威尔士、法国北部、比利时瓦隆、德

国鲁尔区)已经经历了加速的经济衰退和去工业化,而许多贫困的周边地区成为工业增长和扩展的新中心。这些"区域角色逆转"反映了自工业资本主义起源以来,工业生产最广泛的地理去中心化和国际化。

(Soja 1989:172)

20世纪70年代的地缘经济混乱加剧了整个欧洲空间经济的领域差异(Dunford and Perrons 1994)。这些新的领域差异在各种空间尺度上表达出来,最重要的表现之一是每个国家领域内空间发展的两极分化加剧。在这种情况下,传统的城乡分裂越来越多地被已经城市化的地方和区域经济体中的就业、人口和投资水平的差异所取代(Läpple 1985)。在德国、英国和意大利,关于所谓的"北/南鸿沟"的学术和公共讨论在20世纪80年代激增,并伴随着有关去工业化、大规模失业和城市衰退的辩论。

· 在西德,研究人员发现了20世纪80年代中期南北区域差异的证据,因为西部和北部的老工业区(鲁尔地区、下萨克森州、汉堡和不来梅)和更多元化的南部地区(例如黑森州、巴伐利亚州和巴登-符腾堡州)的分化在加深(Friedrichs, Häußermann and Siebel 1986;Läpple 1986)。在此期间,德国城市体系内阐明了类似的领域极化形式。直到20世纪60年代中期,德国的主要城市都经历了人口增长和高就业水平,但到20世纪70年代初,位于该国不同区域的城市之间的状况已经有了很大的不同。北部工业城市,例如柏林、汉堡、不来梅、汉诺威、杜塞尔多夫、波鸿和埃森,成为投资减少和大规模失业的地点。同时,法兰克福、斯图加特和慕尼黑等南部城市中心成为高科技产业、先进的生产性服务业和金融服务业的重要中心。这些南部城市的经济活力反映在整个20世纪80年代相对较低的失业率中(Krätke 1991;Esser and Hirsch 1989)。

· 英国的北南鸿沟具有悠久的历史原因。尽管战后时期空间不平衡随着地区人均收入趋同得到部分抵消,但随着全球经济衰退和撒切尔主义的巩固,这种不平衡加剧再现(Dunford 1995; Martin and Rowthorn 1986)。在英国,对这些新的地区差异的辩论最为明确,这是反复出现的"地区性问题"的重演(Massey 1986;Martin 1989,1988)。20世纪80年代,英国历史上根深蒂固的北南鸿沟因以下原因而加剧:(a) 东南、西南和东安格利亚的加速经济增长;(b) 西米德兰兹郡、英格兰西北部、苏格兰和威尔士等较老的制造业地区的工业持续下降和社会经济危机;(c) 南北之间在失业水平、家庭收入和新商业登记方面的差异大大增加(Dunford 1995;Hudson and Williams 1989)。大伦敦周边地区外来投资的激增、伦敦金融城核心金融区的全球城市形成过程,以及整个英国经济日益以"伦敦为中心"的发展模式,都进一步推动了这些趋势。

· 在20世纪80年代,意大利南北之间的旧鸿沟加剧了。尽管它建立在历史上根深蒂固的空间分工基础上,但新的领域两极分化模式是20世纪70年代后三个趋势的产物。首先,在意大利福特主义的西北中心地带,热那亚和都灵的工业中心经历了大规模的去工业化和(部分)再工业化;同时,米兰已转变为重要的欧洲二线的全球城市-区域,对其周边区域经济产生了重要的溢出效应。其次,艾米利亚-罗马涅大区的东北和中部工业区以及"第三意大利"发展为灵活性生产系统的主要场所,尤其是在以中小企业为主导的复兴的手工业中。第三,尽管战后时期已启动了再分配的区域政策方案,但南部的梅佐焦诺地区却经历了严重的经济危机,其特征是大规模失业、资本外逃和投资不足。因此,尽管在这个时期人们经常说国家空间经济在“三个意大利”之间有所区别,但南北分裂仍然代表着领域不平等的主要轴心(Bagnasco and Oberti 1998;Dunford 1988;Sablowski 1998)。

4. 边缘化和排斥的新区域。随着跨国公司继续将常规化的、低附加值的经济功能下放到地中海和南欧的半外围和外围区域,而且最近进入了广阔的东欧和中欧国家,在欧洲核心轴线的周边出现了新的边缘化和排斥区域(Hadjimichalis and Sadler 1995;Nilsson and Schamp 1996)。从西班牙、葡萄牙、意大利南部和希腊到波兰、捷克和匈牙利,这些国家的城镇缺乏大量熟练工人和先进的工业,以及交通和通信基础设施。鉴于通过欧洲一体化进程释放出的向心力和大规模的社会空间差异,位于欧洲空间经济边缘化地区的城市和区域成为被虹吸的对象(Moulaert 1996)。图表5.5说明了1980—1988年间,以人均GDP衡量,欧洲强弱区域之间的差距日益扩大。

就目前而言,关键是最近的地缘经济结构调整、欧洲一体化和大都市化进程,已从根本上改变了福特-凯恩斯资本主义条件下盛行的地理工业化和领域发展模式(Storper and Walker 1989)。正如在本节开头引用的彼得雷拉(Petrella 2000)的声明中所指出的,欧洲的新经济地理现在以广阔的城市弧面为主导,从英格兰的东南部经过德国的莱茵兰兹向南延伸到意大利的北部工业三角(另请参见S.Krätke 1993)。这个密集城市化的“核心轴”的中心地带,首先位于传统西北部的伦敦、巴黎、布鲁塞尔和荷兰兰斯

图表 5.5　1980—1988 年欧洲的区域人均 GDP 差异

	1980 年	1982 年	1984 年	1986 年	1988 年
后 10 位区域的平均值	47	46	45	45	45
前 10 位区域的平均值	145	147	149	151	151
后 25 位区域的平均值	57	56	55	55	56
前 25 位区域的平均值	135	136	137	138	137
差异*	26.1	26.8	27.2	27.9	27.5

* 加权标准差，欧共体 12 国的平均水平为 100。

来源：CEC 1991：87。数据以 PPS 为单位（即经过调整以反映欧共体国家之间购买力的差异）。欧共体 12 国平均水平为 100；地区指的是 NUTS2，不包括法国的海外领地。

塔德的城市中心，其次位于德国南部的活力城市法兰克福、斯图加特、慕尼黑，瑞士的日内瓦、苏黎世，意大利北部的米兰、都灵和博洛尼亚，近年来它们的快速增长使欧洲的经济重心向南移动（Dunford and Perrons 1994：165）。这个跨国城市走廊的组成部分通过先进的通信和交通基础设施紧密相连，周围环绕着许多重要的城市，如巴塞罗那、汉堡、哥本哈根、柏林和维也纳，以及许多富裕的传统社团主义国家，包括瑞士、奥地利、挪威、瑞典和芬兰。外围地区相对欠发达，其特征是低工资经济和强有力的去管制政策取向，从大西洋海岸一直延伸到南部地中海经济体和希腊，现在还包括德国东部以及东欧和中欧的部分地区（Dunford and Perrons 1994：165—166）。尽管这些不平衡空间发展的模式在前几轮的资本主义工业化中具有较长的沿袭（Braudel 1984；Rokkan and Urwin 1982），但当前它们是自北大西洋福特主义危机以来释放的向心力和离心力的有力表达。因此，正如苏贾（1985：187）在 20 世纪 80 年代中期解释的：

> 乍看起来可能是自相矛盾的，这种变化的一部分涉及加剧了先前存在的区域发展不平衡的格局，并加强了旧的中心和外围关系。许多确立的核心地区经历了持续甚至相对扩展的经济和政治权力，而许多落后的地区则陷入了相对贫困的深渊[……]但是，这些“强化的连续性”不仅仅是相同的，因为它们还是在一系列新的行业、社会、政治和技术条件下发生的，这些条件极大地改变了地理不平衡发展的生产和再生产方式。

为了研究欧洲城市在这种新的空间镶嵌图中不断变化的结构位置，城市经济学家根据不同的数据来源和概念模式开发了各种排名系统。[①]在目前的情况下，S.克拉特克（S. Krätke 1995，1993）对欧洲城市新的等级制的分析卓有成效。在该模型中，城市等级体系由两个重叠的维度组成：第一，城市在全球、欧洲和国家空间分工中的位置，由其主导的工业生产形式和经济专业化来定义。其次，城市在公司控制网络中的位置，根据其作为全球、欧洲或国家总部所在地或作为大公司的管理、金融或控制中心的角色来定义。图表 5.6 展示了欧洲城市等级二维的“钩子和梯子”概念。此图表旨在表明城市之间关系和相互依赖性是一个不稳定的不断发展的系统，而不是固定的位置等级。如图中箭头所示，各种形式的经济结构调整可能会改变城市在城市体系中的位置。

· 当城市的地方经济从标准化的大规模生产系统升级为灵活、分散并以创新为导向的生产系统时，城市可能会升级。

---

① 参见 Champion，Mønnesland，and Vandermotten 1996；Cheshire 1999；CEC 1992；Kunzmann and Wegener 1991；Lever 1999，1993。

图表 5.6　不断变化的欧洲城市等级

	生产系统的结构		
	灵活、分散或“精益”的生产系统	传统的福特主义大规模生产系统	缺乏竞争力的工业基础设施
全球： 全球总部选址、金融活动和先进商务服务业的高度集中地	**全球城市** （伦敦、巴黎和法兰克福） ←(1)←		
欧洲： 欧洲总部选址、金融活动和先进商务服务业的高度集中地	**欧洲城市-区域** （阿姆斯特丹、布鲁塞尔、汉堡、米兰、苏黎世、巴塞罗那等） (2a)←(2b)		
国家： 国家总部选址、金融活动和先进商务服务业的高度集中地	**国家城市中心** （柏林、里昂、马德里、罗马、多特蒙德、奥斯陆、哥本哈根、伯明翰、鹿特丹等） (3a)←(3b)		
缺乏控制能力： 缺乏总部选址、金融活动和先进商务服务业	**后福特主义城市** （斯图加特、图卢兹、普拉托等） (4)	**福特主义城市** （曼彻斯特、谢菲尔德、杜伊斯堡、都灵等） (5)	**边缘化城市** （那不勒斯、巴勒莫、科特布斯等） (6)

来源：Krätke 1995：141。

· 随着新的总部所在地和指挥、管理及操纵职能被吸引到城市中，城市可能同样会在等级体系中得到提升(S. Krätke 1995：139—143)。

· 如果城市的工业基础或指挥和控制功能明显降低，城市也可能在等级制中向下移动。

因此，图表 5.6 代表了一个多尺度地理的力量区域，其中旧的空间基础设施、新的公司选址策略，以及本地化的产业结构调整相互作用，从而在快速变化的地缘经济环境中产生了不同的城市发展路径。

总而言之，20 世纪 70 年代后西欧的经济地理特征是：(a) 社会经济能力、高技能劳动力和先进基础设施投资在主要大都市圈("大都市化")集中度的提高；(b) 本地和区域经济体根据其在全球和欧洲空间劳动力分工中的专业化而日益增长的差异；(c) 增强的最具活力的、全球一体化的大都市核心之间的连通性和相互依赖性水平；(d) 主要城市-区域与其周边地区和同一国家领域内其他边缘化地区的功能分离越来越多。鉴于这些趋势在所有空间尺度上都加剧了领域不平等，韦尔茨(1996)提出的"群岛经济"概念以及彼得雷拉(2000)的"群岛欧洲"愿景提供了过去三十年在西欧出现的新的空间秩序的生动描述。

转型中的城市治理：从内生性发展到区位政策

如第四章所述，由于地缘经济调整、工业转型、政治转向和内部危机趋势的融合，在北大西洋福特主义危机之后，空间凯恩斯主义的监管架构变得不稳定。但是，即使旧的空间政策方法遭到破坏，城市危机也在加深，调节资本主义城市化进程的问题仍然像以往一样严重。上面概述的新型城市化模式在所有空间尺度上给国家制度带来了许多监管难题，尤其是去工业化、大规模失业、公共基础设施退化、税收减少、劳动力流失、社会空间不平等日益严重，以及空间竞争加剧。那么，关键的问题是，随着空间凯恩斯主义的过时变得越来越明显，如何对旧的国家空间架构进行改造，以应对与新兴城市化模式相关的迅速增长的监管挑战。

我在第三章中暗示，新国家空间的生产不能被视为对旧的政治地理的完全破坏和超越。相反，最好将国家空间重组视为一种分层过程，在该过程中，新出现的国家空间工程和国家空间战略与旧的国家空间架构进行互动。这种相互作用产生了新的多层的国家空间形式，将旧的国家空间安排的要素与新生产的监管地理折中地结合在一起。这一概念化提供了有用的方法论基础，可用来研究 20 世纪 70 年代后国家干预对城市进程的改造。因为在过去三十年中，城市治理的转变并没有以单一、连贯、后凯恩斯主义的模式简单地取代空间凯恩斯主义；而是以一系列临时的、不断试错的监管试验为前提，通过该试验，国家、区域和地方政府机构都可以进行尝试，以不同程度的成功来应对上一章中讨论的城市重组的各个方面。但是，尽管监管试验对城市和区域产生了不同的影响，但这些过程在本地和超本地尺度上的累积引发了国家空间的许多系统性转变。

正如第四章所述，空间凯恩斯主义基于自上而下的再分配政策，旨在将某些通用的社会经济资产、基础设施安排和公共服务尽可能平均地分布在整个国家领域上。与战后促进“领域泰勒化”的规划（Veltz 1996：24）形成鲜明对比的是，20 世纪 70 年代后的新城市政策已经进行了重新调整，以强调特定地方和特定尺度的工业遗产、社会经济条件、制度架构和发展资源。因此，正如梅斯纳

(Messner 1997:31)所言:“远离首都城市规划人员所关注的地点而制定的传统工业政策已经过时了。”我认为,这种通过解决国家制度结构和干预方式的尺度重构在很大程度上解决了特定地方和特定尺度监管难题的国家举措,代表了后凯恩斯主义城市治理形式的基本特征。

尺度间对立、内生性发展战略和新的地方政治

在整个20世纪70年代,欧洲许多国家的政治联盟试图捍卫空间凯恩斯主义的再分配政策。这种保护主义联盟的目标是“进一步加强传统的区域政策工具,针对特定的危机地区和地点完善其标准和空间取向,并转向更为直接有效的工具”(Stöhr 1986:67)。最初,各国政府动员了“消防队救火规划”,旨在通过直接补贴或对大公司的激励措施来应对特别严峻的城市工业危机(Stöhr 1986:67)。然而,随着福特主义繁荣地区的危机趋势加深,空间凯恩斯主义旧的政策框架被进一步分化,旨在(a)将去工业化、陷入困境的城市作为国家财政援助的主要地理目标;(b)消除主要工业中心投资的障碍。因此,与传统的凯恩斯主义形式的空间政策几乎只专注于欠发达的周边地区相比,现在西欧主要国家引入了国家城市政策,以解决大都市的特定社会经济问题。20世纪70年代这类政策的主要例子包括《西德城市发展援助法》《法国就业和产业重组行动规划》《荷兰大都市瓶颈规划》以及《英国内城区法案》(Fox Przeworski 1986)。这样一来,与空间凯恩斯主义有关的许多再分配政策都得到了显著扩展。国家对全国范围内的空间平等化项目的基本承诺在20世纪70年代的过程中得到了加强。实际上,虽然在地缘经济条件下有系统破坏福特-凯恩斯主义发展模

型的可行性，但这十年可以看作是战后国家领域再分配过程中各种项目的历史高潮。

尽管在20世纪70年代的前半期，以再分配为导向的政治联盟在全国范围内盛行，但在20世纪70年代末期，随着工业结构调整的加速和旧的尺度间关系框架变得越来越不稳定，许多欧洲国家的潮流开始改变。这时，在整个西欧，全国尺度已成为面向多元化的以结构调整为导向的政治联盟的重要体制场所，该联盟旨在废除凯恩斯主义福利国家内普遍存在的再分配性和补偿性政策的延续。特别是采取了一系列放权的国家政策举措和政府间调整，以削弱有关城市治理那套旧的、管理-福利主义的方法。在20世纪70年代全球经济衰退之后，西欧各国政府面临越来越大的压力，要求合理化公共支出。国家对地方行政级别的拨款明显减少；地方政府支出占GDP的比重也明显下降（Pickvance and Preteceille 1991b）。这些新近实行的财政紧缩形式促使欧洲许多地方政府更加依赖当地的税收和非税收收入（Mouritzen 1991）。这些变化之后，许多市政当局试图通过延迟资本支出、利用流动资产以及增加债务来适应新的财政环境，但这些努力不过是临时的权宜之计。尽管在此期间出台的新的国家城市政策使许多城市能够获得补充的公共资源，但是由于国家财政紧缩和迅速加剧的地方社会经济问题的综合影响，大多数地方政府仍面临着前所未有的预算限制，随之在地方经济发展项目中寻求其他公共收入（Fox Przeworski 1986）。

更普遍地说，在新近实施的尺度间关系框架内，有一种所谓的“内生性发展”战略在不断扩散，目的是在不广泛依赖外部投资或国家补贴的情况下，自下而上地促进经济增长和技术创新（专栏

5.5)。因此，与早先注重福利主义的再分配不同，地方政府开始采取一系列旨在振兴地方经济的举措。首先是反封闭举措、土地整理规划和土地利用规划，随后扩大到采取多种基于企业，基于区域、行业和创造就业机会的措施(Eisenschitz and Gough 1993)。尽管这种新的城市经济发展政治最终将以不同的政治和制度形式散布到整个西欧城市体系中，但在20世纪70年代，它仍然在以制造业为基础的城市和区域中最为普遍，通常由一个行业主导。在这些城市和区域中，经济结构调整产生了特别严重的后果(Hudson 1994; Parkinson 1991)。在这种情况下，即使大多数西欧中央政府继续在全国范围内促进领域均等，新社团主义联盟仍在单一结构的锈带城市和区域中扩散，从汉堡和德国鲁尔区到法国的洛林和北部、比利时瓦隆大区、荷兰鹿特丹和英国中部地区，其中心目标是启动特定区域和特定地方的行业、技术和就业政策，以扭转工业衰退的趋势，并促进特定地区经济恢复(Stöhr and Taylor 1981)。正如哈德森和萨德勒(Hudson and Sadler 1986: 173)指出的——借用了一个反对法国朗威工厂关闭的政治口号——这些联盟特别关注捍卫在某些地点“生活、学习和工作”的权利。尽管一些评论员将这些举措描述为“以劳动力为导向的区域政策”(Stöhr 1986)，但实际上，大多数举措都基于各种跨阶级、行业和地方联盟，以振兴本地固定资本投资，从而“避免地方性贬值的威胁”(Harvey 1982:420)。因此，在整个20世纪70年代至20世纪80年代初，这种新社团主义联盟试图建立协商的产业结构调整战略，其中将经济复兴和技术振兴与区域内再分配、创造就业机会、职业再培训、对集体消费的投资以及更普遍的阶级妥协等直接联系起来(Hahne 1985;Hudson 1994)。

专栏 5.5　20 世纪 80 年代内生性发展战略和新的地方政治

按照定义，内生性的本地发展概念意味着可以“从内部”发起和组织发展。它需要最大限度地利用给定地区的资源，包括资本、劳动力以及当地基础设施之类的机构资源，而不是等待或试图吸引外部资本和外部公司来促进发展和增加就业。

(Sengenberger 1993：310)

似乎单中心地依赖传统的大规模、市场驱动、大型组织和中央政府发起的发展进程，已逐渐削弱了领域社区应对本国创新和灵活性对全球经济结构挑战的能力[……]中央政府的政策经常加剧这一点。它们也许能够在增长主导的时期内重新分配增长，但在重组需求所主导的时期内却无法产生本地创新能力并提高灵活性。

(Stöhr1990：2)

内生性发展的概念可以追溯到 16 世纪至 18 世纪欧洲重商主义国家的活动，以及 19 世纪德国关税同盟的保护主义议程(Friedmann 1986b；Hahne 1985)。在福特-凯恩斯主义时期，内生性发展的政治在新兴工业化国家(尤其是在拉丁美洲)推行的进口替代工业化战略的背景下进行了重新定义，并通过后殖民举措在世界经济的其他地区促进国民经济以自治为中心的形式增长(S.Amin 1986)。然而，自 20 世纪 70 年代起，参照正在进行的区域产业结构调整，内生性发展的概念在西欧的核心国家被重新部署。最初，引入自力更生或内生性发展的概念是作为在西欧边缘化农村地区促进经济振兴的一种手段(Stöhr and Taylor 1981)。随后，在衰退的欧洲工业地区也实施了内生性增长战略(Hahne 1985:29—169;Bassand et al.1986)。到20世纪80年代初,内生性发展规划已经在受危机打击的制造业地区被各种地方性、新社团主义的政治联盟所接受。尽管它们的具体政治议程和政策策略千差万别,但一般都是成立这样的联盟来解决特定地方的产业结构调整过程,而又不完全依赖国家政府的规划指导或财政援助。在这种情况下,内生增长的口号被用来同时表示:(a) 国家干预城市进程的一种方法(倾向“本地”社会经济能力,而不是“外源”投资或再分配转移);(b) 以自治为中心的领域发展的愿景(基于内部协商达成的折中方案,而不是外部施加的政治议程或公司权力)。从这个意义上说,这样的倡议表达了一种基于“对事物的依附感,并在不同程度上集体共享对事物的依恋,而这种依恋是基于在空间上定义的日常生活”的地方政治(Hudson and Sadler 1986:173)。

这一时期内生性发展战略的另一重要方面强调了城市和区域作为激进政治改革和基层民主复兴的战略舞台的作用(Castells 1983;Mayer 1993)。这种民主-社会主义的优先事项与(日益受到危机打击的)凯恩斯主义福利国家的集权化行政等级制背道而驰,后者被批评为缺乏真正的民主问责制的官僚机构。这些地方改革举措是从包括环保、女权主义者、生态社会主义者、社会主义和社会民主主义者等观点在内的广泛的政治角度阐述的,但是所有人都将市政当局视为当地居民以各种形式民主自决的专有制度平台。例如在西德的讨论中,市政当局代表反对国家政策的“反力量”(Bullmann and Gitschmann 1985)。同样,在英国,市政社会主义运动试图动员地方议会抵制撒切尔领导下的巩固中央的新保守主义政策(Boddy and Fudge 1984)。在整个20世纪80年代初期,大伦敦理事会采纳了各种工业和社会政策，旨在立即缓解集中失业、加强市政对资本投资的控制，并解决其他“新城市左派”关注的问题，例如裁军和妇女、同性恋者及少数族裔的权利(Eisenschitz and North 1986; Mackintosh and Wainwright 1987)。同样，在法国，20 世纪 70 年代后期目睹了持不同政见的社会主义团体和有关的工会主义者采取的各种“自我管理”举措，主张工人对主要工厂的控制权，并且更广泛地促进基层民主控制地方领域单元(Lefebvre 2001;Lourau 1974)。

因此，从本质上讲，在日益敌对、动荡不定的政治-经济环境下，作为反政府力量，地方社会主义和由工人委员会管理的工厂的运动需要捍卫地方的“改革之岛”和激进的经济民主。与这个时期在较老的工业区中出现的许多地方联盟不同，这些联盟通常针对特定社区和地点，采用空间排斥、忠诚的“激进的排他主义”等形式(Hudson and Sadler 1986)。民主联合主义的内生性发展方法，通常将其地方政治举措努力与其他陷入危机的地区和领域的进步社会力量建立更广泛的联系。但是，在 20 世纪 80 年代后期，随着中央政府继续将经济结构调整的成本转移到逐渐衰弱的地方政府机构身上，这种运动失去了动力或崩溃了(Krätke and Schmoll 1987)。尽管如此，这些民主联合主义的内生性发展方法在西欧许多城市和区域正在形成的更广泛的地方政治运动中发挥了重要作用。

20 世纪 70 年代和 20 世纪 80 年代初的内生性发展规划基于新福特主义的政治工程，该工程旨在将空间凯恩斯主义的体制基础从国家尺度重构为区域或地方尺度。与领域再分配的国家政策不同，在该政策中，地方和区域经济被视为通用资源(例如劳动力、基础设施和原材料)的集聚地。现在公认城市和区域拥有自己的、针对特定地点的社会经济资产、发展轨迹和结构问题。从这个意义上说，新的内生性发展项目为定制的尺度敏感的空间政策方法奠定了基础，该方法将明确地专注于特定地方和区域的监管，而不是将它们视为国家空间经济的子单元或作为国家行政层级中的本地中继站。然而，与此同时，社会再分配、领域均等化和阶级妥协仍然是福特-凯恩斯主义的基本优先事项，虽然现在属于区域和地方经济的更有限范围内，而不是作为一个扩展到整个领域上的工程，但在一种尺度重构的制度框架内和变化的地缘经济环境中，这些新社团主义的某些地方和区域经济倡议以重新配置的政治形式，一直持续到 20 世纪 80 年代。这里的要点是，这种内生增长、经济发展、民主更新和领域自我管理的本地化战略首先出现在这个时期，即空间再分配的新凯恩斯主义在国家尺度继续占主导地位的时期。在这种情况下，由于内生性发展规划对每个国家城市系统的差异化和碎片化影响，20 世纪 70 年代的次国家新企业主义和基于地方的同盟导致了空间凯恩斯主义的持续不稳定。

因此，最好将 20 世纪 70 年代视为一个过渡时期。在这个时期，各个空间尺度上的政府机构都试图适应不稳定的国家、区域和地方经济结构调整的影响。其特点是相关政治联盟之间进行了尺度间斗争，以维护空间凯恩斯主义和其他新成立的政治联盟的国有化的制度基础设施，新成立的政治联盟关心(a) 缩减与战后福利主义有关的再分配的尺度间接力，以及(b) 引入更多地方-敏感的经济治理框架。尽管这种现代化的联盟寻求的新的监管空间在国家和地方尺度上仍然相对较弱，但它们一般是基于对全国范围内领域发展模式的否定，并以促进特定地区内生性的本地和区域增长为目标。因此，在这一时期和 20 世纪 80 年代初期，内生性发展战略的扩散似乎在旧的空间凯恩斯主义政治地理内引起了重大的制度破裂。因此,矛盾的是,20 世纪 70 年代出现了空间凯恩斯主义大厦中的第一个主要裂缝,否则这会是国家领域再分配国家工程的历史最高点。

然而,考虑到内生性发展战略的领域性、政治不稳定和制度上的先天性,声称它们为欧洲任何一个国家内部的城市发展建立新的领域基础做出贡献都是有问题的。相反,最好将此类监管试验理解为危机管理的本地化和区域化形式,建立在对特定场所和地区的依附上。通过这种方式,地方一级监管安排的新空间层叠加到了福特-凯恩斯资本主义统治下盛行的国有化政治地理上。正是通过这种新出现的、次国家级的国家空间监管层与旧的(越来越不稳定的)空间凯恩斯主义国家地理之间的冲突相互作用,到 20 世纪 70 年代后期,新的尺度重构的国家空间格局开始出现。在很大程度上,20 世纪 70 年代的内生性发展战略与空间凯恩斯主义的全国均等化、再分配议程脱钩时,它们为城市治理和国家空间随后将逐步展开的更激进的尺度重构拉开了重要的政治序幕。

新自由主义、新的空间竞争和城市区位政策的兴起

在 20 世纪 80 年代期间,地缘经济结构调整的过程不断加强和加速,导致了整个西欧城市政策改革和国家空间转型进入新阶段。20 世纪 70 年代的国家和地方危机管理策略既未恢复新的国家积累制度的条件,也未能成功解决西欧城市和区域经济停滞、失业率上升、基础设施陈旧以及工业衰退等日益严重的问题。因此,在 20 世纪 80 年代,欧洲大多数中央政府放弃了传统的凯恩斯主义宏观经济政策,转向了货币主义:国际收支平衡竞争取代了充分就业,这是货币政策和财政政策的总体目标(Scharpf 1999)。同时,由于在"德洛尔委员会"的领导下为完成单一欧洲市场以及随

后的经济和货币联盟的筹备工作，欧洲的政治和经济一体化进程恢复了势头(Ross 1998)。

到20世纪80年代后期，新自由主义的政治议程，例如福利国家的紧缩、财政纪律、贸易自由化、私有化和放松管制，不仅在撒切尔任职的英国和科尔统治下的西德已经被采纳，而且影响了许多传统的社会民主主义国家、国家主义或社会/基督教民主国家，包括荷兰、比利时、法国、意大利、西班牙、丹麦和瑞典。[①]尽管此类议程在大多数情况下并没有引发撒切尔式的思想和制度转变，但仍然需要对社会经济政策的关键领域进行"颠覆性的"新自由化，如增长优先、反福利主义、市场驱动的逻辑越来越自然地成为阐明公共政策的必要技术参数(Rhodes 1995; Peck and Tickell 2002)。因此，穆勒和莱特(Muller and Wright 1994:2)认为，在20世纪80年代整个西欧发生了重大的"范式转换"，因为国家干预的特征从"凯恩斯主义转向货币主义和新自由主义，从统治主义转向市场驱动的解决方案，从财政扩张主义到紧缩，从重商主义到自由贸易"。在同一时期，各种国际机构，包括国际货币基金组织、世界银行、国际清算银行、经济合作与发展组织以及关税与贸易总协定成为所谓的"华盛顿共识"的重要推动者，该共识试图推广新自由主义的政策议程，例如财政纪律、监管降级、贸易自由化、劳动力市场灵活性、公共服务私有化以及全球尺度内不受限制的外国直接投资(Gill 1995; Tickell and Peck 2003)。在欧洲范围内，通过一系列欧盟级别的指令，尤其是1987年的《单一欧洲法案》，进一步强化

---

① 有关这些趋势的概述，请参见 Rhodes, Heywood and Wright 1997; Majone 1994; Muller and Wright 1994; Rhodes 1995; Overbeek 1991; Wright 1994。西欧政治体系的这种新自由化可以参阅 West European Politics(1994 年第 17/3 期)和 Tijdschrift voor Economische en Sociale Geografie(2000 年第 91/3 期)。

和推广了此类市场建设、自由化和放松管制的政策议程。该法案极大地加强了整个欧洲的市场整合、外国直接投资和企业并购，同时也导致了1991年《马斯特里赫特条约》中社会宪章的削弱和最终边缘化(Pollack 1998；Röttger 1997)。

新自由主义对福特-凯恩斯主义形式的公共政策的批判并没有导致国家的简单“撤退”，因为摆脱了政治约束的自我调节的市场已经被释放了。相反，新自由主义必须被视为一种既定的政治策略，通过这种策略在各种空间尺度上构建了全新形式的政府与经济关系，以“使大多数人口服从市场力量，同时为强者提供社会保护”(Gill 1995：407)。从这个角度来看，在过去的二十年中，新自由主义形式的政治-经济重组意味着制度破坏和制度创新的时刻——前者在新自由主义结构调整战略中力图消除福特-凯恩斯资本主义的监管基础设施和社会妥协；后者则在这样的策略中寻求建立新形式的国家方略和制度性“硬件”，想通过这些形式来加强市场纪律、扩展市场导向的监管安排，并增强所有空间尺度上资本的自由决定权(Brenner and Theodore 2002a；Peck and Tickell 2002)。通过新自由化战略所释放的制度的创造性破坏过程反过来又促进了后凯恩斯主义时代西欧和其他地区竞争型国家的巩固(Hirsch 1995；Jessop 2002；Röttger 1997)。

在20世纪80年代，新自由主义国家实践在欧共体层面的巩固及其在西欧国家中的传播，给大多数市政府和大都市政府带来了额外的财政约束。在过去的十年中，这些政府的收入已经大大减少。在这种情况下，对大规模战略规划项目的政治支持减弱了；福利国家官僚机构的规模被缩小，尤其是在大都市和市政一级；传统的、再分配的空间政策方法被显著缩减。凯恩斯主义福利国家的地方传递者因过度官僚、成本高和效率低下而受到攻击。

随后，根据新自由主义原则，引入了财政纪律、精益管理、私有化服务供给和新的公共管理(Pickvance and Preteceille 1991a; Wright 1994)。同时，在20世纪80年代中期，废除了旧的大都市机构，例如大伦敦议会、英国大都市县、巴塞罗那大都会当局、大哥本哈根议会和位于鹿特丹的莱茵河口区。在西欧其他城市-区域，由于中央施加的预算压力以及城市核心与郊区之间在资本投资和国家补贴方面的竞争加剧，大都会机构被正式保留，但实际上权力被大大削弱了(Barlow 1991)。因此，在城市和区域加大对公共支出的财政紧缩，以及旧的大都市机构的削弱或瓦解，是20世纪80年代开始出现的福利国家紧缩进程的主要地方化表现形式。在此期间，随着地方和大都市政府越来越被迫"自力更生"以确保其监管活动的财政基础，市政凯恩斯主义的国家前提遭到了系统性侵蚀(Mayer 1994; Rödenstein 1987)。

在20世纪80年代后半期，欧洲一体化的加速(本身就是新自由主义政权的表达和产物)也给整个大陆的城市和区域带来了新的挑战。因为在所有欧盟成员国中，1993年单一欧洲市场的合并被广泛认为是欧洲范围内城市-区域之间空间竞争的显著加剧。随着国家贸易和投资壁垒的消除，如今欧洲城市之间的竞争比以前更为直接。1988年发布的备受争议的《切克奇尼报告》在新古典主义框架内阐明了这一观点，并将单一欧洲市场解释为提高整个欧洲经济效率的一种手段(CEC 1991)。相比之下，《切克奇尼报告》的批评者认为，单一欧洲市场会通过加强大公司和主要城市-区域的主导地位，同时进一步将外围的城市和区域边缘化，来加强欧洲经济的向心趋势(Amin and Malmberg 1994; Dunford and Kafkalas 1992)。尽管在20世纪90年代之前就已经认识到欧洲范围内各种形式的空间竞争，但《切克奇尼报告》的支持者和批评者都认同单一欧洲市场和随后的欧洲货币联盟将削弱各国政府通过货币和财政政策使城市和区域与跨国市场力量隔离的能力，从而极大地加剧竞争。因此，自从单一欧洲市场合并以来，欧盟内部的经济竞争已被广泛理解为城市和区域间竞争，而不是国民经济之间的竞争。专栏 5.6 介绍了这种观点的一些典型表达，这些观点是在引入单一欧洲市场之后由欧洲、国家和地方政策制定者阐述的。

专栏 5.6　欧洲单一市场和新的空间竞争

随着欧洲境内国界的消失[……]城市-区域(城市和郊区)正在与其他城市-区域进行国际竞争。[竞争]规模的扩大与经济活动在各个领域的集中和专业化结合在一起发生。在这种情况下，荷兰的城市-区域保持强势地位对荷兰经济而言非常重要。

(摘自 1994 年批准的荷兰大都市体制改革法；MBZ 1994：10)

与在欧洲范围内建立开放边界以及德国统一有关的政治进展，导致了与伦敦、巴黎、阿姆斯特丹或苏黎世等其他大都市的竞争变得更加直接的境况，柏林成为我们国家内部竞争的新资源。

(摘自美因河畔法兰克福市政府委托的规划报告；Speer 2000：1—2)

欧洲经济的国际化加剧了欧洲城市之间的竞争。欧共体的单一市场将为丹麦的城镇提供新的机会。但是，在未来的跨国竞争中，没有哪个城市会免费获得任何东西。需要积极努力才能获得潜在的利益。

(摘自丹麦 1992 年国家空间规划文件；MoE 1992：11)

> 内部市场的完善和共同体内部边界的废除是国际化进程的最新阶段[……]单一市场将触发城市的作用和功能的进一步调整。国家边界和利益将不如以往重要。越来越多的城市间发展竞争将是重要的驱动力[……]一些城市停留在国家或区域一级发展,而一些城市则进入更广阔的欧洲舞台,国家的城市等级制度也将发生变化。
>
> (摘自欧盟委员会发布的有关城市趋势的报告;CEC 1992:44)

在20世纪80年代和20世纪90年代,随着整个欧盟的城市和区域试图适应国家政策关键领域的新自由化,同时为与单一欧洲市场相关的新竞争压力做准备,从本质上说是启动了国家干预城市进程的新形式。借鉴区位政策概念,自20世纪80年代末以来它已成为德国新自由主义政治言论的关键词,我建议将20世纪80年代后的城市治理新方法解读为区位政策的形式。[①]正如此处所设想的那样,区位政策的基本特征:它们的总体目标是相对于更广泛的超国家资本积累的循环,提高特定地点、区域或尺度的经济竞争力。区位政策可能涉及直接补贴和其他公共规划,以吸引特定企业的投资,但是最好将其理解为针对特定领域管辖区内资本积累的一般条件。尽管区位政策在现代资本主义制度下具有悠久的历史,但它们常常是在全国范围内启动,与国家发展主义的工业化战略和国有化的领域发展方法结合起来使用(McMichael 1996;Lefebvre 2003a)。直到20世纪80年代,西欧国家才在城市尺度上的城市治理领域广泛地部署了区位政策。自这一时期以来,整

① 虽然该术语源自当代德国在施塔特德(*Standort Deutschland*,德语为投资圣地)上的政策辩论,但此处使用的术语更具体,具有社会科学意义。有关当代德国语境中区位政策的思想和实践的更详细讨论,请参见 Brenner 2000b;M. Krätke 1999。

个西欧的国家、区域和地方政府机构都积极地实施了城市区位政策，以促进战略性的城市和区域在超国家（欧洲或全球）经济竞争空间中的领域性竞争优势（Cheshire and Gordon 1996）。在这种变化的政治经济背景下，城市不再被看作是行业衰落和社会经济问题加剧的容器，而是越来越被视为用动态的增长引擎来提升国家领域竞争力。简而言之，正如利皮耶茨（1994：37）所指出的，地方性被越来越多地解释为“新生产力的发源地”，各个空间尺度上的政府机构（欧洲、国家和地方）正在积极地尝试进行培育。[①]

20 世纪 80 年代和 20 世纪 90 年代初的城市区位政策在很大程度上建立在先前的内生性发展战略遗产的基础上。就像在 20 世纪 70 年代盛行的内生性增长政策一样，新的城市区位政策强调了特定地方和特定尺度的监管问题，并启动了特定地方和特定尺度的国家干预形式来应对这些问题。城市区位政策果断地打破了自上而下、规范化和全国性的城市发展监管方法，因此它们显著加深了在前一轮城市政策改革浪潮中引发的空间凯恩斯主义的分裂和侵蚀。

但是，20 世纪 70 年代的内生性发展战略是在西欧国家政府仍然坚定地致力于国家空间均等化的政治经济背景下出现的。相比之下，20 世纪 80 年代和 20 世纪 90 年代初的城市区位政策，是

① 在过去二十年中，当代城市政治经济学的各个方面都积累了广泛的证据，证明了城市区位政策的激增。例如，关于城市企业家精神的大量文献都强调了地方政府机构的积极干预，以促进经济发展和吸引外部资本投资（Eisenschitz and Gough 1993；Hall and Hubbard 1998；Harding 1997；Mayer 1992）。同时，尽管从不同的方法论和政治角度来看，许多关于地方生产环境、工业区和区域创新系统的研究都探索了地方特定的监管系统在生产和维持领域嵌入的竞争优势中的作用，但在不同的空间尺度上，国家机构也在生产中发挥了重要作用（Cooke and Morgan 1998；Garofoli 2002；Le Galès and Voelzkow 2001；Storper and Salais 1997）。最近，许多关于欧盟内领域竞争的研究也证明了过去二十年中城市区位政策的激增（例见 Begg 1999；Gordon 1999；Cheshire and Gordon 1998，1996，1995）。

在后凯恩斯主义的竞争型国家争先恐后地在全球和欧洲空间经济一体化中增强竞争优势的条件下制定的。在这种情况下，在任何空间尺度上促进领域再分配的项目，越来越多地被视为“属于经济早期发展阶段的奢侈品”(Läpple 1985：52)。因此，“国家对以股权名义实现地理‘平衡’增长的承诺已逐渐被人关注，因为特定地点的优势可以强化公司的增长前景并支持国家经济竞争力”(Harding 1997：307)。20 世纪 80 年代后的城市区位政策与之前的内生性发展战略相比，至少在四个关键方面有了重大突破。

1. 尽管内生性发展战略试图将特定次国家空间内的经济复兴和领域重新分配议程结合起来，但城市区位政策却优先考虑确保领域竞争力和促进经济增长的目标。再分配问题尚未从城市治理领域中消失，但它们已经从属于发展主义、企业家优先权，或者根据这些优先事项彻底调整(Mayer 1994)。

2. 尽管内生性发展战略试图在相对有限的以自我为中心的地方促进“自力更生”的、当地控制的经济更新形式，但城市区位政策却积极地推进外向化，旨在将主要城市和城市-区域战略性地定位在超国家尺度的资本循环中。在城市政治斗争中，继续存在着民众控制和地方民主问责制的问题，但这些问题在很大程度上与城市经济政策领域无关(Keil 1998b)。

3. 尽管受危机打击的制造业城市和区域首先采纳了内生性发展战略，但在整个欧洲城市体系中普遍采用了城市区位政策。传闻的证据表明，城市区位政策是在 20 世纪 80 年代初在许多先锋城市和地区(如汉堡、博洛尼亚、里昂、里尔、鹿特丹、伯明翰和格拉斯哥)率先提出的。在这些城市和地区，国家、区域或地方政治-经济联盟启动了积极的地方市场规划、先进的基础设施投资和增长促进规划(Cheshire and Gordon 1996)。但是,随着这些初始的、临时性的城市区位政策试验分散开来,与采纳此类政策相关的成本和风险加剧了。这种情况,再加上引入单一欧洲市场后"全球化这类危言耸听的词汇"的广泛使用(Eisenschitz and Gough 1998: 762),促使整个西欧的国家、区域和地方政府在各自的城市和城市-区域内采取了类似的举措(Harding 1997; Leitner and Sheppard 1998)。各国政府现在开始将其全球一体化最紧密的城市和城市-区域视为推动国民经济增长的主要动力,故针对这些城市制定了各种类型的城市区位政策。

4. 内生性发展战略主要以自下而上的倡议为基础,在这些倡议中,地方或区域机构指导着监管试验的过程,而城市区位政策则通过从欧洲和国家到区域和城市多种尺度的政治权威的相互作用而形成。虽然确实通过地方增长联盟的活动启动了一些城市区位政策,但后者现在已被嵌入一个重大转变的政府间环境中,在此背景下,欧洲政治机构和国家都对城市施加了新的竞争压力和财政约束(Le Galès 2002)。这些新的、市场驱动的、面向竞争的尺度间监管体系,是从上述新自由化过程中衍生出来的(Peck and Tickell 2002)。正如我们将看到的,它们在整个西欧城市区位政策的普遍化中发挥了重要作用。

图表 5.7 提供了空间凯恩斯主义、内生性发展战略和城市区位政策之间的比较,这是对资本主义城市化进行监管的独特但部分重叠的方法。图表 5.7 还意在强调自 20 世纪 70 年代初以来城市治理重组递增和路径依赖的特征,而不是线性的特征。在 20 世纪 70 年代由危机引发的第一轮监管重组中,内生性发展战略破坏了空间凯恩斯主义的制度基础,同时在国家以下各级维护了对地

图表 5.7　城市治理的三种研究方法：空间凯恩斯主义、内生性发展战略和城市区位政策

	主导尺度的运营	实施的主要方式	主要监管目标	经济发展的"预期"地理
空间凯恩斯主义：20 世纪 60 年代至 20 世纪 70 年代早期	国家	在国家范围内均衡地启动通用的空间政策	促进特定尺度的平衡发展和领域再分配	自我中心：将特定尺度提升为相对独立、自我推动的经济发展单位
内生性发展战略：20 世纪 70 年代至 20 世纪 80 年代早期	区域和城市	植根于定制的、特定地点和特定尺度的空间政策	促进特定尺度的平衡发展和领域再分配	自我中心：将特定尺度提升为相对独立、自我推动的经济发展单位
城市区位政策：20 世纪 80 年代至今	区域和城市	植根于定制的、特定地点和特定尺度的空间政策	促进特定尺度的经济增长、外部资本投资和地区竞争力	多尺度：在更广阔的跨国尺度间等级制和网络中，通过战略的定位在某一特定尺度来促进经济发展

图例：
灰色单元格：给定方法的独特特征
用粗线括起来的单元格：与另一种方法共享的特征

区均等项目的政治承诺。20 世纪 80 年代，在新一轮由危机引发的监管试验中，城市区位政策建立在通过前十年的内生性发展战略而形成的地方政策汇编和制度基础之上。确实，正是基于这一最近建立的地方和尺度特定形式的国家干预层面，才可以阐明、巩固并最终推广整个西欧城市体系的城市区位政策。然而，即使借鉴了某些关于内生性发展战略的监管手段，20 世纪 80 年代后的城市区位政策也系统地抑制了这些政策本身在空间上再分配的议

程。因此，针对地方和尺度的城市治理方法，已从作为危机重重的工业城市-区域（20 世纪 70 年代至 20 世纪 80 年代初期）促进经济复兴和领域再分配的基础，转变为在全球和欧洲范围内空间劳动力分工中战略性地定位主要城市和区域的手段（20 世纪 80 年代后）。

城市区位政策与领域竞争力问题

在任何空间尺度上，区位政策都基于这样的假设：领域单位（如资本主义公司）为了获得最大的利润和经济增长而相互竞争。从这种观点来看，一个给定领域的竞争力取决于通过其有效而持久地实现这些目标的能力，无论是通过吸引外来投资流、降低投资成本、提高生产率、提供适当的熟练劳动力、打造创新环境，或通过其他旨在提高其边界内经济活动价值的战略来实现（Begg 1999）。因此，区位政策的目标是通过维持并不断扩展嵌入特定政治管辖区的获利和经济增长能力来提高领域竞争力。

一些经济学家，尤其是保罗·克鲁格曼（Paul Krugman 1994），批评了将竞争力的概念应用于领域单位的尝试。对于克鲁格曼来说，竞争力的概念是资本主义公司的属性，而不是城市、区域或国家等领域单位的属性。克鲁格曼（1994：31）认为，将竞争力概念应用于此类实体时，代表了“危险的痴迷”，因为它们“没有明确定义的底线”。克鲁格曼对经济学家和政策制定者之间竞争力讨论的批判也已经在城市研究文献中得到了解决，其中许多学者对城市区位竞争力的不同概念在理论上的合理性进行了辩论。[①]然而，即使是最微妙的解构和批评也无法掩盖越来越多的证据，即从经合组织和欧盟到各国政府、地区政府和企业家城市，领域竞争

---

① 参见 Budd 1998；Begg 1999；Camagni 2002；and Lovering 1999。

力已成为各级别政治权威决策者普遍关注的问题。因此，不能将对领域竞争力的“危险的痴迷”仅仅看作是概念上的谬误或意识形态上的幻想。正如狄更(Dicken 1998:88)所说：“不论克鲁格曼的分析是对是错，决策者似乎很少有可能真正听从他的警告，并避免采取任何措辞和现实的竞争性政策措施。只要国家竞争力的概念仍然在流通，那么就不可能有任何一个国家退出。”

因此，出于我们研究的目的，没有必要为公司或地区采用特定的竞争力定义。这里的关键点是，自20世纪80年代初以来，西欧的国家、区域和城市政策制定者开始关注增强城市的各种属性，这些城市被认为相对于全球和欧洲其他投资地点更具有“竞争力”(Gordon 1999;Lever 1999)。鉴于之前的福特-凯恩斯主义者对城市是国民经济本地化子单位的理解，这种与超国家资本循环有关的城市领域竞争力的新论点代表了惊人的政治、意识形态和尺度调整(Lovering 1999;Veltz 2000)。在过去的二十年中，城市区位政策的激增就是对城市如何为经济生活做出贡献这种观念变化的表达和结果。

城市区位政策在国家政府间系统内部和之间，以不同的政治形式得到了阐述。尽管此类政策经常参照商学院大师的著作(如Michael Porter 1990;Kenichi Ohmae 1990)来证明是合理的，但实际上，它们是基于各种不同的假设来建立的。这些假设涉及地方经济中竞争优势的来源以及国家制度在不同空间尺度上的作用(Begg 1999;Cheshire and Gordon 1996)。更笼统地说，正如洛弗林(Lovering 1999:389)所指出的：“竞争力概念所引起的选择不仅是在所青睐的不同的行业和企业之间，还取决于不同的工人群体、不同的社会结构和不同的国家经济地域之间。这是在集体经济和文化未来的不同看法之间的一种选择。”

在目前的背景下，我不会试图系统地比较过去二十年来在西欧城市-区域形成的国家、地区和本地特定类型的城市区位政策。取而代之的是，我在中观水平上进行说明，以便指定可以在此基础上解码此类策略的三个核心轴线。

1. 领域竞争的形式。根据斯多波和沃克(Storper and Walker 1989)的观点，资本主义的企业间竞争以弱势和强势形式发生。弱竞争的方向是在给定的劳动分工内降低成本和重新分配资源(静态比较优势)，而强竞争的方向是为了改变生产条件以引入新的技术能力和新的空间劳动力分工(动态竞争优势)。城市区位政策同样可能面对类似公司间竞争的弱势或强势形式，这取决于成本削减、国家放松管制的举措，以及试图在有关辖区内提高企业生产率和创新环境的措施之间的平衡(Leborgne and Lipietz 1991)。新自由主义或防御性的城市区位政策方法试图利用弱势的企业间竞争形式；它们基于这样的假设，即降低特定领域内的投资成本将吸引流动资本投资，从而增强其竞争力。相比之下，针对城市区位政策的社会民主或进攻性方法试图利用强势的公司间竞争形式；它们基于这样的假设，即区域竞争力取决于不可替代的社会经济资产的供给，例如创新能力、企业间协作网络、先进的基础设施和熟练劳动力市场(Eisenschitz and Gough 1996)。在任何国家或地方背景下，新自由主义/防御性和社会民主主义/进攻性的区位政策方法之间的精确平衡都是激烈的社会政治斗争的目标和结果，这些斗争涉及政府干预城市进程的形式(Eisenschitz and Gough 1993)。

2. 领域竞争场所。在哈维(1989a)对城市企业家精神研究的基础上，可以根据城市区位政策所针对的特定资本循环来划分城市区位政策四个不同的领域。首先，城市区位政策通常可以通过为特定类型的商品和服务的生产建立或加强场所特定条件，来尝试在空间劳动力分工中增强城市的优势。其次，城市区位政策通常会尝试通过创建或加强用于旅游、休闲或退休功能的本地化基础设施来增强城市在消费空间划分中的优势。第三，城市区位政策可能会试图增强城市在金融、信息处理和政府领域的指挥和控制能力。最后，城市区位政策可能会试图通过从欧盟委员会或国家机构采购政府资源来增强城市的经济能力。尽管可以通过分析来区分这些领域竞争场所，但实际上大多数城市区位政策都试图在多个场所中同时提高城市的地位。

3. 领域竞争地理。最后，城市区位政策要求划定确定的地理参数，经济发展过程将在此范围内展开。这些参数可以参考三个核心要素来定义。首先，城市区位政策通常需要划定一定的竞争空间，在这些空间内挖掘地方特定的经济能力，例如中央商务区、市中心产业区、振兴的制造业和港口区、新媒体飞地、高技术郊区等等。其次，城市区位政策需要针对更广泛的竞争空间，包括单一欧洲市场和整个世界经济，在这些竞争中，城市(或其一部分)将被定位为有吸引力的投资地点。第三，可以启动各种空间选择性的政治策略，以将具有竞争力的城市空间置于超国家竞争空间之内(Healey 1998;Jessop 2002:190—192)。例如，一些城市区位政策试图将城市经济转变为区域、国家和超国家经济空间这一嵌套层级结构中的关键节点。其他城市区位政策可能会试图通过扩大指挥和控制能力或超国家的交通和通信联系来使城市经济与周围的区域和本国经济空间脱钩。还有一些城市区位政策也可能试图重组旧的城市等级结构——无论是纵向地通过促进不同级别政府权力机构之间(如大都市区域内)新型的合作形式，或者水平地通过促进欧洲或全球劳动力分工中互补而地理上分散的城市之间的横向合作(见第六章)。因此,即使所有城市区位政策都以某种方式努力使城市和区域在超国家资本循环中处于有利位置,但仍可以通过多种政治地理策略来实现这一目标(Jessop 1998)。

城市区位政策具有固有的投机性,因为"不稳定的[政治联盟]无法准确预测在一个相当大的经济不稳定和动荡的世界中,[地方投资]的哪一揽子方案将成功而哪些将不会成功"(Harvey 1989a: 10—11)。此外,城市区位政策通常基于对地方经济发展未来可能轨迹的不合理假设和不切实际的预测。尽管存在这些地方性问题,但在过去的二十年中,城市区位政策的激增已经导致整个欧盟国家干预政策的性质发生了根本性的转变。最关键的是,城市区位政策不仅需要加强动员国家机构来促进战略性地方经济的领域竞争力,它们也促进了国家机构本身根本性的尺度重构。

20 世纪 80 年代后西欧国家空间选择性的地图:城市区位政策和国家空间的尺度重构

> 如果凯恩斯主义国家关心其区域和地方经济的整合,并缓解经济不稳定,其后续的做法是[……]为了顺应全球竞争的重组力量,拆除和分割那些支持系统,从而破坏其区域稳定。
>
> 罗恩·马丁和彼得·桑利(1997:282)

> 随着福特主义的消亡,我们正在目睹的是监管体系中更大的地理不平等现象的出现。放弃国家再分配战略和新兴的区域经济的全球马赛克已经导致了差异化监管空间平行格局的发展。
>
> 马克·古德温和乔·佩因特(1996:646)

城市区位政策最早是从国家空间性的形式中启动的。这些形式继承自福特-凯恩斯主义时代，它们的制度和地理后果是高度不平衡的，在每个国家、区域和地方背景下有很大的不同。这取决于(a) 保守主义政治的复原力，以捍卫福特-凯恩斯主义制度化的社会妥协和领域安排；(b) 政治-经济力量现代化所采取的独特的重组和尺度重构战略(Lipietz 1994)。因此，在西欧国家中，城市区位政策的传播不仅消除了国家管制早期的地理位置，而且还在一系列地理尺度内产生了特定背景的、政治上有争议的有关旧的国家空间架构的重新阐述。一般而言，在 20 世纪 80 年代后形成的国家空间尺度重构的地理，必须被视为冲突的、路径依赖的相互作用的表达，这些相互作用发生在(a)从 20 世纪 70 年代这一过渡时期继承而来的标准化国家配置的监管地理，尽管形式不稳定；(b) 20 世纪 70 年代末和 20 世纪 80 年代初的内生性发展战略，其目标是推行协定的针对具体地点的结构调整战略，以解决局部的社会经济危机；(c)随后的城市区位政策形式，其目标是采纳针对特定地方和特定尺度形式的国家干预措施，以增强城市领域竞争力。

然而，尽管在北大西洋福特主义最初的危机之后，国家空间重组具有递增的路径依赖的特征，但是很明显，到 20 世纪 80 年代后期，城市治理和国家空间架构的尺度重构已被叠加在旧的国家监管地理上。尽管阐明了城市区位政策的早期形式，但空间凯恩斯主义的制度框架仍在全国范围内得到临时捍卫。因此，在 20 世纪 80 年代以后，城市区位政策的巩固和传播要求对该框架进行更持久的攻击。随着城市区位政策在后凯恩斯主义竞争型国家中扮演越来越重要的监管角色，与空间凯恩斯主义相关的国有化、集权化、标准化和再分配政策传递，被视为对增强城市和城市-区域领域竞争力这一新优先事项的主要制度性障碍。在这种情况下，为了最大程度地发挥主要城市和城市-区域的区位优势，人们认为需要一种彻底改变资本主义城市化监管的尺度间框架。

设想和建立这种尺度间框架的过程在地理上是不均匀的，在制度上是分散的，在政治上也是有争议的。它涉及欧洲范围内针对国家特定地点的各种辩论，涉及(国家、区域和地方)国家干预城市进程适当的制度形式和战略方向。因此，就像上个十年的内生性发展战略一样，后凯恩斯主义时代重建国家、区域和地方城市治理地理的举措最初是基于临时的、试错的政府间调整、政策调整和监管试验。然而，最终，随着欧洲范围内新自由主义政策议程的确立和后凯恩斯主义竞争型国家体制在全国范围内的逐步巩固，这些改革举措获得了可观的政治势头，并获得了增强的制度稳固性。[①]因此，在整个西欧，空间凯恩斯主义的国家标准化的政治地理被侵蚀；旧的国家领域重新分配的中继站被打破；政府间关系的中央集权体系被修改；并且引入了全新的、面向竞争的尺度间监管框架。

---

① 通过包括欧盟委员会、经合组织、世界银行、联合国和城市21世纪在内的各种超国家组织的活动，这些举措得到了进一步加强。在此期间，这些组织开始以领域竞争力、行政效率、市场响应能力和财政责任等优先事项的名义倡导各种国家政府间改革。到20世纪80年代后期，欧盟、世界银行、经合组织和联合国的各种文件对国家行政改革和领域管理的各个方面进行了专题讨论，从而产生了有关重组公共部门的一系列“专家”政策建议。城市21世纪是最新的“专家委员会”，由德国、巴西、南非和新加坡政府资助，旨在评估全球范围内当代城市政策面临的挑战(见Hall and Pfeiffer 2000)。在过去二十年中，这些和其他所谓中立的超国家机构为重建国家空间提供政治支持和意识形态合法性方面的作用尚待实证研究。莱特(1994)提出了一种颇具启发性(但很大程度上是尝试)的方式，涉足有关西欧地区“新公共管理”方法传播的分析。虽然参考了以工代福利规划和其他“第三条路线”的改革议程(Peck 2001a, b; Peck and Theodore 2001)来详细研究了跨国政策转移问题，但这一过程的其他制度领域仍有待进一步研究。可以说，这种分析将成为对新自由主义政治地理学进行任何系统性解释的关键要素(另请参见Wacquant 1999；Peck and Tickell 2002)。

这些新兴的、由国家组织的尺度间规章-制度，是通过将“当地行为主体的战略选择和战术行为”(Peck 2002:338)引导至以发展和竞争力为导向的议程，旨在推进城市区位政策。更笼统地说，(a)通过使城市和地区更直接地承受地缘经济压力，并(b)把它们置于政府间的竞争机制之下，资源分配基于市场地位、绩效和效率，而不是社会需求，这种尺度间规章-制度试图使企业家、以竞争为导向和“增长至上”的城市治理方法制度化(Peck and Tickell 2002:47—48)。从这个角度来看，不能简单地将20世纪80年代后新的地区间竞争理解为本地化政策对全球和欧洲市场一体化的回应。相反，城市面临“竞争或死亡”这一严峻的新自由主义的要求(Eisenschitz and Gough 1998: 762)，必须被解释为通过国家空间的尺度重构，在相当大的程度上是对当地和地区经济施加的政治建构的当务之急，这些要求恰当地封装了城市区位政策背后积极竞争的空间逻辑。随之而来的是，不应将国家构想为启动了城市区位政策的静态的领域容器。相反，国家机构通过尺度重构其内部政府间等级制度、干预模式和政策体系来积极促进城市区位政策，以推动主要的地方和区域经济在欧洲乃至全球资本循环中的战略定位。

在第三章介绍的理论框架的基础上，并在第四章中的部署中复制了这一分析策略，以考察空间凯恩斯主义的政治地理，图表5.8描绘了20世纪80年代后城市治理和国家空间性转变的关键要素。首先，城市区位政策以全新的国家空间工程为基础，旨在增强国家在战略性城市和城市-区域内启动地方特定形式的干预能力。为此，国家监管框架被下放到次国家以下各级，并根据地方和辖区的特定条件进行了定制。第二，城市区位政策以全新的国家空间战略为基础，旨在提高主要城市和城市-区域的竞争力。为此，各种尺度的国家机构通过战略性的城市和区域经济模型促进了主要社会经济资产的本地化，并促进了全国领域上城市和区域发展路径的日益分化。因此，与在福特主义积累制度下盛行的中央集权、标准化和国有化的国家空间地理形成鲜明对比的是，20世纪80年代以后建立的这种新的、面向竞争的用于进行城市治理的制度基础设施，就需要在不同的空间尺度上增加国家空间的地理分裂和分化。

国家空间的尺度重构与战后旧的空间发展不平衡的政治监管方法的根本颠倒紧密地交织在一起。战后空间凯恩斯主义的战略明确地想要缓解领域不平等，而20世纪80年代后启动的城市区位政策则以各种方式极大地加剧了空间的不平衡发展，这些方式包括：(a)通过促进各国领域最具全球竞争力的地区内社会经济能力的系统性集中，(b)鼓励在不同的地方政治管辖区范围内采取不同的、针对特定地点的经济治理、公共服务供给和领域管理形式，以及(c)通过将主要地方行政单位之间的竞争关系制度化，无论是公共补贴还是私人投资的竞争关系。佩克(2002)在对新自由主义工作福利跨大西洋流通的最新研究中，着重指出了如今没有把国家内部空间两极分化视为需要政治干预的监管问题，而国家、区域和地方政府机构正在领域内部明确促进地理差异、区域间竞争和空间不平衡。佩克(2002:356)对新自由主义工作福利政策的描述为20世纪80年代后西欧的城市区位政策提供了精确的概述：

> 不平衡的地理发展正在被确定为有意的而非偶然的提供福利工作规划的特征，而地方性的试验和模拟似乎已成为政策制定过程中的永久特征。在工作压力下，空间可变性、不断改革的规划的搅动、快速的地区间政策转移，以及不断地寻求

成熟的、可以复制的本地成功案例的搜索，都得到了有效的标准化。与福利制度下公平和平等待遇的愿望形成鲜明对比的是，当空间不平衡、地方自由裁量权和非典型待遇的情况经常被视为自身工作福利中的政策问题时，就会利用地理差异、次国家竞争和针对具体情况的干预措施。

图表 5.8　城市区位政策与国家空间选择性的转变（基于图表 3.9；对比图表 4.2）

	国家空间工程	国家空间战略
尺度维度	国家行政安排倾向于权力下放到国家以下各级的政治实体 区域和地方政府机构在经济发展政策的制定、融资和实施方面承担着新的责任	随着国家、区域和地方政府机构试图在战略性城市化空间内增强领域竞争力，社会经济资产的本地化越来越多 在日益动荡的全球和欧洲尺度间层级结构中，城市和城市-区域被视为经济发展的主要地理引擎
领域维度	国家行政安排的制定越来越多地根据特定于地区和辖区的条件和优先级 这将导致地方和区域制度形式的差异化加剧，并在各国领域上加剧地方和区域政策体制的差异	随着国家机构试图将主要的社会经济资产和先进的基础设施投资转移到最具全球竞争力的城市和区域空间中，国家政治经济空间的差异化日益加剧 这导致社会福利标准之间的分歧越来越大，并且各国领域内的地方经济体之间的发展途径也有所区别

图表 5.9 示意性地总结了后凯恩斯主义时代竞争型国家体制的巩固、欧洲城市经济的结构调整、城市区位政策的兴起，以及国家空间调整之间多方面的相互作用。专栏 5.7 和 5.8 总结了 20 世纪 80 年代后为启动城市区位政策而部署的主要国家空间工程和国家空间战略。政治-地理和制度转型的不同途径造成了“新的尺度治理形式”，其特征是在战略性城市区位内“推动者和企业家发

图表 5.9　20 世纪 70 年代后西欧的城市化、区位政策和国家空间的尺度重构(对比图表 4.3)

后凯恩斯主义时代竞争型国家的兴起

- 传统的凯恩斯主义福利主义者、需求管理政策受到破坏
- 提升区域竞争力、财政责任、劳动力市场灵活性和技术创新的优先权越来越重要

20 世纪 70 年代后城市结构调整的关键要素

- 产业结构调整重塑战后城市和区域发展的格局

- 灵活的生产系统的普及增强了本地化、针对特定地点的社会经济资产和创新能力的重要性
- 加速的地缘经济和欧洲一体化为城市和区域带来了经济不确定性的新形式
- 随着城市和区域试图从流动资本中吸引投资，地区间竞争加剧

城市区位政策的兴起

地方的和尺度的国家举措的扩散，旨在增强全球和欧洲资本循环中的领域性竞争优势

主要城市和城市-区域越来越多地采用此类政策

内生性发展战略的兴起

针对特定地点和尺度的国家举措，旨在促进受危机影响的工业城市和地区内协定的经济复兴和领域重新分配

通过新方法实现的国家空间选择性的转变……

国家空间工程

- 将主要的国家监管能力下放到次国家以下尺度
- 根据地方和辖区的具体情况定制国家行政安排

国家空间战略

- 促进城市和城市-区域而不是整个国民经济作为经济竞争力的关键尺度
- 将主要的社会经济资产和先进的基础设施投资集中到最具经济活力和全球竞争力的城市和城市-区域

主要后果

- 城市和区域越来越被迫“自食其力”，以确保当地收入和外部资本投资
- 各地竞相吸引流动资本投资的掠夺性零和形式的竞标战争爆发
- 国家监管的地理日益分裂和分化，从而破坏了福特-凯恩斯资本主义统治下盛行的相对统一的行政结构
- 新形式的空间不平衡发展和领域不平等在所有尺度上扩散

展的愿景"占主导地位,并且常常是由于承袭的民主问责制路线(Swyngedouw,Moulaert,and Rodriguez 2003:22)。在此,我不打算对专栏 5.7 和5.8 中概述的政策改革、监管试验和制度重组的各个领域进行全面的比较分析,也不打算系统地追踪它们在欧洲不同国家、区域和城市的各种社会空间后果。取而代之的是,本章的其余部分将利用整个西欧城市系统的证据,考察政治体制改革的三个具体领域,这些领域明确阐述了城市区位政策与国家空间尺度重构之间的联系:(1) 政府间关系的权力下放;(2) 国家空间规划系统的大都市化;(3) 大规模的城市基础设施架构的碎片化。

专栏 5.7　促进城市区位政策的主要国家空间工程

由于国家不能在各地寻求确保相同形式的宏观经济监管,所以问题是要为区域枢纽配备更强大的经济和社会监管工具,并为国家的行政当局保留对外关系的管理(对产业的支持、外汇管理)。与首先定义为"国有化"的福特主义相比,国家和区域之间这种新的功能划分意味着国家立法和集体协议的收缩,以及区域枢纽在选择社会保障水平方案时的更大差异。

(Lipietz 1994:38)

城市区位政策的基础是国家空间工程,旨在根据各国领域内特定地点和辖区的条件,加强国家监管能力的权力下放,并广泛定制国家行政安排。这些分散的、自定义的国家空间工程包括:

• **政府间权力下放**。在联邦制和单一制国家中,中央政府已将各种监管职责下放给次国家行政单位。这类政府间尺度重构项目被视为一种手段,可以促进中央官僚机构的财政紧缩,并促使地方机构通过积极的经济发展规划寻求新的收入来源。同时，这种尺度重构的举措使区域和地方政府机构能够针对地方和尺度的经济治理问题引入定制的监管安排和政策策略（Fox Przeworski 1986；Keating 1998）。

· **地方政府重组**。随着各国政府促进财政紧缩，地方政府的管理和公共服务职能已经精简或私有化。地方政府在公共管理方面引入了新的、以市场为导向的方法，并建立了新形式的公私合作伙伴关系，以促进经济复兴。因此，最大化行政效率和增强消费者响应能力的新优先事项已取代了促进当地社会福利的传统目标。地方经济法规越来越多地建立在灵活的治理网络基础之上，该网络不仅包括企业化的当地政府机构，还包括各种私人行为主体和"第三方部门"，以及基于社区的组织（Mayer 1994；Clark 1997）。

· **大都市制度改革**。在许多欧洲城市-区域，尤其是从20世纪90年代初开始，已经引入了新形式的大都市经济调整（请参阅第六章）。这些重组或新建立的大都市体制形式旨在将区域范围内的社会经济资产捆绑在一起，将主要城市-区域作为外部资本投资的统一场所推向市场，并尽量减少破坏性的零和形式的区域内竞争（Brenner 2003a；Lefèvre 1998）。

· **建立针对地点和尺度的制度形式**。国家、区域和地方政府已尝试通过引入新的、针对特定辖区的制度形式，将城市（再）开发引导到特定区位。这种趋势的突出例子包括工业区、城市发展公司、机场发展媒介、培训和企业理事会、外来投资机构和发展规划委员会。所有这些都以某种方式为战略性的、明确划定的城市-区域的经济增长加速。这样的机构通常不受地方政府控制，由不负责任的政治和经济精英主导。他们还经常要求暂停现有的规划监管，以支持战略区域或基础设施架构内“例外的”（但越来越规范化）政策工具和干预方式（Swyngedouw，Moulaert and Rodriguez 2002）。

专栏 5.8　促进城市区位政策的主要国家空间战略

任何国家都将公共支出集中在最有活力的、与全球联系紧密的集聚区，但却以这些集聚区内以及它们与本国领域其他地区之间的基本公平问题为代价。

（Scott and Storper 2003：588）

城市被视为推动国家竞争成功的动力，西欧各国政府越来越强调城市，特别是大城市对国家经济竞争力和绩效的潜在贡献。

（Leitner and Sheppard 1998：294）

城市政策不再渴望指导或调节经济增长的方向，以使其适应市场为寻求最高回报率而已经建立的凹槽。

（Smith 2002：94）

城市区位政策基于各种国家空间战略，这些战略的重点是主要社会经济资产的本地化以及先进的基础设施投资在最具全球竞争力的城市和城市-区域的集中。这些本地化、以大都市为中心的国家空间战略包括：

• **尺度重构，“都市化”的空间规划政策。**与早期的补偿性空间规划方法不同，各国政府已将其领域内最具竞争力的城市-区域划定为国家支持的经济发展规划和战略规划项目的关键地理联络点。这些尺度重构的、以城市为中心的国家空间规划方法，已明确将大都市地区作为外部资本投资和大型公共基础设施项目的目标。尽管空间规划以前曾是领域再分配的机制，但这些新的“都市化”方法首先是针对增强全球和欧洲市场中主要地方和区域经济体在特定地点的竞争优势的目标。

• **地方经济举措**。通过与私人和社区组织的“伙伴关系”，市政府推行了一系列旨在促进当地经济(再)发展的创业政策。这些政策包括劳动力市场规划、产业政策、基础设施投资、地方市场规划和房地产重建运动(Eisenschitz and Gough 1993; Mayer 1992)。同时，地方政府积极寻求通过国家或欧洲的工业和部门规划获得更多的公共补贴。与强调管理公共福利和集体消费规划的早期城市管理主义相比，保持良好商业环境、吸引外部资本投资和促进当地经济增长的优先事项现在占主导地位(Hall and Hubbard 1998; Leitner and Sheppard 1998)。

• **国家资助的大型项目和先进的基础设施投资**。国家、区域和地方政府机构已将公共资源用于战略性基础设施的大规模开发项目。这些城市发展项目包括机场、桥梁、滨水区、会议中心、办公大楼、商业园区、高科技飞地、物流中心、先进的电信网络和旅游/娱乐设施。在区域间竞争加剧的条件下，这种由政府主导的城市发展规划旨在为战略性城市节点内部和节点之间高附加值的资本投资和动态经济活动提供量身定制的基础设施前提。这些城市大型项目和高性能基础设施投资也已成为一种制度机制，国家、区域和地方政府通过该机制将公共资金投入战略性定位的、面向市场的发展规划(Swyngedouw, Moulaert and Rodriguez

2002; Moulaert, Swyngedouw and Rodriguez 2003)。

· **产业政策的去中心方法。** 欧洲、国家和地区性政府机构采纳了各种政策措施，以建立分散的公司间网络，特别是在中小型公司之间(Ansell 2000)。尽管此类政策并不总是明确地针对特定的地理区域，但只要目标企业和部门集聚在主要的城市和区域经济体中，它们就会产生重大的空间影响。这些新的、去中心化的区域工业政策方法不仅通过现存的政府机构，还通过新成立的城市和区域发展机构启动，旨在促进企业间的联系并增强次国家级战略性领域的创新环境(Cooke and Morgan 1995)。

权力下放趋势和政府间关系的重新校准

> 空间结构因素对企业竞争力的重要性日益提高，明确表明需要分权政策和重新定义国家、区域和地方决策机构的能力要求[……]其迅速增加的重要性是区域和地方行政管理机构的能力和财政范围的扩大。目的是建立制度结构，使之有可能塑造本地和区域的产业区位分布。
>
> 德克·梅塞尔(1997:31)

到20世纪80年代初，西欧国家的中央政府开始将各种公共政策职能转移到次国家(区域和地方)行政层面。尽管在法国和西班牙等有中央集权的国家中，这些机构重组最为明显，但在西欧许多其他国家中，也进行了影响深远的权力下放规划，从而在旧的政府间格局内产生了深刻而持久的变革(Crouch and Marquand 1989; Pickvance and Preteceille 1991a)。根据塞勒斯(Sellers

2002:91)的评估，这种“自下而上进行治理”的新思路无非是“关于如何制定政策的主流观念发生了巨变”。与福特-凯恩斯主义时代盛行的高度集权、分级和垂直整合的国家行政框架形成鲜明对比的是，20 世纪 80 年代后的权力下放浪潮建立了新的次国家层次的政府机构组织和监管活动，通过这些活动，主要的地方和区域政治-经济行为主体，在某些情况下还包括地方和区域人口，可以更直接地影响次国家级的政策成果(Ansell 2000)。因此，正如塞勒斯(2002:90)总结的：“中央政府、中级政府和跨国政府越是试图塑造城市政治经济，上层就越依赖于下层。”

20 世纪 80 年代和 20 世纪 90 年代的权力下放倡议受到各种政治议程的推动，其中包括新自由主义对福利主义的批评，社会民主主义和社团主义对加强地方民主的要求，以及关于权力下放的公共服务供给模式优越性的意识形态杂论(Keating 1998; Wright 1998)。然而，除这些立场外，权力下放规划还受到发展主义者的主张的鼓舞，他们声称“［政府系统］的地方和区域层级更适合与企业建立持久的互动关系”(Cooke and Morgan 1998:23)。从这个意义上说，权力下放举措可以被视为启动城市区位政策的重要制度机制，因为这种政府间调整旨在同时“限制城市地区大量的福利需求，并鼓励下级政府承担起可能减轻福利负担的增长政策的责任”(Harding 1994:370)。就财政分权规划常常减少对次国家各级政府的中央拨款和增加市政当局对当地征税的依赖性而言，它们促使地方联盟，无论其政治取向如何，都变得“更易接受增加当地投资的战略”(Salet, Thornley and Kreukels 2003a: 12)。在许多情况下，权力下放规划还建立了全新的监管手段，通过该手段，区域和地方政府机构可以促进主要城市-区域内的工业复兴、经济增长和外部资本投资。简而言之，尽管不能将权力下放等同于增强城市领域竞争力的议程，但这一优先点在20世纪80年代后西欧制定和实施此类规划时至关重要：

• 20世纪80年代初期，法国社会主义政府发起了一个最全面的政府间权力下放规划。1982年，路易·德弗雷以改革过程中在中央政府任职的马赛前市长的名字命名，建立了正式独立于中央直接控制权的地方政府，并且赋予其"更大的权力、更大的决策和资源控制自主权"，对非中央政府部门（市、部门和地区）有更多的责任和权力（Preteceille 1991：127）。这项权力下放规划为"主要的地方经济发展提供了服务；因为它将所有地方政府的职权纳入了促进经济发展、业务扩展和创新的任务，并敦促所有选区的当选官员，无论是市长、部门总裁或区域首长，左翼还是右翼"，都将其主要作用视为培养"企业家精神"和鼓励企业发展（V. Schmidt 1988：54，63）。实际上，启动这些新的经济发展规划的重大责任已移交给区域委员会，区域委员会在协调DATAR与地方当局之间的关系中起着关键作用；他们后来转变为"当地工业发展的经纪人"（V.Schmidt 1988：63）。尽管从20世纪70年代中期起法国市政当局就采取了地方经济举措，但20世纪80年代的权力下放规划使这一优先事项制度化并提供了新的监管机制，可以通过该机制来追求本地化经济的发展目标，从而引发了前所未有的地方经济活动主义（V.Schmidt 1988：67；Biarez 1994）。

• 20世纪70年代后，德国联邦制的制度结构被重新定义（Jeffery 1998；Benz 1998）。在20世纪70年代一波集权的危机管理措施浪潮之后，20世纪80年代在科尔政府的领导下，德国开始了政府间权力下放的过程。在财政紧缩时期，州政府和市政府被分派了新的监管任务和财政负担，许多州开始更积极地采纳针对区域和地方的工业、技术、劳动力市场和规划政策（Bade 1998；Esser 1989）。同时，联邦政府由于减少了对地方政府的财政拨款，市政预算受到严重限制（Haüßermann 1991）。自 20 世纪 80 年代中期以来，地方税收的各种重要来源，包括工资税和营业资金税，都已通过联邦立法削减。因此，市政当局"一方面面临着不断增加的任务和负担，另一方面却缺乏用于地方政策的结构性财政资源"（Hanesch 1997：32）。随后，地方政府被迫更积极地参与启动本地经济发展规划，这被视为同时获得额外公共收入和解决日益严重的社会经济问题的一种手段（Esser and Hirsch 1989；Mayer 1992）。进而，在德国联邦制中，20 世纪 80 年代的政府间转移政策主要是将支出向下转移到各州和各市，同时巩固中央政府内部的收入（Hesse 1991，1987）。德国联邦政府或各州没有直接授权市政府采纳城市区位政策，但是这种趋势受到了这一时期新施加的中央和区域财政约束的推动（Rödenstein 1987）。

· 意大利的政府间权力下放规划是在 1970—1977 年期间开始实施的，同时紧缩了战后再分配的区域性政策；随后，它们通过中央政府与地方当局之间的各种权力共享、共同管理安排而发展起来（Gualini 2001）。长期以来，意大利的国家经济政策对巩固基于中小型企业的去中心化生产系统做出了重要贡献（Weiss 1989）。但是，20 世纪 70 年代后的权力下放举措通过促进基于地区的、针对特定地点的经济政策，深化了这种地区差异化的发展战略（Weiss 1989：116）。后者的设计是（a）鼓励企业家精神、投资和创新，以及（b）在意大利主要工业区扩大个体企业和地区典型产品及服务的营销机会（Weiss 1989：117）。在这些变化之后，特别是但不仅限于第三意大利，区域政府成为产业政策的规划者和引领者，制定创新的增长战略并为当地经济提供了一系列服务（Weiss 1989：109）。

· 在荷兰，政府间的权力下放在20世纪80年代与国家财政紧缩措施和市政财政紧缩同步进行。在吕贝尔斯联盟内阁的领导下，一些分散的改革措施伴随着预算削减、私有化倡议和机构精简的措施，大大减少了市政收入（Kickert 1996；Kreukels and Spit 1989）。然而，在此期间，为了保持荷兰共同管理制度的基本制度要素，促使中央和地方机构继续就重大政策、规划和预算问题协调决策权（Toonen 1993，1991）。由于荷兰极端的财政中央集权化，使市政当局能够继续从中央拨款中获得大部分收入，因此这些政府间的调整仅在最小程度上促进了地方企业政策的启动。但到20世纪80年代末，启动了一项更为激进的国家和地方行政改革规划，其中明确包含了在荷兰主要城市和城市-区域内增强领域竞争力的优先事项。在内政部长任命的著名企业高管和政府官员委员会——蒙蒂金委员会——1989年的报告中，提倡在兰斯塔德地区的主要城市（阿姆斯特丹、鹿特丹、乌得勒支和海牙）建立四个“集聚城市”，并建立以兰斯塔德行政委员会形式对兰斯塔德进行整体协调和合作的新的非正式机制。根据《蒙蒂金报告》以及随后的一系列政府政策研究，这种行政改革，对于增强荷兰主要城市相对于欧洲竞争对手的特定地区的竞争优势，以及更广泛地确保荷兰国民经济的整体活力和长期发展，至关重要（MBZ 1989；WRR 1990）。尽管蒙蒂金委员会的具体建议未能成功实施，但它们引发了荷兰城市-区域的行政形式和领域竞争力的全国性激烈辩论，这些辩论一直持续到20世纪90年代（专栏5.9）。

专栏 5.9　荷兰的政府间改革：探索新世界的最佳途径

随着欧洲城市-区域之间的激烈竞争对于参与国的经济福利变得越来越重要，荷兰的行政组织已成为越来越严重的障碍[……]改变的时机已经成熟，无论如何都必须迅速完成。

(MBZ 1989:43)

现有的任务和责任的结构给大城市带来了困难，因为它们试图在单一的欧洲市场上巩固自己的地位。

(MBZ 1990:13)

自20世纪50年代末以来，省与市之间的“区域鸿沟”问题引起了有关政府间改革的反复辩论(Toonen 1993,1987)。战后直至20世纪70年代中期，这种辩论主要集中在官僚主义效率和公共服务供给的问题上。相比之下，20世纪80年代末和20世纪90年代初，政府间改革的问题又重新浮现出来，用了一个新标题，即在加剧欧洲空间竞争的条件下，需要增强荷兰主要城市的领域竞争优势。在这种情况下，由国家政府委托进行的一系列广泛讨论的政策研究认为，旧的行政结构正在削弱荷兰城市相对于欧洲其他大都市中心的经济竞争力。各种可供选择的政府间框架被提了出来，所有这些框架都需要建立旨在促进地方经济发展的新的城市和大都市制度安排。例如：

- 蒙蒂金委员会和内部管理咨询委员会提倡在兰斯塔德地区的主要城市引入新的行政单位，无论是小型省份还是大型市镇(MBZ 1990,1989)。
- 荷兰政府政策科学理事会倡导对荷兰政府进行密集的财政分

权，以促进地方企业家精神。该理事会还提倡建立各种特殊目的的行政区，这被视为解决城市-区域特定经济问题和监管挑战的一种手段(WRR 1990)。

基于这些建议，荷兰内阁随后采纳了一项行政改革政策，针对定制的解决方案、地区差异、多种行政形式、拒绝统一和自上而下的行政蓝图，并呼吁自下而上地进行改革的政策(Toonen 1990:85—86)。为此，内阁提议在荷兰的七个主要城市地区(包括四个兰斯塔德大城市以及阿纳姆-奈梅亨、艾恩德霍芬-赫尔蒙德和恩斯赫德-亨格洛)创建新的大都市政府。

荷兰内阁在这些城市-区域推动行政改革的规划，是在20世纪90年代初期以三份名为《层级治理》(BON)的政策文件三部曲制定的，文件大意是“适当尺度的管理”。在国家一级，通过引入《行政重组框架法》，BON提案在1992年得到了进一步具体化。《框架法》为中央政府选定行政改革场所的七个城市-区域的机构重组提供了一个临时但具有法律约束力的基础；它力求在2001年之前建立七个大都会地区，涵盖171个城镇和荷兰40%的总人口。1994年7月，由社会民主党、自由党和自由民主党组成的“紫色联盟”通过国家议会正式批准了《框架法》。

此时，各种行政改革项目已经在地方一级取得了显著成效，尤其是在鹿特丹和阿姆斯特丹。尽管从20世纪90年代初开始，政府间重组已成为荷兰中央政府的核心政治项目，但其实施取决于旨在改革的大都市地区的政治谈判和斗争。但是，中央政府关于在阿姆斯特丹和鹿特丹建立“城市-省”(直辖市)的提议在20世纪90年代后期被当地居民拒绝，随后，在《框架法》中体现的更广泛的政府间改革议程被暂停。尽管如此，20 世纪 80 年代末期开始的有关政府间改革的辩论有助于随后的十年对荷兰主要城市的城市治理进行重大调整。由于这些关于"适当尺度的管理"的国家和地方辩论，荷兰国际合作组织制定了许多重大的正式和非正式变更政府系统。这些政府间重组是多方面的，并在不同的省市辖区采用特定地点的形式，其总体目标之一是在兰斯塔德主要的城市建立新的国家经济协调能力、主要行业的基础设施投资、产业政策和地方营销(Terhorst and van de Ven 1995; Toonen 1993; Brenner 1999c)。

如前所述，政府间的权力下放经常促使地方政府机构更积极地参与推进城市经济发展，无论是通过明确的规划在国家行政等级中将此类任务的职责下放；还是通过新的、集中施加的财政压力；通过在既定的政府间等级制度内创建全新的机构层级；或是通过后一种方法的某种组合。但正如英国撒切尔政府的案例所表明的，在此期间，权力下放并不是通过政府间尺度重构促进城市区位政策的唯一形式。因为在英国案例中，20 世纪 80 年代期间引发了协定的政府间中央集权的浪潮，该浪潮同样从根本上改变了城市治理的制度结构，并促进了城市区位政策的显著扩散(专栏 5.10)。

专栏 5.10 英国撒切尔执政时期的政府间改革与城市区位政策

来源：Harding 1989; Pickvance 1991, 1990; Duncan and Goodwin 1989。

中央政府自 20 世纪 80 年代以来就一直利用立法至上来限制独立的地方政府倡议，并限制对发展过程的地方控制。立法和行政权力也被广泛用于扩大中央部门、中央任命的机构和私营部门在制定和实施城市经济发展政策中的作用。

(Harding 1989:35)

城市政策可以说是一个舞台，新自由主义对英国福特主义危机的反应的全部特征首先在这个舞台上显现出来。

(Wilks-Heeg 1996:1266)

撒切尔领导下的英国，政府间关系与政治、经济和空间重组的新自由主义规划一起发生了转变。的确，在整个20世纪80年代，中央与地方关系的重构在中央指导的积累战略中发挥了关键作用，该战略旨在促进伦敦成为全球和欧洲的金融中心，同时制止国内(包括伦敦)的工业资本和制造业工人的反对。这些政府间调整的基本要素可总结如下：

• 由于中央政府试图建立可以直接控制的替代性、非选举性地区和地方政府机构，因此废除了主要的大都市机构，如大都市县议会和大伦敦议会。这种地区性政府解决方案需要将地方政府的职能移交给非选举性地方政府，而选举性地方政府虽然被正式保留，但权力大大削弱(Duncan and Goodwin 1989:249)。
• 精简、外包或私有化主要的城市公共服务，如议会住房和公共交通系统。
• 中央政府通过支出控制措施和利率上限政策的组合，对地方政府施加了新的财政约束。这些财政紧缩措施被操纵，以最有效地影响劳工委员会。
• 中央政府试图将私营部门的利益更直接地整合到现有的和新成立的地方政治机构中。

· 中央政府建立了新的面向市场的地方机构，如工业区、自由港和城市发展公司。这种制度上的创新旨在放松对当地经济发展的限制，并为私营公司在某些中央指定的城市-区域内投资提供财政激励。

简而言之，撒切尔中央政府通过政府间的重组，试图对市政议会采取新自由主义的方法来处理城市区位政策，而市政委员会通常仍然致力于地方福利主义和协定的内生经济发展工程。政府间关系的集权化使英国中央政府能够绕开顽固的地方当局，并为英国城市的城市治理建立新的以市场为导向的基础设施。

在此期间通过政府间重组产生的尺度重构后的国家空间，并不是由于监管能力向下线性转移到地方机构层级而产生的。相反，上述调整是以政府间关系的中央协调重新校准为前提，该校准重新定义了次国家和国家尺度的政府机构的形式、功能和尺度架构。正如梅斯纳(1997:31)所说：

> 就像在现代公司中那样，利润中心更大的自治权至少不意味着要废除最高公司层级，而是实际上以扩大控制能力和修改中央管理任务为前提(为整个企业而不是所有公司部门的中央管理建立网络和发展战略远景)，国家权力的任何有效分权都取决于中央层面的互补性变化。

撒切尔领导下的英国政府间关系的集权化清楚地表明了与西欧的趋势明显“步调不一致”(Crouch and Marquand 1989)。在这种情况下，是中央政府的强制命令(而非通过在西欧其他国家盛行的协议式分权化的政府间重组方法)加剧了地方监管安排的地理差异。但是,与西欧其他地方一样,英国"中央政府地方主义"的巩固(Duncan and Goodwin 1989)同样导致新的有差异的地方政府监管机构层面的建立,并优先促进地方经济发展。此外,英国政府间关系的尺度重构需要在地方和全国范围内对国家机构进行深刻的重组,因为直到20世纪80年代,英国中央政府才对区域经济治理问题采取了激进主义取向。在20世纪80年代末和20世纪90年代初,由于区域或者"中观"机构在多层政府间等级制和欧盟的政策传递中的作用日益增强,整个西欧的政府间重组立即得到加速。①

因此,20世纪80年代是对福特-凯恩斯主义时期旧的政府间等级进行重大调整的十年。尽管政府间尺度重构的政治机制、体制途径和政策结果因国家背景而有很大差异,但在此期间,大多数西欧国家的分权化总体趋势变得明显。随着政府间等级制度的日益欧洲化,这些国家内部的权力下放趋势使在福特-凯恩斯主义时期普遍存在的相对标准化、统一的政治地理有所区别,并创造了尺度重构的国家体制格局,可以在其中建立不同的、针对特定地点的行政安排和监管制度。更广义地说,这一时期的政府间尺度重构过程,打开了一个政治空间,可以在其中构建地区定制的、针对特定地点的监管安排,它们成为激活西欧城市的城市区位政策的重要制度催化剂。

国家空间规划体系的都市化

20世纪50年代、20世纪60年代甚至20世纪70年代,

① 参见Jones and Keating 1995;Keating 1998;Le Galès and Lequesne 1998;Sharpe 1993。

> 国家政府都曾经支持落后地区，但是在新的、20世纪80年代后的竞争环境中，它们感到有必要将赌注押在最强大的城市和区域这匹马上[……]各国政府有义务继续向落后地区提供一些支持，但它们真正关心的仍然是强大地区的改善。
>
> 威廉姆·萨勒特、安迪·索恩利、安东·克鲁克尔斯(2003a：12)

> 在12个会员国中可以看到许多主要趋势，尽管在空间规划历史悠久的国家中它们往往会变得更强大和更先进。人们越来越认识到在空间规划过程中需要考虑市场力量的必要性。对于许多公司而言，吸引外来投资的手段日益成熟，在区位方面有了更自由的选择，这增强了对空间规划的需求，以更好地响应市场情况和要求。单一市场竞争加剧是这一趋势的主要因素。
>
> 欧盟委员会(CEC 1994:142)

正如我们在第四章中看到的，国家空间规划系统在福特-凯恩斯主义时期为建立和复制国有化的国家空间做出了重要贡献。但最近的空间规划已成为一个主要的制度舞台，在这个舞台上，国家空间的尺度重构得以推动，这是一种重要手段，可作为便利的手段在主要城市-区域启动区位政策。的确，空间规划可以说是西欧的政治-制度领域之一，其中国家尺度重构与城市区位政策之间的互动作用最为明显。上面我们已经看到，在20世纪70年代，空间规划政策的补偿性、领域再分配的角色是如何受到侵蚀的。到20世纪80年代中期和20世纪90年代初，西欧主要国家的空间规划方法已经发生质变。如图表5.10所示，这种新的、尺度重构的空间规划方法具有许多关键特征，包括：

- 重点放在具有战略意义、具有全球竞争力的城市和城市-区域，而不是边缘地区、落后的城镇和农村地区，这是国家进行空间干预的最紧迫目标；
- 强调释放城市增长潜力和增强城市领域竞争力，而不是将资源从过热的城市核心重新分配到欠发达或非工业化地区；
- 强调与加剧的全球和欧洲经济竞争有关的可感知的限制，而不是将局部空间纳入具有凝聚力的国家空间经济项目；
- 强调国家机构在多个空间尺度上的监管协调，而不是单方面集中以及自上而下的控制；
- 重点放在地方、区域和国家空间规划举措嵌入的欧洲制度环境中。

图表 5.10　20 世纪 80 年代后西欧空间规划的重新部署：从国有化到大都市化？

	国有化的空间规划体系（20 世纪 60 年代至 20 世纪 70 年代）	**大都市化/尺度重构的空间规划体系（20 世纪 80 年代至今）**
察觉的监管问题	经济快速增长和实体扩张导致城市核心过热 国家内部的领域差异破坏了宏观经济的稳定	经济结构调整加快，全球和欧洲空间竞争加剧 保持地区竞争力，促进经济增长，并吸引流动资金
主导的监管回应	再分配区域政策：目标是将就业、私人资本投资和公共基础设施引导到偏远城镇、欠发达地区和农村边缘地区 空间规划是国家内部领域再分配的关键政治机制	新的、“都市化的”/尺度重构的国家空间规划形式：目标是在战略性的、具有全球竞争力的城市和城市-区域内集中社会经济资产、发展能力和先进的基础设施投资 空间规划是城市（在某些情况下是区域）区位政策的关键政治机制

续 表

	国有化的空间规划体系（20 世纪 60 年代至 20 世纪 70 年代）	大都市化/尺度重构的空间规划体系（20 世纪 80 年代至今）
主要的地理目标	国民经济整体 边远城镇、欠发达地区和落后地区	战略性城市-区域，特别是那些已经牢固地嵌入或连接到欧洲/全球资本循环、运输网络的区域
实施的主要模式	自上而下，集权化：国家在相对僵化的行政体系中，将其标准化的空间规划议程强加于下属的区域和地方政府机构	多尺度，分散式：空间规划越来越基于从欧洲和国家到区域和地方各种尺度的政府机构组织之间灵活协调的监管活动
对国家空间选择性方式的影响	战后时期，空间规划是国家空间国有化的关键政治机制	在 20 世纪 80 年代后，空间规划是国家空间尺度重构、分化和分裂的主要政治机制

自 20 世纪 80 年代中期以来，西欧国家空间规划框架的调整通过两个主要途径进行。

1. 全面的国家改革。国家空间规划系统已得到全面重组，面向主要大都市圈的新的发展主义政策取代了传统的再分配政策。这些全面的改革项目总体上涵盖了国家领域，但需要划定全新的地理目标，例如战略性城市-区域、主要的国际运输走廊和跨境区域，作为国家空间干预的优先重点。

2. 基于地区的、领域定制的改革。国家、区域和地方政府通常与前一种趋势直接结合，也启动了战略性城市-区域和开发区域中基于地区的、领域定制的空间规划改革。这种针对特定地点的空间规划方法被认为是释放增长能力，并在国民经济竞争力至关重要的主要城市和城市-区域内吸引资本流入的一种手段。

虽然这两个尺度重构的项目通常都是在国家尺度的中央政府

规划机构的发起和管理下进行的，但它们也带来了地方、区域、国家以及越来越多的欧盟国家机构之间新形式的监管协作(Atkinson 2001)。

在西欧主要国家中，20 世纪 80 年代后期的德国、荷兰和丹麦，对空间规划系统的全面改革最为突出。在上述背景下，各国政府都明确提出了大都市化、发展主义的空间规划方案，通常与新的、以增长为导向的国家城市政策结合起来。而且在每种情况下，空间规划制度的尺度重构都被认为是对加剧的欧洲和全球空间竞争压力的必要政治反应。

• 从 20 世纪 90 年代中期开始，《德国空间规划法》被彻底地重新定义，并通过《空间规划政策导向框架》和《空间规划政策实施框架》引入了一种新的国家空间规划方法。《德国空间规划法》《空间规划政策导向框架》和《空间规划政策实施框架》强调城市-区域而不是整个国民经济是空间规划政策的关键地理目标。与早先侧重于工业增长的均等化和克服国家领域内的空间差异形成鲜明对比的是，这些政策举措将城市领域竞争力问题作为国家空间规划的核心重点而给予优先考虑。根据《空间规划政策导向框架》的要求，需要进行空间规划的区域化，因为“主要城市-区域是国家领域空间发展的增长引擎”(BMBau 1993a：6)。因此，加强“内生区域能力”被视为增强德国及其区域作为投资地点的竞争力的适当手段(BMBau 1993a：13)。《空间规划政策实施框架》加强了对区域层面的关注，参考了相同的经济重体系点，并划定了六个“欧洲级大都市区”，即柏林-勃兰登堡、汉堡、慕尼黑、莱茵-美因河、莱茵-鲁尔和斯图加特，作为经济、社会和文化发展的引擎(BMBau 1995：27—29)。

至关重要的是，这些新的空间规划方案不仅在最大的都市圈中得到了应用，而且在密集的城市化地区也得到了应用。为此，《空间规划政策实施框架》引入了一个创建“城市网络”的项目，该网络将把中小规模的德国城市和城镇的社会经济资产捆绑在一起，旨在建立起更大、更具国际影响力的区域集群，以进行经济规划和产业发展。

尽管问题重重的社会领域“均等化”仍然是这种尺度重构的国家空间规划方法的核心，但这个问题从根本上已被联邦政府重新定义了，因为政府以提高主要城市-区域的领域竞争力为优先发展事项(专栏 5.11)。

专栏 5.11　重塑地理发展不平衡的政治：统一后的德国空间规划案例

我们应如何组织国家的空间结构，以确保该位置相对于欧洲和世界其他地区的经济竞争力？这是中心问题，随着全球化进程的继续，这一问题将更加明确。

联邦空间规划部长克劳斯·托弗(1998:19)

传统上，德国空间规划的再分配议程被认为是为了执行《德国联邦宪法》第 72 条，该条要求在全国范围内“生活条件的统一”(Väth 1980:152—159)。然而，德国统一后对国家空间规划的再定义产生了对这一要求的全新理解。尽管在国家空间规划的官方论述中，社会-领域平等的优先地位仍然被正式接受，但其实质性的政治和地理内容从根本上被颠倒过来。在战后时期，生活条件的平等被认为需要在整个国家领域上复制某些最低限度的基础设施条件和服务水平。相比之下，统一后，生活条件均等化工程越来越等同于加剧的国家内部地理差异化和地方经济专业化。1993年的《空间规划政策导向框架》最清楚地表明了这一根本性的政策逆转,该框架认为:"只有通过协调一致地推进自力更生的区域发展轨迹,才能长期缓解空间不平等。"(BMBau 1993a: 21)类似的,1993年的空间规划报告通过区分区域条件的"等价性"和"相似性",重新定义了"空间均等"的概念:

> 生活条件的等价性不应与它们的相似性混淆。必须保持足够的机动空间,以实现不同的轨迹以及自下而上的主动性。国家不能保证所有领域的均等化,而只能为有利于自力更生的区域发展的投资和规划(尤其是在基础设施领域)提供援助(DB 1994: 2)。

因此,统一后的德国,将增长从核心工业区扩展到"落后"的外围地区的传统福特主义问题,被旨在区分专业化的城市-区域的国家经济空间的各种政治倡议所取代。每个城市-区域都有其独特的地方特定的区位优势、发展轨迹以及在国际空间劳动力分工中的位置。

总而言之,这些政策调整需要对西德自20世纪60年代中期引入的国家空间规划进行最全面的重新配置。在这个新的框架内,国家内部不平衡空间发展被理解为地方和区域经济专业化的必要表现,因此被视为国家竞争力的适当地理基础,而不是阻碍可持续的宏观经济增长。而在德国统一之后,国家空间规划已经被重新定义——从缓解国家内部领域不平等的政治机制到一种城市区位政策,旨在增强德国主要城市-区域在全球和欧洲资本循环中的竞争地位。

· 同样的，在荷兰，战后空间规划框架——目的是城市化空间扩散越过兰斯塔德西部集聚区——自20世纪80年代后期以来已被彻底扭转。这些调整是通过两项主要的国家空间规划启动的，即1988年的《第四次空间规划报告》和1990年的《第四次报告附加报告》（荷兰语首字母缩写为VINEX）。这些新的国家空间规划框架将兰斯塔德特大都市带指定为国家经济增长的区域引擎，并在此基础上提倡将社会-经济资产、先进的基础设施和资本投资系统地集中到该地区（Faludi and van der Valk 1994；Tömmel 1992）。它们的目标是发展一种"在有限数量的兰斯塔德城市进行引资的国际竞争环境"，同时鼓励荷兰主要区域经济体"充分利用自己的特定资产"（Galle and Modderman 1997：15—16）。在这种情况下，空间规划被转变为"区位因素的经济政策"，首先根据"潜力"对"地区、城市-区域和区位"进行评估和分类，作为针对公司、服务和家庭这些"目标群体"而预先选定的区位环境（Vermeijden 2001：223）。因此，除了将九个专门的"城市节点"划定为经济增长的主要空间单位外，《第四次报告》还引入了"基于自身资产优势的区域"这一概念作为核心战略，以促进主要区域经济体尤其是兰斯塔德和荷兰中部城市圈中各县国际化的竞争性投资。

VINEX于1990年推出，大大扩展了《第四次报告》的主要政策议程（Faludi and van der Valk 1994；MVROM 1988，1991）。VINEX提出在主要口岸（鹿特丹港口和阿姆斯特丹的史基浦机场）和其他"关键地点"上大量投资，这是"刺激具有国际竞争力的大都市商业氛围并吸引新企业进入兰斯塔德的关键前提"（Staalduine and Drexhage 1995：192）。同时，九个城市"先头部队”被划定为荷兰国民经济的主要增长集群。VINEX最终放弃了在全国范围内促进分散式增长的早期政策，转而采用一种新的“紧凑型城市”方法，该方法旨在将密集的城市增长集中在现有定居点和交通走廊附近。VINEX还概述了各种“关键项目”，通过这些项目，将大规模的基础设施投资定向到主要城市-区域的战略位置。此外，VINEX还划定了十个受空间和环境政策共同影响的区域，以规范战略性社会经济场所的领域发展。最后，像《第四次报告》一样，VINEX在整个兰斯塔德尺度上推广了新形式的空间规划、基础设施投资和社会经济政策，以增强该地区在欧洲和世界市场上的竞争地位。通过这种方式，在城市、大都市和区域范围内启动密集定制的、针对特定地点的区位政策，成为荷兰空间规划的首要议程之一。

• 到20世纪80年代后期，丹麦的空间规划也发生了同样根本性的变化。哥本哈根经历了十年的工业衰退和失业加剧之后，1989年的《国家规划报告》指出，当前情况不再适用于追求以前的“区域平等原则”(Andersen and Jørgensen 2004:4)；因此，“适当的多样性”的目标取代了“平等”的目标，成为国家空间规划的首要任务(Jørgensen, Kjœrsdam and Nielsen 1997:47)。此后不久，中央政府的所有区域补贴和激励规划立即终止。区域政策的依据从解决区域间不平等问题转变为增加每个地区对国民经济竞争力的贡献(Halkier 2001:328)。1990年，丹麦国民议会就哥本哈根作为全球和欧洲未来经济中心展开了辩论，丹麦国民政府随后针对空间规划引入了一种新方法，旨在促进城市-区域，特别是哥本哈根及其周边大都市圈范围，作为整个国民经济的增长引擎。在这种情况下，总理普尔·施卢特提出将哥本哈根转变为“斯堪的纳维亚的权力中心”(Hansen, Andersen, and Clark 2001: 858)。1992年的

《空间规划报告》和《丹麦 2018》启动了各种大型基础设施项目和规划方案，旨在提高哥本哈根和跨国的欧瑞斯塔地区的城市领域竞争力和超国家联系（MoE 1992）。特别是保守党-自由党中央政府建立了一个新的、面向商业的大都市发展委员会和一个欧瑞斯塔发展公司，负责促进中心城市和机场之间大片土地上的城市发展。此外，中央政府将公共资源用于哥本哈根码头区的重建、一条新的地铁线路以及 Sound Link 的建设。Sound Link 是连接哥本哈根和瑞典马尔默的隧道桥梁结合体（Andersen and Jørgensen 1995：19—20）。这些新的制度形式和基础设施架构标志着丹麦空间规划早期再分配工作的重点反转和城市发展新方法的巩固，这是一种战略工具，目的是吸引投资，以获得相对于欧洲其他城市-区域更好的竞争地位（J. Andersen 2003：98）。由于这种根本性的政策调整，哥本哈根在不到五年的时间内就从“城市问题转变为国家资产”（Andersen and Jørgensen 2004：4—5）。

与德国、荷兰和丹麦的情况相比，意大利、法国和英国的国家空间规划系统的变化产生于全国范围的全面调整，而不是通过国家监管改革与不同的地方和尺度特定的政策举措的互动引发。虽然这种互动的后果因国家和地方情况而异，但通常导致在这些国家/地区中不同的次国家级的制度形式、监管安排和规划技巧越来越差异化。此外，在此期间，在意大利、法国和英国启动的许多按地方和地区特定的空间规划和城市政策倡议，都被明确地证明是增强主要城市-区域国际竞争优势的手段。这样的地方和区域特定的规划改革“戳穿”了旧的国家空间规划系统。它们通过引导社会经济资产、重大基础设施投资和公共事业，将资源分配到指定的城市节点，这些节点进而战略性地嵌入欧洲和全球经济网络中。20 世纪 80 年代后，在欧洲三个主要的全球城市-区域（米兰、巴黎和伦敦)，空间规划演变为一种城市区位政策的形式清楚地说明了这些趋势。

• 自 20 世纪 90 年代初以来，随着一系列针对地方政府重组、大都市体制改革和城市经济增长的国家法规的通过，意大利空间规划的制度格局得以重组。在过去的十年中，对梅佐焦诺的"非常规干预"时期已经终止；许多国有企业被私有化。1991 年，废除了卡萨 • 伊尔 • 梅佐焦诺，取而代之的是南部的本地当选政府。尽管再分配的区域政策并未完全被放弃，但后来又采纳了全新的发展主义的空间政策和基于区域的倡议，以增强意大利主要地方和区域经济体的国际竞争地位(Gualini 2001)。特别是自 20 世纪 90 年代初以来，为了在战略性地方经济中促进公私合作、部门间网络化和领域识别，引入了"领域条约"(Gualini 2001：760)。因此，专门化的城市和区域的"豹皮"(leopard skin)模式取代了传统上具有激励性的意大利区域政策传统的北/南经济地理(Bozzi 1995)。

与这些国家改革相结合，在 20 世纪 80 年代，米兰引入了许多明确的企业家地方规划倡议。这些倡议基于临时的、面向工程的国家干预模式，而不是全面的法定规划。本地空间规划的这种根本性转向催生了瓜利尼(Gualini 2003：272—273)所说的"非常规"决策形式，使米兰处于意大利规划领域特殊的"非常规"位置。首先，许多地方领域机构针对大型发展和基础设施项目引入了"积极、灵活的城市现代化方法"，其中包括马尔彭萨机场、加里波第共和金融区、博览会区、区域铁路系统、米兰证券交易所、比可卡大街以及各种较旧的工业用地，旨在提升"米兰在欧洲城市体系中的核心功能"(Gualini 2003：273—274)。其次，在伦巴第引入了新的地区法，"偏离了实现领域平衡的目标"，旨在"增强和国际化"该地区的经济发展能力(Bozzi 1995：278)。第三，米兰省(其监管能力通过1990年国家法律得到了加强)引入了省级社会经济规划,该规划意在扩展的大都市圈内部协调经济发展政策、企业间关系和职业培训。更普遍地说,20世纪80年代之后见证了"公共、公平的城市保护"模式的结束,取而代之的是一种新的空间规划形式,旨在"鼓励所有与私人开发商和商业世界合作的机会",被视为克服公共部门效率低下并在国际上与其他城市竞争的唯一途径"(Balducci 2001:160)。

· 1986年《吉查德报告》发表后,法国国家空间规划机构DATAR越来越多地参与提高城市和地区领域竞争力的活动(Biarez 1994)。法国不同地区现在参考其在欧洲经济中的结构地位以及与欧洲其他主要地区竞争的相对能力进行分析。中央政府引入了一种新的空间规划和城市政策机制,鼓励地方和地区官员制定经济发展项目,从而战略性地将法国主要城市定位在欧洲空间经济中(Newman and Thornley 1996;Biarez 1994)。由于强调了欧洲背景下的地方经济竞争力以及相对分散的实施方式,这项新的"空间规划倡议"破坏了与战后都市均等化项目相关的集中式再分配议程。中央政府放弃了长期以来根深蒂固的假设,即巴黎的增长以牺牲法国其他大都市区为代价,并开始更直接地承认"巴黎大都市圈与伦敦、东京和纽约的竞争中作为世界级城市的特殊需求"(Lefèvre 2003:292)。确实,巴黎现在越来越被认为是"整个国民经济的火车头"(Biarez 1994:200)。

在这种背景下,巴黎地区的区域规划在20世纪80年代后期通过国家和地方政府磋商协作而得到了更新。在布吕内(Brunet 1989)发表了关于欧洲"蓝香蕉"的DATAR报告之后,法国政治经济精英开始接受这样的观点,即法兰西岛地区需要进一步的经济增长和空间扩张才能在"欧洲大都市带"的竞争中超越伦敦

(Lipietz 1995:147)。布吕内著名的“蓝香蕉”代表了一种有影响力的尝试，目的是绘制单一欧洲市场对城市和区域系统未来的影响。城市体系现在被视为由紧密关联且具有全球竞争力的大都市中心组成的跨国网络，周围遍布着许多外围工业区和边缘地区。“蓝香蕉”区域被认为是强化的经济活力、加速的技术创新、高技能的劳动力以及先进的基础设施，这些优势完全适合跨国公司的活动。因此，1990 年，最初的区域规划建议《法兰西岛白皮书》，促进了高速交通基础设施、高科技产业和跨国公司总部在巴黎地区的集中。在全国和地方广泛的辩论之后，以及社会主义者在全国选举中的失败，进而提出了一个折中的解决方案，即《大盆地战略》，随后获得通过(Burgel 1997)。由此产生的《大盆地宪章》于 1994 年获得中央政府的批准，旨在将法兰西岛城市核心地区的持续增长与溢出发展的通道整合到历史悠久的中型城市圈——超越中部地区行政范围的超级新星(Lipietz 1995:151)——包括沙特尔、德勒、埃弗勒、博韦、克里尔和贡比涅。国家对促进巴黎地区集聚经济增长的新承诺在 2000 年得到进一步巩固，放弃了长期以来在巴黎地区设立公司必须获得中央政府许可的授权程序(Lefèvre 2003)。

• 20 世纪 80 年代后，英国旧的区域和空间规划体系越来越多地被特定地方和尺度背景以及地方经济发展优先权的各种政策举措所覆盖(Wannop 1995)。在 20 世纪 80 年代，撒切尔中央政府引入了许多放松管制、以市场为导向的城市规划项目，并积极推动伦敦成为全球和欧洲的金融中心。在包括伦敦、加的夫、谢菲尔德、布里斯托、利兹和曼彻斯特的部分地区在内的各种战略性城市-区域建立了城市发展公司、工业区和简化规划区。这些本地化的监管试验绕过了传统的规划规则和民主责任制的地方传递，同时为房地产开发商提供了重要的投资诱因，例如简化的决策结构、简化的规划法规和免税政策(Gaffikin and Warf 1993)。从 20 世纪 90 年代初期开始,一系列新的国家城市政策(包括“城市挑战”“城市自豪感”和“单一更新预算”)为城市更新引入了更具包容性、面向社会和基于伙伴关系的城市发展方法,但仍延续了通过促使地方制定经济发展战略并竞争性地竞标中央政府的资金,来确定城市发展公司的监管议程(Davoudi and Healey 1995;Ward 1997)。

在同时实行行政集权化、制度分散化和经济去管制的国家背景下,伦敦地区的空间规划得到了重大重组。尽管在 20 世纪 70 年代中期已经放弃了区域分权的目标,但随后的十年见证了更加协调一致的国家和地方政治战略的联合,这些战略旨在促进整个伦敦大都市区的经济增长、地方企业家精神和房地产的再发展(Gordon 1995)。1986 年中央发起的“金融大爆炸”放松了对主要金融服务行业的管制,旨在加强伦敦金融城相对于欧洲其他金融中心的战略优势地位。但是,在 1986 年大伦敦理事会被废除之后,扩展后的伦敦地区的空间规划分散在各个机构之间,包括中央控制的环境部、伦敦和东南地区规划协会、伦敦规划咨询委员会和伦敦港区发展公司。1991 年,由伦敦规划咨询委员会和其他地方政府机构委托撰写的一份报告《伦敦:世界城市》,概述了各种助推器战略和政策措施,通过这些战略和政策措施可以增强伦敦的全球和欧洲竞争优势(LPAC 1991)。随后,相对于欧洲其他大都市区而言,伦敦缺乏战略规划被视为区位劣势,而伦敦地区的体制分裂在 20 世纪 90 年代的发展过程中起到了负面作用。新的本地促进机构如“伦敦论坛”和“伦敦优先”,随着 1992 年发起的“城市自豪感”规划被建立起来,制定了更全面的城市规划和经济发展计划,其目的是“确保伦敦作为欧洲唯一的世界城市”(Thornley 2003:48)。21 世纪初期,在肯·利文斯通领导下新成立的大伦敦管理局的支持下，这一呼声得到了强调，肯·利文斯通的空间规划项目也同样强调了提升伦敦作为世界城市角色的必要性。①

总之，就像战后的国家再分配空间规划政策积极推动了凯恩斯主义福利国家的普世主义政治议程一样，20 世纪 80 年代后的尺度重构、都市化的空间规划框架也为发展主义、后凯恩斯主义竞争型国家体制以增长为导向的计划做出了重要贡献。为了追求在欧洲和全球资本循环中增强国家竞争优势的目标，整个西欧的后凯恩斯主义竞争型国家都试图建立新的空间规划方法，以重新集中社会经济资产、先进的基础设施，以及在最具国际竞争力的城市-区域内进行跨国资本投资。空间规划已成为此类城市区位政策的基本制度机制，因为它为所有地理尺度的国家机构提供了针对特定地点和特定地区的政策工具，通过这些工具将发展能力引导至战略性城市-区域。加勒和莫德曼（Galle and Modderman 1997:15）对 1990 年荷兰 VINEX 法的评论据此提供了在 20 世纪 80 年代后将国家空间规划转变为城市区位政策形式的更普遍适用的摘要：空间规划无法确定经济活动应该在哪里进行，而过去这种做法被证明是无效的。相反，它将支持该国经济上具有吸引力的地区的进一步发展。

分散的基础设施网络、城市的超大工程以及监管空间的尺度重构

我们开始见证，新的高性能城市基础设施在 20 世纪 30 年代至 20 世纪 60 年代间建立的似乎固有的、普遍的，通常是

① 参考 Gordon 1999；Newman and Thornley 1997；Thornley 2003；Syrett and Baldcock 2003。

> 公共垄断网络上的覆盖和改造的不平衡。同时，由于私有化和自由化广泛作用的结果，支持“推出”电力、运输、通信和供水网络，以实现普遍存在的所谓的标准化目标的各种政治和监管制度，在许多城市和州正在被“拆散”甚至“分裂”。这就是一系列“高级网络空间”的不均衡浮现：新的或翻新的运输、电信、电力或用水基础设施，专门针对功能强大的用户和空间需求量身定制，同时绕过功能较弱的用户和空间。
>
> 斯蒂芬·格雷厄姆（2000：185）

如上一章所述，国家、区域和地方政府机构长期以来在西欧主要城市内部和之间的大规模交通、通信、公用事业和发展基础设施的建设中发挥了核心作用。战后时期，这种国家规划、国家资助的基础设施建设，在建立福特主义的城市生产体系、巩固国有化的城市等级制度，以及将城市纳入凯恩斯主义福利国家的国有标准化、集权化监管体系中，起着至关重要的作用（Graham and Marvin 1995）。但是，在20世纪70年代的空间凯恩斯主义危机之后，这种旧的城市基础设施供给模式系统变得不稳定。随着城市生产系统、土地利用综合体和北大西洋福特主义秩序的公共基础设施的日益陈旧，地方、区域和中央政府面临着建立新的领域基础设施的问题，跨国和地方资本都可以通过基础设施追求利润。

上述西欧空间规划系统的转型，不仅旨在振兴主要的集聚经济体，而且将具有全球竞争力的资本投资引导至战略性城市地点。此外，空间规划的尺度重构通常与协调一致的国家空间战略交织在一起，以构建定制的、高性能的技术基础设施，用于欧洲主要城市-区域的电信、能源供应、交通运输和经济发展。这些基础设施包括全球性的电信枢纽、国际航空港和海港、“有线”技术园、高速铁路以及国际电力、天然气和水的供应网络(Graham 2000:188)。鉴于在加强的地缘经济相互依存条件下无缝的、不间断的、长距离地理连接的重要性(Castells 1996;Sassen 1991),这些先进的技术基础设施已成为20世纪80年代后所有主要资本类别中高度重要的区位因素。有鉴于此,国家制定战略来生产格雷厄姆(2000:185)所说的“高级网络空间”,在西欧变得越来越普遍,即城市空间基础设施,“专门针对功能强大的用户和空间需求量身定制,同时绕过功能较弱的用户和空间”。

如图表5.11所示,这种加强动员国家、区域和地方国家机构来生产优质网络基础设施的构想,已经从普遍存在于福特-凯恩斯主义时代的公共基础设施的国有化模型上有了根本性的突破。的确,尽管私有化、市场主导投资的新自由主义言论笼罩着关于这些新近建立的高性能基础设施的主流讨论,但实际上,在整个西欧城市体系中进行建设的前提是各种密集的国家监管运作。可以肯定的是,由于主要公共产品的国内和国际市场的开放和放松管制,私人公司已更直接地参与了大规模优质基础设施网络的建立和运营。大多数情况下,通过承担或分担其主要财务风险;通过将大量的公共资源用于其融资;通过建立针对特定地点和项目的监管安排来促进其实施、有效运营并有盈利能力,政府和准政府机构在此类基础设施项目的规划、融资、建设、管理和促进中都处于关键地位(Swyngedouw, Moulaert, and Rodriguez 2002)。这种以基础设施为导向的国家空间工程和国家空间战略的总体目标是削弱旧的垄断的、再分配的和具有社会包容性的监管安排,同时积极推动政府机构通过“选择性放松管制、剥离繁文缛节和投资‘伙伴关系’来建立新的资本积累的目标空间”(Swyngedouw, Moulaert, and Rodriguez 2002:200)。因此,与福特-凯恩斯主义时期盛行的对公共基础设施提供技术专家、全面的和普遍化的方法形成对照的是，出现了制度分离、市场导向、区位选择性和空间分散的模型，其中“规划人员和城市管理机构与(通常是私有化的)网络运营商合作，争取为其专业区域提供最佳的网络基础架构”(Graham 2000：191)。

图表 5.11　国家空间战略和大规模基础设施架构的生产

	标准化的公共基础设施垄断 (20 世纪 60 年代至 20 世纪 70 年代)	优质的网络化基础设施架构 (20 世纪 80 年代至今)
主要提供者	提供公共物品的国有公司	地方、国有和国际私营公司与国家和准国家机构在多个空间尺度上的合作(公私伙伴关系)
主导方向	国民经济发展，供给驱动	高端的、需求驱动的市场；目标是提高战略城市-区域在欧洲范围和全球尺度上的联系水平
监管的类型	中央政府对上市公司的指导和内部管理	放宽对欧洲和本国市场的管制和开放；国家、区域和地方政府机构继续为生产新型网络基础设施提供重要的监管、制度和空间前提条件
国家监管部门的目标	以标准关税提供普遍服务；使用标准化技术促进全国范围的覆盖	通常通过将先进的技术基础设施系统地引导到主要的全球和欧洲城市以及高速的城市间交通网络来增强区域竞争力
生产-经济的维度	国民经济发展，区域间均等，规模经济	调整关税、再商品化、促进地方和区域增长、进行交叉投资：目标是促进特定的城市-区域成为全球和欧洲资本流动和运输网络中的关键节点

续　表

	标准化的公共基础设施垄断 （20 世纪 60 年代—20 世纪 70 年代）	优质的网络化基础设施架构 （20 世纪 80 年代—至今）
社会消费的维度	通过国内大众市场在全国范围内普遍获得标准的社会服务	随着新形式的连通性和脱节性的产生，欧洲、国家、区域、城市和城市内部的社会两极分化加剧
城市发展的角色	促进国家社会空间凝聚力和区域间再分配	在整个欧洲城市体系中促进政治经济空间的碎片化和不平衡地理发展的加剧

来源：Graham and Marvin 1995:174;Graham 2000。

列斐伏尔（2003a:90）将国家、区域和地方政府机构这种质的转变总结为“大规模的空间生产”，可以概括如下：

- *城市区位政策的首要地位*。国家基础设施建设的首要目标，不再是通过在全国范围内均匀分布的公用事业、通信和运输网格的地理“推出”来提供通用的标准化的公共服务。相反，国家、区域和地方政府机构已经构建了定制的、高性能的、针对特定地点的基础设施配置，作为城市区位政策的关键机制，也就是作为一种增强选定的城市-区域领域竞争力的手段。尽管这样的项目经常被认为对国家、区域和城市居民是合理的，因为它们的利益最终将以新的就业机会和投资形式产生涓滴效应，但最重要的是，这些项目的优先考虑因素是在划定的城市区位内促进领域竞争力，而不是在任何空间尺度上的再分配问题（Graham 2000；Healey et al.1997）。
- *尺度重构的地理*。国家基础设施供给的地理已被尺度重构。正如我们在上一章中看到的，凯恩斯主义的福利国家试图在其领域上尽可能平均地扩展公共基础设施。相比之下，20 世纪 80 年代以后的国家在建设高级基础设施架构的空间战略中，主要的社会经济资产和公共资源重新集中到某些目标城市-区域或城市间走廊中，而这些区域或城市走廊最优化地定位在欧洲和全球资本主义网络中(Graham and Marvin 2001, 1996)。这种国家空间战略的尺度重构通常还带来了城市建成环境的重大转变，因为对目标城市的地块进行了重新估价，拆除或改造了现存的建筑物，并建造了全新的建筑群，以提供适当的“非本地化”的物理-技术空间，用于先进的、高性能的基础设施架构。

• “例外”空间的规范化。与福特-凯恩斯主义时期出现的全面的、相对标准化的、分层的嵌套土地利用规划相反，优质的基础设施网络以新的战略性规划安排为基础，这些规划安排允许灵活的、针对特定地点的决策程序、资金计划、分区规格、规划准则和监管技巧。通过这种特殊的、区位划定的规划机制，高性能的基础设施可以从直接的地理背景和监管环境中“解绑”，而更直接地嵌入超国家的电信、运输和商业网络中。当然，在某些情况下，甚至在之前，就已经启动了这种例外的、针对项目的规划机制，例如，建设国家机场或战略性军事设施，这些机制在城市基础设施和经济政策作为重要工具之后，在过去二十年中它们已变得越来越规范化(Healey et al.1997)。

• 新的制度架构。无论是从组织上还是地理上来说，国家基础设施供给所依据的制度安排都变得越来越复杂。在福特-凯恩斯主义时期，主导基础设施建设的集体公共垄断通常是建立在相对透明、依法编纂的国家官僚体系中。相比之下，优质基础设施架构的建设是以(国家、区域和地方)政府机构与私人资本之间新的“伙伴关系”和“合作”形式为前提；分配给特定地点、特殊目标的准国家机构，目的是促进特定的开发项目。这些特殊目标的发展机构已经在西欧城市景观中变得越来越普遍，这至少是因为“它们可以承担为战略经济空间配备高质量基础设施的任务，而不会面临繁重的政治挑战或交叉补贴和领域均等的迫切需求”（Graham and Marvin 2001：310）。这些新制度架构的空间边界通常是根据相关基础设施投资的空间边界来定义的，但它们涉及多个级别的政治权威的相互作用，包括欧洲、国家、区域和地方政府机构（Moulaert，Swyngedouw，and Rodriguez 2003；Motte 1997）。

- 民主问责制的收缩。在欧洲许多城市-区域，优质网络基础设施的建立导致了对城市发展过程中延续的民主控制的收缩。许多参与规划、建设和管理高性能基础设施架构的政府机构和准政府机构，不是通过正式的代表和公众责任渠道运作，而是由规划“专家”、商业和法律顾问、助推企业精英，以及国家和地方的其他“权力经纪人”主导。因此，这些机构通常会接受政治上不负责任的国家、区域和地方增长联盟的议程，同时排除被其决定最直接影响的地方选区的关注（Swyngedouw，Moulaert，and Rodriguez 2003，2002）。

自 20 世纪 80 年代初以来，在整个西欧各种类型的城市-区域中，从全球城市、国际金融中心以及主要的运输/物流节点到高技术生产中心、振兴的制造业区，甚至衰退的工业区，优质基础设施架构的建设与国家空间的尺度重构之间的相互作用已十分明显。在每种情况下，为通信、运输、公用事业供给和经济发展而构建的高性能新基础设施，都被认为是在超国家资本循环中维持、增强或复兴特定城市（或其一部分）竞争优势的一种手段。而且，在每种情况下，都已推广了新的、经过尺度重构的国家监管安排，作为建立和有效运行此类基础设施架构的关键政治制度前提。以下示例说明在西欧许多主要城市中，尺度重构后的国家机构作为融资者、生产者、监管者和优质的高性能基础设施网络管理者的角色。

· 欧洲里尔交通枢纽。欧洲里尔是一项大型城市发展项目，其中心是法国西北部工业化的北帕斯德加莱地区战略高铁的交汇处。沿着欧洲北部两条主要铁路线（包括通过多佛尔海峡隧道将法国连接至英国的高铁线）进行的这一交汇规划，是在里尔市长皮埃尔·毛罗伊和当地游说团的努力下于 20 世纪 80 年代后期启动的。他们的共同目标是“将里尔改造成后工业化的高科技服务城市”（Levine 1994：396）。因此，除了具有跨国物流功能外，还打算通过各种大型项目来刺激城市和区域尺度内的经济发展，这些大型项目包括办公楼、购物和酒店大楼，以及雷姆·库哈斯指导下设计的会议中心（里尔大皇宫）。欧洲里尔基础架构的建设是基于公私合作伙伴关系。欧洲里尔的公私合作由毛罗伊领导，由私人利益相关者（包括法国国家铁路公司、地方商会以及各种本地和外国银行）和各种公共机构（包括主要的地方市政当局、北方部以及许多地区性机构）组成。尽管欧洲里尔的各个要素已嵌入国家机构定义的总体规划中，但它们已经通过地点特定、基于项目、面向发展和半自治的制度形式在“地方政府官僚机构的限制之外”实施和管理（Newman and Thornley 1995：243）。[①]

· 厄勒海峡通道和哥本哈根的弗雷斯德。在分隔丹麦哥本哈根和马尔默的水路上，修建横跨厄勒海峡的桥梁和隧道的提议始于 20 世纪 60 年代。厄勒海峡通道的提案在 20 世纪 80 年代后期由欧洲工业家理事会重提，随后在 1991 年被丹麦议会具体化和批准。在这种情况下，厄勒海峡通道被视为创建了一个新的、动态的“跨

① 该叙述借鉴了 Newman and Thornley 1995；Levine 1994；Salin and Moulaert 1999a，b。

境学习区”的基础设施基础。这个学习区基于一系列先进的研发密集型产业,并由当地大学、商学院和研究机构组成的网络推动(Maskell and Törnqvist 2000)。这条铁路/公路结合线预计耗资117亿丹麦克朗(按1990年价格计算),是“世界上最大的跨国基础设施项目之一”(Flyvbjerg, Bruzelius and Rothengatter 2003: 13)。在厄勒海峡丹麦一侧,桥梁/隧道连接的建设也与位于弗雷斯德陆地网格上的大型旗舰城市开发项目相关联,该项目位于哥本哈根市中心和跨境航道中间的阿玛格岛。弗雷斯德规划作为一个高性能的、以知识为基础的城市节点,在该节点中,教育机构、技术先进的办公大楼和轻工业将沿着战略交通轴聚集;它的建设也与哥本哈根地铁系统的大扩展紧密地交织在一起。

正如上面讨论的丹麦国家空间规划的尺度重构分析中所指出的,大哥本哈根地区这些新建的优质基础设施项目已经通过针对特定地点、定制的制度形式、特殊的规划安排以及公私合作关系得以实施。因此,厄勒海峡通道项目导致在1993年成立了一个新的合作规划组织——厄勒海峡委员会,该组织致力于促进整个边境地区的区域和地方政府机构之间的监管伙伴关系,通过欧洲区域合作计划(INTERREG)游说欧盟委员会寻求资金支持,更广义地说,是将该地区作为欧洲一体化经济中具吸引力的投资地点进行市场推广。[①] 同样的,弗雷斯德开发公司(ODC)成立于1992年,是一家由国家机构控股的自治公司(大哥本哈根市和财政部、交通部这两个国家部门)。ODC以英国城市发展公司(UDC)为模板,并“基于国家、区域和市级层面,以熊彼特式战略增长政策”为导向

① 参考 http://www.oresundskomiteen.dk/english; http://www.oresund.com/oresund/welcome2.htm, accessed 13 Feb. 2004。

(J. Andersen 2003:103)。尽管在20世纪90年代后半期私人投资水平相对较低且债务水平不断上升,但ODC仍试图通过出售新增值的城市土地为新的弗雷斯德基础设施提供资金;它在弗雷斯德区的边界内创建了一个特殊的、特定计划的规划项目,规避了传统的当地土地使用法规,并为在整个大哥本哈根地区的城市治理中采用企业家、发展主义者的方法做出了贡献。[①]

· 伦敦港区。如上所述,20世纪80年代初期,撒切尔政府在英国衰落的城市-区域建立了UDC。最大、最著名的是在伦敦港区,这是一个废弃的港口区,毗邻该市东部边缘的泰晤士河。尽管三个地方自治市(塔哈姆雷茨、南华克和纽汉)在法律上拥有6500英亩的土地,但对当地土地使用的自由控制权已移交给了准自治的非政府组织,即伦敦港区发展公司(LDDC),从而承担了规划和开发该地区的主要责任。在LDDC由中央任命的开发商和企业精英主导的情况下,港区的地方发展实际上"脱离了地方政府的选举轨道,交给由中央任命的、由中央负责的选举人手中"(Duncan and Goodwin 1989: 133)。英国中央政府在LDDC中投入了大量的财政资源——在1981—1990年期间,它获得了11个UDC分配的援助拨款总额的59%以上(Deakin and Edwards 1993: 98)。港区项目旨在用先进的运输、电信和开发基础设施取代整个港口区域的废弃用地,以增强伦敦在全球和欧洲的竞争优势。因此,在加拿大开发商奥林匹亚和约克监督的金丝雀码头,LDDC安装了许多大型的优质基础设施,包括定制的轻轨线、小型机场、两个电信站、专用能源和高速公路入口通道、叠加的光纤网格以及大型的高科技

① 这个解释基于J. Andersen 2003;Hansen, Anderson, and Clark 2001;Maskell and Törnqvist 2000;Jørgensen and Anderson 2002;Jørgensen, Kjœrsdam, and Nielsen 1997。

办公室开发综合体。因此，正如格雷厄姆和马文（2001：323）所说，港区可以被视为一种国家协调战略的物质产品，意在为全球金融服务业创造“新包装景观”①。

- *兰斯塔德的主要港口和机场。*自20世纪80年代后期以来，荷兰中央政府已投入大量公共资源来升级、扩展和推动建设该国两个最重要的基础设施站点或“主要港口”，即阿姆斯特丹附近的史基浦机场和鹿特丹深海集装箱海港。随着单一欧洲市场的巩固，荷兰的主要港口都面临来自欧洲其他主要地区的竞争压力，这些主要地区包括伦敦（希思罗机场和盖特威克机场）、巴黎（奥利机场和戴高乐机场）以及法兰克福，这些是史基浦机场的主要竞争对手；就鹿特丹港口而言，竞争对手是安特卫普和汉堡。因此，在20世纪90年代，荷兰国家经济政策的一项主要举措是促进荷兰成为“集散地”，专门从事通过欧洲市场进行欧洲货物的运输，在每个主要港口内建立高性能的物流基础设施。如上所述，将主要港口发展成主要的全球和欧洲物流节点，是通过《第四次报告》（1988）和VINEX（1990）启动的重新规划《空间规划倡议》的明确议程。这些政策还促进了兰斯塔德地区的许多其他优质基础设施项目，包括铁路货运专线贝图维线、高铁南线、阿姆斯特丹的Sloterdijk传送港、南部轴线和东部海港、鹿特丹的Kop van Zuid片区和海牙的新中心。

---

① 该解释借鉴了Brownill 1999，1993；Deakin and Edwards 1993；Fainstein 1994；Graham and Marvin 2001：323—327。尽管20世纪90年代初奥林匹亚和约克（一家总部在多伦多的房地产开发公司，主导了金丝雀码头金融区的早期开发）倒闭，但狗岛的房地产市场在90年代的后半期显著复苏，私人投资随后得以复兴（Fainstein 2001）。LDDC于1998年在布莱尔政府的领导下被逐步淘汰，取而代之的是一系列继任机构，包括当地行政区、英国合伙企业和伦敦发展署（请访问http://www.lddc-history.org.uk/，accessed 13 Feb. 2004）。

兰斯塔德的这些公共基础设施项目与引入新的、针对特定地点的政府间协调和公私伙伴关系密切相关。主要港口和机场被指定为“国家重要项目”，并在此基础上引入了定制的规划政策、特殊用途的开发机构以及公私伙伴关系。随之而来的是，在 20 世纪 90 年代，荷兰中央政府建立了各种地方咨询机构、发展媒介以及公私合作伙伴关系，以协调整个兰斯塔德的经济、交通和基础设施政策。其中包括兰斯塔德行政委员会(BCR)、兰斯塔德空间规划顾问(RoRo)、结构投资咨询机构(ORI)，以及最近的兰斯塔德公共机构(OLR)。因此，即使没有与城市-区域规划相关的全面行政改革(见专栏 5.9)，荷兰中央政府在“三角洲大都市”建立优质网络基础设施的项目也与国家机构组织和国家监管活动的重大尺度重构紧密地交织在一起。[①]

正如本次讨论所表明的，优质基础设施网络的生产是由于整个西欧国家空间的尺度重构引起的，反过来又大大增强了这种趋势。因为，在主要城市之内和之间建立和管理优质基础设施网络的过程中，西欧各国已对自己的制度等级及监管干预模式尺度重构。这种经过尺度重构的国家空间及其定制的、专用的和针对特定地点的监管框架，被视为建立和有效运行具有全球竞争力的高性能城市基础设施网格的必要制度前提。从这个角度来看，在西欧主要城市-区域建设用于通信、交通和经济发展的优质的高性能基础设施，不仅仅是要将高度现代主义和福特主义城市盛行的集权化、国有标准化和领域一体化的基础设施架构拆散(Graham

---

① 此解释借鉴了 Frieling 1994; Kreukels 1992; Kreukels and Spit 1990; Premius 1997, 1994; Premius and van der Wusten 1995。

and Marvin 2001)。同样至关重要的是，这种基础设施的建立与国家空间组织旧的框架的差异交织在一起，因为以城市为中心的地方特定监管飞地的拼凑在整个西欧政治版图中分布得不均匀。

结语：有关城市企业家精神、尺度之间的联盟和国家的尺度重构

前面的分析探讨了过去二十年来国家尺度重构的过程与城市区位政策的扩散之间的相互作用。到20世纪80年代初期，在西欧城市-区域相对较小的先锋队中，由地方发展企业家联盟开创了城市区位政策的试验原型。然而，到了20世纪90年代中期，国家尺度重构的过程已经为整个西欧城市体系中这种以竞争力为导向的城市政策议程的跨国概括做出了贡献。同时，城市区位政策在整个欧洲城市体系中的持续传播增加了进一步的政治动机，从而在主要的地方和区域经济体内创造了定制的、地点和尺度特定的国家空间组织形式和国家空间干预形式。这些尺度重构的过程导致了旧的再分配-福利主义形式的领域监管的侵蚀；实行以市场为基础的新形式的地方财政管理、经济政策和地方推销；在欧洲，国家和国家以下各级扩大和加强积极竞争的地区间关系；以及采纳旨在增强主要城市经济体的全球和欧洲领域竞争力的新政治战略。因此，尽管在西欧各国内部和各国之间，以不同的政治和制度形式阐明了城市区位政策，但基本的企业家精神，以竞争力为导向的逻辑，在整个西欧都已被制度化了。我认为，从这个意义上说，城市区位政策的扩散和伴随的国家空间的尺度调整导致了全新的尺度间规章-制度的巩固。在这种情况下，重复利皮耶茨(1994：37)的简洁表述，就是城市越来越被视为“新生产力的温床”。

这并不是说，复杂、多面和激烈竞争的城市治理领域因此被简化为狭义的经济议程，即在超国家资本循环内竞争性地定位城市。相反，我的主张是，提高国际领域竞争力的优先事项已经确定了政治和制度参数，可以在其中阐明城市政策的其他方面。人们越来越多地同时参考经济因素和其他非经济因素。鉴于战后空间凯恩斯主义框架内城市尺度的再分配，集体消费功能起着举足轻重的作用，在 20 世纪 80 年代后新巩固的尺度间规章-制度内，城市区位政策的首要地位代表了显著的政治-制度调整。

本章中对城市区位政策的阐述提出了一个独特的观点，从中可以解释西欧关于企业家城市治理的大量案例研究文献。[①]尽管这种案例研究对我们理解当代欧洲城市做出了重要贡献，但它们倾向于将向城市企业家主义的转变视为本地化（通常由企业主导）对新施加的超国家经济约束的反应物（参见 Jensen-Butler, Shachar, and van Weesep 1997）。相比之下，前面的分析强调了尺度重构的国家空间工程和国家空间战略在促进城市区位政策的启动、制度化和普遍化方面的作用。可以肯定的是，地方经济危机的扩散和城市经济中外国直接投资的增长为地方政治经济精英提供了重要的市场主导的动机，以建立地方性的、发展主义的联盟来应对全球和欧洲的区域间竞争的叙事，并在此基础上引入本地竞争力政策（Cheshire and Gordon 1996）。但是，鉴于以上讨论，还必须结合在此期间形成的国家政治地理、政府间构架和制度格局，来理解城市增长机器和面向竞争的地方领域联盟在西欧的蔓延。

---

① 基本概述参见 Harvey 1989a；Leitner 1990。有关西欧向城市企业家精神过渡的概述，请参见 Hall and Hubbard 1998, 1996；Harding et al. 1994；Jensen-Butler, Shachar, and van Weesep 1997；Jewson and MacGregor 1997；Mayer 1992, 1991, 1990；Moulaert and Demaziere 1995；Stöhr 1990。

因为，正如哈维（1989a：15）所强调的，向城市企业家主义的转变“要求从中央政府到地方政府关系的彻底重建，并从福利国家和凯恩斯主义的妥协中使地方政府的活动获得自由”。这是通过旧的国家空间架构的尺度重构以及对既定的尺度间传递的重新校准而实现的。开放了本地空间的监管试验，可以在整个西欧启动并广泛推广针对特定地点的城市发展战略。

本章中描述的城市区位政策是由植根于各种空间尺度并在各个空间尺度中明确表达的政治联盟引入的。在某些情况下，它们牵涉到欧洲、国家、区域和地方政治经济力量之间错综复杂的尺度间表达，这些试图共同改变城市治理框架，并将公共和私人资源引入战略性城市-区域。在其他情况下，中央政府通常通过绕开现有的市政机构和建立中央控制形式的地方法规来启动城市区位政策，往往利用欧洲一体化进程中产生的战略机遇，本地参与的政治经济联盟似乎在启动城市区位政策中起到了持久的形成性作用。虽然是积极主义者，但企业家市长经常促成这种“地方性”发展体制的形成（如在汉堡、里尔、里昂、米兰和巴塞罗那等城市），上述国家空间架构的尺度重构是其重要的制度条件之一（Le Galès 2002；McNeill 2001）。最后，至关重要的是，要认识到上述的尺度间和地区联盟形成的许多模式是在同一国家制度环境中共存，那么，这里的重点是，城市区位政策是在 20 世纪 80 年代后通过一系列尺度间和地区联盟实施的。对 20 世纪 80 年代后西欧的城市治理结构进行任何系统的比较研究，都需要研究每个国家领域内具体的城市经济发展战略中的政治、制度和地理基础（请参见 Savitch and Kantor 2002）。

在本章中，我曾论证说，北大西洋福特主义危机之后，城市区位政策代表了针对地方经济危机、监管问题和社会政治冲突激增的实验性、临时性的政治应对措施。这些政策通过一系列的国家空间工程和国家空间战略进行了重新设计，其目的是(a)促进城市-区域而不是全国经济作为经济发展规划最重要的地理目标，以及(b)根据特定地点的政治经济条件定制城市治理的制度基础设施。更广义地说，通过城市区位政策引发的监管调整是基于这样一个假设，即国家制度组织和国家监管活动的尺度重构可以解决空间凯恩斯主义的监管失灵，并释放主要城市-区域内新的经济增长能力。

但是，尽管本章中考察的后凯恩斯主义时代的国家空间工程和国家空间战略对创建地方特定的制度架构、启动本地的基于区域的经济发展策略，以及在战略性城市-区域内集中先进的社会经济资产有着共同的承诺，但它们在渴望实现的政治经济转型的视野中分歧很大。因为，正如我们所看到的，城市区位政策是由各个国家、区域和地方背景下各种对立的阶级力量和政治联盟推动的——包括新自由主义联盟关注为跨国资本赋予新的自由裁量权和公共补贴；新社团主义联盟关注促进跨阶级的合作，并建立高等级发展道路；新国家主义联盟关注增强国家机构推翻阶级联盟的能力(Gough 2002；Eisenschitz and Gough 1996)。然而，尽管意识形态、政治议程和社会经济基础存在巨大的差异，但所有形式的城市区位政策都需要从与空间凯恩斯主义相关的国有化、空间均等化的监管项目中取得根本突破。从这个意义上说，城市区位政策在 20 世纪 60 年代和 20 世纪 70 年代初期盛行的国有化形式的阶级妥协、领域再分配和城市管理主义的侵蚀中发挥了重要作用，在助推 20 世纪 80 年代后整个西欧政治经济空间的重大地理差异方面，它们同样发挥了核心作用。国家空间的这种分裂代表了城市区位政策最广泛的政治表达和制度结果。

第六章　可替代的尺度重构战略和新国家空间的未来

国家行动并没有解决空间矛盾，反而使情况更加恶化。

亨利·列斐伏尔（2003a：91）

重现：国家空间和不平衡发展的新地缘政治

在进入本研究的最后阶段之前，我将概括性地总结一下前面各章中所涉及的理论和实证部分。在整个研究过程中，我反复提到资本主义不平衡空间发展的地方性问题。我已经在理论层面上通过三个截然不同但相互交织的论点来面对这个问题。

1. 这种分析是围绕以下论点进行的：当前的全球重组代表着对不平衡空间发展旧模式的强化和改造。我已经将这种转变解释为去领域化与再领域化之间对立关系的最新表现，长期以来一直是资本主义社会空间架构生产的基础。

2. 这种分析强调了国家机构在各种空间尺度上调节和转变不平衡发展模式方面的作用。我认为，国家制度可能会寻求通过各种政治策略来影响不平衡空间发展的地理，包括旨在减轻社会空间不平等现象的再分配政策，以及以竞争为推手、以增长为导向的政策，而这些政策加剧了领域发展的两极分化。

3. 通过对国家空间工程、国家空间战略和不平衡发展之间相互作用的调查，本研究试图启动国家空间性的过程概念化，并在此基础上破译现代资本主义条件下不断变化的国家形态的地理。一方面，我提出了国家空间工程产生了或多或少集中化的、统一的国家空间组织的矩阵。同时，我也认为，在旧的国家空间组织框架内，国家空间战略产生了或多或少国有化的、均等的政治-经济生活的地理。总之，国家空间工程和国家空间战略产生了历史上特定的国家空间选择性架构，其中(a)不平衡发展的旧模式得到了临时的调节；(b)新形式的监管试验得以阐明；(c)政治-经济生活的新地理得以形成。

在第二章和第三章中对上述命题进行抽象阐述的同时，第四章和第五章通过调查不平衡发展、城市政策重组以及 20 世纪 80 年代西欧国家空间的重建，探讨了 1960—2000 年间它们在中观和细节层面上的影响。特别是涌现的三个中观论点，分别对应于以上总结的三个抽象命题：

1. 在 20 世纪 80 年代后的西欧，本轮世界范围的去领域化和再领域化导致了对不平衡空间发展旧模式的深化和重新表达。通过旨在消除欧洲经济竞争的固有壁垒并在欧洲范围内建立一体化的商品、资本和劳动力市场这一欧盟层面和国家政治的战略，欧洲经济空间同时实现了同质化和差异化。这促进了针对欧洲范围内空间劳动力分工的跨国公司积累战略的发展。同时，这一超国家市场一体化浪潮引发了各种旨在增强特定投资地点的具有领域、地点和尺度特征的国家、区域和地方政治策略。从这个意义上说，欧洲政治经济空间的整合趋势（领域化的时刻）已与社会空间分化和尺度重构的过程联系在一起，因为各种政治联盟已经采取行动，将各自领域战略性地置于快速变化的地缘经济秩序中（再领域化的时刻）。这些矛盾的融合、分化和尺度重构趋势已经产生了欧洲社会空间新的镶嵌图，其特点是在选定的强大的全球联通的城市、地区和工业区组合中，具有强劲的经济活力；在欧洲许多较老的工业核心和欠发达的外围地区中，存在停滞、边缘化和排斥的加剧。

2. 在整个西欧，1960—2000 年间目睹了国家对不平衡发展进行调控的方法的反转。在福特-凯恩斯主义时期，政府机构试图减轻国家内部的领域不平等，这种不平等被视为平衡、稳定的宏观经济增长的障碍。在经历了 20 世纪 70 年代危机引发的重组和监管试验的过渡时期之后，空间凯恩斯主义的再分配政策延续受到了破坏。自 20 世纪 80 年代起，一种新的、增长导向、竞争力驱动的城市治理方法得到了巩固。在此后的十年中，随着城市区位政策的扩张，各种空间尺度的政府机构都开始积极地将领域内最具战略意义的城市和城市-区域推广为跨国资本投资的优先场所，从而加剧了不平衡发展。在这种情况下，越来越多的空间发展被视为是逐利的资本积累的必然前提，而不是阻碍后者发展的潜在障碍。

3. 结合上述调整，国家空间选择性的模式已发生根本性转变。在福特-凯恩斯主义时期，通过历史上特定的国家空间工程的组合以及与空间凯恩斯主义相关的国家空间战略，建立了一个国有化的、领域统一的国家空间架构。在这种国有化的尺度间规则体系中，国家行政安排得到了集权和规范；城市政策从属于国家监管要求；城市经济被归入国家空间劳动力分工中；通过国家再分配空间政策，减轻了旧的领域不平等现象。但是，在北大西洋福特主义危机之后，这种国家空间的形式被彻底破坏了。到 20 世纪 80 年代，随着西欧各地城市区位政策的激增，国家空间选择性的架构出现显著的尺度重构。这种政策以新的国家空间工程和国家空间战略为前提，旨在增强主要城市和城市-区域的超国家领域竞争力。在这种转变后的尺度间规章-制度下，国家监管能力根据地方、尺度和辖区的特定条件开始去中心化和定制化；主要的社会经济资产和先进的基础设施投资已重新集中在战略性城市和区域经济中；城市政策的重点已经从再分配管理转向了将主要城市和城市-区域（或其中的战略位置）目标定位于全球和欧洲资本循环范围。简而言之，在 20 世纪 80 年代至 20 世纪 90 年代，城市区位政策的激增促进了国家空间的尺度重构和领域差异化架构的巩固，在这里面，地区间的竞争、多样化的地方发展途径，以及国家内部社会空间极化的加剧，通过国家制度和政策得到了有力的推动。

通过这些转换而形成的国家空间架构可以被暂时称为“尺度重构的竞争型国家体制”（RCSR）——尺度重构，因为它取决于对尺度敏感的政治策略，想要将重要的次国家空间（地点、城市、区域、工业区）最优化地置于超国家范围（欧洲或全球）的资本积累循环中；竞争型国家，因为它使经济竞争力的目标优先于传统的福利主义优先事项，例如公平和再分配；还有体制，因为它代表了不稳定的、不断发展的制度地理格局，而不是完全巩固的国家形态的框架。[①] 在国家空间架构的尺度重构中，各国政府不仅简单地尺度上移或下移了监管权，而且还试图将竞争性地方行政单位之间的关系制度化，作为在超国家(欧洲和全球)资本循环中战略性地定位地方和区域经济的手段。从这个意义上说，即使在大范围尺度重构的过程中，传统的以国家为重点的监管安排已被动摇，中央政府依然试图通过将主要的次国家政治-经济空间置于尺度重构的，但仍在全国范围内进行协调的积累策略中，以保持对国家空间的控制。西欧凯恩斯主义福利国家向 RCSRs 的转变已通过多种政治议程进行了调节，并已沿着不同国家背景下制度和尺度重构的不同途径进行了探索。尽管如此，我仍然认为，在1970—2000 年间，西欧国家形态的系统性转变已变得显而易见。RCSR 的概念旨在概述此转变的主要制度和尺度轮廓，如图表 3.12 所示。

在这结论性的一章中，我的目标是通过研究 20 世纪 90 年代和 21 世纪初持续的制度和尺度演变，来延伸 RCSRs“第一步”的

① 这一表述与杰索普(2002:252)对熊彼特工作福利制的后国家政体的描述部分相似。一个主要区别是，在杰索普的概念中，“体制”的概念指的是自组织治理网络(而不是等级制政府机构)在补偿市场和国家失灵方面所起的作用。相比之下，此处所使用的“体制”一词旨在强调当前出现的国家形式在制度和地理上的不稳定特征。

在本书之前我发表的许多文章中，我将当前出现的国家形态描述为“全球本地化竞争型国家制度”(GCSRs)(Brenner 2004a，b)，或更简单地说，是“全球本地化国家”(Brenner 1999b，1998b)。在其他研究中(Brenner 2003a，b)，我曾提到当代国家尺度重构的过程是“全球本土化策略”的表达、媒介和结果。有关此术语的族谱及其相关的缺点和优点的进一步讨论，请参见第二章相关脚注。就目前而言，我用尺度重构的语义替换了全球本地化。现在我认为这是当代国家尺度重构过程更合适的标签。以前的术语很容易被误解为国家尺度组织新固定架构的实质性特征。相比之下，尺度重构的概念更通用，更动态，更开放：它有力地强调了国家制度和政策不断演化的尺度架构。我认为尺度波动的情况是西欧后凯恩斯主义国家形态的一种地方性特征，如第二章所述，它是尺度相对化的主要政治表现形式。因此，重要的是调用概念，强调当代尺度架构和尺度间关系的流动性。

概念化。要进行“第二步”分析，我认为，首先，RCSRs 支离破碎的制度环境被长期的监管缺陷和危机倾向所渗透。因为，尽管其目标是释放新的经济发展能力，但城市区位政策还是推动了破坏性的、功能失调的趋势，这些趋势动摇了积累过程的稳定并破坏了政治经济生活的领域一致性。在此基础上，我研究了针对这种情况而采用的三种替代性尺度重构策略：(a)基于邻域的反排斥举措；(b)大都市改革倡议；(c)城市间网络计划。最新一轮的国家尺度重构已部分抵消了城市区位政策的一些最极端、最矛盾的影响，并为 RCSRs 的进一步制度演变和尺度分化做出了贡献。它还为监管试验开辟了一些新的空间，在这些试验中，各种政治联盟正试图将领域凝聚力问题重新回到有关城市问题的辩论中心。但是，我认为，这些高度尺度敏感的危机管理方法对于颠覆以竞争导向、增长优先逻辑的城市区位政策并没有起到什么作用。因此，它们代表了 RCSRs 内部的演化修正，而不是对城市区位政策的超越。

第二步分析表明，RCSRs 已陷入一个恶性循环，无效的监管试验同样会导致功能失调的制度创新，从而导致后凯恩斯主义时期城市治理的经济、社会和政治混乱进一步加剧。最后，我思考了 RCSRs 进行更乐观的“第三步”转型的前景，通过建立欧洲范围内领域均等化的尺度间规章-制度，可以平衡城市区位政策的监管缺陷和危机倾向。①我认为，除非挑战跨国新自由主义的力

---

① 我对 RCSRs 解释的第一、第二和第三步的引用部分源自哈维(1982)的术语，即他对资本局限性危机理论的经典阐述。我采用此术语的灵感还来自琼斯(Jones 2001)、琼斯和沃德(Jones and Ward 2002)的创新性著作，这些研究与本章中对国家尺度重构的分析密切相关。在哈维的著作中，这三个层次代表了越来越复杂的分析视角，可以用来解释资本主义危机形成的过程。相反，在当前情况下，每一步都对应于 RCSRs 在制度和尺度演变中的特定阶段，以及在理论上对后者的解读。但是，本章末尾对 RCSRs 的第三步分析是推测性的：它不关注 RCSRs 的新发展形式，而是着眼于目前黯淡的、逐步转变的第二步形式的前景。

量及其所推动的具有社会回归意义的监管地理，否则很难实现这种设想。

不稳定的国家空间：城市区位政策的监管缺陷

> 城际竞争的逻辑使城市变成了从属（逻辑）的帮凶[……]城市间尺度零和竞争的公共补贴取决于每个城市都是赢家的经济谬误。政治上的现实是，任何城市都无法承担原则上不参与游戏的代价。
>
> 杰米·派克和亚当·提克尔（2002：46）

> 城市政策的执行通常与危机相关，危机通过中央精心安排的国家机构暂时扩散。危机以后会再次出现，并要求“新的”城市政策，进而带来进一步的矛盾和危机。
>
> 马丁·琼斯和凯文·沃德（2002：128）

如上一章所述，城市区位政策以及RCSRs的前提是空间上两极分化的制度创新和监管举措。在新自由主义的政治体系中，通过争辩认为这样的政策是合理的，因为地方和区域经济被迫根据其超国家的市场地位进行竞争，从而确保稳定的宏观经济增长。相比之下，在社会和基督教民主传统仍然更加强大的国家和区域背景下，通常将国家内部的领域不平等视为全球和欧洲经济一体化的必然结果。领域发展的两极分化被视为维持国家经济竞争力这一政治举措的一个不良但必要的副作用。而在这两种情况中，都假定城市-区域在特定地点的竞争优势不会受到国家内部社会空间两极分化水平上升的威胁。更普遍地说，假定城市经济活力的收益（包括针对发展规划的城市-区域和之外的城市-区域）都将抵消可能因新的领域两极化而带来的任何不利的政治-经济后果。

但在实践中,这种假设已被证明是完全有问题的。如本书开篇所述,尽管不平衡空间发展可能会为某些部分的资本提供获利的新机会,但它也可能会破坏社会经济和领域积累过程作为一个整体所依赖的先决条件(Harvey 1982;Massey 1985)。正如许多城市学者所建议的,在 20 世纪 80 年代至 20 世纪 90 年代,随着中央、地区和地方政府机构在缺乏全面的监管框架遏制领域两极分化后果的背景下启动了城市区位政策,在整个西欧城市体系中便出现了许多监管失灵和危机倾向。①事实证明,这种政策是相互矛盾的,在将公共资源用于提高城市领域竞争力的目标时,它们也同时导致了城市、区域和国家经济发展的不稳定。可以肯定的是,城市区位政策引发的监管失灵和危机形成的模式已经以国家、区域和本地的特定形式表达出来了。例如,进攻性、社会民主主义方法对城市区位政策的宏观地理影响,比防御性、新自由主义方法具有较小的破坏性、不稳定性和极化性(Leborgne and Lipietz 1991)。然而,正如哈维(1989a:10—11)在 20 世纪 80 年代后期所认识到的,城市区位政策(用他的话说,是"企业家"式的城市治理形式)使城市体系变得更"易受快速变化的不确定性的影响",因此,触发了"城市增长和衰落的螺旋式上升或下滑方式"。以下是 20 世纪 80 年代后西欧国家启动城市区位政策引起的主要的监管失灵和危机倾向:

---

① 参考 Cheshire and Gordon 1996;Dunford 1994;Eisenschitz and Gough 1998, 1996;Jones 2001; Keating 1991;Lovering 1995;MacLeod 2000;Peck and Tickell 1995, 1994;Leitner and Sheppard 1998。

· 效率低下和浪费。城市区位政策加大了地方政府行政部门向潜在投资者提供优惠条件的竞争压力。随着这些政策的扩散，不能或拒绝采用这些政策的潜在弊端已经升级（Leitner and Sheppard 1998）。尽管如此，目前几乎没有证据表明城市区位政策可以通过提高本地嵌入的工业能力为本地经济带来正和的、供给方面的收益。此类举措经常需要对私营企业进行公共补贴，从而导致欧盟内部竞争场所之间资本投资的零和再分配（Cheshire and Gordon 1998，1996；Dunford 1994）。通过这种方式，由于纳税人的收入被用于促进私人积累而不是用于生产或社会支出的一般条件，城市区位政策可能会导致公共资源分配效率低下。因此，正如柴郡和戈登（Cheshire and Gordon 1995：122）的结论所言，“在城市之间的许多领域竞争都是纯粹的浪费”。

· 短期主义。城市区位政策的扩散鼓励“寻求短期收益，而牺牲了对城市健康和居民福祉更重要的长期投资”（Leitner and Sheppard 1998：305）。即使某些城市通过早期采用城市区位政策设法获得了短期竞争优势，但由于类似政策已在欧洲空间分工中定位相似的城市之间扩散，这些优势通常已被削弱（Leitner and Sheppard 1998）。从这个意义上说，尽管城市区位政策帮助一些城市和地区释放了短期的经济增长点，但事实证明，它们在维持中长期增长方面效果不佳（Peck and Tickell 1995，1994）。

· “全球本地的飞地化”。城市区位政策需要将具有战略意义的、全球联通的城市-区域或其中的特定场所作为国家经济活力的引擎。此类政策的前提是，增强城市领域竞争力将受益于嵌入城市的更广泛的区域和国家空间经济。但实际上，城市区位政策有助于建立技术先进的、全球联通的城市飞地，这些飞地仅对周边地区产生有限的溢出效应。随着本地尺度上先进的基础设施枢纽和高科技生产中心与相邻地区的脱钩，以及一国领域内全球竞争性集聚区与老工业区及其他边缘化空间的脱钩，这种“全球本地的飞地化”趋势正在逐步显现(Graham and Marvin 2001)。国家和地方社会空间两极分化的加剧可能破坏宏观经济的稳定；还可能滋生分裂的破坏性的政治冲突(见下文)。

· 监管缺失。特别是在防御性的新自由主义形式中，城市区位政策鼓励社会服务供给者向下竞争，因为中央、地区和市政府试图降低其辖区内的资本投资成本。监管削弱的过程在许多层面上是不起作用的：它加重而不是减轻了市政财政和监管问题；恶化了作为当地和全国人口重要部分的生活机会；加剧了国家城市等级体系中根深蒂固的不平等现象(Eisenschitz and Gough 1998；Peck and Tickell 1995)。这些结果往往会降低国民经济表现(Cheshire and Gordon 1996；Hudson 2001)。

· 不平衡空间发展和领域冲突。前面提到的监管问题，可能假设与城市区位政策的进攻性、社会民主主义形式一起采取更为温和的形式。然而，进攻性形式的城市区位政策也容易产生重大的危机倾向(Eisenschitz and Gough 1996, 1993; Gough and Eisenschitz 1996; Leborgne and Lipietz 1991)。首先，如同采取防御措施来应对城市区位政策一样，进攻性方法“作为一种加强某些领域相对于其他领域和其他国家的战略而运作”(Leborgne and Lipietz 1991:47)；因此，它们“增加了强经济体的利润而不是弱经济体的”，并加剧了它们所部署的地区以外的不平衡发展(Eisenschitz and Gough 1996:444)。随后发生的宏观经济动荡可能会破坏进攻性城市区位政策所依赖的本地化社会经济资产(Leborgne and Lipietz 1991)。其次，除了防御性的城市区位政策形式之外，对城市经济发展采取的进攻性方法还受到严重的政治化问题的困扰，其有效性取决于局限在当地划定的区域。然而，这种策略在地方尺度上的表面成功产生了巨大的分配压力，因为同一国家内的其他地方和地区都在努力复制这份“食谱”或攫取它的某些经济利益(Eisenschitz and Gough 1996)。

• 尺度间协调问题。地方经济发展的特定场所战略的泛滥加剧了国家、区域和地方政府机构内部和之间的协调问题。首先，由于城市区位政策增强了国家监管活动的地理差异，而又没有将地方性竞争战略纳入一个有包容性的国家政策框架中，所以它们破坏了国家机构的组织一致性和功能整合。正如古德温和佩因特(Goodwin and Painer 1996:646)所解释的，由地方经济发展政策引起的国家监管活动在地理上的日益分化，“有碍于也有助于监管”。其次，城市政策领域缺乏超国家或国家监管协调可能会加剧上述经济危机的趋势：增加了在欧洲城市体系中连续复制相同或相似增长战略的可能性，从而加速了零和形式的地区间竞争的扩散(Amin and Malmberg 1994)。

• 民主问责制和合法性问题。最后，城市区位政策的激增引起了有关民主责任制和政治合法性的新冲突。为实施城市区位政策而建立的许多新的、高度分散的制度形式，主要是由未当选的政府官员、技术专家、房地产开发商和企业精英所主导，他们不对受其活动最直接影响的民众负责(Swyngedouw, Moulaert and Rodriguez 2002)。尽管缺乏政治问责制可能会使监管机构更有效地实施城市区位政策，但它系统地削弱了满足更广泛的社会需求和维持领域凝聚力的能力(Eisenschitz and Gough 1998)。因此，通过城市区位政策引发的国家形态的制度碎片化，限制了国家机构在各种空间尺度上应对此类政策在城市内部和外部产生的许多功能失调的副作用的能力。如果反对派的社会力量能够将城市区位政策或其不民主特征的负面社会经济后果政治化，那么这种分裂也可能产生严重的合法性缺失。

这些监管问题和危机倾向对当前分析具有重要意义，不仅因为它们说明了城市区位政策的内部矛盾特征，还为在20世纪90年代和21世纪初期解释RCSRs的制度和尺度变化提供了理论依据。哈德森(2001:66)借鉴了奥菲(1984)的危机理论方法，最近提出：国家机构在试图调和[其]参与经济和社会发展所固有的矛盾时，可能会改变其内部结构和运作方式。基于这种见解，我认为自20世纪90年代中期以来，由于城市区位政策带来的破坏性和功能失调的后果变得越来越明显，因此，由危机引发的对RCSRs的重新校准一直在进行。在这种情况下，RCSRs内部已经形成了对国家空间工程和国家空间战略的尺度重构，其目的是应对因城市区位政策而导致的一些重大监管失灵。所以，国家尺度重构不仅已成为促进当地经济发展的政治战略，还是一种危机管理形式，管理由早期几轮国家空间重组引起的监管缺陷、错位和冲突(Jones and Ward 2002; Brenner 2003a)。这些尺度重构的危机管理策略并未挑战以增长为驱动力、以竞争为导向的城市区位政策的逻辑。尽管如此，这些策略仍然需要建立制度性的侧翼机制，通过这种机制，国家机构试图监视、管理和缓解城市区位政策某些最具破坏性的政治经济后果。通过这种新的、尺度敏感的危机管理政治方法与后凯恩斯主义旧的城市治理方法之间的相互作用，RCSRs的制度和尺度架构得到了全新修正。

为了探索最新一轮的国家尺度重构，并由此对RCSRs进行第二步解释，我将考虑自20世纪90年代初以来启动的特定尺度形式的三种监管试验，即基于邻域的反排斥举措、都市改革倡议和城市网络计划。每种危机管理策略中的政治形式、制度形态和尺度架构不仅因国家、区域和地方背景而异，而且与先前在这些背景下启动的特定类型的城市区位政策有关。因为与此类政策的地方性监管失灵有关，所以在特定的政治制度环境中，对国家尺度重构进程的重新调整和拓展的需求已被感知到、政治化并付诸行动。尽管它们在制度形式、尺度焦点和监管目标方面存在分歧，但国家尺度重构的这三种形式有几个共同特征：

- 它们针对城市-区域的地方和尺度特定的政治经济条件；
- 它们试图通过空间选择性的国家工程和国家战略来缓解 20 世纪 80 年代至 20 世纪 90 年代以来欧洲城市内部和城市之间出现的新形式的不平衡发展；
- 它们试图通过国家空间的进一步尺度区分来抵消与早期城市区位政策方法相关的一些监管失灵；
- 它们把对领域凝聚力的关注重新引入有关城市问题的辩论中，并经常基于这样的主张，即这种强调不仅与追求领域竞争力兼容，还有利于追求领域竞争力。

在将最新一轮的国家尺度重构解释为危机管理的一种形式时，我并不是在暗示国家空间架构会自动而连贯地演化以回应旧策略的失败，也不是说它们能够有效地解决后者。随着多元化的社会力量、政治联盟和地域联盟努力重塑城市治理领域，并且更广泛地影响国家空间重组的轨迹，经过精心设计、制度学习、不断试错的监管试验、偶然发现和政治妥协的综合影响，欧洲城市-区域最近提出了尺度重构的举措。正如我在下面所论述的，目前这些尺度重构的危机管理形式解决 RCSRs 内部监管缺陷的能力仍然存在很大问题。这些危机管理策略本身也产生了新的冲突和危机倾向。因此，在每种情况下，国家空间的尺度重构都立即成为发起特定形式的危机管理的基础，并且是RCSRs内部新的监管混乱的根源。

在此，我不会尝试对每个尺度重构的举措进行全面的调查。与前两章一样，该中观层面的解释旨在阐明泛欧特征的制度变迁和政策调整问题，并以此为基础来说明其对城市治理、空间不平衡发展的监管以及对西欧国家形态尺度地理演变的累积影响。

向下的尺度重构：基于邻域的反排斥举措

在过去的三十年中，欧洲主要城市社会空间加剧的两极分化引起了许多学者的关注。[①]越来越多的社区尺度被认为是新的社会和领域不平等现象主要的表达场所，因为弱势群体包括长期失业、新移民、老年贫困者和福利接收者，以及社会问题如失业、贫困、犯罪和无家可归者，都集中在城市内部区域和外围住宅区(Andersen and van Kempen 2003)。当然，在欧洲城市主义的历史上，基于阶级和种族的城市住宅隔离形式有着悠久的历史(Hohenberg and Lees 1995)。因此，关于"新的"城市排斥的学术研究试图分解最近的全球转变(如地缘经济一体化)、旧的国家机构(如福利国家政权)和新兴的地方斗争(如欧洲城市的社会空间结构)带来的影响(Marcuse and van Kempen 2001; C. Hamnett 1996)。鉴于当代城市社会空间两极分化背后的多种政治经济力量，将后者视为城市区位政策的直接结果是有问题的。但是，由于这些政策促进了城市治理的重新定位，使其脱离了社会和空间再

① 参考 Andersen and van Kempen 2001; Geddes and Benington 2001; Madanipour, Cars, and Allen 1998; Mingione 1996; Musterd and Ostendoorf 1998; O'Loughlin and Friedrichs 1996; and Sassen 1993, 1991。

分配的目标,因此在20世纪80年代以后加剧了城市内部的领域不平等。20世纪90年代期间,在西欧许多国家以及欧洲范围内,城市社会空间两极分化问题以全新的、尺度重构的监管应对措施得到了解决(Geddes and Bennington 2001; Andersen and van Kempen 2003)。这些应对城市社会空间两极分化的策略表现在三个方面——尺度选择性;监管目标;及其机构架设:

1. *邻域尺度的城市政策*。有关政策以多方面形式的政策干预为目标,明确划定了特定区域和街区。这些城市街区通常严格划定界限,以使"不在选定区域内的任何事物都将被排除在计划之外"(H.T. Andersen 2001:241)。尽管福特-凯恩斯主义时代的城市更新政策同样针对特定的城市地区,但20世纪90年代基于地区的城市政策"扩大了干预范围,不仅包括物质升级,还包括社会关系",以及社会网络、劳动力市场参与、教育机会等等(H.T. Andersen 2001:242)。因此,在每种情况下,政策的制定和执行都应参考当地特定的社会经济条件和弱势社区的感知问题。

2. *社会排斥是对经济竞争力的威胁*。基于社区的城市政策的目标是与社会"排斥"问题做斗争,这不仅是根据经济因素(如收入水平和工作机会)来考虑,还明确地考虑到社会称谓,涉及社会网络、制度环境和当地居民的生活机会。此外,与早期针对贫困、犯罪和失业等城市问题的福利政策相比,反排斥政策被认为是增强城市领域竞争力的一种手段。因为,正如哈洛(Harloe 2001:895—896)所说:"社会排斥被视为对竞争力和凝聚力有潜在的或实际上的负面影响;相反,人们认为社会包容或凝聚力可能会对竞争力产生积极影响。"从这个意义上说,基于邻域的反排斥政策可以被理解为城市区位政策的显著扩展和精细调整。反排斥政策明确承认,领域不平等(在这里就是城市内部出现的不平等)可能会破坏城市竞争力。因此,新的城市社会政策是作为城市区位政策的替代方案而得到推广,而不是对后者的稳定补充。

3. *多层但本地化的制度结构*。基于邻域的反排斥政策通常需要国家组织的多层互动,以及各种非国家行为主体的参与,例如基于邻域和社区的协会、私人企业联盟和准非政府组织。但是,尽管中央政府机构,在某些情况下甚至是欧盟委员会,在启动和资助此类基于地区的监管试验方面已做了关键的决定,但后者却表现出强烈的本地化特征:其特定的政治制度形式首先受到地方和规模特定的政治经济环境、联盟和斗争的制约,而不是自上而下的政策指示。因此,与国家制定并在当地实施的战后反贫困政策相反,新的社会排斥方法"更有可能由地方监管形式组织并获取指导"(Le Galès 2002:215)。它们通常涉及国家机构与各种地方和邻域级别机构之间的"伙伴关系""合同"和"契约",并在其中指定了特定政策计划的目标、合格参与者和时间表。它们往往还涉及各种尺度的政府权力的系统性努力,以在协调的邻域层面干预下整合先前不同的政策领域(Andersen and van Kempen 2003;H. T. Andersen 2001)。

如专栏 6.1 所示,在 20 世纪 90 年代,西欧许多主要国家与欧盟委员会一起实施了基于邻域的反排斥政策。专栏 6.1 中引用的声明强调了在几种国家背景下此类政策的合法性依据,它不仅是减轻城市内部不平等的一种手段,还是保护和提升城市竞争力优势的基础。

专栏 6.1　基于邻域的反排斥举措：西欧的一些案例

在与柏林、汉堡、斯德哥尔摩和其他欧洲城市竞争的背景下吸引投资时，哥本哈根市的穷人[居民]集聚区被视为负担。因此，改变哥本哈根的社会地理已成为发展其竞争力的主要策略。

(Hansen，Andersen and Clark 2001：865)

荷兰的城市复兴政策，旨在帮助弱势群体赶上社会的其余部分，这是有合法性依据的。弱势的社区可能会对城市便利设施的经济基础以及城市的吸引力造成负面影响，因为城市是经济上有活力的公司和家庭的主要所在地。

(Vermeijden 2001：222)

[英国]的城市问题已经根据缺乏社会凝聚力进行了重新定义，最终导致了社会和经济排斥。这个新概念包含了一些旧问题，包括贫困、犯罪和生活质量，但现在对城市本身及其日益依赖的国民经济而言，城市问题不再是城市失败的征兆，而是竞争成功的潜在障碍。因此，城市的政治议程被定义为寻求可以调和竞争力和凝聚力目标的制度和政策。

(Harloe 2001：889—890)

在当代西欧，基于邻域的反排斥政策的主要例子包括：

· **丹麦的城市街区改善计划**。丹麦中央政府于 20 世纪 90 年代初成立了一个“城市委员会”，以促进 500 个住宅区内的社会和经济发展。该委员会为各种基于邻域的倡议提供了财政支持，包括主体素质的提高、租金的减少和其他社会方案。随后，中央政府推出了“城市街区改善计划”，该计划的重点是哥本哈根和丹麦其他几个城市的七个大社区。通过建立本地化的治理网络和公私伙伴关系，该计划旨在增强弱势社区的劳动力市场参与、公共安全和社会活力（Kristensen 2001; Andersen and van Kempen 2003）。

- **荷兰大都市政策**。荷兰在 20 世纪 90 年代下放了城市更新政策的权力(Altes 2002; Vermeijden 2001)，为体现这些变化，在 1996 年推出了大都市政策(GSB)；它的总体目标是刺激地方治理网络，以解决“可能会给主要城市的经济驱动力带来的威胁加剧的问题”(van den Berg, Braun and van der Meer 1998:265)。GSB 的主要目标之一是促进城市再生的综合方法，在该方法中，多个中央政府部门以及不同的地方机构、协会和参与者将共同应对诸如长期失业、环境恶化等社会问题和犯罪。GSB 分配了公共资金，以振兴荷兰主要城市中的边缘化社区，这些城市的社会经济活力现在被视为国民经济繁荣的关键前提。虽然 GSB 最初针对荷兰国民经济的四个“推动城市”阿姆斯特丹、鹿特丹、乌得勒支和海牙(“G－4”)，但后来又扩大到包括所谓的“G－15”和“G－6”，这两个中型城镇集群同样也表现出严重的社会空间两极分化问题(Torrance 2002; Premius, Boelhouwer and Kruythoff 1997)。
- **法国的城市合同**。为了应对法国城市体系内贫困地区的社会问题，法国在 20 世纪 70 年代末期引入了所谓的城市政策(Boli-Gendrot 2000)。这样的城市社会政策在 20 世纪 80 年代得到了扩展，首先通过社区的社会发展(1984—1988 年)，针对 148 个社区，然后通过城市的社会发展(1988—1992 年)，将目标区域的数量增加到 540 个社区。在 20 世纪 90 年代初期，通过“反暴力斗争”方案进一步扩大了这些方案,该方案面向1200多个弱势的城市地区的就业、犯罪和教育。合同以更全面的形式延续了以往城市政策方法的反排斥议程,同时还介绍了各种机构之间新的合作形式,包括中央政府、地区和地方当局,在许多情况下还包括私人机构(Jacquier 2001)。在20世纪90年代,启动了其他基于地区的国家政策,例如协调一致的城市发展计划,以及大规模城市项目(Le Galès and Loncle-Moriceau 2001;Sallez 1998;Body-Gendrot 2000)。

· **英国的城市挑战和单一更新预算**。在撒切尔政府领导下,英国城市政策在经历了以市场为导向的转变之后,于20世纪90年代在整个英国启动了以区域为基础的城市社会政策(Wilks-Heeg 1996)。除了明确关注边缘化的城市社区外,这些新的城市社会政策还具有以下特点:(a)资源分配的竞争机制,地方当局必须相互竞争才能获得公共资金;(b)强调本地化的治理网络、基于社区的倡议和公私伙伴关系,以及(c)面向一系列城市社会经济问题,从劳动力市场、住房、环境条件和教育到犯罪、娱乐和经济竞争力(Parkinson 1998;Jones and Ward 2002)。1992年开始实施“城市挑战计划”;五年期间,向31个地方合作伙伴分配了3750万英镑。城市挑战的重点是所谓的“集中弱势地区”,其目标是促进本地化经济增长和加强边缘化人群的社会融合(Davoudi and Healey 1995)。1994年通过单一更新预算(SRB)扩大了该计划,预算将来自各个政府部门的资源和20项城市政策举措合并为一个单一的城市社会基金(Ward 1997)。

· **欧盟委员会城市计划**。自1994年以来,欧盟委员会特别通过城市计划采纳了基于邻域的反排斥政策。城市计划利用了上述全国特定的城市社会举措，并在一定程度上与之协调。它的目标与后者的目标并行，而且在许多情况下，它为国家、区域和地方发起的更新项目提供了额外的资金来源。在起步阶段，城市计划重点关注了110个萧条的社区，并从结构基金中获得了8.8亿欧元的预算支持(CEC 1998；Le Galès 2001：101—103)。但是，城市计划的未来仍然不确定，目前正在围绕欧盟扩大和结构基金改革的背景下，进行更广泛的辩论。

基于邻域的反排斥政策也对西欧国家形态的地理产生了重要影响。如图表6.1所示，基于邻域的倡议导致20世纪80年代后国家空间重组形式的扩展和深化。确实，与城市区位政策一样，基于邻域的反排斥政策也促进了权力下放、地区定制的国家空间架构和本地化的、地方特定形式的国家干预的整合。然而，图表6.1表明，与基于邻域的反排斥程序相关的国家空间工程和国家空间战略已经至少以两种方式趋向于修改RCSRs的地理结构。首先，这种本地化的反排斥举措试图在RCSRs中引入新的尺度市场和领域竞技场，即城市邻域或街区。通过这种方式，邻域已成为后凯恩斯主义时代监管试验的关键空间和制度领域。第二，基于邻域的反排斥举措试图在高度本地化的尺度上缓解前几轮政治-经济结构调整(包括通过城市区位政策引起的变化)带来的两极分化的社会空间后果。通过以地方和尺度特定的方式解决空间发展不平衡的问题，地方反排斥计划在RCSRs内部进行了重大的修改：它们将领域竞争力的问题扩大到包括各种与凝聚力有关的问题，例如就业、住房、教育和犯罪，这在以前的城市区位政策的范围内是没有解决的。因此，基于邻域的反排斥政策可以被视为一种重要的新的寻根机制，通过该机制可以解决城市区位政策的一个主要监管缺陷，即使它仅局限在特定的城市街区范围内。

图表 6.1 基于邻域的反排斥举措和 RCSRs 的演化

	国家空间工程	国家空间战略
尺度维度	通过邻域层级的“伙伴关系”“合同”和“契约”，欧洲、国家和地方政府机构以及社区协会和私人机构之间建立了新形式的监管协调 扩大了国家空间的分散化和本地化，同时也加强了超国家、国家和地方政府机构之间的尺度间联系	为了解决已经在邻域尺度上以特定强度具体化的社会问题，动员了新的、基于地区的国家干预形式 尽管此类政策并非直接针对领域竞争力，但通常被认为是通过维持城市社会凝聚力来保护或提升后者的一种手段 这些政策以这种方式加强了城市和城市-区域作为积累战略的目标和领域战略的角色
领域维度	国家城市体系内某些处于弱势的城市街区或郊区被选作特定类型的机构改革和政策创新目标。在这些情况下，将特定于社区的监管安排叠加在旧的城市行政结构上 根据特定地点的条件和优先级，这有助于进一步定制和区分国家空间	推行特定于社区的社会政策需要建立严格定义的领域飞地，将公共资金分配用于这些飞地。这些政策及其相关的资金流仅适用于目标地区的范围内 这有助于进一步划分国家空间，因为在主要的区域和地方行政单位之间及城市-区域内都建立了各种不同的政策体制、资金计划和国家干预模式

以邻域为基础的反排斥政策有助于再次发起有关西欧城市领域不平等问题的辩论。然而，它们高度本地化的尺度焦点似乎也代表着重大的结构限制。尽管这些反排斥政策的邻域层面定位使其能够根据地方的具体条件进行定制，但实际上，它们旨在解决的大多数社会问题并不局限于目标街区。因此，选择合适的空间目标（尤其是如果需要基于邻域的话）仍然存在很大问题：对于“仅选

择问题最大的街区，可能意味着在诸如失业、犯罪和生活质量等变量上得分较高的地区没有受到任何关注”（Andersen and van Kempen 2003：82—83）。与此相关的是，许多基于地区的城市社会政策导致将社会问题从目标地区转移到大都市区的其他区域，这是意料之外但又功能失调的结果。在这种情况下，此类政策会在城市群内的不同位置之间重新分配社会排斥的空间表达，而不是提出其潜在的政治-经济原因。就本地化的、邻域层级的反排斥政策被用作解决实际上是大都市乃至全国性社会问题的手段而言，它们可能掩盖了产生领域不平等的超地方制度背景（Andersen and van Kempen 2003：83）。最后，许多基于邻域的反排斥举措并未被统一纳入欧洲或国家的空间、区域和城市政策框架；因此，它们通过生成本地化的、特定地点的监管飞地的拼凑，加剧了国家空间的碎片化。尽管最近的一些城市政策举措——如欧盟委员会的城市计划、英国的单一更新预算和法国的城市合同——更明确地调整了对尺度间协调和关键治理的需求，但制度碎片化的问题是地方性的，是基于区域的城市更新方法所特有的（H.T. Andersen 2001）。因此，即使在最有利的政治环境下，将基于地区的计划整合到大都市范围内或国家发展战略中也构成了重大的监管挑战。

这种悲观的评估无意否认以邻域为基础的倡议可能在城市复兴过程中发挥稳定、进步作用的可能性。因为，正如穆拉特（Moulaert 2000）所论证的，这样的地方社会政策可能具有巨大的潜力，可以建立以增长为导向、以竞争为基础的城市发展模式的替代方案，但前提是它们必须与更广泛的欧洲和国家再分配政治议程系统地联系在一起并融入其中。我认为，如果没有这种宏观地理上的领域均等方案，那么基于邻域的社会政策的上述局限性可能仍然是长期的。因此，在当前的地缘经济和欧洲背景下，基于邻域的反排斥政策的主要作用是解决城市封闭政策在自封闭城市区内造成的最具破坏性的影响；它们几乎没有采取任何措施来减轻超地方尺度的影响，面对其潜在的政治-经济原因，将目标街区整合到更广阔的都市圈中，或反击后凯恩斯主义时代的城市治理所基于的竞争驱动、增长导向逻辑。

向上的尺度重构：大都市区改革倡议

与城市街区一样，大都市地区自 20 世纪 90 年代初以来就已成为特定尺度国家转型的重要场所。如前一章所述，在 20 世纪 80 年代与北大西洋福特主义危机以及由此导致的凯恩斯主义福利国家的紧缩相结合，破坏了或取消了全面的、大尺度的大都市治理方法。在空间凯恩斯主义崩溃之后，城市区位政策散布在重新划定的制度范围内，在该范围内，大都市区空间发展的旧的监管措施受到了严重破坏。但是，这种大都市治理领域明显的制度真空被证明是短暂的，在 20 世纪 80 年代，大伦敦议会与鹿特丹的里恩蒙德被高调废除之后，西欧城市体系中的地方、区域和国家政治联盟开始倡导大都市治理的更新，尽管其政治体制形式与在空间凯恩斯主义时期盛行的各种政治-制度形式大不相同。

自 20 世纪 90 年代初以来，关于建立新的大都市机构的辩论激增，在许多情况下，导致区域领域管理、空间规划和经济治理发生重大变化。与福特-凯恩斯主义时代盛行的大都市服务的等级制度、官僚制框架形成鲜明对比的是，20 世纪 90 年代的都市制度改革以新的公共行动模式为基础，该模式“凸显了新结构宪法中的谈判、伙伴关系、自愿参与和灵活性”(Lefèvre 1998:18)。这些大都市的体制改革虽然不是按照单一方法设计，也不是从上方强加的，但它们一般是“随着(制度改革)过程的展开，作为行为主体系统的产物”(Lefèvre 1998:18)。在某些城市-区域，例如伦敦、博洛尼亚、斯图加特、汉诺威、法兰克福和哥本哈根，已经建立了新的大都市制度安排，其中集中了多方面的规划、行政和监管能力。在欧洲其他主要城市-区域，大都市合作的非正式框架已叠加在旧的政治地理上，并为相关的各种政策问题的区域内谈判提供了新的制度基础，这些政策问题包括经济发展、地方市场、基础设施规划、郊区扩张、环境可持续性和民主问责制。面对这些最近的制度变化和监管试验，一些评论家认为整个西欧目前正在进行大都市区域主义的复兴。[①]图表 6.2 概述了自 20 世纪 90 年代初以来欧洲城市体系中出现的一些主要的大都市改革举措。

如图表 6.2 所示，当前西欧大都市区域主义的复兴是多方面的。大都市改革倡议以地方特定的方式与旧的制度框架相互作用，导致建立了“更加令人困惑的市政当局、政府和区域组织与机构，以及具有不同行为主体、职能、管辖区的公私或非正式合作关系”(Heinz 2000: 27)。为此，与上文讨论的基于邻域的反排斥政策非常相似，大都市体制改革的每个实例都必须参照国家和地方

---

① 参见 Barlow 1997;Brenner 2003a;DISP 2003;Heinz 2000;Herrschel and Newman 2002;Jouve and Lefèvre 1999a; Keating 1998; Lefèvre 1998;Salet, Thornley, and Kreukels 2003a, b; and STANDORT 2000。本轮大都市制度改革的主要推动因素是:(a)使中央政府现代化;(b)中心城市内的政治精英;(c)当地和地区的商业精英、实业家和其他“推动者”。此类改革的最直接反对者通常包括:(a)认为强大的大都会协会对其行政当局构成威胁的中层或省级政府机构的代表;(b)富裕的郊区城镇的代表，他们害怕中心城市的统治地位或拒绝接受当地税基的外部要求;(c)担心失去民主问责制和地方政治控制权的大都市居民(Heinz 2000:21—28)。

特有的行政-宪政制度以及由此产生的政治-经济格局来理解。尽管如此，我认为，可以将西欧城市-区域的这一轮大都市改革从广义上解释为同时扩展和修改以前的城市区位政策方法。

图表 6.2　西欧新的都市区域主义：近期趋势概述

	20 世纪 90 年代都市区域主义的形式	组织实施方式	都市区域主义背后的主要政治-经济力量
大伦敦	在 21 世纪初期由布莱尔政府集中管理 旨在增强伦敦在全球和欧洲市场上的竞争力 与新的“第三条道路”话语相关，关于民主更新和国家行政下放项目	大伦敦管理局（2000 年起） 伦敦发展局（2000 年起） 东南开发署 英格兰东部发展局 区域和地方规模的各种公私伙伴关系以及非正式治理网络	英国中央政府 伦敦地区的地方和区域政治精英 英格兰东南部的大型企业组织 地方政府倡导民主复兴和“第三条道路”的意识形态
大曼彻斯特	在 21 世纪初期集中实施，但也与大曼彻斯特地区新制定的明确的区域经济发展战略紧密相关 面向将英格兰西北部以及大曼彻斯特作为综合、竞争性资本投资场所进行推广	西北地区协会；西北开发局；西北伙伴关系 投资西北地区发展局 城市自豪感伙伴关系 曼彻斯特投资与发展局 营销曼彻斯特	英国国家 英格兰西北部和大曼彻斯特地区的大型商业组织 曼彻斯特及其郊区和周边城镇的地方和区域政治精英
大里昂	将早期集中管理的区域机构转变为地方和区域经济发展战略的工具 立足于全地区范围的战略经济计划、地方市场营销活动和基础设施投资计划	里昂城市社区 里昂城市-区域协会 里昂市区物流联盟 经济发展计划（1997 年） 发展理事会（2001 年起在里昂城市社区内）	DATAR（法国中央政府） 里昂市 富有企业家精神的本地政治精英（由“市长-企业家”米歇尔·努奥尔领导） 里昂地区的地方和区域商业组织 新兴的区域增长机器的参与者

续 表

	20 世纪 90 年代都市区域主义的形式	组织实施方式	都市区域主义背后的主要政治-经济力量
里尔都市区	将早期集中管理的区域机构转变为地方和区域经济发展战略的工具 旨在将里尔战略性地定位在欧洲运输网络中 与法兰德斯（比利时）和肯特（英国）进行跨境合作计划	里尔市政厅 区域经济发展局 里尔都会区经济促进局 里尔市经济发展和城市规划局（1990 年） 里尔-鲁拜克斯-图尔寇商会	DATAR（法国中央政府） 里尔市 富有企业家精神的本地政治精英（由里尔市长皮埃尔·莫罗领导） 里尔地区的地方和区域商业组织 新兴的区域增长机器的参与者
博洛尼亚大都市区	1990 年通过国家立法，在意大利主要城市群中建立"大都市" 旨在通过战略规划项目和地方营销活动，将博洛尼亚及其郊区转变成一个具有竞争力的综合性的"欧洲城市"	大都市协定（1994 年） 大都会会议 都市经济咨询（1996 年起） 大都市总体规划（1996 年起）	意大利中央政府 博洛尼亚市 富有企业家精神的本地和区域政治精英（由沃尔特·维塔利市长领导） 博洛尼亚和艾米利亚-罗马涅的部分地方和区域资本
斯图加特区域	通过州政府计划实现 旨在通过制定协调的区域增长战略来捆绑经济能力 结合区域方法进行基础设施规划、空间规划和产业政策	斯图加特地区局（1994 年起） 斯图加特地区经济发展公司	巴登-符腾堡州政府 斯图加特市 斯图加特部分郊区和部分周边县的地方政治精英 斯图加特和巴登-符腾堡州的主要区域和地方商业组织
汉诺威区域	目标是提高公共行政效率，并制定区域协调的经济发展、地方市场和基础设施规划战略	大汉诺威市政协会 汉诺威地方县（2001 年 11 月起）	下萨克森州土地政府 汉诺威市 汉诺威及其郊区腹地的政治精英 汉诺威和下萨克森州的主要地方和区域商业组织

续　表

	20 世纪 90 年代都市区域主义的形式	组织实施方式	都市区域主义背后的主要政治-经济力量
法兰克福/莱茵-美因地区	围绕城市-郊区合作的早期框架的不足进行反复辩论之后出现 旨在最大程度地减少区域内城市间竞争的零和形式，制定协调一致的区域经济发展战略并增强区域位置协同作用	大法兰克福协会（于 2001 年取消） 法兰克福/莱茵-美因地区规划协会（2001 年起） 地区委员会（2001 年起） 莱茵-美因经济发展公司（1995 年起） 大都会法兰克福/莱茵河畔美因（2001 年起）	黑森州南部社会民主党 法兰克福的一些郊区和一些周边县的地方及区域政治精英 法兰克福/莱茵-美因商会 法兰克福和黑森州南部的其他主要地方和区域商业组织
哥本哈根大都市区	通过新的国家政治举措推动哥本哈根成为欧洲主要大都市 将新形式的区域规划、基础设施投资和场所营销与特定的机构改革相结合 与马尔默和隆德（瑞典）开展跨境合作计划	到 2018 年的领域发展国家规划战略（1992 年） 各种“大型项目”将基础设施投资引导到城市核心和战略性郊区 大哥本哈根当局（2000 年 7 月起） 哥本哈根工业论坛 哥本哈根潜力	丹麦中央政府 哥本哈根市 哥本哈根及其郊区的地方和区域政治精英 主要的地方、区域和国家商业组织 扩大与马尔默和隆德跨境联系的多元化倡导者
大鹿特丹	在荷兰中央政府尝试建立鹿特丹市政府失败后出现（1995 年） 在兰斯塔德南翼促进现有制度形式与各种公共和私人机构之间的新型非正式协调形式 目标是制定区域范围的经济发展战略，并协调空间规划和基础设施投资，尤其是在海港区	鹿特丹行政委员会（至 1996 年） 鹿特丹城市-区域（1996 年起） 鹿特丹论坛 区域经济委员会	荷兰中央政府 鹿特丹市 鹿特丹及其郊区的地方和区域政治精英 鹿特丹地区的主要地方和区域商业组织（包括与海港有关的利益）

续 表

	20 世纪 90 年代都市区域主义的形式	组织实施方式	都市区域主义背后的主要政治-经济力量
大阿姆斯特丹	在荷兰中央政府尝试建立阿姆斯特丹省政府失败后出现(1995 年) 在兰斯塔德北翼促进现有制度形式与各种公共和私人机构之间非正式的协调新形式 旨在促进区域经济协调发展、空间规划和基础设施投资	阿姆斯特丹地区代理商 阿姆斯特丹区域合作 协调委员会 区域经济发展战略 阿姆斯特丹区域商务平台	荷兰中央政府 阿姆斯特丹市 阿姆斯特丹及其郊区的地方和区域政治精英 阿姆斯特丹商会 大阿姆斯特丹其他主要的地方和区域商业组织

来源：
伦敦：(Thornley 2003；Newman and Thornley 1997；Syrett and Baldcock 2003)。
曼彻斯特：(Deas and Ward 2002，2000；Tickell，Peck and Dicken 1995)。
里昂：(Bardet and Jouve 1998；Mabrouk and Jouve 1999；Motte 1997)。
里尔：(Newman and Thornley 1995；Moulaert，Salin and Werquin 2001)。
博洛尼亚：(Jouve and Lefèvre 1999b，1997；Van den Berg，Braun and Van der Meer 1997)。
斯图加特：(Benz and Frenzel 1999；Heeg 2003)。
汉诺威：(Droste，Fiedler and Schmidt 1997；Fürst and Rudolph 2003；Priebs 1997)。
法兰克福：(Freund 2003；Scheller 1998；Ronneberger and Keil 1995；Brenner 1999c)。
哥本哈根：(Andersen and Jørgensen 2004；Bruun 1995；Jørgensen，Kjœrsdam and Nielsen 1997)。
鹿特丹：(Hendriks and Toonen 1995 Kreukels 2003，2000；Verges 1999)。
阿姆斯特丹：(Salet 2003；Terhorst and Van de Ven 1995；Van der Veer 1997；Brenner 1999c)。

在西欧大多数城市-区域，重构大都市治理旧框架的提议被认为是通过将城市区位政策转变为区域尺度来加强城市区位政策的一种手段。20 世纪 60 年代和 20 世纪 70 年代，关于大都市区域主义的辩论集中在行政效率、地方服务提供和领域均等问题上。相比之下，本轮大都市制度改革的方向是在欧洲空间竞争加剧的背景下促进区域经济竞争力。都市治理因此被重新定义，已经从国家行政等级内部的垂直、协调和再分配关系转变为在欧洲和全球尺度内相互竞争以吸引外部资本投资的城市-区域之间横向、竞争和发展主义关系。但是，至关重要的是，这些区域化的区位政策方法也需要共同努力，以增强区域内的领域凝聚力，这被认为是区域经济竞争力的基本前提。从这个角度出发，学者们认为城市-区域内过度的本地竞争会破坏该区域在超区域尺度上竞争资本投资的能力。因此，区域范围内的组织间合作、协调、计划和治理形式得到了改善，成为区域经济发展战略的重要组成部分。所以，从本质上讲，20 世纪 90 年代的大都市区域主义推广了城市-区域内新形式的合作，作为在欧洲和全球尺度内更积极地与其他城市-区域进行领域竞争的基础（Prigge and Ronneberger 1996）。专栏 6.2 提出了采用这种新的大都市治理方法的几种典型理由，同时强调了区域内政治合作和超区域领域竞争。

专栏 6.2　新的大都市区域主义的合作与竞争
如果中心城市同意玩大都市合作的游戏，那是因为它们现在意识到需要周边地区来支撑其发展，或者只是为了保持其在世界城市排名中的位置[……]经济全球化再次意味着，如果它希望继续发挥重要的国际作用，经济和功能方面的考虑因素使得有必要引入大都市政府，不再提供城市服务，并且具备继续发挥“世界”大都市和“欧洲城镇”作用所必须的基础设施。无论是用于设施和住房的土地问题，用于建设的财政资源，还是使一项地区政策成功完成的政治协议，中心城市都需要周边地区来保持其在国际竞争中的地位。在这方面，大都市领域已成为中心城

市扩张的尺度。为此，它们必须释放自己，超越自己的管理范围。大都市政府对它们而言，既是实现目标的必要手段，也是其优势。

(Lefèvre 1998:22)

随着欧洲境内国界的消失[……]城市-区域(城市和郊区)正在与其他城市-区域进行国际竞争。[竞争]尺度的扩大与经济活动在各个地域的集聚化和专业化结合在一起发生。在这种情况下，荷兰城市-区域保持稳固的地位对荷兰经济至关重要。在这场竞争中，统一的表述和政策的协调具有至关重要的意义。

(摘自荷兰关于大都市制度改革的国家法律；MBZ 1994:10)

[区域经济战略的一个目标是]强化国际商业环境。该地区未来作为通往世界经济的国家门户，在很大程度上取决于国际产业。但是，该地区没有一个城市能够独自维持这种国际商业环境。后者不仅仅是其各个部分的总和。因此，[市政当局之间]以及与兰斯塔德城市群内外围地区的相互合作非常重要。

(摘自大商会区域协会起草的大阿姆斯特丹区域经济发展战略声明草案；Gemeente Amsterdam 1997:ii)

欧洲范围内资本投资的竞争强化了超市级政府合作的需求，通过合作可以实现的协同效应增强了整个地区的区位吸引力。

(摘自德国政府关于空间规划的年度报告；BMBau 1993b:32)

在欧洲范围内，不仅是个别城市，而是整个地区都在相互竞争。因此，在经济发展、劳动力市场政策、住房政策和环境政策等领域进行区域合作是未来空间规划的紧迫任务。

（摘自斯图加特城市间合作法；引自 Scheller 1998：14）

莱茵-美因地区的市政当局必须认识到并接受这样的事实，即不应该互相竞争来影响企业的选址决策；相反，应该作为一个整体性的地区与欧洲其他大都市区竞争。将来，在这场国际竞争中，该地区必须变得比其市镇的总和还要强大。

（法兰克福市城市规划司司长声明；Wentz 1994：14）

由于无法抛开欧洲其他城市-区域，博洛尼亚被认为必须采纳大都市战略。这样的机构成为国际城市经济成功的基本要素，适应市场是不可避免的。博洛尼亚必须成为可以承受来自阿姆斯特丹、苏黎世和法兰克福等竞争的枢纽。

（Jouve and Lefèvre 1997：97）

20 世纪 90 年代的大都市改革举措为 RCSRs 的进一步巩固做出了贡献，尽管是以重组的制度和尺度形式（图表 6.3）。像后凯恩斯主义时代许多其他的国家空间工程一样，当前这轮大都市机构重组增强了次国家级政府权力的监管意义，同时根据本地化、地方特定的政治-经济条件进一步区分了国家监管安排。同时，与后凯恩斯主义时代许多其他的国家空间战略一样，大都市改革举措产生了本地定制的国家干预形式，这些干预措施积极地将城市-区域作为经济发展的地理引擎。因此，20 世纪 90 年代的大都市改革举措增强了国家空间重组的主要趋势，这是由 20 世纪 80 年代第一批城市区位政策浪潮引发的。

图表 6.3　大都市区改革倡议与 RCSRs 的演化

	国家空间工程	国家空间战略
尺度维度	在大都市范围内创建新形式的国家机构组织和治理 这增强了次国家级各级政府权力的组织密度和监管责任	为了增强经济竞争力并在主要城市-区域保持领域凝聚力，启动了新的、区域性的国家干预形式 这巩固了大都市圈作为积累战略目标和领域的角色
领域维度	在各国领域内的主要城市群中建立了特定于地点和地区的大都市制度结构和经济治理模式 这有助于在各国领域上进一步巩固定制的、针对特定地点的制度安排和监管架构	新的大都市区域主义促进了针对内部（区域内）合作和外部（区域间）竞争的区域特定的发展机制 这有助于将先进的社会经济资产和基础设施投资进一步集中在主要大都市圈。它还有助于进一步区分各国领域上的城市和区域发展路径

同时，就像上面讨论的基于邻域的反排斥政策一样，大都市改革举措至少促成了 RCSRs 内部两次重大的演变。首先，大都市改革举措帮助巩固了区域尺度，将其作为领域竞争力战略的重点和目标。的确，新成立的大都市机构的主要目标是将地方经济合并为更大的、区域架构的领域单位，进而将其推广为对外资本投资一体化的、具有竞争力的地理位置。城市区位政策并未被这种趋势所取代，但它们已越来越多地嵌入整个大都市范围内的经济发展和区域竞争力方案中。因此，大都市改革举措在 RCSRs 已经分化的次国家地理中，为区位政策建立了新的、区域化的尺度缝隙和领域飞地。其次，通过在城市-区域主要行政单位之间引入新形式的监管协调，大都市改革举措试图抵消城市区位政策的某些危机倾向。尽管这些新的区域范围监管协调策略因背景而异，但它们经常与旨在将区域内社会空间极化最小化的领域再分配计划联系在

一起;采用新的区域经济规划和地方市场营销方法,以最大程度地减少区域内地区间的零和竞争;并以新形式的政府间合作与伙伴关系为导向,建立大区域领域发展一体化、全区域方法。因此,就像基于邻域的反排斥政策一样,20 世纪 90 年代的大都市改革举措也引入了一种提高经济竞争力的方法,这种方法与在特定空间尺度上保持领域凝聚力的问题相吻合。从这个意义上说,20 世纪 90 年代的大都市区域主义不仅推动了新型区域政策作为一个制度平台,还作为危机管理战略的重点,用于应对这种政策破坏性的区域间影响。

与邻域层面的反排斥政策一样,大都市改革举措为后凯恩斯主义时代西欧内部推动领域不平等问题的辩论提供了动力,这种情况下的辩论是在整个城市-区域的空间尺度上进行的。尽管明确强调了领域凝聚力,但 RCSRs 内部新的、大都市尺度的监管活动的合并再现了而不是减轻了与早期城市区位政策相关的主要危机趋势。在国家和地方背景下,大都市改革举措至少以两种方式加剧了 RCSRs 的监管缺陷。首先,在大都市改革倡议将制度资源用于启动区域区位政策的过程中,它们加剧了跨区域尺度的空间竞争,进而加剧了宏观地理的不稳定。因为,新成立的大都市机构除了自身限定的领域和尺度参数外,还缺乏对抗区位政策不稳定、破坏性影响的监管能力和政治权威。所以,尽管新的大都市区域主义可能会暂时缓解城市-区域内的社会空间两极分化,但它们与城市区位政策共同具有侵蚀国家和欧洲范围内可持续经济发展的社会领域前提的趋势。第二,尽管大都市改革举措关注区域内部领域凝聚力的问题,但随着次国家级机构版图变得越来越复杂、纠结和分化,新成立的大都市机构加剧了 RCSRs 内部的协调问题。大都市制度改革可能会增强单个城市-区域内的政府间协同作用、政策协调和元治理能力，但它们加剧了 RCSRs 倾向于在各种不同尺度和特定地点的发展计划中分散公共资金的趋势。地方监管安排和发展体制在领域上的日益分化，使维护国家经济干预的组织上一致、功能上一体化和运营统一的框架任务复杂化（Jessop, Nielsen, and Pederson 1993）。它还加剧了地方经济体内的市场失灵，同时削弱了国家机构在任何空间尺度上缓解它们的能力。

大都市改革举措除了加剧旧形式的城市区位政策的监管失灵外，还引发了各种不稳定的政治冲突和领域裂缝。特别是当强大的社会和经济利益与国家领域组织的现有水平紧密联系时，大都市体制改革计划在对立的阶级分裂、政治联盟和领域联盟之间，就诸如管辖范围、机构能力、民主问责制、财政持续和政府间联系等问题进行了激烈的斗争。与此相关的是，即使成功地建立了新的大都市治理框架，许多未解决的紧张局势仍弥漫在制定区域经济发展协调战略的项目中。在大多数西欧城市-区域，提高区域特色的议程与人们认为通过监管权力下放和直接向资本提供补贴以降低生产成本的需求形成对立。同时，提高区域机构灵活性的计划常常与上级政府，包括区域和中央政府的持续财政支持与行政协调的强烈需求相矛盾。因此，在给定的城市-区域内，这些对立的监管优先事项之间取得的平衡成为一系列空间尺度上激烈的社会政治竞争的问题（Jones 2001；Keating 1998, 1997）。随着这种矛盾的加剧，在启动了大都市改革举措的城市-区域内外，可能会破坏既定的经济治理模式。这继而可能破坏各种空间尺度上积累过程的稳定性。

总之，在 20 世纪 90 年代激增的大都市监管试验似乎使 RCSRs 的尺度结构分化，同时进一步破坏了城市和区域经济的稳定性。与基于邻域的反排斥政策一样，大都市改革计划的尺度架构同时代表了其可能的基本条件和最显著的结构限制。一方面，通过引入新形式的区域范围的政府间协调，从而部分抵消了都市圈内不受限制的区域间竞争的破坏性后果，同时，这些试验已开始着手解决城市区位政策严重的监管缺陷。以这样的方式，大都市改革举措似乎将为主要城市-区域尺度的监管试验、政治妥协和领域再分配开辟新的可能性。同时，与增长驱动、竞争导向、领域中心的区域经济发展战略直接结合起来，强化在大都市区域内增强领域凝聚力的举措。这种区域化的区位政策将城市区位政策的监管缺陷和危机倾向转移到更大的空间尺度上，而不是实质性地缓解它们。实际上，新的大都市区域主义在区域内合作中发挥了重要作用，以加强跨区域尺度的空间竞争过程。因此，尽管它们明显地强调了区域领域凝聚力，但目前没有证据表明，在中期或长期的空间尺度上，西欧最近的大都市改革举措会带来可持续的经济复兴形式或去两极化的领域发展模式。

向外的尺度重构：城市网络计划

鉴于最近的大都市改革倡议在地理上相邻的城市之间促进了新形式的机构协调，地理上不相邻的城市和区域之间的合作关系也在扩大。在这类情况下，正式或非正式的协作网络一般会跨越国界，建立在地理位置分散的城市和地区之间。这些新的跨国的城市间网络，有一些是通过自下而上的协作举措建立的。但是，由于欧盟的促进作用，自 20 世纪 90 年代初以来，城市网络的数量、组织密度和监管意义得到了扩大，这为地方参与合作项目提供了财政激励。尤其是 DGXVI（区域政策和凝聚力总司）于 1991 年发起了 RECITE 计划（欧洲区域和城市计划），用于鼓励跨国城市网络。RECITE第二期框架在1995—1999年间为城市间网络提供了欧盟资助的第二轮融资。[①]

在西欧的背景下，城市网络以三种主要形式出现(Benington and Harvey 1998)。首先，行业网络涉及专门从事类似行业的地方之间的合作，因此面临着类似的产业结构调整模式。典型示例包括EURACOM(欧洲采矿社区行动)、MILAN(汽车工业地方当局网络)和FINE(时装工业网络)。其次，空间网络涉及相似类型的城市(如中型城市)之间或位于相同地理区域的城市(如跨境区域、大西洋弧或波罗的海区域)之间的合作。例子包括METREX(欧洲大都市区和区域网络)，代表拥有超过50万居民的大都市地区；Eurocities(欧洲城市)，代表欧洲主要的二线城市；边缘城市网络，代表位于欧洲主要城市群边缘的城市；代表欧洲中小型城市的市政委员会；INTERREG，代表跨境地区的市政当局。第三，与上述类型部分重叠的主题网络涉及城市之间在具体政策问题上的合作，例如失业、社会福利、贫困或技术变革。这种类型的城市间网络的例子包括"危机地区"，它关注的是城市衰败和集中的城市贫困问题；Telecities，涉及远程信息处理技术的传播；EUROGATEWAY与促进小型企业基础设施有关；以及旨在缓解城市交通拥堵的POLIS。

正如前面的例子所表明的，城市间网络的形成，往往是为了在面临类似监管难题的城市之间共享信息和解决问题的方法，无论

① 在过去十年中，由欧盟赞助的和其他形式的城市间网络的强化已经被城市学者广为记载。关于欧洲城市间网络的历史，请参见Sellers 2003。有关最新的城市间网络计划，请参见Benington and Harvey 1998; Dawson 1992; Parkinson 1992; Graham 1995; Heeg, Klagge, and Ossenbrügge 2003, 2000; Lavergne and Mollet 1991; Leitner 2004; Leitner and Sheppard 2002; Leitner, Pavlik, and Sheppard 2002; Phelps, McNeill, and Parsons 2002。

是其工业专业化、空间特征、地理位置，或者社会经济问题。在这种情况下，主要目的是交流“最佳实践经验，以提高合作都市地区解决问题的能力和表现”（Heeg, Klagge, and Ossenbrugge 2003: 150）。城市间网络的这一方面促进了“模仿制度化”的过程，其中在西欧城市体系中复制了某些通用的地方政策框架、管理策略、治理实践和地方营销技术（Le Galès 2002:107—108）。跨国城市网络的另一方面议程是在欧洲范围内推广面向城市的游说活动。自20世纪80年代末以来，由欧洲许多大都市的杰出政治官员领导的欧洲城市网络在影响欧盟城市政策的发展方面发挥了重要作用。其他更专门的城市间网络也试图汇集本地资源，以吸引欧盟的资金并影响欧洲治理的特定方面。最后，欧盟委员会支持网络发展以促进欧盟的政策目标。正如莱特纳、帕夫里克和谢泼德（Leitner, Pavlik and Sheppard 2002: 293—294）所解释的：

> 区域政策和凝聚力总司总干事所倡导的城市网络的既定目标如下：改善当地对欧洲和全球经济日益增长所带来的挑战的反应；更加有效地利用资源；促进创新做法在经济发展中的传播；并加强经济和社会凝聚力。这些目标符合并反映了欧盟更大的政策关注点，即促进经济增长和欧洲城市及区域的竞争力；减少因城市商业和投资竞争性招标造成的公共资源浪费；开发经济发展的最佳做法，同时缩小欧盟领域内的经济和社会差距。

此外，在许多情况下，市政当局和欧盟委员会都将城市网络视为规避各国政府而追求自身监管议程的一种手段。因此，欧洲市政当局试图通过这样的网络建立跨国游说平台，而没有直接让它们所在国家的中央政府参与。随之而来的是，欧盟委员会试图利用这种网络来影响地方发展成果，而无须中央政府机构的直接调停（Leitner，Pavlik，and Sheppard 2002）。专栏 6.3 摘录了欧洲几个著名的城市间网络的任务摘要，旨在说明通过此类网络表达的政治关注的多样性，以及它们在欧洲和全球尺度内共同的监管目标。

专栏 6.3　城市网络计划：西欧的一些案例

近年来，经济互动、最佳实践政策的交换和资源游说导致了城市间的合作，并引起了兴趣的激增以及整个欧洲城市网络的参与。这些制度化的城市"俱乐部"通常旨在通过刺激合作而不是竞争来克服日益加剧的城市竞争。

（Dawson 1992：7）

网络探索了另一种可替代途径，可以缓解市场化领域竞争的原始指示导致的经济分裂和社会分化。

（Graham 1995：518）

METREX——欧洲大都市区和区域网络

（来源：http://www.eurometrex.org）

METREX 是一个由从业者组成的网络，即政治家、官员及其顾问，他们对大都市区的空间规划和开发有着共同的兴趣。网络的双重目的：

- 促进从业者之间就共同关心的战略问题交流知识。
- 在欧洲尺度上，为大都市的规划做出贡献。

EUROCITIES——欧洲城市

(来源:http://www.eurocities.org)

EUROCITIES希望确保将城市事务放在欧盟的政策议程上:欧盟一级做出的大多数决定都会影响城市及其居民。我们带头让居民的声音被听到。

- EUROCITIES希望推动欧洲各成员国之间的跨国合作项目:我们促进它们之间的协调并帮助获得欧盟资金。
- EUROCITIES希望在欧洲大都市之间树立一种网络精神:在拥有不同的文化、社会经济和政治现实的同时,它们也面临着共同的挑战和解决方案。我们鼓励我们的成员交流专业知识,并积极制定国家和欧盟政策。

邻域危机

(来源:http://www.styrax.com/demons/QECOnline/en/index_html)

"邻域危机"是一个城镇网络,在此过程中,政客、技术人员和当地居民的参与促进了采用综合方法振兴弱势地区的方法。其目标是"推进地方和国家政策与倡议,以重振危机中的社区,特别是通过在城市、区域、国家和欧盟委员会中推广和传播城市综合社会发展方法"。

欧洲边缘城市网络

(来源:http://www.edgecities.com/)

边缘城市网络[……]将位于欧洲主要首都边缘的城镇联合在一起。这些市政当局都确定,由于地理位置原因,他们面临共同的经济和社会挑战。合作伙伴一直在交流知识、想法和经验,以应对这些挑战，包括联合项目和活动。

POLIS（用于创新交通解决方案的城市和区域网络）

（来源：http://www.polis-online.org/）

POLIS的主要目标是通过创新措施来减少拥堵、提高安全性、减少污染排放，并提供更好和更平等的交通服务，以支持欧洲城市和地区改善生活质量。POLIS旨在促进整个欧洲的合作与伙伴关系，使城市和区域可以进行研究和创新，在欧盟一级代表城市和区域的声音，并为决策者提供适当的信息和工具，以促进可持续流动性的发展。

TELECITIES

（来源：http://www.telecities.org）

TeleCities是欧洲主要的城市网络，致力于在信息和知识社会中发挥领导作用[……]TeleCities向民主选举的城市政府以及商业和科学合作伙伴开放。TeleCities提供了一个平台，该平台包含来自欧洲20个国家的100多个地方当局，分享经验并开发切实可行的解决方案，从而在欧洲和地方一级实现包容性信息和知识社会。其目的是在地方一级推进“公民身份”，以确保所有公民都能平等地受益于信息和知识社会的利益。为了实现这一目标，TeleCities积极为其成员努力：

- 影响欧洲议程，以确保在制定政策时考虑到城市利益。
- 促进城市之间的经验交流和知识转移，还将寻求与南欧和中东欧城市的合作和联网，为欧盟东扩的目标做出贡献。
- 向成员介绍欧盟和地方层面的政策、计划和倡议。
- 促进和支持与成员国及网络有关的欧盟资助项目的发展。

城市网络举措以独特的方式为 RCSRs 的整合和发展做出了贡献。作为国家空间工程，城市间的联网计划扩展了 RCSRs 内部的本地化、地区定制化和特定地点的监管安排的作用。同时，作为国家空间战略，城市间网络为市政当局提供了额外的制度能力，可通过这些制度能力在其边界内促进当地经济发展，并影响欧盟一级的资金流动和政策框架。通过这种方式，就像基于邻域的反排斥政策和大都市改革计划一样，城市网络举措进一步增强了城市-区域作为 RCSRs 内部监管试验和积累战略舞台的重要性(图表 6.4)。然而，如图表 6.4 所示，城市网络活动也以多种方式修改了 RCSRs 旧的制度和尺度架构。

图表 6.4　城市网络计划与 RCSRs 的演化

	国家空间工程	国家空间战略
尺度维度	在面临类似问题的欧洲城市群体之间建立新的跨国的城市间合作网络 扩展了国家空间的去中心化和本地化，同时也提高了跨国家边界的地方间联系的组织密度和监管意义	新近建立的城市间网络为市政当局提供了新的制度能力，通过它们可以促进其边界内的当地经济发展，获得欧盟资金，并影响欧盟政策 进一步增强了城市作为积累战略目标和领域的作用
领域维度	每个城市网络的制度结构都是根据本地参与者的优先级定制的。这有助于在各国领域上合并定制的、针对特定地点的监管安排 跨界、城市联系的激增往往会重塑旧的领域政治地理。随着多个平行表现的城市间网络贯穿各国领域，RCSRs 的制度架构将进一步分化	城市网络举措有助于在欧洲城市中建立针对特定地点和辖区的管理区域；有助于在各国领域上进一步区分地方和区域发展途径 城市网络举措还为 RCSRs 内部产生了新的领域竞争格局：单个城市之间的竞争现在与多节点的城市网络之间的竞争并行。这加强了 RCSRs 内部不均衡空间发展和领域竞争的制度化推动力

首先，城市网络倡议不是着眼于一个单一的、受限制的城市或大都市区的领域竞争力，城市网络倡议可以促进整个城市网络的发展，并与“网络化程度不深的邻居”产生对抗（Phelps, McNeill, and Parsons 2002：214）。通过这种方式，此类举措引入了更复杂的空间参考对象——一个灵活的、多节点网络，而不是一个自我封闭的城市或大都市地区——以提升其领域竞争力。在这种情况下，竞争并没有消除[……]只是转移到更高的空间尺度。促进其经济发展利益并相互竞争的不再是单个城市和区域，而是城市和区域的网络（Leitner and Sheppard 1999：240）。因此，城市网络倡议将新的、横向阐明的框架叠加在了 RCSRs 的纵向结构上，从而推动了城市区位政策。

第二，就像基于邻域的反排斥计划和大都市改革项目一样，城市网络计划已经部分修改了 RCSRs 中普遍存在的基于竞争的企业家城市治理模型。在城市网络的环境中，目标不是缓解弱势社区内的社会排斥，也不是增强大都市区域范围内的领域凝聚力，而是要在遍布整个欧洲城市体系的城市群之间建立合作的制度联系。在这种情况下，信息共享、成本分摊、联合游说、协作计划以及“最佳实践”的传播，被视为增强整个网络的经济发展能力和地缘政治权重的一种手段，同时抵消了先前一些城市区位政策方法造成的动荡和空间两极分化的后果。因此，这些城市间合作网络的主要议程，是缓解自 20 世纪 80 年代 RCSRs 合并以来一直占据主导地位的残酷的以邻为壑形式的空间竞争。城市网络通过将基于合作的本地间传递引入后凯恩斯时代动荡的、空间极化的城市景观中来实现这一目标。

第三，城市间网络把新的、横向表达的治理模式叠加到了

RCSRs 分散的政治地理上。首先参考旧的国家空间的尺度重构以及更广泛的尺度相对化过程来定义 RCSRs 的地理架构。尽管城市网络为国家形态的这种尺度重构做出了贡献，但它们也修改了这一进程正在展开的领域框架。就城市间网络而言，它们是尺度的，因为它们以在更广泛的空间范围内（在这种情况下，是西欧城市系统或其一部分）互相联系的尺度单元（在这种情况下，是城市）为前提。然而，与通过在划定的边界内封闭政治空间来主张对政治空间进行控制的领域性监管形式相反，网络化治理形式的前提是通过在地理上分散的节点之间建立水平联系来尝试跨越空间（Leitner 2004：248），将空间上分离的领域单位作为互动和交流网络的成员进行连接（Leitner，Pavlik and Sheppard 2002：297）。此外，尽管政治领域性基于相对稳定的管辖范围，但（a）只要网络节点之间的连通程度会变化，网络所覆盖的空间表面就会变得“不稳定”；（b）网络成员资格的模式可能会变化；（c）多个网络可能相互重叠、渗透和交叉（Leitner 2004：248—249）。鉴于网络治理形式、城市间治理以及其他形式的网络治理的鲜明特征，很明显，它们在 RCSRs 的制度版图内的扩散已经在旧的国家监管地理中插入了全新的维度。实际上，城市网络为国家空间开辟了另外一个参数，由节点连通性而不是领域围墙或尺度间的交接来定义，在其中可以阐明国家空间工程和国家空间战略。与一些学术预测相反（如 Castells 2004），目前看来，网络化的治理形式似乎不太可能取代现代国家的领域化制度架构；但是，治理网络可以说是嵌入在领域化的政治空间中，并不断以复杂、冲突和矛盾的方式与持续的尺度重构过程相互融合（Ansell 2000；Leitner and Sheppard 2002）。因此，在 RCSRs 的政治地理内，网络化城市治理手段的增加代表着重要的演化。[①]

像基于邻域的反排斥举措和大都市改革项目一样，城市网络计划可以解释为对当代欧洲城市所处的不确定的地缘经济条件和不稳定的监管环境的政治反应。由于城市间网络是建立在合作制度的基础上，因此它们似乎破坏了后凯恩斯主义时代城市治理残酷竞争的逻辑，并且更普遍地为建立国家空间监管的去两极化形式提供了政治上的通道。但实际上，这种解释相当于"希望胜过经验"(Dawson 1992：9)。因为，与基于邻域的反排斥计划和大都市改革项目一样，城市网络的独特尺度架构系统地限制了它们以RCSRs为基础的转换尺度间规章-制度的能力。在这种情况下，核心问题是城市网络改变了领域竞争的地理结构，却无济于减轻两极分化破坏性的社会经济后果(Leitner and Sheppard 1999：240)。的确，尽管有内部合作的制度逻辑，但许多城市网络举措，实际上通过将城市区位政策转移到更大尺度的城市间网络而实质上加剧了领域竞争。通过这种方式，政策的监管失灵和危机倾向被扩大到了新的制度-地理矩阵上，而不是得到缓解。

城市网络计划中的这些破坏性的、两极分化的趋势反过来又

---

① 我并不认为之前不存在网络化的城市治理形式。相反，例如汉萨同盟、世界城市和地方当局协会以及联合城市联合会，只是在资本主义发展的前几个阶段出现的许多有趣的城市间网络实例中的一小部分(Sellers 2003)。在这里，我的主张是，由于尺度相对化和国家尺度重构的持续进行，当代西欧城市网络的组织密度和监管意义显著增强。莱特纳(2004)对当代城市间网络与西欧政治空间重组之间的关系进行了相当复杂的理论分析(Leitner 2004；Leitner，Pavlik，and Sheppard 2002；and Leitner and Sheppard 2002，1999)。对网络化国家空间调节形式的进一步分析将使图表3.9、3.10和3.11中描述的分析网格复杂化：还需要增加第三条轴，在该轴上可以阐明国家空间工程和国家空间战略，并由"网状"过程所涉及的广泛参数来定义(与领域化过程和尺度重构过程相对)发展。网状的概念是由鲍勃·杰索普提出的。

可能引起其他监管缺陷。首先，即使在不直接面向经济发展的城市间网络中，合作冲动也可能由于“内部成员之间以及成员与非成员之间的隐性竞争”而受到破坏(Graham 1995:520)。在一定程度上，城市被嵌入欧洲的尺度间规章-制度中，在该体系中，领域竞争已普遍制度化，城市间合作倡议将继续立足于脆弱的基础。其次，通过城市网络在城市治理中“最佳实践”的跨国传播，可能瓦解而不是振兴城市发展的过程。获得公共管理、本地营销和社会经济政策的“最佳实践”前景，可能给面临根深蒂固的财政、经济和社会危机的许多市政府带来一线希望。但是，这样的城市政策原型通常来自明显本地化的“成功案例”，这些故事很难(甚至是不可能)在其他制度和地理环境中复制。因此，根据狭义的市场化和新自由主义的逻辑，城市网络可能不是作为增强城市之间领域团结的基础，而是作为一种“快速政策转移”的机制来使城市治理资源同质化(Leitner and Sheppard 2002;Peck 2002;Peck and Theodore 2001)。

总而言之，尽管城市网络计划显然一直在强调对合作的重视，但实际上并没有成为城市治理生产超越城市区位政策竞争逻辑的替代基础。城市网络举措促进在 RCSRs 中引入以合作为基础的新的国家监管活动和治理实践层，但它们同时基于空间竞争的普遍制度化和不受限制的不平衡发展，从而强化了整个欧洲尺度间的规章-制度。因此，目前城市网络举措主要是为了尺度重构旧形式的城市区位政策带来的监管缺陷和危机倾向。

关于新国家空间未来的结论性反馈：从对 RCSRs 的第二步解释到第三步解释？

“空间的未来”[……]必须从全球社会发展以及存在的空

> 间已经限制社会演化的方式这两方面来理解[……]因此，从《费尔巴哈提纲》到《雾月十八日》，空间与社会过程之间的关系一直是马克思命题的主要经典例证，根据这一观点，人类具有自己的历史，但其继承的基础是过去[……]“空间的未来”并不是社会未来所描绘的简单投影。社会只会因已经根深蒂固的物质障碍而不断发展和重生：它已经作为一种领域形式存在。因此，人类空间是未来社会的制约因素（也是人类社会发展的起点）。这些现有空间之间（这之间形成了我们今天所知道的实质上的文明）的矛盾与那些“计划的空间”之间（争夺未来的发展模式的实现）的矛盾也必须加以规范。
>
> 阿兰·利皮耶茨（1992a：104—105）

本章开始时引入了“尺度重构的竞争型国家体制”（RCSR）概念，用于综合本书的主要论点——它为当代西欧国家形态的转变方式提供了第一步解释。前面各节中提出的替代性尺度重构策略的分析使第一步描述变得复杂和不同。因为，正如本研究所揭示的，RCSRs是不稳定的、动态变化的制度和尺度架构：它们以国家空间工程和国家空间战略为前提，进而在各种地理尺度及积累和调整过程中造成破坏性的功能失调的后果。然而，RCSRs内部的监管缺陷和危机倾向并没有预示着它们即将崩溃，而是为进一步的制度和尺度演化提供了强大的动力。本章中研究的三种替代性尺度重构策略必须在这种背景下加以理解。基于邻域的反排斥政策、大都市改革举措和城市网络计划，可以解释为减轻RCSRs监管失败的一些主要尝试，这是通过对旧的城市区位政策的进一步尺度重构来采取的重要措施。通过这种方式，这些政治策略中的每一个都有助于在新一轮纠缠的制度组织和监管试验的尺度层次上促进新一轮的国家尺度重构，而这些变化已经叠加到了尺度上千差万别的 RCSRs 政治地理上。正是由于欧洲城市和区域内部危机管理机制的新层次的整合，才有必要对 RCSRs 进行第二步解释，这是在先前引入的第一步解释的基础上进行的，并得到了扩展。图表 6.5 综合了对 RCSRs 第二步解释的关键要素。

图表 6.5 可替代的尺度重构战略与 RCSRs 的第二步解释：综合对比

	基于邻域的反排斥政策	大都市改革举措	城市网络计划
政治和制度动态	欧盟委员会；中央、区域和地方政府机构；基于社区的协会	选定的中央政府；区域增长联盟；选定的市政府；地方和区域商会	欧盟委员会；地方政府机构；地方增长联盟
地理目标	处于弱势的边缘化社区	大型城市群的区域或大都市尺度	欧洲主要城市或欧洲部分地区通过水平网络互连
对城市治理的影响	将财政资源转移到弱势社区，并建立新的、基于区域的伙伴关系：目标是与社会排斥做斗争，并在城市范围内增强社会领域凝聚力	建立新的、区域范围内的城市制度组织和监管协调形式：目标是防止城市-区域内的零和竞争，建立区域协调的经济发展战略，并在大都市范围内增强社会领域凝聚力	在具有共同关注点的城市之间建立新的合作形式：目标是促进信息共享，传播有关城市治理“最佳实践”的知识，影响欧盟的城市和区域政策，并为地方计划获得欧盟资金。这些被视为增强网络成员经济发展能力的一种手段

续 表

	基于邻域的反排斥政策	大都市改革举措	城市网络计划
对不平衡空间发展的影响	可能部分缓解主要城市-区域社区之间空间发展的不平衡：为弱势地区提供新的公共资源，以解决本地化的社会问题	可能会部分缓解大型城市群内主要城镇之间不平衡的空间发展：不鼓励零和形式的区域间竞争；在某些情况下，引入了区域内再分配机制	可能会部分缓解欧洲城市体系内空间发展的不平衡：在各个地方之间建立非正式或正式的合作传递，否则将直接竞争外部资本投资和公共资金
对国家空间选择性的影响	在 RCSRs 中建立新的超级本地化的尺度缝隙和领域飞地：进一步巩固了由上一轮国家尺度重构带来的国家空间分裂 还需要在已经差异化的 RCSRs 区域内创建新的城市内部再分配接力	在 RCSRs 中建立新的区域化尺度缝隙和领域飞地：进一步巩固了由上一轮国家尺度重构引起的国家空间分裂 还需要在已经不同的 RCSRs 区域内创建新的、以区域为重点但针对特定地点的区位政策和政治经济协调形式	在整个欧洲国家体系中建立新的区域间政策网络：进一步巩固了 RCSRs 中本地化、定制化和针对特定地点的政策体制和制度形式的作用 地方政治机构之间横向联系的跨国跨界扩张有助于突破旧的国有化的国家领域形式
主要的监管缺陷和危机倾向	解决了特定城市-区域内的领域不平等问题，而忽略了产生这种不平等的超地方尺度。因此，社会问题可能会在城市-区域内的不同社区之间进行空间再分配，而不是得到缓解	大都市治理的制度形式和政治内容是在国家权力的各种空间尺度上发生激烈冲突的对象和利害关系。这种冲突可能会破坏大都市机构面对整个区域政治经济问题的能力	在欧洲城市体系内引入了新的合作形式，但城市网络仍在工具化，以提高网络成员的竞争地位

续　表

	基于邻域的反排斥政策	大都市改革举措	城市网络计划
主要的监管缺陷和危机倾向	肯定城市区位政策的增长至上逻辑，只要以提高区域竞争力为目标的反排斥政策是合理的 因此，尽管这些政策举措直接解决了城市区位政策的某些主要监管缺陷，但它们再现了产生此类缺陷的更广泛的尺度间框架	着眼于大都市区域内的领域不平等问题，但肯定了区域间尺度上的空间竞争逻辑 城市区位政策的局限性和危机倾向已转移到更大的空间尺度上，而不是得到缓解。因此，大都市改革项目加强了 20 世纪 80 年代后基于竞争、增长驱动的尺度间规章-制度	空间竞争的单位发生了变化，从单个城市到城市网络，但这种竞争所产生的大规模社会空间分化模式并未得到解决 城市区位政策的局限性和危机倾向已转移到大尺度的城市网络上，而不是得到缓解。因此，城市网络举措加强了 20 世纪 80 年代后基于竞争、增长驱动的尺度间规章-制度

第二步解释的目的并不是要表明这些替代性的尺度重构策略有效地解决了城市区位政策的矛盾。相反，如图表 6.5 所示，这些尺度重构的策略改变了城市和区域内危机形成的政治地理，但并未消除 RCSRs 内部经济不稳定和监管失败的根源。因此，在最近十年中，必须将替代性尺度重构策略的扩散视为 RCSRs 内持续性制度和空间混乱的症状，而不是其趋向稳定的原始证据。的确，RCSRs 内部不同尺度单位和领域之间持续存在的治理问题的无序转移，进一步加剧了城市区位政策的危机倾向。危机转移的新的尺度政治也可能会耗尽政策储备，在这些储备中，政府机构撤回了无效的监管方法，而这些方法常常掩盖了对即将到来的“城市复兴”的乐观预测，而徒劳地维持着领域管辖范围内的政治合法性和社会控制权，即使没有经济发展的可持续形式。

在当前“推行”新自由主义的全球体制下，欧洲许多城市-区域对领域凝聚力和跨部门合作的担忧再次与广泛的“先前竞争的经济政策领域的非政治化”交织在一起（Tickell and Peck 2003：177）。因此，关于是否应采纳城市区位政策、以何种形式采纳城市区位政策的问题，越来越被置于政治辩论的“禁区之内”；它因此而与其他争辩更激烈的城市政策“脱节”了（Keil 1998b）。通过这种方式，对本地经济发展以增长为导向、以竞争为驱动的方法的公认需求已经获得了“当然的或基础政策导向的特权地位”（Peck and Tickell 2003：42）。本章中讨论的三种替代性尺度重构策略中的每一种都对城市区位政策的非政治化做出了贡献：每种策略都将城市经济发展视为由地方、区域或国家政治-经济精英管理的技术官僚主义问题，同时重新关注主流政治辩论如何处理新的空间竞争造成的两极分化的社会经济后果。邻域、大都市和城市网络因此被提升为特权的尺度和制度领域，可以缓解当代资本主义的监管错位。即使后凯恩斯主义时代的国家体制进一步加剧了制度化的不平衡，至少在目前，这种国家体制避免了直接的政治斗争。通过将欧洲城市-区域内的领域凝聚力侵蚀作为全球经济力量不可避免的结果，这种危机管理策略有助于掩盖（尺度重构的）国家机构在解决监管混乱中的持续失误。①

参照彼得雷拉（2000）对“群岛欧洲”的悲观看法和韦尔茨（1996）对“群岛经济”的类似观点，在第五章的开头就预料到了这样一种惨淡的局面：地区间竞争加剧，社会空间两极分化水平上升，以及宏观经济不稳定性加深。在这一阶段的分析，很明显，当

① 各种制度和地理背景下对这一分析方法的详细阐述，请参见 Keil 1998b；Peck and Tickell 2002；Tickell and Peck 2003；Swyngedouw，Moulaert，and Rodriguez 2003，2002；Swyngedouw 2000a，b；and Brenner and Theodore 2002b。

代群岛经济的地理不仅是通过全球尺度的工业结构调整、金融投机和公司重组而产生的，还通过协调一致的政治战略，积极推动了各个空间尺度上的不平衡发展并使之制度化。最近形成的 RCSRs 的第二步举措，强化了而不是抵消了欧洲群岛内部发展不平衡这种倒退的政治。

我们由此推出以下结果：尽管 RCSRs 对积累和监管产生了不稳定的后果，但它们仍沿着演化途径发展，这些途径强化了城市区位政策的首要地位，并暗示了不受约束的空间竞争在城市治理的制度动力中的作用。在 RCSRs 中，监管试验、制度探索和尺度重构的过程仍在持续，这是由它们在地方、区域和国家经济中产生的危机倾向引发的。然而，尽管 RCSRs 的制度和尺度架构不断发展，但它们目前似乎已“锁定”在发展轨迹上，而这些发展轨迹并不能（或者可以说不可能）在任何空间尺度上建立经济增长的可持续体制或者政治调节的领域凝聚力框架。①

这种明显的城市区位政策的演变性锁定及其相关的危机倾向，有可能被打破或至少被缓解的前景是什么？如何重新引导当代西欧国家空间重组的轨迹来促进以城市和超城市尺度为基础的

---

① 尽管这里不可能提出这种论点，但这种情况可以通过“收益递增”的原理得到合理的解释，正如有关技术和制度发展中路径依赖的文献所阐述的那样（Arthur 1994；North 1990；Pierson 2000）。根据皮尔森（Pierson 2000：252）的说法，当“当前活动相对于其他可能选择的相对收益随时间增加”时，收益就会随之增加。随之而来的是，“退出成本（转换为以前看似可行的替代方案）会增加成本”。我认为，近二十年来 RCSRs 的演进发展很好地说明了这一原理。在这种情况下，维持了次优的制度架构，因为在地缘经济条件下，城市区位政策已被广泛传播，即使其监管缺陷和功能失调后果日益严重，维护这些政策也被认为更为有效。其结果是，废弃城市区位政策的成本被认为过高，因为它们在整个西欧城市体系中已越来越普遍地被采用（参见 Leitner and Sheppard 1998）。正如佩克和蒂克尔（Peck and Tickell 2002：46）所指出的，对这种类型的“收益递增”论点更系统的阐述，特别是 RCSRs 的出现和巩固，可以帮助解释“城市竞争的逻辑[……]使城市变成了从属的帮凶”的原因以及它的实现方式。

替代性政治经济地理的建立，来推动以更先进的目标为基础的领域再分配、民主赋权和社会空间正义？这些问题必须是对RCSRs进行任何三重分析的核心。在空间凯恩斯主义危机之后，对RCSRs的第一步分析探索了它们的最初整合；对RCSRs的第二步分析强调了监管的缺陷和危机倾向，并追踪了随后的制度和尺度演变；基于这些映射，对RCSRs第三步分析的中心任务是探索城市政策的可能性——更广义地说，是调节不平衡发展的政治策略——也许会发生根本性的转变，从而有助于建立更稳定、更有凝聚力、更加民主，以及更有社会公正的尺度间规章-制度。

根据前面对国家空间重组的分析，目前这种演变的前景以及RCSRs的三重分析的前景似乎有限。但是，正如佩克(2002)所警告的，不断复制倒退的监管安排和政治经济地理不应被误解为国家空间结构稳定的证据。相反，当代的“尺度间监管关系网络比它们最初看起来要脆弱得多，其部分目的是使该政权对地方政策的失败和国家持续的政治罪恶的连续脆弱性产生迷惑”(Peck 2002：357)。因此，至关重要的是，渐进的政治力量必须在当前的尺度间规章-制度内划分制度舞台、领域缝隙和政策延续。在这种统治下，霸权控制显得最薄弱，因此最容易被反霸权计划俘获和重塑。

在这种背景下，回顾一下制度变迁的战略关系概念化是有价值的，因为制度变迁是对国家空间重组分析的基础。从这个角度来看，尽管国家空间重组的过程是路径依赖的，因此容易受到制度锁定趋势的影响，但旧的监管地理仍不能完全决定新兴的监管策略的形态。实际上，随着国家空间工程和国家空间战略的新层次被叠加在上面，国家空间的旧形式可能会被重新表达(见图表3.13)。所以，渐进式政治联盟的一项关键任务是在RCSRs的制度版图中定位战略性的空缺，以在其中发起“路径塑造”的监管举措(Nielson,Jessop and Hausner 1995)。为了抵消 RCSRs 内部的监管缺陷和危机倾向,此类路径塑造计划将需要启动尺度上移的、重新集权化的国家空间工程和国家空间战略,从而促进重塑一个全新的"大政府",致力于在所有地理范围内追求社会空间正义(Lake 2002)。①

正如我们对最近在欧洲城市-区域有关对抗社会排斥和增强领域凝聚力的政策举措的讨论中所表明的,表面上针对制度替代性的许多政治项目可能被同化为旨在挑战而非替代的尺度间规章-制度。但是,即使这种路径塑造的监管计划受到旧的制度架构的限制,它们仍然至少可以用于揭露当代空间政策退步的社会影响。在此作用的基础上,如果可以进一步将其引导到任何地方、区域或国家背景下城市经济发展的再政治化,那么当代欧洲关于社会排斥和领域凝聚力的辩论可能有助于为进一步挑战城市区位政策打下基础。因此,尽管先前已经有了悲观的解释,但基于邻域的反排斥政策、大都市改革倡议和城市网络计划可能仍具有尚未开发的进步政治潜力。

除了本书所关注的城市治理以外,欧盟委员会还代表了另一个充满活力的制度领域,其中正在出现潜在的变革性的路径塑造监管试验。但在这里,挑战主要的、基于竞争的尺度间规章-制度的项目也充满了模糊性。如我们所见,欧洲一体化的进程(以及最近的东扩进程)建立在正统的新自由主义议程的基础之上,该议程

① 即使成功完成了这种国家形态的转换,不平衡空间发展的地方性问题也可能会产生新的监管失败和危机倾向,从而导致进一步的监管试验和国家空间重组。因此,探索对 RCSRs 进行第三步转型的可能性的目的并不是要表明发展不平衡的问题,或者说,去领域化和再领域化之间的基本矛盾永远不能在资本主义经济空间内被克服。相反,在进行这种有点投机的分析时,我的意图是考虑是否有可能通过比西欧目前普遍存在的更为进步的政治战略来应对这些地方性监管问题。

已使整个欧洲空间经济在所有地理尺度上的基于市场的领域竞争制度化(Agnew 2001;Gill 1998a)。但从 20 世纪 90 年代初开始,欧盟委员会还试图加强一些表面上旨在增强领域凝聚力目标的政策方案。特别是结构基金已为欧盟成员国中处于弱势地位、边缘化的城市和区域的经济发展分配了大量财政资源。随之而来的是,在 1999 年,新引入的"欧洲空间发展观点"(ESDP)实现了在整个欧盟范围内促进平衡的、多中心的空间发展格局的目标。实际上,这两种欧盟空间政策都没有对普遍存在的以竞争为基础、以竞争力为导向的欧洲尺度间关系和领域发展模型构成威胁。

· 尽管结构基金强调需要领域凝聚力,但结构基金与"新自由主义正统的供给侧取向"更加紧密地结合在一起(Amin and Tomaney 1995a:177)。该计划不是在保证社会经济资源和自动财政向边缘化地区转移,而是试图升级当地的工业基础设施,以便即使是欧盟内最边缘化的地区也可能有能力在全球经济和单一欧洲市场的特定环境中有效竞争(Amin and Tomaney 1995b)。这一方向通过《2000 年议程》得到了进一步的巩固,该议程修订了结构基金下的财政援助资格标准,为东扩做准备。
· 直接类似的结论可以从 ESDP 得出,尽管 ESDP 已广为人知,但它却提出了在具有国际竞争力的大都市区锚定的各种"全球经济一体化区"之间区分欧洲经济空间的想法。促进多中心领域发展项目旨在避免将社会经济资产重新分配给结构上处于弱势的地区,使欧洲本地和区域经济在全球竞争中具有战略意义,以吸引外部资本投资(S. Krätke 2001; Atkinson 2001;Waterhout 2002)。

因此,就与战后空间凯恩斯主义有关的经典意义而言,结构基金和 ESDP 都不能被解释为真正具有补偿性的、在领域上重新分配的政策工具。相反，就像本章前面讨论的替代性尺度重构战略一样，无论是在欧洲还是在区域范围内，结构基金和 ESDP 旨在加强供给侧、基于竞争的区位政策逻辑。因此，它们提供了一组额外的示例，其中明显具有变革性的、路径塑造的政策创新（针对领域性再分配目标）。它们的功能不是平衡区域政策，而是作为进一步巩固区域政策的手段。

总而言之，尽管最近进行的各种监管试验似乎都超出了目前占主导地位的制度化不平衡发展的尺度间框架，但在实践中，没有一个监管试验能成功地松绑（更不用说超越）永久锁定的区位政策，无论是在城市内部或城市之外。同时，此类政策的监管缺陷和危机倾向持续存在，导致当代国家形态的格局仍在进一步尺度重构、再领域化、重新分化和不稳定。这是我在本研究中探索的新国家空间的中心悖论。就 RCSRs 不断吸收替代性、对立的政治项目而言，它们似乎不允许替代性；RCSRs 需要遵守全球化资本主义"竞争或死亡"的严峻要求。同时，由于 RCSRs 加剧而不是缓解了后凯恩斯主义时代城市化带来的经济混乱、监管失灵和领域不平等，因此 RCSRs 无法以其当前的制度和尺度形式生存。新的国家空间是冲突的、危机的和矛盾的空间；为此，它们也是不间断的监管试验和动态制度探索的空间。

欧洲城市-区域的国家空间重组过程，是否继续使不受约束的领域不平等和社会空间两极分化的退步政治制度化，或是否可以通过我们探索过的错位和危机倾向，最终建立起一种基于对领域再分配和社会空间正义实质性承诺的尺度间规则的替代框架，还有待观察。因此，RCSRs 第三步解释的形式仍然是开放的。它必须在政治实践领域通过对新国家空间的未来进行不断的斗争来建立。

参考文献

Abu-Lughod, J. (1999) *New York, Chicago, Los Angeles: America's Global Cities*. Minneapolis: University of Minnesota Press.

Agnew, J. (2001) How many Europes? The European Union, eastward enlargement and uneven development, *European Urban and Regional Studies*, 8, 1, 29–38.

——(1997) The dramaturgy of horizons: geographical scale in the 'reconstruction of Italy' by the new Italian political parties, 1992–1995, *Political Geography*, 16/2: 99–121.

——(1995) The hidden geographies of social science and the myth of the 'geographic turn', *Environment and Planning D: Society and Space*, 13: 378–80.

——(1994) The territorial trap: the geographical assumptions of international relations theory, *Review of International Political Economy*, 1/1: 53–80.

——(1993) Representing space: space, scale and culture in social science. In J. Duncan and D. Ley, eds., *Place/Culture/Representation*. London: Routledge, 251–71.

Agnew, J., and Corbridge, S. (1994) *Mastering Space*. New York: Routledge.

Albert, M., Jacobson, D., and Lapid, Y., eds. (2001) *Identities, Borders, Orders*. Minneapolis: University of Minnesota Press.

Albrechts, L., and Swyngedouw, E. (1989) The challenges for regional policy under a flexible regime of accumulation. In L. Albrechts et al., eds., *Regional Policy at the Crossroads*. London: Jessica Kingsley, 67–89.

Albritton, R., Itoh, M., Westra, R., and Zuege, A., eds. (2001) *Phases of Capitalist Development*. New York: Palgrave.

Albrow, M. (1996) *The Global Age*. Oxford: Polity.

——(1990) Introduction. In M. Albrow and E. King, eds., *Globalization, Knowledge and Society*. London: Sage, 1–14.

——(1972) Regional intervention. In S. Holland, ed., *The State as Entrepreneur*. White Plains, NY: International Arts and Sciences Press, 165–83.

Allen, J., Massey, D., and Cochrane, A. (1998) *Rethinking the Region*. New York, Routledge.

Allen, K., and MacLennan, M. C. (1970) *Regional Problems and Policies in Italy and France*. Beverly Hills: Sage.

Altes, W. K. K. (2002) Local government and the decentralization of urban regeneration policies in the Netherlands, *Urban Studies*, 39/8: 1439–52.

Altvater, E. (1992) Fordist and post-Fordist international division of labor and monetary regimes. In M. Storper and A. J. Scott, eds., *Pathways to Industrialization and Regional Development*. New York: Routledge, 21–45.

Altvater, E., and Mahnkopf, B. (1995) *Die Grenzen der Globalisierung*. Münster: Westfälisches Dampfboot.

Amin, A. (2002) Spatialities of globalization, *Environment and Planning A*, 34, 385–99.

——(1994) Post-Fordism: models, fantasies and phantoms of transition. In A. Amin, ed., *Post-Fordism: A Reader*. Cambridge, Mass.: Blackwell.

Amin, A., and Malmberg, A. (1994) Competing structural and institutional influences on the geography of production in Europe. In A. Amin, ed., *Post-Fordism: A Reader*. Cambridge, Mass.: Blackwell, 227–48.

Amin, A. and Thrift, N., eds. (1994) *Globalization, Institutions and Regional Development in Europe*. New York: Oxford University Press.
——(1992) Neo-Marshallian nodes in global networks, *International Journal of Urban and Regional Research*, 16/4: 571–87.
Amin, A., and Tomaney, J. (1995*a*) The regional dilemma in a neo-liberal Europe, *European Urban and Regional Studies*, 2/2: 171–88.
——eds. (1995*b*) *Behind the Myth of the European Union*. New York: Routledge.
Amin, S. (1986) *La Déconnexion, pour sortir du système mondial*. Paris: La Découverte.
——(1979) *Accumulation on a World Scale*. Hassocks, Sussex: Harvester Press.
Anastassopoulos, J.-P. (1981) The French experience: conflicts with government. In R. Vernon and Y. Aharoni, eds., *State-Owned Enterprises in the Western Economies*. New York: St Martin's Press, 99–116.
Andersen, H. T. (2001) The new urban politics of Europe: the area-based approach to regeneration policy. In H. T. Andersen and R. van Kempen, eds., *Governing European Cities*. Aldershot: Ashgate, 233–53.
Andersen, H. T., and Jørgensen, J. (2004) Rescaling Cophenhagen government. In A. Harding, ed. *Rescaling European Urban Policy*. Boston and Oxford: Blackwell, forthcoming.
——(1995) City profile: Cophenagen, *Cities*, 12/1: 13–22.
Andersen, H. T., and van Kempen, R. (2003) New trends in urban policies in Europe: evidence from the Netherlands and Denmark, *Cities*, 20/2: 77–86.
——eds. (2001) *Governing European Cities*. Aldershot: Ashgate.
Andersen, J. (2003) Gambling politics or successful entrepreneurialism? The Orestad project in Copenhagen. In F. Moulaert, A. Rodriguez, and E. Swyngedouw, eds., *The Globalized City*. Oxford and New York: Oxford University Press, 91–106.
——(1996) The shifting stage of politics: new medieval and postmodern territorialities? *Environment and Planning D: Society and Space*, 14, 133–53.
Ansell, C. (2000) The networked polity: regional development in western Europe, *Governance*, 13/3: 303–33.
Appadurai, A. (1996) *Modernity at Large*. Minneapolis: University of Minnesota Press.
Armstrong, P., Glyn, A., and Harrison, J. (1991) *Capitalism since 1945*. 2nd edn. Cambridge, Mass.: Blackwell.
Arrighi, G. (1994) *The Long Twentieth Century*. New York: Verso.
Arthur, C. (1994) *Increasing Returns and Path Dependence in the Economy*. Ann Arbor: University of Michigan Press.
Ashcroft, B. (1982) The measurement of the impact of regional policies in Europe, *Regional Studies*, 16/4: 287–305.
Atkinson, R. (2001) The emerging 'urban agenda' and the European Spatial Development Perspective, *European Planning Studies*, 9/3: 385–406.
Bade, F.-J. (1998) Möglichkeiten und Grenzen der Regionalisierung der regionalen Strukturpolitik, *Raumforschung und Raumordnung*, 56/1: 3–8.
Badie, B. (1995) *La Fin des territoires*. Paris: Fayard.
Bagnasco, A., and Oberti, M. (1998) Italy: le 'trompe-l'œil' of regions. In P. Le Galès and C. Lequesne, eds., *Regions in Europe*. New York: Routledge, 150–65.
Bairoch, P. (1988) *Cities and Economic Development*. Chicago: University of Chicago Press.
Balducci, A. (2001) New tasks and new forms for comprehensive planning in Italy. In L. Albrechts, J. Alden, and A. de Rosa Pires, eds., *The Changing Institutional Landscape of Planning*. Aldershot: Ashgate, 158–77.

Bardet, F., and Jouve, B. (1998) Defining a new territory as a means of building a political stronghold: the invention of the Région Urbaine de Lyon, *Space & Polity*, 2/2: 127–44.
Barlow, M. (1997) Administrative systems and metropolitan regions. *Environment and Planning C: Government and Policy*, 15: 399–411.
——(1991) *Metropolitan Government*. New York: Routledge.
Bassand, M., et al., eds. (1986) *Self-reliant Development in Europe*. Gower: Aldershot.
Bauman, Z. (1998) On glocalization: or globalization for some, localization for some others, *Thesis Eleven*, 54: 37–49.
Beaverstock J., Smith, R., and Taylor, P. J. (2000) World city network: a new metageography?, *Annals of the Association of American Geographers*, 90/1 (March): 123–34.
Beck, U. (2000) *What is Globalization?* Malden, Mass.: Polity.
Begg, I. (1999) Cities and competitiveness, *Urban Studies*, 36/5–6: 795–810.
Benington, J., and Harvey, J. (1998) Transnational local authority networking within the European Union. In D. Marsh, ed., *Comparing Policy Networks*. philadelphia, Pa.: Open University Press, 149–66.
Benko, G., and Dunford, M., eds. (1991) *Industrial Change and Regional Development*. London: Belhaven.
Benko, G., and Lipietz, A. (2002) From the *régulation* of space to the space of *régulation*. In R. Boyer and Y. Saillard, eds., *Régulation Theory: The State of the Art*. New York: Routledge, 190–6.
Benko, G., and Strohmayer, U., eds. (1991) *Space and Social Theory*. Cambridge, Mass.: Blackwell.
Bennett, R. J., ed. (1993) *Local Government in the New Europe*. London: Belhaven.
——ed. (1989) *Territory and Administration in Europe*. London: Pinter.
Benz, A. (1998) Rediscovering regional economic policy: new opportunities for the Länder in the 1990s. In C. Jeffery, ed., *Recasting German Federalism*. London: Pinter, 177–96.
Benz, A., and Frenzel, A. (1999) Les Politiques institutionnelles dans un état fédéral: la création du 'Verband Region Stuttgart'. In B. Jouve and C. Lefèvre, eds., *Villes, métropoles: les nouveaux territoires du politique*. Paris: Anthropos, 223–49.
Berger, S., and Dore, R., eds. (1996) *National Diversity and Global Capitalism*. Ithaca, NY: Cornell University Press.
Biarez, S. (1994) Urban policies and development strategies in France, *Local Government Studies*, 19/2: 190–207.
Blacksell, M. (1981) West Germany. In H. Clout, ed., *Regional Development in Western Europe*. London: John Wiley & Sons, 211–39.
Block, F. (1994) The roles of the state in the economy. In N. Smelser and R. Swedberg, eds., *The Handbook of Economic Sociology*. Princeton, NJ: Princeton University Press, 691–710.
Blomley, N., Delaney, D., and Ford, R., eds. (2001) *The Legal Geographies Reader*. Boston: Blackwell.
BMBau, Bundesministerium für Raumordnung, Bauwesen und Städtebau (1996) *Raumordnung in Deutschland*. Bonn. Bundesministerium für Raumordnung, Bauwesen und Städtebau.
——(1995) *Raumordnungspolitischer Handlungsrahmen*. Beschluß der Ministerkonferenz für Raumordnung in Düsseldorf am 8 März 1995. Bonn: Bundesministerium für Raumordnung, Bauwesen und Städtebau.

BMBau, Bundesministerium für Raumordnung, Bauwesen und Städtebau (1993*a*) *Raumordnungspolitischer Orientierungsrahmen*. Bonn: Bundesministerium für Raumordnung, Bauwesen und Städtebau.
——(1993*b*) *Raumordnungsbericht 1993*, Bonn: Bundesministerium für Raumordnung, Bauwesen und Städtebau.
Boddy, M., and Fudge, C., eds. (1984) *Local Socialism? Labour Councils and New Left Alternatives*. London: Macmillan.
Body-Gendrot, S. (2000) *The Social Control of Cities? A Comparative Perspective*. Cambridge, Mass.: Blackwell.
Boudeville, J.-R. (1966) *Problems of Regional Economic Planning*. Edinburgh: Edinburgh University Press.
Bourdieu, P. (1996) *Acts of Resistance: Against the Tyranny of the Market*. New York: New Press.
Boyer, R. (1996) State and market: a new engagement for the twenty-first century? In R. Boyer and D. Drache, eds., *States Against Markets: The Limits of Globalization*. London: Routledge, 84–116.
——(1990) *Regulation Theory: An Introduction*. New York: Oxford University Press.
Boyer, R., and Drache, D., eds. (1996) *States Against Markets: The Limits of Globalization*. London: Routledge.
Boyer, R., and Hollingsworth, J. R. (1997) From national embeddedness to spatial and institutional nestedness. In J. R. Hollingsworth and R. Boyer, eds., *Contemporary Capitalism: The Embeddedness of Institutions*. New York: Cambridge University Press, 433–84.
Boyer, R., and Saillard, Y., eds. (2002) *Régulation Theory: The State of the Art*. New York: Routledge.
Bozzi, C. (1995) Policies for territorial competition: the case of Milan. In P. Cheshire and I. Gordon, eds., *Territorial Competition in an Integrating Europe*. Aldershot: Avebury, 267–94.
Braudel, F. (1984) *The Perspective of the World*. Berkeley: University of California Press.
Brenner, N. (2004*a*) Urban governance and the production of new state spaces in western Europe, 1960–2000, *Review of International Political Economy*, 11/3, in press.
——(2004*b*) Rescaling state space in western Europe: urban governance and the rise of 'Glocalizing' Competition State Regimes. In M. Berezin and M. Shain, eds., *Europe without Borders*. Baltimore: Johns Hopkins University Press, 140–66.
——(2003*a*) Metropolitan institutional reform and the rescaling of state space in contemporary western Europe, *European Urban and Regional Studies*, 10: 297–325.
——(2003*b*) 'Glocalization' as a state spatial strategy: urban entrepreneurialism and the new politics of uneven development in western Europe. In J. Peck and H. Yeung, eds., *Remaking the Global Economy*. London and Thousand Oaks: Sage, 197–215.
——(2001*a*) The limits to scale? Methodological reflections on scalar structuration, *Progress in Human Geography*, 15/4: 525–48.
——(2001*b*) World city theory, globalization and the comparative-historical method: reflections on Janet Abu-Lughod's interpretation of contemporary urban restructuring, *Urban Affairs Review*, 36/6: 124–47.
——(2001*c*) State theory in the political conjuncture: Henri Lefebvre's 'Comments on a new state form', *Antipode* 33/5: 783–808.
——(2000*a*) The urban question as a scale question: reflections on Henri Lefebvre, urban theory and the politics of scale, *International Journal of Urban and Regional Research*, 24/2: 361–78.

——(2000*b*) Building 'Euro-regions': locational politics and the political geography of neoliberalism in post-unification Germany, *European Urban and Regional Studies*, 7/4: 317–43.
——(1999*a*) Beyond state-centrism? Space, territoriality and geographical scale in globalization studies, *Theory and Society*, 28/2: 39–78.
——(1999*b*) Globalization as reterritorialization: the re-scaling of urban governance in the European Union, *Urban Studies*, 36/3: 431–51.
——(1999*c*) Global Cities, 'Glocal' States: State Re-scaling and the Remaking of Urban Governance in the European Union. Unpublished Ph.D. dissertation, Department of Political Science, University of Chicago.
——(1998*a*) Between fixity and motion: accumulation, territorial organization and the historical geography of spatial scales, *Environment and Planning D: Society and Space*, 16: 459–81.
——(1998*b*) Global cities, 'glocal' states: global city formation and state territorial restructuring in contemporary Europe, *Review of International Political Economy*, 5/1: 1–37.
——(1997*a*) State territorial restructuring and the production of spatial scale: urban and regional planning in the Federal Republic of Germany, 1960–1990, *Political Geography*, 16/4: 273–306.
——(1997*b*) Global, fragmented, hierarchical: Henri Lefebvre's geographies of globalization, *Public Culture*, 10/1: 137–69.
Brenner, N., and Theodore, N. (2002*a*) Cities and the geographies of 'actually existing neoliberalism'. In N. Brenner and N. Theodore, eds., *Spaces of Neoliberalism: Urban Restructuring in North America and Western Europe*. Oxford and Boston: Blackwell, 2–32.
——eds. (2002*b*) *Spaces of Neoliberalism: Urban Restructuring in North America and Western Europe*. Oxford and Boston: Blackwell.
Brenner, N., Jessop, B., Jones, M., and MacLeod, G., eds. (2003*a*) *State/Space: A Reader*. Boston: Blackwell.
——(2003*b*) State space in question. In N. Brenner, B. Jessop, M. Jones, and G. MacLeod, eds., *State/Space: A Reader*. Boston: Blackwell, 1–26.
Brown, A. J. (1972) *The Framework of Regional Economics in the United Kingdom*. London: Cambridge University Press.
Brownill, S. (1999) Turning the East End into the West End: the lessons and legacies of the London Docklands Development Corporation. In R. Imrie and H. Thomas, eds, *British Urban Policy: An Evaluation of the Urban Development Corporations*. 2nd edn. London: Sage, 43–63.
——(1993) The Docklands experience: locality and community in London. In R. Imrie and H. Thomas, eds., *British Urban Policy and the Urban Development Corporations*. London: Paul Chapman, 41–57.
Brunet, R. (1989) *Les Villes 'européennes'*. Paris: DATAR.
——(1973) Structure et dynamisme de l'espace français: schéma d'un système, *L'Espace géographique*, 1/4: 249–54.
Bruun, F. (1995) Dilemmas of size: the rise and fall of the Greater Copenhagen council. In L. J. Sharpe, ed., *The Government of World Cities: The Future of the Metro Model*. New York: John Wiley & Sons, 57–76.
Budd, L. (1998) Territorial competition and globalisation: Scylla and Charybdis of European cities, *Urban Studies*, 35/4: 663–85.

Bullmann, U., ed. (1994) *Die Politik der dritten Ebene*. Baden-Baden: Nomos.
Bullmann, U., and Gitschmann, P. (1985) *Kommune als Gegenmacht*. Hamburg: VSA.
Bundesministerium für Raumordnung, Bauwesen und Städtebau (1996) *Raumordnung in Deutschland*. Bonn: Burdesministerium etc.
Burgel, G. (1997) Paris: city of opposites. In C. Jensen-Butler, A. Shachar, and J. van Weesep, eds., *European Cities in Competition*. Aldershot: Avebury, 103–31.
Burtenshaw, D., Bateman, M., and Ashworth, G. (1981) *The European City*. New York: Halsted Press.
Camagni, R. (2002) On the concept of territorial competitiveness: sound or misleading?, *Urban Studies*, 39/13: 2395–411.
Cameron, A., and Palan, R. (1999) The imagined economy: mapping transformations in the contemporary state, *Millennium*, 28/2: 267–88.
Cameron, G. (1970) Growth areas, growth centres and regional conversion, *Scottish Journal of Political Economy*, 17 (Feb.): 19–38.
Caporaso, J. (1997) The European Union and forms of state: Westphalian, regulatory or post-modern?, *Journal of Common Market Studies*, 34/1: 29–52.
Casper, U. (1979) Background notes to regional incentives in the Federal Republic of Germany. In K. Allen, ed., *Balanced National Growth*. Lexington, Mass.: Lexington Books, 97–130.
Castells, M. (2004) *The Power of Identity*. 2nd edn. Oxford: Blackwell.
——(1996) *The Rise of the Network Society*. Cambridge, Mass.: Blackwell.
——(1994) European cities, the informational society and the global economy, *New Left Review*, (Mar.–Apr.): 18–32.
——(1983) *The City and the Grassroots*. Berkeley: University of California Press.
——(1977 [1972]) *The Urban Question*. Cambridge, Mass.: MIT Press.
——(1976) Is there an urban sociology? In C. G. Pickvance, ed., *Urban Sociology: Critical Essays*. New York: St Martin's Press, 33–59.
Castells, M., and Godard, F. (1974) *Monopolville*. Paris: Mouton.
CEC, Commission of the European Communities (1998) *Towards an Urban Agenda in the European Union*. Brussels: European Commission.
——Commission of the European Communities (1997) *The EU Compendium of Spatial Planning Systems and Policies*. Brussels and Luxembourg: European Commission.
——Commission of the European Communities (1994) *Europe 2000+. Cooperation for European Territorial Development*. Brussels and Luxembourg: European Commission.
——Commission of the European Communities (1992) *Urbanisation and the Functions of Cities in the European Community*. Brussels and Luxembourg: Directorate General for Regional Policies.
——Commission of the European Communities (1991) *The Regions in the 1990s: Fourth Periodic Report on the Social and Economic Situation and Development of the Regions in the Community*. Brussels: European Commission.
——Commission of the European Communities (1977) *Report of the Study Group on the Role of Public Finance in European Integration*. Vol. 1 and 2. Brussels: European Commission.
Cerny, P. (1997) Paradoxes of the competition state, *Government and Opposition*, 32/3: 251–74.
——(1995) Globalization and the changing logic of collective action, *International Organization*, 49/4: 595–625.

Chandler, A. (1977) *The Visible Hand*. Cambridge, Mass.: Harvard University Press.
Champion, T., Mønnesland, J., and Vandermotten, C. (1996) The new regional map of Europe, *Progress in Planning*, 46: 1–89.
Cheshire, P. (1999) Cities in competition: articulating the gains from integration, *Urban Studies*, 36/5–6: 843–64.
Cheshire, P. and Gordon, I. (1998) Territorial competition: some lessons for policy, *Annals of Regional Science*, 32: 321–46.
——(1996) Territorial competition and the predictability of collective (in)action, *International Journal of Urban and Regional Research*, 20/3: 383–99.
——eds. (1995) *Territorial Competition in an Integrating Europe*. Aldershot: Avebury.
Chisholm, M. (1990) *Regions in Recession and Resurgence*. London: Unwin Hyman.
Christalles, W. (1950) *Das Grunderüst der Räumlichen Ordnung in Europa*. Frankfurt am Main: W. Kramer.
Clark, D. (1997) Local government in Europe: retrenchment, restructuring and British exceptionalism, *West European Politics*, 20/3: 134–63.
Clout, H. (1981*a*) *Regional Development in Western Europe*. 2nd edn. Chichester: John Wiley.
——(1981*b*) Population and urban growth. In H. Clout, ed., *Regional Development in Western Europe*. 2nd edn. Chichester: John Wiley & Sons, 35–59.
——(1975) France. In H. Clout, ed., *Regional development in Western Europe*. London: John Wiley & Sons, 113–38.
Cohen, R. B. (1981) The new international division of labor, multinational corporations, and urban hierarchy. In M. Dear and A. J. Scott, eds., *Urbanization and Urban Planning in Capitalist Society*. London: Methuen, 287–315.
Collinge, C. (1999) Self-organization of society by scale: a spatial reworking of regulation theory, *Environment and Planning D: Society and Space*, 17: 557–74.
——(1996) Spatial articulation of the state: reworking social relations and social regulation theory. Centre for Urban and Regional Studies, University of Birmingham. Unpublished manuscript.
Constandse, A. K. (1978) New towns on the bottom of the sea. In G. Golany, ed., *International Urban Growth Policies: New-town Contributions*. New York: John Wiley & Sons, 53–74.
Cooke, P., and Morgan, K. (1998) *The Associational Economy*. New York: Oxford University Press.
Coriat, B., and Petit, P. (1991) Deindustrialization and tertiarization: towards a new economic regime? In A. Amin and M. Dietrich, eds., *Towards a New Europe? Structural Change in the European Economy*. Aldershot: Edward Elgar, 18–48.
Coronil, F. (1998) *The Magical State*. Chicago: University of Chicago Press.
Courchene, T. (1995) Glocalization: the regional/international interface, *Canadian Journal of Regional Science*, 18/1: 1–20.
Cox, K. (2002) *Political Geography: Territory, State and Society*. Cambridge, Mass.: Blackwell.
——ed. (1997) *Spaces of Globalization*. New York: Guilford.
——(1992) The politics of globalization: a sceptic's view, *Political Geography*, 11/5: 427–9.
——(1990) Territorial structures of the state: some conceptual issues, *Tijdschrift voor Economische en Sociale Geografie*, 81/4: 251–66.
Cox, R. (1987) *Production, Power and World Order*. New York: Columbia University Press.

Crouch, C., and Marquand, D., eds. (1989) *The New Centralism: Britain Out of Step in Europe?* Oxford: Blackwell.
Crouch, C., and Streeck, W., eds. (1997) *Political Economy of Modern Capitalism*. London: Sage.
Crouch, C., Le Galès, P., Triglia, C., and Voelzkow, H., eds. (2001): *Local Production Systems in Europe: Rise or Demise?* Oxford: Oxford University Press.
Daniels, P. W., and Lever, W. F., eds. (1996) *The Global Economy in Transition*. Essex: Longman.
Darwent, D. F. (1975) Growth poles and growth centers in regional planning: a review. In J. Friedmann and W. Alonso, eds., *Regional Policy: Readings in Theory and Application*. Cambridge, Mass.: MIT Press, 539–65.
DATAR (1989) Les Villes 'europèenes'. Paris: La Documentation Française, 79.
Davoudi, S., and Healey, P. (1995) City Challenge: sustainable process or temporary gesture? *Environment and Planning C: Government and Policy*, 13: 79–95.
Dawson, J. (1992) Experiments in trans-national urban collaboration, *The Planner* (10 Jan.): 7–9.
DB, Deutscher Bundestag (1994) *Raumordnungsbericht 1993*. Drucksache 12/2143 (24 Feb.).
Deakin, N., and Edwards, J. (1993) *The Enterprise Culture and the Inner City*. London: Routledge.
Deas, I., and Ward, K. (2002) Metropolitan manœuvres: making Greater Manchester. In J. Peck and K. Ward, eds., *City of Revolution: Restructuring Manchester*. Manchester: University of Manchester Press, 116–32.
——(2000) From the 'new localism' to the 'new regionalism'?, *Political Geography*, 19: 273–92.
Delaney, D., and Leitner, H. (1997) The political construction of scale, *Political Geography*, 16/2: 93–7.
Dematteis, G. (2000) Spatial images of European urbanization. In A. Bagnasco and P. Le Galès, eds., *Cities in Contemporary Europe*. New York: Cambridge University Press, 48–73.
Der Derian, J. (1990) The (s)pace of international relations: simulation, surveillance and speed, *International Studies Quarterly*, 34: 295–310.
Dézert, B. (1999) La décentralisation industrielle et les grands projects. In Foundation Charles de Gaulle and Association Georges Pompidou, ed., *L'Amenagement du territoire, 1958–1974*. Paris: Éditions L'Harmattan, 187–97.
Dicken, P. (1998) *Global Shift: the Internationalization of Economic Activity*. 3rd edn. New York: Guilford Press.
——(1994) Global–local tensions: firms and states in the global space economy, *Economic Geography*, 70/2: 101–28.
Dicken, P., and Öberg, S. (1996) The global context: Europe in a world of dynamic economic and population change, *European Urban and Regional Studies*, 3/2: 101–20.
Dicken, P., Tickell, A., and Peck, J. (1997) Unpacking globalization. In R. Lee and J. Wills, eds., *Geographies of Economies*. London: Arnold, 158–67.
Dicken, P. Kelly, P., Olds, K., and Yeung, H. W. (2001) Chains and networks, territories and scales: towards a relational framework for analysing the global economy, *Global Networks*, 1/2: 89–112.
Dickinson, R. E. (1964) *City and Region: A Geographical Interpretation*. London: Routledge & Kegan Paul.

Dieleman, F., and Musterd, S., eds. (1992) *The Randstad: A Research and Policy Laboratory*. Dordrecht: Kluwer.

DiGaetano, A., and Klemanski, J. (1999) *Power and City Governance*. Minneapolis: University of Minnesota Press.

DISP (2003) Special issue on Metropolregionen in Westeuropa, *DISP*, Netzwerk Stadt und Landschaft, ETH Zürich, 152/1.

Droste, H., Fiedler, J., and Schmidt, V. (1997) Region Hannover. In Kommunalverband Großraum Hannover, ed., *Hannover Region 2001*. Blue Paper Appendix.

Duncan, S., and Goodwin, M. (1989) *The Local State and Uneven Development*. London: Polity.

Duncan, S., Goodwin, M., and Halford S. (1988) Policy variations in local states: uneven development and local social relations, *International Journal of Urban and Regional Research*, 12/1: 107–28.

Dunford, M. (1995) Metropolitan Polarization, the North-South Divide and Socio-Spatial Inequality in Britain: A Long-Term Perspective, *European Urban and Regional Studies*, 2/2: 145–70.

——(1994) Winners and losers: the new map of economic inequality in the European Union, *European Urban and Regional Studies*, 1/2: 95–114.

——(1988) *Capital, the State and Regional Development*. London: Pion.

Dunford, M., and Kafkalas, G., eds. (1992) *Cities and Regions in the New Europe*. London: Belhaven.

Dunford, M., and Perrons, D. (1994) Regional inequality, regimes of accumulation and economic development in contemporary Europe, *Transactions of the Institute of British Geographers*, 19: 163–82.

Dutt, A., and Costa, F. (1985) *Public Planning in the Netherlands*. New York and London: Oxford University Press.

Dyson, K. (1982) *The State Tradition in Western Europe*. New York: Oxford University Press.

Eisenschitz, A., and Gough, J. (1998) Theorizing the state in local economic governance, *Regional Studies*, 32/8: 759–68.

——(1996) The contradictions of neo-Keynesian local economic strategy, *Review of International Political Economy*, 3/3: 434–58.

——(1993) *The Politics of Local Economic Development*. New York: Macmillan.

Eisenschitz, A., and North, D. (1986) The London industrial strategy: socialist transformation or modernising capitalism?, *International Journal of Urban and Regional Research*, 10/3: 419–40.

Elden, S. (2004) *Henri Lefebvre: Introduction to the Possible*. New York: Continuum.

Esser, J. (1989) Does industrial policy matter? *Land* governments in research and technology policy in Federal Germany. In C. Crouch and D. Marquand, eds., *The New Centralism: Britain Out of Step in Europe?* Cambridge, Mass., Blackwell, 94–108.

Esser, J., and Hirsch, J. (1989) The crisis of Fordism and the dimensions of a 'postfordist' regional and urban structure, *International Journal of Urban and Regional Research*, 13/3: 417–37.

Essig, F. (1979) *DATAR. Des Régions et des hommes*. Paris: Stanké.

Evans, P. (1997) The eclipse of the state?, *World Politics*, 50: 62–87.

Evans, P., Rueschemeyer, D., and Skocpol, T., eds. (1985) *Bringing the State Back In?* New York: Cambridge University Press.

Evers, A. (1974) Agglomerationsprozess und Staatsfunktionen. In R. R. Grauhan, ed., *Lokale Politikforschung 1*. Frankfurt: Campus, 41–100.

Fainstein, S. (2001) *The city builders: property, politics and planning in London and New York*. 2nd edn. Lawrence: University of Kansas Press.

——(1994) *The City Builders: Property, Politics and Planning in London and New York*. Cambridge, Mass.: Blackwell.

Fainstein, S., Gordon, I., and Harloe, M., eds. (1992) *Divided Cities: New York and London in the Contemporary World*. Cambridge, Mass.: Blackwell.

Faludi, A. (1991) Fifty years of Dutch national physical planning: introduction, *Built Environment*, 17/1: 5–13.

Faludi, A., and van der Valk, A. (1994) *Rule and Order: Dutch Planning Doctrine in the 20th Century*. Dordrecht: Kluwer.

Feagin, J., and Smith, M. P. (1989) Cities and the new international divison of labor: an overview. In M. P. Smith and J. Feagin, eds., *The Capitalist City*. Cambridge, Mass.: Blackwell, 3–36.

Featherstone, M., ed. (1990) *Global Culture*. London: Sage.

Federal Ministry for Regional Planning, Building and Urban Development (1993) *Guidelines for Regional Planning* (Eng. version of *Raumordnungs politischer Orientierungsrahmen*). Bonn: Federal Ministry for Regional Planning, Building and Urban Development.

Ferguson, Y., and Jones, R. J., eds. (2002) *Political Space*. Albany, NY: SUNY Press.

Florida, R., and Jonas, A. (1991) U.S. urban policy: the postwar state and capitalist regulation. *Antipode*, 23/4: 349–84.

Flyvbjerg, B., Bruzelius, N., and Rothengatter, W. (2003) *Megaprojects and Risk*. New York and London: Cambridge University Press.

Fox Przeworski, J. (1986) Changing intergovernmental relations and urban economic development, *Environment and Planning C: Government and Policy*, 4/4: 423–39.

Freund, B. (2003) The Frankfurt/Rhine-Main region. In W. Salet, A. Thornley, and A. Kreukels, eds., *Metropolitan Governance and Spatial Planning*. London: Spon Press, 125–44.

Friedmann, J. (1995) Where we stand: a decade of world city research. In P. Knox and P. Taylor eds., *World Cities in a World-System*. New York: Cambridge University Press, 21–47.

——(1986*a*) The world city hypothesis, *Development and Change*, 17: 69–83.

——(1986*b*) Regional development in industrialized countries: endogenous or self-reliant? In M. Bassand, ed., *Self-Reliant Development in Europe*. Brookfield, Vt., Gower, 203–16.

Friedmann, J., and Bloch, R. (1990) American exceptionalism in regional planning, 1933–2000, *International Journal of Urban and Regional Research*, 14/4: 576–601.

Friedmann, J., and Weaver, C. (1984) *Territory and Function: The Evolution of Regional Planning*. Berkeley and Los Angeles: University of California Press.

Friedmann, J., and Wolff, G. (1982) World city formation: an agenda for research and action, *International Journal of Urban and Regional Research*, 6: 309–44.

Friedrichs, J., Häuaermann, H., and Siebel, W., eds. (1986) *Süd-Nord-Gefälle in der Bundesrepublik?* Opladen: Westdeutscher Verlag.

Frieling, D. (1994) Development of a multi-centered metropolis: from physical planning to investment strategy, *Tijdschrift voor Economische en Sociale Geografie*, 85/2: 171–5.

Fürst, D., and Rudolph, A. (2003) The Hanover metropolitan region. In W. Salet, A. Thornley, and A. Kreukels, eds., *Metropolitan Governance and Spatial Planning*. London: Spon Press, 145–62.

Gaffikin, F., and Warf, B. (1993) Urban policy and the post-Keynesian state in the United Kingdom and the United States, *International Journal of Urban and Regional Research* 17/1: 67–83.

Galantay, E. (1980) Definitions and typology: goals, policies and strategies, In Working Party 'New Towns', ed., *New Towns in National Development*. Milton Keynes: Open University, 13–28.

Galland, B. (1996) De l'urbanisation à la 'glocalisation', *Terminal*, 7/1–2: 71–88.

Galle, M., and Modderman, E. (1997) VINEX: national spatial planning policy in the Netherlands during the 1990s, *Netherlands Journal of Housing and the Built Environment*, 12/1: 9–35.

Garofoli, G. (2002) Local development in Europe: theoretical models and international comparisons, *European Urban and Regional Studies*, 9/3: 225–39.

Gay, F. (1981) Benelux. In H. Clout, ed., *Regional Development in Western Europe*. 2nd edn. Chichester: John Wiley & Sons, 179–210.

Geddes, M., and Benington, J., eds. (2001) *Local Partnerships and Social Exclusion in the European Union*. New York: Routledge.

Gemeente Amsterdam (1997) *Gebundelde Kwaliteit: Economische Ontwikkelingsstrategie voor de regio Amsterdam*. Amsterdam: Gemeente Amsterdam.

Gertler, M. (1992) Flexibility revisited: districts, nation-states and the forces of production, *Transactions, Institute of British Geographers*, 17: 259–78.

Giddens, A. (1990) *The Consequences of Modernity*. Stanford: Stanford University Press.

—— (1984) *The Nation State and Violence*. Berkeley: University of California Press.

Gill, S. (2003) *Power and Resistance in the New World Order*. London: Palgrave.

—— (1998*a*) European governance and new constitutionalism: economic and monetary union and alternatives to disciplinary neoliberalism in Europe, *New Political Economy*, 3/1: 5–26.

—— (1998*b*) New constitutionalism, democratisation and global political economy, *Pacifica Review*, 10/1: 23–38.

—— (1995) Globalisation, market civilisation and discipinary neoliberalism, *Millennium*, 24/3: 399–423.

Golany, G., ed. (1978) *International Urban Growth Policies: New-Town Contributions*. New York: John Wiley & Sons.

Goodwin, M., and Painter, J. (1996) Local governance, the crises of Fordism and the changing geographies of regulation, *Transactions of the Institute of British Geographers*, 21: 635–48.

Gordon, I. (1999) Internationalization and urban competition, *Urban Studies*, 36/5–6: 1001–16.

—— (1995) *London: World City*—political and organisational constraints on territorial competition. In P. Cheshire and I. Gordon, eds., *Territorial Competition in an Integrating Europe*. Aldershot: Avebury, 295–311.

Goswami, M. (2004) *Producing India: From Colonial Space to National Economy*. Chicago: University of Chicago Press.

Gottdiener, M. (1989) Crisis theory and socio-spatial restructuring: the US case. In M. Gottdiener and N. Komninos, eds., *Capitalist Development and Crisis Theory*. New York: St Martin's Press, 365–90.
——(1985) *The Social Production of Urban Space*. Austin: University of Texas Press.
Gottmann, J. (1983) *The Significance of Territory*. Charlottesville: University of Virginia Press.
Gough, J. (2004) Changing scale as changing class relations, *Political Geography*, 23: 185–211.
——(2002) Neoliberalism and socialisation in the contemporary city: opposites, complements and instabilities. In N. Brenner and N. Theodore, eds., *Spaces of Neoliberalism*. Boston: Blackwell, 58–79.
——(2000) Changing scale as changing class relations. Paper presented at the Annual Meetings of the Institute of British Geographers, University of Sussex, Jan.
Gough, J. and Eisenschitz, A. (1996) The construction of mainstream local economic initiatives: mobility, socialization and class relations, *Economic Geography*, 72/2: 178–95.
Graham, S. (2000) Constructing premium network spaces: reflections on infrastructure networks and contemporary urban development, *International Journal of Urban and Regional Development*, 24/1: 183–200.
——(1999) Global grids of glass: on global cities, telecommunications and planetary urban networks, *Urban Studies*, 36/5–6: 929–49.
——(1997) Cities in the real-time age: the paradigm challenge of telecommunications to the conception and planning of urban space, *Environment and Planning A*, 29: 105–27.
——(1995) From urban competition to urban collaboration? The development of interurban telematics networks, *Environment and Planning C: Government and Policy*, 13: 503–24.
Graham, S. and Marvin, S. (2001) *Splintering Urbanism*. New York: Routledge.
——(1996) *Telecommunications and the City*. New York: Routledge.
——(1995) More than ducts and wires: post-Fordism, cities and utility networks. In Patsy Healey et al., eds., *Managing Cities: The New Urban Context*. London: Wiley, 169–90.
Gramsci, A. (1971) *Prison Notebooks*. New York: International Publishers.
Grassini, F. (1981) The Italian enterprises: the political constraints. In R. Vernon and Y. Aharoni, eds., *State-Owned Enterprises in the Western Economies*. New York: St Martin's Press, 70–84.
Gregory, D., and Urry, J., eds. (1985) *Social Relations and Spatial Structures*. London, Macmillan.
Gualini, E. (2003) The region of Milan. In W. Salet, A. Thornley, and A. Kreukels, eds., *Metropolitan Governance and Spatial Planning*. London: Spon, 264–83.
——(2001) 'New programming' and the influence of transnational discourses in the reform of regional policy in Italy, *European Planning Studies*, 9/6: 755–71.
Guillén, M. (2001) Is globalization civilizing, destructive or feeble? A critique of five debates in the social science literature, *Annual Review of Sociology*, 27: 235–60.
Gupta, A., and Ferguson, J. (2002) Spatializing states: toward an ethnography of neoliberal governmentality, *American Ethnologist*, 29/4: 981–1002.
——eds. (1997) *Culture, Power, Place*. Durham, NC: Duke University Press.
Hadjimichalis, C., and Sadler, D., eds. (1995) *Europe at the Margins. New Mosaics of Inequality*. Chichester: Wiley.

Hahne, U. (1985) *Regionalentwicklung durch Aktivierung intraregionaler Potentiale*. Schriften des Instituts für Regionalforschung der Universität Kiel, 8. Munich: Florenz.
Häkli, J. (2001) In the territory of knowledge: state-centered discourses and the construction of society, *Progress in Human Geography*, 25/3: 403–22.
Halkier, H. (2001) Regional policy in transition, *European Planning Studies*, 9/3: 323–38.
Hall, P. ed. (1989) *The Political Power of Economic Ideas: Keynesianism Across Nations*. Princeton, NJ: Princeton University Press.
Hall, P., and Castells, M. (1994) *Technopoles of the World*. New York: Routledge.
Hall, P., and Pfeiffer, U., eds. (2000) *Urban Future 21. A Global Agenda for Twenty-First Century Cities*. London: Spon.
Hall, P., and Soskice, D. (2001) *Varieties of Capitalism*. New York: Oxford University Press.
Hall, T., and Hubbard, P., eds. (1998) *The Entrepreneurial City: Geographies of Politics, Regime and Representation*. London: Wiley.
——(1996) The entrepreneurial city: new politics, new urban geographies, *Progress in Human Geography*, 20/2: 153–74.
Hamnett, C. (1996) Social polarisation, economic restructuring and welfare state regimes, *Urban Studies*, 33/8: 1407–30.
——(1994) Social polarisation in global cities: theory and evidence, *Urban Studies*, 31: 401–24.
Hamnett, S. (1982) The Netherlands: planning and the politics of accommodation. In D. MacKay, ed., *Planning and Politics in Western Europe*. New York: St Martin's Press, 111–43.
Hanesch, W. (1997) Konzeption, Krise und Optionen der sozialen Stadt. In W. Hanesch, ed., *Überlebt die soziale Stadt?* Opladen: Leske + Budrich, 21–56.
Hansen, A. L., Andersen, H. T., and Clark, E. (2001) Creative Cophenhagen: globalization, urban governance and social change, *European Planning Studies*, 9/7: 851–69.
Hansen, N. (1968) *French Regional Planning*. Bloomington: Indiana University Press.
Harding, A. (1997) Urban regimes in a Europe of the cities? *European Urban and Regional Studies*, 4/4: 291–314.
——(1994) Urban regimes and growth machines: towards a cross-national research agenda, *Urban Affairs Quarterly*, 29/3: 356–82.
——(1989) Central control in British urban economic development programs. In C. Crouch and D. Marquand, eds., *The New Centralism: Britain Out of Step in Europe?* Oxford: Blackwell, 21–38.
Harding, A., Dawson, J., Evans, R., and Parkinson, M., eds. (1994) *European Cities towards 2000*. Manchester : Manchester University Press.
Hardt, M., and Negri, A. (2001) *Empire*. Cambridge, Mass.: Harvard University Press.
Harloe, M. (2001) Social justice and the city: the new 'liberal formulation', *International Journal of Urban and Regional Research*, 25/4: 889–97.
Harvey, D. (1996) *Justice, Nature and the Geography of Difference*. Cambridge, Mass.: Blackwell.
——(1995) Globalization in question, *Rethinking Marxism*, 8/4: 1–17.
——(1989*a*) From managerialism to entrepreneurialism: the transformation in urban governance in late capitalism, *Geografiska Annaler*, B, 71/1: 3–18.
——(1989*b*) *The Urban Experience*. Baltimore: Johns Hopkins University Press.
——(1989*c*) *The Condition of Postmodernity*. Cambridge, Mass.: Blackwell.
——(1985) The geopolitics of capitalism. In D. Gregory and J. Urry, eds., *Social Relations and Spatial Structures*. London: Macmillan, 128–63.

Harvey, D. (1982) *The Limits to Capital*. Chicago: University of Chicago Press.
——(1978) The urban process under capitalism: a framework for analysis, *International Journal of Urban and Regional Research*, 2: 101–31.
——(1973) *Social Justice and the City*. Baltimore: Johns Hopkins University Press.
Haüßermann, H. (1991) The relationship between local and federal government in the Federal Republic of Germany. In C. Pickvance and E. Preteceille, eds., *State Restructuring and Local Power: A Comparative Perspective*. London: Pinter, 89–121.
Healey, P. (1998) The place of 'Europe' in contemporary strategy making, *European Urban and Regional Studies*, 5/2: 139–53.
Healey, P., Khakee, A., Motte, A., and Needham, B., eds. (1997) *Making Strategic Spatial Plans: Innovation in Europe*. London: UCL Press.
Heeg, S. (2003) Governance in the Stuttgart metropolitan region. In W. Salet, A. Thornley, and A. Kreukels, eds., *Metropolitan Governance and Spatial Planning*. London: Spon, 163–74.
——(2001) *Politische Regulation des Raumes. Metropolen, Regionen, Nationalstaat*. Berlin: Edition Sigma.
Heeg, S., Klagge, B., and Ossenbrügge, J. (2003) Metropolitan cooperation in Europe: theoretical issues and perspectives for urban networking, *European Planning Studies*, 11/2: 139–53.
——(2000) *Kooperation zwischen Metropolregionen*. Hamburg: Gutachten im Auftrag der Senatskanzlei der Freien und Hansestadt Hamburg.
Heinz, W., ed. (2000) *Stadt & Region—Kooperation oder Koordination? Ein internationaler Vergleich*. Schriften des Deutschen Instituts für Urbanistik, 93. Stuttgart, Berlin, and Köln: Verlag W. Kohlhammer.
Held, D. (1995) *Democracy and the Global Order*. London: Polity.
Held, D., McGrew, A., Goldblatt, D., and Perraton, J. (1999) *Global Transformations*. Stanford: Stanford University Press.
Helleiner, E. (1994) *States and the Reemergence of Global Finance*. Ithaca, NY: Cornell University Press.
Hendriks, F., and Toonen, T. A. J. (1995) The rise and fall of the Rijnmond authority: an experiment with metro government in the Netherlands. In L. J. Sharpe, ed., *The Government of World Cities: The Future of the Metro Model*. New York: John Wiley & Sons, 147–75.
Herod, A. (1997) Labor's spatial praxis and the geography of contract bargaining in the US east coast longshore industry, 1953–1989, *Political Geography*, 16/2: 145–69.
Herrigel, G. (1996) *Industrial Constructions: The Sources of German Industrial Power*. New York: Cambridge University Press.
Herrschel, T., and Newman, P. (2002) *Governance of Europe's City Regions. Planning, Policy, Politics*. New York: Routledge.
Hesse, J. (1991) Local government in a Federal State: the Case of West Germany. In J. J. Hesse, ed., *Local Government and Urban Affairs in International Perspective*. Baden-Baden: Nomos, 353–85.
——(1987) The Federal Republic of Germany: from co-operative federalism to joint policy-making, *West European Politics*, 10/4: 70–87.
Hirsch, J. (1995) *Der nationale Wettbewerbsstaat*. Berlin and Amsterdam: Edition ID-Archiv.
Hirsch, J., and Roth, R. (1986) *Das neue Gesicht des Kapitalismus*. Hamburg: VSA.

Hirschman, A. (1958) *The Strategy of Economic Development*. New Haven: Yale University Press.
Hitz, H., Keil, R., Lehrer, U., Ronneberger, K., Schmid., C., and Wolff, R., eds. (1995) *Capitales Fatales: Urbanisierung und Politik in den Finanzmetropolen Frankfurt und Zürich*. Zürich: Rotpunktverlag.
Hocking, B. (1998) Patrolling the 'frontier': globalization, localization and the 'actorness' of non-central governments, *Regional and Federal Studies*, 9/1: 17–31.
Hohenberg, P., and Lees, L. H. (1995) *The Making of Urban Europe, 1000–1994*. Cambridge, Mass.: Harvard University Press.
Holland, S. (1976*a*) *The Regional Problem*. New York: St Martin's Press.
——(1976*b*) *Capital Versus the Regions*. London: Macmillan.
——(1974) Europe's new public enterprises. In R. Vernon, ed., *Big Business and the State: Changing Relations in Western Europe*. Cambridge, Mass.: Harvard University Press, 25–42.
——ed. (1972*a*) *The State as Entrepreneur*. White Plains, NY: International Arts and Sciences Press.
——(1972*b*) Adoption and adaptation of the IRI formula. In S. Holland, ed., *The State as Entrepreneur*. White Plains, NY: International Arts and Sciences Press, 242–65.
Hollingsworth, J. R. (1998) New perspectives on the spatial dimensions of economic coordination: tensions between globalization and social systems of production, *Review of International Political Economy*, 5/3: 482–507.
Hollingsworth, J. R., and Boyer, R., eds. (1997) *Contemporary Capitalism: The Embeddedness of Institutions*. New York: Cambridge University Press.
Hondrich, K. O. (1992) World societies versus niche societies. In H. Haferkamp and N. Smelser, eds., *Social Change and Modernity*. Berkeley: University of California Press, 351–66.
Howitt, R. (1998) Scale as relation: musical metaphors of geographical scale, *Area*, 30/1: 49–58.
Hudson, R. (2001) *Producing Places*. New York: Guilford.
——(1994) Institutional change, cultural transformation and economic regeneration: myths and realities from Europe's old industrial areas. In A. Amin and N. Thrift, eds., *Globalization, Institutions and Regional Development in Europe*. New York: Oxford University Press, 196–216.
Hudson, R., and Sadler, D. (1986) Contesting works closures in Western Europe's old industrial regions: defending place or betraying class? In A. J. Scott and M. Storper, eds., *Production, Work, Territory*. Boston: Allen & Unwin, 172–93.
Hudson, R., and Williams, A. (1989) *Divided Britain?* London: Belhaven.
Hull, C. (1979) Background notes to regional incentives in France. In K. Allen, ed., *Balanced National Growth*. Lexington, Mass.: Lexington Books, 55–96.
IAURIF (Institute d'Aménagement et d'Urbanisme de la Région d'Île de France) (1993) *France, Île de France: tendances et perspectives. Une contribution au debat sur l'aménagement du territoire*. Paris: Conseil Regional Île-de-France.
Jacquier, C. (2001) Urban fragmentation and revitalization policies in France. In H. T. Andersen and R. van Kempen, eds., *Governing European Cities*. Aldershot: Ashgate, 321–46.
Jameson, F. (1992) *Postmodernism, or, the Cultural Logic of Late Capitalism*. Durham, NC: Duke University Press.

Jeffery, C., ed. (1998) *Recasting German Federalism: The Legacies of Unification.* London: Pinter.

Jensen-Butler, C., Shachar, A., van Weesep, J., eds. (1997) *European Cities in Competition.* Aldershot: Avebury.

Jessop, B. (2002) *The Future of the Capitalist State.* London: Polity.

——(2001) Bringing the state back in (yet again): reviews, revisions, rejections, redirections, *International Review of Sociology,* 11/2: 149–73.

——(2000) The crisis of the national spatio-temporal fix and the ecological dominance of globalizing capitalism, *International Journal of Urban and Regional Research,* 24/2: 323–60.

——(1999*a*) Narrating the future of the national economy and the national state: remarks on remapping regulation and reinventing governance. In G. Steinmetz, ed., *State/Culture: State Formation after the Cultural Turn.* Ithaca, NY, Cornell University Press, 378–405.

——(1999*b*) Globalization and the national state: reflections on a theme of Poulantzas. In S. Aaronowitz and P. Bratisis, eds., *Rethinking the State: Miliband, Poulantzas and State Theory.* Minneapolis: University of Minnesota Press, 185–220.

——(1999*c*) Globalization and its (il)logic(s). In Kris Olds et al., eds., *Globalization and the Asia-Pacific.* London: Routledge, 19–38.

——(1998) The narrative of enterprise and the enterprise of narrative: place-marketing and the entrepreneurial city. In T. Hall and P. Hubbard, eds., *The Entrepreneurial City.* London: John Wiley & Sons, 77–102.

——(1997) Survey article: the regulation approach, *Journal of Political Philosophy,* 5/3: 287–326.

——(1995) The regulation approach, governance and post-Fordism: alternative perspectives on economic and political change?, *Economy and Society,* 24/3: 307–33.

——(1993) Towards a Schumpeterian Workfare State? Preliminary Remarks on Post-Fordist Political Economy, *Studies in Political Economy,* 40: 7–40.

——(1992) Fordism and post-Fordism: a critical reformulation. In M. Storper and A. J. Scott, eds., *Pathways to Industrialization and Regional Development.* New York: Routledge, 46–69.

——(1990*a*) *State Theory.* University Park, Pa: Pennsylvania State University Press.

——(1990*b*) Regulation theories in retrospect and prospect, *Economy and Society,* 19/2: 153–216.

——(1982) *The Capitalist State.* New York: New York University Press.

Jessop, B., and Sum, N. J. (2001) Pre-disciplinary and post-disciplinary perspectives, *New Political Economy,* 6/1 (Mar.): 89–101.

Jessop, B., Nielsen, K., and Pederson, O. (1993) Structural competitiveness and strategic capacities: rethinking state and international capital. In J. Hausner, B. Jessop, and K. Nielsen, eds., *Institutional Frameworks of Market Economies.* Brookfield, Vt.: Avebury, 23–44.

Jessop, B., Bonnett, K., Bromley, S., and Ling, T. (1988) *Thatcherism.* Cambridge: Polity.

Jewson, N., and MacGregor, S., eds. (1997) *Transforming Cities: Contested Governance and New Spatial Divisions.* London: Routledge.

Jonas, A. (1994) The scale politics of spatiality, *Environment and Planning D: Society and Space,* 12/3: 257–64.

Jones, B., and Keating, M., eds. (1995) *The European Union and the Regions*. Oxford: Clarendon Press.
Jones, M. (2001) The rise of the regional state in economic governance: 'partnerships for prosperity' or new scales of state power?, *Environment and Planning A*, 33: 1185–211.
——(1999) *New Institutional Spaces*. London: Jessica Kingsley.
——(1997) Spatial selectivity of the state? The regulationist enigma and local struggles over economic governance, *Environment and Planning* A, 29: 831–64.
Jones, M., and Ward, K. (2002) Excavating the logic of British urban policy: neoliberalism as the 'crisis of crisis management'. In N. Brenner and N. Theodore, eds., *Spaces of Neoliberalism*. Oxford and Boston: Blackwell, 126–47.
Jørgensen, I., Kjœrsdam, F., and Nielsen, J. (1997) A plan of hope and glory: an example of development planning in Denmark after Maastricht. In P. Healey, A. Khakee, A. Motte, and B. Needham, eds., *Making Strategic Spatial Plans: Innovation in Europe*. London. UCL, 39–58.
Jørgensen, J., and Andersen, H. T. (2002) Institutional change in globalizing cities: urban politics between growth and welfare. Department of Geography, University of Copenhagen. Unpublished manuscript.
Jouve, B., and Lefèvre, C., eds. (1999*a*) *Villes, métropoles: les nouveaux territoires du politique*. Paris: Anthropos.
——(1999*b*) La Cité métropolitaine de Bologne: de la 'troisième Italie' à la deuxième république? In B. Jouve and C. Lefèvre, eds., *Villes, métropoles: les nouveaux territoires du politique*. Paris: Anthropos, 45–71.
——(1997) Where territorial political culture makes urban institution: the 'metropolitan city' of Bologna, *Environment and Planning C: Government and Policy*, 15.
Kaldor, N. (1970) The case for regional policy, *Scottish Journal of Political Economy*, 17: 337–48.
Katznelson, I. (1992) *Marxism and the City*. New York: Oxford University Press.
Keating, M. (1998) *The New Regionalism in Western Europe*. Cheltenham: Edward Elgar.
——(1997) Size, efficiency, and democracy: consolidation, fragmentation and public choice. In G. Stoker and H. Wolman, eds., *Theories of Urban Politics*. London: Sage, 117–34.
——(1991) *Comparative Urban Politics: Power and the City in the United States, Canada, Britain and France*. Aldershot: Edward Elgar.
Keeble, D. (1986) The changing spatial structure in the United Kingdom. In H.-J. Ewers, J. Goddard, and H. Matzerath, eds., *The Future of the Metropolis*. Berlin: Walter de Gruyter, 171–99.
Keil, R. (1998*a*) Globalization makes states: perspectives of local governance in the age of the world city, *Review of International Political Economy*, 5/4: 616–46.
——(1998*b*) Toronto in the 1990s: dissociated governance?, *Studies in Political Economy*, 56: 151–67.
Kelly, P. (1999) The geographies and politics of globalization, *Progress in Human Geography*, 23/3: 379–400.
Kickert, W. J. M. (1996) Administrative reforms and public sector governance in the Netherlands. In C. Reichard and H. Wollman, eds., *Kommunalverwaltung im Modernisierungsschub?* Basle: Birkhäuser, 320–50.
King, A. D. (1991) *Urbanism, Colonialism and the World-Economy*. New York: Routledge.

King, R. (1975) Italy. In H. Clout, ed., *Regional Development in Western Europe*. London: John Wiley & Sons, 81–112.
Kipfer, S., and Keil, R. (1995) Urbanisierung und Technologie in der Periode des globalen Kapitalismus. In H. Hitz, et al., eds., *Capitales fatales: Urbanisierung und Politik in den Finanzmetropolen Frankfurt und Zürich*. Zürich: Rotpunktverlag, 61–89.
Kitschelt, H., Lange, P., Marks, G., and Stephens, J., eds. (1999) *Continuity and Change in Contemporary Capitalism*. New York: Cambridge University Press.
Knox, P., and Agnew, J. (1995) *The Geography of the World Economy*. 2nd edn. London: Edward Arnold.
Knox, P., and Taylor, P., eds. (1995) *World Cities in a World-System*. New York: Cambridge University Press.
Kobrin, S. (1998) Back to the future: neomedievalism and the postmodern economy, *Journal of International Affairs* (Spring): 361–86.
Kraidy, M. (1999) The global, the local and the hybrid: a native ethnography of glocalization, *Critical Studies in Mass Communication*, 16: 456–76.
Krätke, M. (1999) Globalisierung und Standortkonkurrenz, *Leviathan*, 2: 202–32.
Krätke, S. (2001) Strengthening the polycentric urban system in Europe: conclusions from the ESDP, *European Planning Studies*, 9/1: 105–16.
——(1995) *Stadt, Raum, Ökonomie*. Basle: Birkhäuser.
——(1993) Stadtsystem im internationalen Kontext und Vergleich. In R. Roth and H. Wollmann, eds., *Kommunalpolitik*. Opladen: Leske, 176–93.
——(1991) *Strukturwandel der Städte*. Frankfurt: Campus.
Krätke, S., and Schmoll, F. (1987) Der lokale Staat—'Ausführungsorgan' oder 'Gegenmacht'?, *Prokla*, 68: 30–72.
Krätke, S., Heeg, S., and Stein, R. (1997) *Regionen im Umbruch*. Frankfurt: Campus.
Kreukels, A. (2003) Rotterdam and the south wing of the Randstad. In W. Salet, A. Thornley, and A. Kreukels, eds., *Metropolitan Governance and Spatial Planning*. London: Spon, 189–202.
——(2000) Interkommunale Kooperation in den Niederlanden. In W. Heinz, ed., *Stadt & Region—Kooperation oder Koordination? Ein internationaler Vergleich*. Schriften des Deutschen Instituts für Urbanistik, 93. Stuttgart, Berlin, and Köln: W. Kohlhammer, 423–96.
——(1992) The restructuring and growth of the Randstad cities: current policy issues. In F. Dieleman and S. Musterd, eds., *The Randstad: A Research and Policy Laboratory*. Dordrecht: Kluwer, 237–62.
Kreukels, A., and Spit, T. (1990) Public–private partnership in the Netherlands, *Tijdschrift voor Economische en Sociale Geografie*, 81/5: 388–92.
——(1989) Fiscal retrenchment and the relationship between national government and local administration in the Netherlands. In S. Clarke, ed., *Urban Innovation and Autonomy*. London: Sage, 153–81.
Kristensen, H. (2001) Urban policies and programmes against social exclusion and fragmentation: Danish experiences. In H. T. Andersen and R. van Kempen, eds., *Governing European Cities*. Aldershot: Ashgate, 255–96.
Krugman, P. (1994) Competitiveness: a dangerous obsession, *Foreign Affairs* (Mar.–Apr.): 28–44.

Kunzmann, K. (1998) World city regions in Europe: structural change and future challenges. In Fu-chen Lo and Yue-man Yeung, eds., *Globalization and the World of Large Cities*, Tokyo: United Nations University Press, 37–75.
Kunzmann, K., and Wegener, M. (1991) The pattern of urbanization in western Europe, *Ekistics*, 350: 282–91.
Lake, R. (2002) Bring back big government, *International Journal of Urban and Regional Research*, 26/4: 815–22.
Läpple, D. (1986) Trendbruch in der Raumentwicklung, *Informationen zur Raumentwicklung*, 11–12: 909–20.
——(1985) Internationalization of capital and the regional problem. In J. Walton ed., *Capital and Labour in the Urbanized World*. London: Sage, 73–5.
——(1978) Gesellschaftlicher Reproduktionsprozeß und Stadtstrukturen. In M. Mayer, R. Roth, and V. Brandes, eds., *Stadtkrise und soziale Bewegungen*. Frankfurt am Main: Europäische Verlagsanstalt, 23–54.
Larner, W., and Walters, W. (2002) The political rationality of 'new regionalism': toward a genealogy of the region, *Theory and Society*, 31: 391–432.
Lash, S., and Urry, J. (1987) *The End of Organized Capitalism*. Madison: University of Wisconsin Press.
Lavergne, F., and Mollet, P. (1991) The international development of intermediate sized cities in Europe: strategies and networks, *Ekistics*, 58/350–1: 68–81.
Law, C. (1980) *British Regional Development since World War 1*. London: David & Charles.
Leborgne, D., and Lipietz, A. (1991) Two social strategies in the production of new industrial spaces. In G. Benko and M. Dunford, eds., *Industrial Change and Regional Development: The Transformation of New Industrial Spaces*. London: Belhaven, 27–49.
Lefebvre, H. (2003*a* [1978]) Space and the state. In N. Brenner, B. Jessop, M. Jones, and G. MacLeod, eds., *State/Space: A Reader*. Boston: Blackwell, 84–100
——(2003*b* [1970]) *The Urban Revolution*. Minneapolis: University of Minnesota Press.
——(2003*c* [1978]) The worldwide experience. S. Elden, E. Lebas, and E. Kofman, eds., *Henri Lefebvre: Key Writings*. New York: Continuum, 199–205.
——(2001 [1979]) Comments on a new state form, *Antipode*, 33/5: 769–82.
——(1996 [1968]) The right to the city. In Eleonore Kofman and Elizabeth Lebas, eds., *Henri Lefebvre: Writings on Cities*. Cambridge, Mass.: Blackwell, 63–184.
——(1991 [1974]) *The Production of Space*. Cambridge, Mass.: Blackwell.
——(1979) Space: social product and use value. In J. W. Frieberg, ed., *Critical Sociology: European Perspectives*. New York: Irvington Publishers, 285–96.
——(1978) *De l'État*, iv. *Les Contradictions de l'État moderne*. Paris: Union Générale d'Éditions.
——(1977) *De l'État*, iii. *Le Mode de production étatique*. Paris: Union Générale d'Éditions.
——(1976*a*) *De l'État*, ii. *De Hegel à Marx par Staline*. Paris: Union Générale d'Éditions.
——(1976*b*) *De l'État*, i. *l'État dans le monde moderne*. Paris: Union Générale d'Éditions.
——(1976*c* [1973]) *The Survival of Capitalism*. New York: St Martin's Press.
Lefèvre, C. (2003) Paris—Île-de-France region. In W. Salet, A. Thornley, and A. Kreukels, eds., *Metropolitan Governance and Spatial Planning*. London: Spon, 287–300.
——(1998) Metropolitan government and governance in western countries: a critical overview. *International Journal of Urban and Regional Research*, 22/1: 9–25.

Le Galès, P. (2002) *European Cities: Social Conflicts and Governance*. New York: Oxford University Press.
Le Galès, P., and Lequesne, C., eds. (1998) *Regions in Europe*. New York: Routledge.
Le Galès, P., and Loncle-Moriceau, P. (2001) Local partnerships and social exclusion in France. In M. Geddes and J. Benington, eds., *Local Partnerships and Social Exclusion in the European Union*. New York: Routledge, 70–91.
Le Galès, P., and Voelzkow, H. (2001) Introduction: the governance of local economies. In C. Crouch, P. Le Galès, C. Triglia, and H. Voelzkow, eds., *Local Production Systems in Europe: Rise or Demise?* Oxford: Oxford University Press, 1–24.
Leitner, H. (2004) The politics of scale and networks of spatial connectivity: transnational interurban networks and the rescaling of political governance in Europe. In E. Sheppard and R. McMaster, eds., *Scale and Geographic inquiry*. Oxford: Blackwell, 236–55.
——(1990) Cities in pursuit of economic growth, *Political Geography Quarterly*, 9/2: 146–70.
Leitner, H., and Sheppard, E. (2002) 'The city is dead, long live the net': harnessing European interurban networks for a neoliberal agenda. In N. Brenner and N. Theodore, eds., *Spaces of Neoliberalism*. Oxford: Blackwell, 148–71.
——(1999) Transcending interurban competition: conceptual issues and policy alternatives in the European Union. In A. E. G. Jonas and D. Wilson, eds., *The Urban Growth Machine. Critical Perspectives, Two Decades Later.* Albany: State University of New York Press, 227–46.
——(1998) Economic uncertainty, inter-urban competition and the efficacy of entrepreneurialism. In T. Hall and P. Hubbard, eds., *The Entrepreneurial City*. Chichester: Wiley, 285–308.
Leitner, H., Pavlik, C., and Sheppard, E. (2002) Networks, governance and the politics of scale: inter-urban networks and the European Union. In A. Herod and M. Wright, eds., *Geographies of Power: Placing Scale*. Oxford: Blackwell, 274–303.
Lever, W. (1999) Competitive cities in Europe, *Urban Studies*, 36/5–6: 1029–44.
——(1996) The European regional dimension. In W. Lever and A. Bailly, eds., *The Spatial Impact of Economic Changes in Europe*. Aldershot: Avebury, 178–203.
——(1993) Competition within the European urban system, *Urban Studies*, 30/6: 935–48.
Levine, (1994) The transformation of urban politics in France: the roots of growth politics and urban regimes, *Urban Affairs Quarterly*, 29/3: 383–410.
Leyshon, A., and Thrift, N. (1995) European financial integration: the search for 'an island of monetary stability' in the seas of global financial turbulence. In S. Hardy et al., eds., *An Enlarged Europe. Regions in Competition?* London: Jessica Kingsley, 109–44.
Lipietz, A. (2001) Fortunes and misfortunes of post-Fordism. In R. Albritton, M. Itoh, R. Westra, and A. Zuege, *Phases of Capitalist Development*. New York: Palgrave, 17–36.
——(1995) Avoiding megapolization. The battle of Île-de-France, *European Planning Studies*, 3/2: 143–54.
——(1994) The national and the regional: their autonomy vis-à-vis the capitalist world crisis. In R. Palan and B. Gills, eds., *Transcending the State-Global Divide*. Boulder: Lynne Rienner 23–44.
——(1993) The local and the global: regional individuality or interregionalism?, *Transactions of the Institute of British Geographers*, 18: 8–18.

——(1992*a*) A regulationist approach to the future of urban ecology, *Capitalism, Nature, Socialism*, 3/3: 101–10.
——(1992*b*) *Towards a New Economic Order*. Polity: London.
——(1987) *Mirages and Miracles*. New York: Verso.
——(1977) *Le Capital et son espace*. Paris: Maspero.
Lipschutz, R. (1992) Restructuring world politics: the emergence of global civil society, *Millennium*, 21: 389–421.
Logan, J., and Molotch, H. (1987) *Urban Fortunes. The Political Economy of Place*. Berkeley and Los Angeles: University of California Press.
Logan, J., and Swanstrom, T., eds. (1990) *Beyond the City Limits*. Philadelphia: Temple University Press.
Lojkine, J. (1977) *Le Marxisme, l'état et la question urbaine*. Paris: Presses Universitaires de France.
Lourau, R. (1974) *L'Analyseur Lip*. Paris: Union Générale d'Éditions.
Lovering, J. (1999) Theory led by policy: the inadequacies of the 'new regionalism', *International Journal of Urban and Regional Research*, 23/2: 379–96.
——(1995) Creating discourses rather than jobs: the crisis in the cities and the transition fantasies of intellectuals and policy makers. In P. Healey, S. Cameron, S. Davoudi, S. Graham, and A. Madani-Pour, eds., *Managing Cities: The New Urban Context*. London: Wiley, 109–26.
LPAC, London Planning Advisory Committee (1991) *London. World City Moving into the 21st Century*. London: HMSO.
Mabrouk, T. B., and Jouve, B. (1999) La Difficile Émergence de la région urbaine de Lyon. In B. Jouve and C. Lefèvre, eds., *Villes, métropoles: les nouveaux territoires du politique*. Paris: Anthropos, 103–31.
McGrew, A. (1992) A global society? In S. Hall, ed., *Modernity and its Futures*. Cambridge: Open University Press, 61–116.
MacIntosh, M., and Wainwright, H., eds. (1987) *A Taste of Power: The Politics of Local Economics*. London: Verso.
MacKay, R. R. (1995) Non-market forces, the nation state and the European Union, *Papers in Regional Science*, 74/3: 209–31.
——(1994) Automatic stabilizers, European union and national unity, *Cambridge Journal of Economics*, 18: 571–85.
MacKinnon, D. (2001) Regulating regional spaces: state agencies and the production of governance in the Scottish highlands, *Environment and Planning A*, 33: 823–44.
MacLeod, G. (2001) New regionalism reconsidered: globalization, regulation and the recasting of political economic space, *International Journal of Urban and Regional Research*, 25/4, in press.
——(2000) The learning region in an age of austerity: capitalizing on knowledge, entrepreneurialism and reflexive capitalism, *Geoforum*, 31: 219–36.
——(1997) Globalizing Parisian thought-waves: recent advances in the study of social regulation, politics, discourse and space, *Progress in Human Geography*, 21/4: 530–53.
MacLeod, G., and Goodwin, M. (1999) Space, scale and state strategy: rethinking urban and regional governance, *Progress in Human Geography*, 23/4: 503–27.
McMichael, P. (1996) *Development and Social Change*. Thousand Oaks, Calif.: Sage.
——(1987) State formation and the construction of the world market, *Political Power and Social Theory*, 6: 187–237.

MacMillan, J., and Linklater, A. (1995) *Boundaries in Question*. London: Pinter.

McNeill, D. (2001) Embodying a Europe of the cities: geographies of mayoral leadership, *Area*, 22/4: 353–9.

Madanipour, A., Cars, G., and Allen, J., eds. (1998) *Social Exclusion in European Cities*. London: Jessica Kingsley.

Magnusson, W. (1996) *The Search for Political Space*. Toronto: University of Toronto Press.

Maier, C. (2000) Consigning the twentieth century to history: alternative narratives for the modern era, *American Historical Review*, 105/3: 807–31.

Majone, G. (1994) The rise of the regulatory state in Europe, *West European Politics*, 17/3: 77–102.

Malkki, L. (1992) National geographic: the rooting of peoples and the territorialization of national identity among scholars and refugees, *Cultural Anthropology*, 7/1: 24–44.

Mann, M. (1997) Has globalization ended the rise and rise of the nation-state?, *Review of International Political Economy*, 4/3: 472–96.

——(1993) *The Sources of Social Power*, ii. *The Rise of Classes and Nation-States*. New York: Cambridge University Press.

——(1988) The autonomous power of the state: its origins, mechanisms and results. In M. Mann, *States, War and Capitalism*. Cambridge, Mass: Blackwell, 1–32.

Marcuse, P., and van Kempen, R., eds. (2001) *Globalizing Cities*. Cambridge, Mass.: Blackwell.

Marden, P. (1997) Geographies of dissent: globalization, identity and the nation, *Political Geography*, 16/1: 37–64.

Marglin, S., and Schor, J., eds. (1990) *The Golden Age of Capitalism: Reinterpreting the Postwar Experience*. New York: Oxford University Press.

Marston, S. (2000) The social construction of scale, *Progress in Human Geography*, 24/2: 219–42.

Martin, R. (1989) The new economics and politics of regional restructuring: the British experience. In L. Albrechts et al., eds., *Regional Policy at the Crossroads*. London: Jessica Kingsley, 27–51.

——(1988) The political economy of Britain's north-south divide, *Transactions, Institute of British Geographers*, 13: 389–418.

Martin, R., and Rowthorn, B., eds. (1986) *The Geography of De-industrialisation*. London: Macmillan.

Martin, R., and Sunley, P. (1997) The post-Keynesian state and the space economy. In R. Lee and J. Wills, eds., *Geographies of Economies*. London: Arnold, 278–89.

Martinelli, F., and Schoenberger, E. (1991) Oligopoly is alive and well: notes for a broader discussion of flexible accumulation. In G. Benko and M. Dunford, eds., *Industrial Change and Regional Development*. London: Belhaven, 117–33.

Marx, K. (1973 [1857]) *Grundrisse. Foundations of the Critique of Political Economy*. Trans. Martin Nicolaus. New York: Penguin.

Maskell, P., and Törnqvist, G. (2000) *Building a Cross-Border Leaning Region: Emergence of the North European Øresund Region*. Copenhagen: Copenhagen Business School Press.

Massey, D. (1995) Reflections on debates over a decade. In D. Massey, *Spatial Divisions of Labor*. 2nd edn. London: Macmillan, 296–354.

——(1994) Politics and space/time. In D. Massey, *Space, Place, Gender*. Minneapolis: University of Minnesota Press, 249–72.

——(1986) The legacy lingers on: the impact of Britain's international role on its internal geography. In R. Martin and B. Rowthorn, eds., *The Geography of De-industrialisation*. London: Macmillan, 31–52.
——(1985) *Spatial Divisions of Labour*. London: Macmillan.
Mayer, M. (1994) Post-Fordist city politics. In A. Amin, ed., *Post-Fordism: A Reader*. Cambridge, Mass.: Blackwell, 316–37.
——(1993) The career of urban social movements in West Germany. In R. Fischer and J. Kling, eds., *Mobilizing the Community*. London: Sage, 149–70.
——(1992) The shifting local political system in European cities. In M. Dunford and G. Kafkalas, eds., *Cities and Regions in the New Europe*. New York: Belhaven, 255–76.
——(1991) Politics in the post-Fordist city, *Socialist Review*, 1: 105–24.
——(1990) Lokale Politik in der unternehmerischen Stadt. In R. Borst, ed., *Das neue Gesicht der Städte*. Basle: Birkhäuser, 190–208.
MBZ, Ministerie van Binnenlandse Zaken (1994) *Kaderwet bestuur in verandering: Tekst en uitleg*. The Hague: Ministerie van Binnenlandse Zaken.
——(1990) *Bestuur en stedelijke gebieden: Bestuur op niveau*. The Hague: Ministerie van Binnenlandse Zaken.
——(1989) *Rapport van de Externe Commissie Grote Stedenbeleid: Grote steden grote kansen*. The Hague: Ministerie van Binnenlandse Zaken.
Mény, Y., and Wright, V., eds. (1985) *Centre–Periphery Relations in Western Europe*. London: Allen & Unwin.
Merlin, P. (1971) *New Towns: Regional Planning and Development*. Trans. M. Sparks. London: Methuen.
Messner, D. (1997) *The Network Society*. London: Frank Cass.
Meyer, J. (1999) The changing cultural content of the nation-state: a world society perspective. In G. Steinmetz, ed., *State/Çulture: State Formation after the Cultural Turn*. Ithaca, NY: Cornell University Press.
Meyer, J., Boli, J., Thomas, G., and Ramirez, F. (1997) World Society and the Nation-State, *American Journal of Sociology*, 103/1: 144–81.
Milward, A. (2000) *The European Rescue of the Nation State*. 2nd edn. New York: Routledge.
Mingione, E. (1996) *Urban Poverty and the Underclass: A Reader*. Cambridge, Mass.: Blackwell.
Mittleman, J. (2000) *The Globalization Syndrome*. Princeton, NJ: Princeton University Press.
——ed. (1997) *Globalization: Critical Perspectives*. Boulder: Lynne Rienner.
MoE, Ministry of the Environment (1992) *Denmark Towards the Year 2018: The Spatial Structuring of Denmark in the Future Europe*. Copenhagen: Ministry of the Environment, Denmark.
Moody, K. (1996) *Workers in a Lean World*. New York: Verso.
Moore, B., Rhodes, J., and Tyler, P. (1986) *The Effects of Government Regional Economic Policy*. London: Department of Trade and Industry.
Motte, A. (1997) Building strategic urban planning in France. The Lyon urban area, 1981–93 experiments. In P. Healey, A. Khakee, A. Motte, and B. Needham, eds., *Making Strategic Spatial Plans: Innovation in Europe*. London. UCL, 59–76.
Moulaert, F. (2000) *Globalization and Integrated Area Development in European Cities*. New York: Oxford University Press.

Moulaert, F. (1996) Rediscovering spatial inequality in Europe: building blocks for an appropriate 'regulationist' analytical framework, *Environment and Planning D: Society and Space*, 14: 155–79.
Moulaert, F., and Demazière, C. (1995) Local economic development in post-Fordist Europe: survey and strategy reflections. In C. Demazière and P. Wilson, eds., *Local Economic Development in Europe and the Americas*. London: Mansell, 2–28.
Moulaert, F., Rodriguez, A., and Swyngedouw E., eds. (2003) *The Globalized City*. Oxford and New York: Oxford University Press.
Moulaert, F., Salin, E., and Werquin, T. (2001) Euralille: large-scale urban development and social polarization, *European Urban and Regional Studies*, 8/2: 145–60.
Moulaert, F., Swyngedouw, E., and Wilson, P. (1988) Spatial responses to Fordist and post-Fordist accumulation and regulation, *Papers of the Regional Science Association*, 64: 11–23.
Mouritzen, P. E., ed. (1991) *Managing Cities in Austerity*. London: Sage.
Müller, W., and Wright, V. (1994) Reshaping the state in Western Europe: the limits to retreat, *West European Politics*, 17/3: 1–11.
Musterd, S., and Ostendorf, W., eds. (1998) *Urban Segregation and the Welfare State*. New York: Routledge.
MVROM, Ministerie van Volkshuisvesting, Ruimtelijke Ordening en Milieubeheer (1991) *Vierda nota over de ruimtelijke ordening Extra*, Tweede Kamer der Staten-Generaal, 1990–1, 21879, nos. 1–2. The Hague: SDU.
——(1988) *Vierda nota over de ruimtelijke ordening*, Tweede Kamer der Staten-Generaal, 1987–8, 20490, nos. 1–2. The Hague: SDU.
Myrdal, G. (1957) *Rich Lands and Poor*. New York: Harper & Bros.
Nevins, J. (2002) *Operation Gatekeeper*. New York: Routledge.
Newman, D., ed. (1999) *Boundaries, Territory and Postmodernity*. London: Frank Cass.
Newman, D., and Paasi, A. (1998) Fences and neighbors in the postmodern world, *Progress in Human Geography*, 22/2: 186–207.
Newman, P., and Thornley, A. (1997) Fragmentation and centralisation in the governance of London, *Urban Studies*, 34/7: 967–88.
——(1996) *Urban Planning in Europe*. London: Routledge.
——(1995) Euralille: 'boosterism' at the centre of Europe, *European Urban and Regional Studies*, 2/3: 237–46.
Nielsen, K., Jessop, B., and Hausner, J. (1995) Institutional change in post-socialism. In J. Hausner, B. Jessop, and K. Nielsen, eds., *Strategic Choice and Path-Dependency in Post-Socialism*. London: Edward Elgar, 3–46.
Nijkamp, P. (1993) Towards a network of regions: the United States of Europe, *European Planning Studies*, 1/2: 149–68.
Nilsson, J.-E., and Schamp, E. (1996) Restructuring of the European production system, *European Urban and Regional Studies*, 3/2: 121–32.
North, D. (1990) *Institutions, Institutional Change and Economic Performance*. London and New York: Cambridge University Press.
O'Brien, R. (1992) *Global Financial Integration: The End of Geography*. London: Pinter.
OECD (1991) *Historical Statistics, 1960–1989*. Paris: OECD.
——(1976) *Regional Problems and Policies in OECD Countries*. Paris: Organization for Economic Cooperation and Development.

Offe, C. (1984) 'Crisis of crisis management': elements of a political crisis theory. In *Contradictions of the Welfare State*. Cambridge, Mass.: MIT Press, 35–64.
——(1974) Structural problems of the capitalist state: class rule and the political system, *German Political Studies*, 1: 31–57.
Ohmae, K. (1995) *The End of the Nation State: The Rise of Regional Economies*. New York: Free Press.
——(1990) *The Borderless World*. New York: Harper.
Ollman, B. (1993) *Dialectical Investigations*. New York: Routledge.
O'Loughlin, J., and Friedrichs, J., eds. (1996) *Social Polarization in Post-Industrial Metropolises*. New York and Berlin: Walter de Gruyter.
O'Riain, S. (2000) States and markets in an era of globalization, *Annual Review of Sociology*, 26: 187–213.
Osborn, F., and Whittick, A. (1977) *New Towns: Their Origins, Achievements and Progress*. 3rd edn. London: Leonard Hill.
Overbeek, H., ed. (1991) *Restructuring Hegemony in the International Political Economy*. New York: Routledge.
Paasi, A. (1996) *Territories, Boundaries and Consciousness*. Chichester: John Wiley.
Painter, J. (1991) Regulation theory and local government, *Local Government Studies* (Nov./Dec.): 23–44.
Painter, J., and Goodwin, M. (1995) Local governance and concrete research: investigating the uneven development of regulation, *Economy and Society*, 24/3: 334–56.
Palat, R. A. (1996) Fragmented visions: excavating the future of area studies in a post-American world, *Review*, 19/3: 269–315.
Panitch, L. (1994) Globalization and the state. In R. Miliband and L. Panitch, eds., *Socialist Register 1994*. London: Merlin, 60–93.
Panitch, L., and Gindin, S. (2003) American imperialism and EuroCapitalism: the making of neoliberal globalization, *Studies in Political Economy*, 71–2: 7–38.
Parkinson, M. (1998) The United Kingdom. In L. van den Berg, E. Braun, and J. van der Meer, eds., *National Urban Policies in the European Union*. Aldershot: Ashgate, 402–33.
——(1992) City links, *Town & Country Planning* (Sept.): 235–6.
——(1991) The rise of the entrepreneurial European city: strategic responses to economic changes in the 1980s, *Ekistics*, 350: 299–307.
Parr, J. B. (1973) Growth poles, regional development and central place theory, *Papers of the Regional Science Association*, 73: 173–212.
Parris, H., Pestieau, P., and Saynor, P. (1987) *Public Enterprise in Western Europe*. London: Croom Helm.
Parsons, T. (1971) *The System of Modern Societies*. Englewood Cliffs, NJ: Prentice Hall.
Peck, J. (2003), Geography and public policy: mapping the penal state, *Progress in Human Geography*, 27/2: 222–32.
——(2002) Political economies of scale: fast policy, interscalar relations and neoliberal workfare, *Economic Geography*, 78/3 (July): 332–60.
——(2001*a*) Neoliberalizing states: thin policies/hard outcomes, *Progress in Human Geography*, 25/3: 445–55.
——(2001*b*) *Workfare States*. New York: Guilford.
——(1998) Geographies of governance: TECs and the neo-liberalisation of 'local interests', *Space & Polity*, 2/1: 5–31.

Peck, J., and Theodore, N. (2001) Exporting workfare/importing welfare-to-work: exploring the politics of Third Way policy transfer, *Political Geography*, 20: 427–60.

Peck, J. and Tickell, A. (2002) Neoliberalizing space. In N. Brenner and N. Theodore eds., *Spaces of Neoliberalism*. Boston: Blackwell, 33–57.

——(1995) The social regulation of uneven development: 'regulatory deficit', England's South East, and the collapse of Thatcherism, *Environment and Planning A*, 27: 15–40.

——(1994) Searching for a new institutional fix. In A. Amin, ed., *Post-Fordism: A Reader*. Cambridge, Mass.: Blackwell, 280–315.

Peet, R. (2003) *Unholy Trinity: The IMF, WTO and World Bank*. London: Zed.

Perkmann, M., and Sum, N.-L., eds. (2002) *Globalization, Regionalization and Cross-Border Regions*. London: Palgrave.

Perroux, F. (1955) Note sur la notion de 'pôle de croissance', *Cahiers de l'Institute de Science Economique Appliquée*, D, 8.

——(1950) Economic space, theory and applications, *Quarterly Journal of Economics*, 64.

Peterson, M. J. (1992) Transnational activity, international society and world politics, *Millennium*, 21/3: 171–92.

Petit, P. (1999) Structural forms and growth regimes of the post-Fordist era, *Review of Social Economy*, 57/2: 220–43.

Petrella, R. (2000) The future of regions: why the competitiveness imperative should not prevail over solidarity, sustainability and democracy, *Geografiska Annaler*, 82B/2: 67–72.

Phelps, N., McNeill, D., and Parsons, N. (2002) In search of a European edge urban identity: trans-European networking among edge urban municipalities, *European Urban and Regional Studies*, 9/3: 211–24.

Pickvance, C. (1991) The difficulty of control and the ease of structural reform: British local government in the 1980s. In C. Pickvance and E. Preteceille, eds., *State Restructuring and Local Power: A Comparative Perspective*. London and New York: Pinter, 48–90.

——(1990) Introduction: the institutional context of local economic development. In M. Harloe, C. G. Pickvance, and J. Urry, eds., *Place, Policy and Politics: Do Localities Matter?* London: Unwin Hyman, 1–41.

Pickvance, C., and Preteceille, E., eds. (1991*a*) *State Restructuring and Local Power: A Comparative Perspective*. London and New York: Pinter.

——(1991*b*) Conclusion: towards a comparative analysis of state restructuring and local power. In C. Pickvance and E. Preteceille, eds., *State Restructuring and Local Power: A Comparative Perspective*. London and New York: Pinter, 196–224.

Pierson, P. (2000) Increasing returns, path dependence and the study of politics, *American Political Science Review*, 94/2: 251–68.

Pletsch, C. (1981) The three worlds, or the division of social scientific labor, circa 1950–1975, *Comparative Studies of Society and History*, 23/4: 565–90.

Polanyi, K. (1957) *The Great Transformation*. Boston: Beacon.

Pollack, M. (1998) Beyond left and right? Neoliberalism and regulated capitalism in the treaty of Amsterdam, *Working Paper Series in European Studies*, European Studies Program, University of Wisconsin-Madison, 2/2: 1–16.

Porter, M. (1990) *The Competitive Advantage of Nations*. New York: Free Press.

Postone, M. (1993) *Time, Labor and Social Domination: A Reinterpretation of Marx's Critical Theory*. New York: Cambridge University Press.

Poulantzas, N. (1978) *State, Power, Socialism*. London: New Left Books.

Pounds, N. (1985) *An Historical Geography of Europe, 1800–1914*. Cambridge University Press.

Premius, H. (1997) Market-oriented housing policy: a contradiction in terms: recent Dutch experiences, *International Journal of Urban and Regional Research*, 21/1: 133–42.

——(1994) Planning the Randstad: between economic growth and sustainability, *Urban Studies*, 31/3: 509–34.

Premius, H., and van der Wusten, H., eds. (1995) *Bestuurlijke en ruimtelijke inrichting van de Randstad*. Delft: Delft University Press.

Premius, H., Boelhouwer, P., and Kruythoff, H. (1997) Dutch urban policy: a promising perspective for the big cities, *International Journal of Urban and Regional Research*, 21/4: 677–90.

Preteceille, E. (1991) From centralization to decentralization: social restructuring and French local government. In C. Pickvance and E. Preteceille, eds., *State Restructuring and Local Power: A Comparative Perspective*. London and New York: Pinter, 123–49.

——(1975) *Équipements collectifs, structures urbaines et consommation sociale: introduction théorique et méthodologique*. Paris: Centre de sociologie urbaine.

Priebs, A. (1997) Der Reformvorschlag 'Region Hannover': Modell für die zukünftige Regionalverwaltung, *Raumforschung und Raumordnung*, 55/3: 219–21.

Prigge, W., and Ronneberger, K. (1996) Globalisierung und Regionalisierung—Zur Auflösung Frankfurts in die Region, *Österreichische Zeitschrift für Soziologie*, 21/2: 129–38.

Radice, H. (2000) Responses to globalisation: a critique of progressive nationalism, *New Political Economy*, 5/1: 5–20.

——(1999) Taking globalization seriously. In L. Panitch and C. Leys, eds., *Global Capitalism versus Democracy: Socialist Register 1999*. New York: Monthly Review, 1–28.

——(1998) 'Globalization' and national differences, *Competition and Change*, 3: 263–91.

——(1984) The national economy: a Keynesian myth?, *Capital and Class*, 22: 111–40.

Reich, R. (1991) *The Work of Nations*. New York: Knopf.

Rhodes, M. (1995) 'Subversive liberalism': market integration, globalization and the European welfare state, *Journal of European Public Policy*, 2/3: 384–406.

Rhodes, M., Heywood, P., and Wright, V., eds. (1997) *Development in West European Politics*. New York: St Martin's Press.

Robertson, R. (1994) Globalisation or glocalisation, *The Journal of International Communication*, 1/1: 33–51.

——(1992) *Globalization*. London: Sage.

Rödenstein, M. (1987) Durchstaatlichung der Städte? Krisenregulierung durch die kommunale Selbstverwaltung. In W. Prigge ed., *Die Materialität des Städtischen*. Basel: Birkhäuser Verlag, 107–123.

Rodríguez-Pose, A. (1998) *The Dynamics of Regional Growth in Europe*. Oxford: Clarendon Press.

Rokkan, S., and Urwin, D., eds. (1982) *The Politics of Territorial Identity*. London: Sage.

Ronneberger, K., and Keil, R. (1995) Ausser Atem—Frankfurt nach der Postmoderne. In H. Hitz et al., eds., *Capitales Fatales: Urbanisierung und Politik in den Finanzmetropolen Frankfurt und Zürich*. Zürich: Rotpunktverlag, 208–84.

Ronzani, S. (1979) Background notes to regional incentives in Italy. In K. Allen, ed., *Balanced National Growth*. Lexington, Mass.: Lexington Books, 131–56.

Rose, R. (1985) From government at the centre to nationwide government. In Y. Mény and V. Wright, eds., *Centre–Periphery Relations in Western Europe*. London: Allen & Unwin, 13–32.
Rosenberg, J. (2000) *The Follies of Globalization Theory*. New York: Verso.
Ross, G. (1998) European integration and globalization. In R. Axtmann, ed., *Globalization and Europe*. London: Pinter, 164–83.
Ross, G., and Cohen, S. (1975) The politics of French regional planning. In J. Friedmann and W. Alonso, eds., *Regional Policy: Readings in Theory and Application*. Cambridge, Mass.: MIT Press, 727–50.
Röttger, B. (1997) *Neoliberale Globalisierung und eurokapitalistische Regulation*. Münster: Westfälisches Dampfboot.
Rubenstein, J. (1978) French new-town policy. In G. Golany, ed., *International Urban Growth Policies: New-Town Contributions*. New York: John Wiley, 75–103.
Ruggie, J. (1993) Territoriality and beyond: problematizing modernity in international relations, *International Organization*, 47/1: 139–74.
——(1982) International regimes, transactions and change: embedded liberalism in the postwar economic order, *International Organization*, 36/2: 379–415.
Ruigrok, W., and van Tulder, R. (1995) *The Logic of International Restructuring*. New York: Routledge.
Sabel, C. (1994) Flexible specialisation and the re-emergence of regional economies. In A. Amin, ed., *Post-Fordism: A Reader*. Cambridge, Mass.: Blackwell, 101–56.
Sablowski, T. (1998) *Italien nach dem Fordismus*. Münster: Westfälisches Dampfboot.
Sack, R. (1986) *Human Territoriality. Its Theory and History*. New York: Cambridge University Press.
Salet, W. (2003) Amsterdam and the north wing of the Randstad. In W. Salet, A. Thornley, and A. Kreukels, eds., *Metropolitan Governance and Spatial Planning*. London: Spon, 175–88.
Salet, W., Thornley, A., and Kreukels, A. (2003*a*) Institutional and spatial coordination in European metropolitan regions, *Metropolitan Governance and Spatial Planning*. London: Spon, 3–19.
——eds. (2003*b*) *Metropolitan Governance and Spatial Planning*. London: Spon.
Salin, E., and Moulaert, F. (1999*a*) Lille-France. Euralille development project. Contribution to *Urban Development and Social Polarisation in the City* project. Accessed at: http://www.ifresi.univ-lille1.fr/PagesHTML/URSPIC/Index.htm, accessed 3 March 2004.
——(1999*b*) Euralille and the urban policy challenge in France. Contribution to *Urban Development and Social Polarisation in the City* project. Accessed at: http://www.ifresi.univ-lille1.fr/PagesHTML/URSPIC/Index.htm, accessed 3 March 2004.
Sallez, A. (1998) France. In L. van den Berg, E. Braun, and J. van der Meer, eds., *National Urban Policies in the European Union*. Aldershot: Ashgate, 97–131.
Sassen, S. (1996) *Losing Control? Sovereignty in an Age of Globalization*. New York: Columbia University Press.
——(1993) *Cities in the World Economy*. London: Sage.
——(1991) *The Global City*. PrincetonNJ: Princeton University Press.
Saunders, P. (1985) *Social Theory and the Urban Question*. 2nd edn. New York: Routledge.
——(1979) *Urban Politics: A Sociological Interpretation*. London: Penguin.
Savitch, H., and Kantor, P. (2002) *Cities in the International Marketplace*. Princeton, NJ: Princeton University Press.

Sawers, L., and Tabb, W., eds. (1984) *Sunbelt/Snowbelt: Urban Development and Regional Restructuring*. New York: Oxford University Press.
Sayer, A. (1999) *Long Live Postdisciplinary Studies! Sociology and the Curse of Disciplinary Parochialism/Imperialism*. Department of Sociology, Lancaster University. Available at: http://www.comp.lancs.ac.uk/sociology/soc025as.html, accessed 16 Jan. 2004.
Scargill, I. (1983) *Urban France*. Beckenham: Croom Helm.
Scharpf, F. (1999) *Governing in Europe*. New York: Oxford University Press.
Scharpf, F., and Schmidt, V., eds. (2000) *Welfare and Work in the Open Economy*. New York: Oxford University Press, i.
Scheller, J. (1998) *Rhein-Main—eine Region auf dem Weg zur politischen Existenz. Materialien 25*. Frankfurt: Institut für Kulturgeographie, Stadt- und Regionalforschung der Johann Wolfgang Goethe-Universität.
Schikora, A. (1984) *Die Eignung des Konzeptes der 'endogenen Entwicklungspotentiale' zur Herstellung gleichwertiger Lebensbedngungen*. Munich: Florenz.
Schmidt, H. (1985) *Sozialphilosophie des Krieges. Staats- und subjekttheoretische Untersuchungen zu Henri Lefebvre und Georges Bataille*. Essen: Klartext.
Schmidt, V. (2002) *The Futures of European Capitalism*. New York: Oxford University Press.
——(1988) Industrial management under the Socialists in France: decentralized dirigisme at the national and local levels, *Comparative Politics*, 21/1: 53–72.
Schmitter, P. (1999) The future of democracy: could it be a matter of scale? *Social Research*, 66/3: 933–58.
Scholte, J. A. (2000) *Globalization: A Critical Introduction*. London: Palgrave.
——(1997) Global capitalism and the state, *International Affairs*, 73/3: 427–52.
——(1996) The geography of collective identities in a globalizing world, *Review of International Political Economy*, 3/4: 565–608.
Schwartz, H. (1994) *States and Markets*. New York: St Martin's Press.
Scott, A. J., ed. (2001) *Global City-Regions*. New York: Oxford University Press.
——(1998) *Regions and the World Economy*. London: Oxford University Press.
——(1996) Regional motors of the global economy, *Futures*, 28/5: 391–411.
——(1988) *New Industrial Spaces*. London: Pion.
Scott, A. J., and Storper, M. (2003) Regions, globalization, development, *Regional Studies*, 37/6–7: 579–93.
——(1992) Industrialization and regional development. In M. Storper and A. J. Scott, eds., *Pathways to Industrialization and Regional Development*. New York: Routledge.
——ed. (1986) *Production, Work, Territory*. Boston: Allen & Unwin.
Selan, V., and Donnini, R. (1975) Regional planning in Italy. In J. Hayward and M. Watson, eds., *Planning, Politics and Public Policy*. New York: Cambridge University Press, 269–84.
Sellers, J. (2003) Transnational urban associations and the state in contemporary Europe: a rebirth of the Hanseatic League?, *Jahrbuch für europäische Verwaltungsgeschichte*, 15, 289–308.
——(2002) *Governing from Below: Urban Regions in the Global Economy*. New York: Cambridge University Press.
Sengenberger, W. (1993) Local development and international economic competition, *International Labour Review*, 132/3: 313–29.
Shachar, A. (1996) European world cities. In W. Lever and A. Bailly, eds., *The Spatial Impact of Economic Changes in Europe*. Aldershot: Avebury, 145–77.

Sharpe, L. J., ed. (1995*a*) *The Government of World Cities: The Future of the Metro Model*. New York: John Wiley.
——(1995*b*) The future of metropolitan government, *The Government of World Cities: The Future of the Metro Model*. New York: John Wiley, 11–31.
——ed. (1993) *The Rise of Meso Government in Europe*. London: Sage.
Shaw, M. (2000) *Social Theory of the Global State*. New York: Cambridge University Press.
——(1992) Global society and global responsibility: the theoretical, historical and political limits of international society, *Millennium*, 21: 421–34
Sheppard, E. (2002) The spaces and times of globalization: place, scale, networks and positionality, *Economic Geography*, 307–30.
Sites (2003) *Remaking New York: Primitive Globalization and the Politics of Urban Community*. Minneapolis: University of Minnesota Press.
Skocpol, T. (1977) Wallerstein's world capitalist system: a theoretical and historical critique, *American Journal of Sociology*, 82/5: 1075–102.
Smith, N. (2004) Scale bending and the fate of the national. In E. Sheppard and R. McMaster, eds., *Scale and Geographic Inquiry*. Oxford: Blackwell, 192–212.
——(2002) New globalism, new urbanism: gentrification as a global urban strategy. In N. Brenner and N. Theodore, eds., *Spaces of Neoliberalism*. Boston: Blackwell, 80–103.
——(1996) Spaces of vulnerability: the space of flows and the politics of scale, *Critique of Anthropology*, 16/1.
——(1995) Remaking scale: competition and cooperation in prenational and postnational Europe. In H. Eskelinen and F. Snickars, eds., *Competitive European Peripheries*. Berlin: Springer, 59–74
——(1993) Homeless/global: scaling places. In J. Bird, B. Curtis, T. Putnam, G. Robertson, and L. Tickner, eds., *Mapping the Futures. Local Cultures, Global Change*. New York: Routledge, 87–119.
——(1992) Geography, difference and the politics of scale. In J. Doherty, E. Graham, and M. Malek, eds., *Postmodernism and the Social Sciences*. New York: St Martin's Press, 57–79.
——(1990) *Uneven Development*. 2nd edn. Cambridge, Mass.: Blackwell.
Soja, E. (2000) *Postmetropolis*. Cambridge, Mass.: Blackwell.
——(1996) *Thirdspace*. Cambridge, Mass.: Blackwell.
——(1989) *Postmodern Geographies*. New York: Verso.
——(1985) Regions in context: spatiality, periodicity, and the historical geography of the regional question, *Environment and Planning D: Society and Space*, 3: 175–90.
——(1980) The socio-spatial dialectic, *Annals of the Association of American Geographers*, 70: 207–55.
Speer, A. (2000) Zielvorstellung für die Gestaltung des engeren Verdichtungsraums Rhein-Main bis zum Jahr 2000. Unpublished mimeograph, Albert Speer & Partner, Frankfurt.
Spruyt, H. (1994) *The Sovereign State and Its Competitors*. Princeton, NJ: Princeton University Press.
Spybey, T. (1996) *Globalization and World Society*. Oxford: Polity.
Staalduine, J. van, and Drexhage, B. (1995) The state of the nation after five years of national spatial planning, *Tijdschrift voor Economische en Sociale Geografie*, 86/2: 191–6.
STANDORT (2000) *Neubau der Region*. Special issue of *STANDORT—Zeitschrift für Angewandte Geographie*, 2/2.

Steinacher, B. (2000) Zukunftsperspektiven für die Region Stuttgart, *STANDORT—Zeitschrift für Angewandte Geographie*, 2: 18–24.

Steinmetz, G., ed. (1999) *State/Culture: New Approaches to the State in the Social Sciences*. Ithaca, NY: Cornell University Press

Stöhr, W. (1990) Synthesis. In. W. Stöhr, ed., *Global Challenge and Local Response*. London: United Nations University, 1–19.

——(1986) Changing external conditions and a paradigm shift in regional development strategies? In M. Bassand et al., eds., *Self-reliant Development in Europe*. Gower: Aldershot, 59–76.

Stöhr, W., and Taylor, D. R. (1981) *Development from above or below? The dialectics of regional planning in developing countries*. New York: Wiley.

Storper, M. (1996) *The Regional World*. New York: Guilford.

Storper, M., and Salais, R. (1997) *Worlds of Production*. Cambridge, Mass.: Harvard University Press.

——(1989) The geographical foundations and social regulation of flexible production complexes. In J. Wolch and M. Dear, eds., *The Power of Geography*. Boston: Unwin Hyman, 19–40.

Storper, M., and Walker, R. (1989) *The Capitalist Imperative*. Cambridge, Mass.: Blackwell.

Strange, S. (1996) *The Retreat of the State*. New York: Cambridge University Press.

Swyngedouw, E. (2000*a*) Authoritarian governance, power and the politics of rescaling, *Environment and Planning D: Society and Space*, 18: 63–76.

——(2000*b*) Elite power, global forces and the political economy of 'glocal' development. In G. Clark, M. Feldman, and M. Gertler, eds., *The Oxford Handbook of Economic Geography*. New York: Oxford University Press, 541–58.

——(1997) Neither global nor local: 'glocalization' and the politics of scale. In K. Cox, ed., *Spaces of Globalization*. New York: Guilford, 137–66.

——(1996) Reconstructing citizenship, the re-scaling of the state and the new authoritarianism: closing the Belgian Mines, *Urban Studies*, 33/8: 1499–521.

——(1992a) The Mammon quest: 'Glocalisation', interspatial competition and the monetary order: the construction of new scales. In M. Dunford and G. Kafkalas, eds., *Cities and Regions in the New Europe*. London: Belhaven, 39–68.

——(1992b) Territorial organization and the space/technology nexus, *Transactions, Institute of British Geographers*, 17: 417–33.

——(1989) The heart of the place: the resurrection of locality in an age of hyperspace, *Geografiska Annaler*, B, 71/1: 31–42.

Swyngedouw, E., Moulaert, F., and Rodriguez, A. (2003) 'The world in a grain of sand': large-scale urban development projects and the dynamics of 'glocal' transformations. In F. Moulaert, A. Rodriguez, and E. Swyngedouw, eds., *The Globalized City*. Oxford and New York: Oxford University Press, 9–28.

——(2002) Neoliberal urbanization in Europe: large-scale urban development projects and the new urban policy. In N. Brenner and N. Theodore, eds., *Spaces of Neoliberalism*. Oxford and Boston: Blackwell, 195–229.

Syrett, S., and Baldock, R. (2003) Reshaping London's economic governance, *European Urban and Regional Studies*, 10/1: 69–86.

Taylor, P. J. (2003) Radical political geographies. In J. Agnew, K. Mitchell, and G. Toal, *A Companion to Political Geography*. Boston: Blackwell, 47–58.

Taylor, P. J. (2000) *Metageographical Moments*. Research Bulletin 33, Globalization and World Cities Study Group and Network, University of Loughborough. Available at: http://www.lboro.ac.uk/gawc/rb/rb33.html, accessed 3 March 2004.

——(1996) Embedded statism and the social sciences: opening up to new spaces, *Environment and Planning A*, 28/11: 1917–28.

——(1995) World cities and territorial states: the rise and fall of their mutuality. In P. Knox and P. J. Taylor, eds., *World Cities in a World-System*. New York: Cambridge University Press, 48–62.

——(1994) The state as container: territoriality in the modern world-system, *Progress in Human Geography*, 18/2: 151–62.

——(1993) *Political Geography: World-Economy, Nation-State and Locality*. 3rd edn. New York: Longman.

Taylor, P. J., and Hoyler, M. (2000) The spatial order of European cities under conditions of contemporary globalization, *Tijdschrift voor Economische en Sociale Geografie*, 91/2: 176–89.

Terhorst, P., and van de Ven, J. C. L. (1995) The national urban growth coalition in the Netherlands, *Political Geography*, 14/4: 343–61.

Thomas, D. (1975) United Kingdom. In H. Clout, ed., *Regional Development in Western Europe*. Chichester: John Wiley, 191–210.

Thornley, A. (2003) London: institutional turbulence but enduring nation-state control. In W. Salet, A. Thornley, and A. Kreukels, eds., *Metropolitan Governance and Spatial planning*. London: Spon, 41–56.

Thrift, N. (1987) The fixers: the urban geography of international commercial capital. In J. Henderson and M. Castells, eds., *Global Restructuring and Territorial Development*. London: Sage, 203–33.

Tickell, A., and Peck, J. (2003) Making global rules: globalization or neoliberalization? In J. Peck and H. W. C. Yeung, eds., *Remaking the Global Economy*. London: Sage, 163–81.

——(1995) Social regulation after Fordism: regulation theory, neo-liberalism and the global-local nexus, *Economy and Society*, 24/3: 357–86.

Tickell, A., Peck, J., and Dicken, P. (1995) The fragmented region: business, the state and economic development in North West England. In M. Rhodes, ed., *The Regions in the New Europe*. Manchester and New York: Manchester University Press, 247–72.

Tilly, C. (1990) *Coercion, Capital and European States*. Cambridge, Mass.: Blackwell.

Tömmel, I. (1992) Decentralization of regional development policies in the Netherlands—a new type of state intervention?, *Western European Politics*, 15/2: 107–25

Toninelli, P. A., ed. (2000) *The Rise and Fall of State-Owned Enterprise in the Western World*. New York: Cambridge University Press.

Toonen, T. A. J. (1993) Dutch provinces and the struggle for the meso. In L. J. Sharpe, ed., *The Rise of Meso Government in Europe*. London: Sage, 117–53.

——(1991) Change in continuity: local government and urban affairs in the Netherlands. In J. J. Hesse, ed., *Local Government and Urban Affairs in International Perspective*. Baden-Baden: Nomos, 291–331.

——(1990) A country without regions and the Committee of the Regions: the case of the Netherlands. In H. J. Hesse, ed., *Regions in Europe*. Baden-Baden: Nomos, 75–99.

——(1987) The Netherlands: a decentralized unitary state in a welfare society, *West European Politics*, 10/4: 108–29.

Töpfer, K. (1998) Die Zukunft der Stadtregionen. In Bundesministerium für Raumordnung, Bauwesen und Städtebau, ed., *Die Zukunft der Stadtregionen. Dokumentation eines Kongresses in Hannover am 22. und 23. Oktober 1997*. Bonn.

Torfing, J. (1999) Towards a Schumpeterian workfare postnational regime: path-shaping and path-dependency in Danish welfare state reform, *Economy and Society*, 28/1: 369–402.

Torrance, M. (2002) Soft neoliberal influence on urban policy making in the USA and the Netherlands. Case studies of Chicago and Rotterdam. Masters Thesis, Department of Geography, University of Utrecht.

Tweede Kamer der Staten-Generaal (1987–8) *Vierda nota over de ruimtelijke ordening*, 20490, nos. 1–2.

Urry, J. (2000) *Sociology beyond Societies. Mobilities for the 21st Century*. New York: Routledge.

van den Berg, L., Braun, E., and van der Meer, J. (1998) The Netherlands. In L. van den Berg, E. Braun, and J. van der Meer, eds., *National Urban Policies in the European Union*. Aldershot: Ashgate, 254–89.

—— eds. (1997) *Metropolitan Organising Capacity: Experiences with Organising Major Projects in European Cities*. Aldershot: Ashgate.

van der Veer, J. (1997) *Omstreden Stadsgrenzen: een eeuw besluitvorming over annexaties en regionale besturen rond Amsterdam en Eindhoven*. Delft: Uitgevereij Eburon.

Väth, W. (1980) *Raumplanung. Probleme der räumlichen Entwicklung und Raumordungspolitik in der Bundesrepublik Deutschland*. Königstein: Hain.

Veltz, P. (2000) European cities in the world economy. In A. Bagnasco and P. Le Galès, eds., *Cities in Contemporary Europe*. New York: Cambridge University Press, 1–32.

—— (1997) The dynamics of production systems, territories and cities. In F. Moulaert and A. J. Scott, eds., *Cities, Enterprises and Society on the Eve of the 21st Century*. London: Pinter, 78–96.

—— (1996) *Mondialisation, villes et territoires*. Paris: Presses Universitaires de France.

Verges, V. (1999) Le Grand Rotterdam: entre territorialité locale et uniformité nationale. In B. Jouve and C. Lefèvre, eds., *Villes, métropoles: les nouveaux territoires du politique*. Paris: Anthropos, 191–222.

Vermeijden, B. (2001) Dutch urban renewal, transformation of the policy discourse, 1960–2000, *Journal of Housing and the Built Environment*, 16: 203–32.

Vernon, R. (1974) Enterprise and government in western Europe. In R. Vernon, ed., *Big Business and the State*. Cambridge, Mass.: Harvard University Press, 3–24.

Virilio, P. (1984) *Speed and Politics*. New York: Semiotexte.

Wacquant, L. (1999) How penal common sense comes to Europeans, *European Societies*, 1: 319–52.

Wade, R. (1996) Globalization and its limits: reports of the death of the national economy are greatly exaggerated. In S. Berger and R. Dore, eds., *National Diversity and Global Capitalism*. Ithaca, NY: Cornell University Press, 60–88.

Walker, R. (1997) California rages: regional capitalism and the politics of renewal. In R. Lee and J. Wills, eds., *Geographies of Economies*. London: Arnold, 345–56.

Walker, R.B.J. (1993) *Inside/outside: International Relations as Political Theory*. New York: Cambridge University Press.

Wallerstein, I. (2000) Globalization or the age of transition?, *International Sociology*, 15/2: 249–65.

Wallerstein, I. ed. (1996) *Open the Social Sciences*. Stanford: Stanford University Press.
——(1991) A call for a debate about the paradigm, *Unthinking Social Science*. Cambridge, Mass.: Polity, 237–56.
——(1989) *The Modern World System*. New York: Academic Press, iii.
——(1988) Inventions of TimeSpace realities, *Geography*, 73/4: 289–97.
——(1984) *The Politics of the World-Economy*. New York: Cambridge University Press.
——(1983) *Historical Capitalism*. New York: Verso.
——(1980) *The Modern World System*. New York: Academic Press, ii.
——(1979) The rise and future demise of the world capitalist system, *The Capitalist World-Economy*. New York: Cambridge University Press, 7–19.
——(1974) *The Modern World-System*. New York: Academic Publishers, i.
Wannop, U. (1995) *The Regional Imperative*. London: Jessica Kingsley Publishers.
Wapner, P. (1995) Politics beyond the state: environmental activism and world civic politics, *World Politics*, 47: 311–40.
Ward, K. (1997) The single regeneration budget and the issue of local flexibility, *Regional Studies*, 31/1: 78–81.
Waterhout, B. (2002) Polycentric development: what is behind it? In A. Faludi, ed., *European Spatial Planning*. Cambridge, Mass.: Lincoln Institute of Land Policy, 83–103.
Waters, M. (1995) *Globalization*. New York: Routledge.
Webber, M., and Rigby, D. (1996) *The Golden Age Illusion*. New York: Guilford.
Weber, M. (1946) *Essays from Max Weber*. London: Routledge & Kegan Paul.
Wegener, M. (1995) The changing urban hierarchy in Europe. In J. Brotchie et al., eds., *Cities in Competition*. Brisbane: Longman Australia, 139–60.
Weiss, L. ed. (2003) *States in the Global Economy*. New York: Cambridge University Press.
——(1998) *The Myth of the Powerless State*. New York: Polity.
——(1989) Regional economic policy in Italy. In C. Crouch and D. Marquand, eds., *The New Centralism: Britain out of Step in Europe?* Oxford: Blackwell, 109–24.
Weiss, L., and Hobson, J. (1995) *States and Economic Development*. London: Polity.
Wentz, M., ed. (1994) *Region. Die Zukunft des Städtischen Frankfurter Beiträge Band 5*. Frankfurt: Campus.
Whitfield, D. (2001) *Public Services or Corporate Welfare*. London: Pluto.
Wilks-Heeg, S. (1996) Urban experiments limited revisited: urban policy comes full circle? *Urban Studies*, 33/8: 1263–79.
Wright, V. (1998) Intergovernmental relations and regional government in Europe: a sceptical view. In P. Le Galès and C. Lequesne, eds., *Regions in Europe*. New York: Routledge, 39–49.
——(1994) Reshaping the state: the implications for public administration, *West European Politics*, 17/3: 102–37.
WRR, Wetenschappelijke Raad voor het Regieringsbeleid (1990) *Van de stad en de rand. Rapporten aan de Regering 37*. The Hague: SDU.
Yeung, H. W. C. (2002) The limits to globalization theory: a geographic perspective on global economic change, *Economic Geography*, 78/3: 285–305.
——(1998) Capital, state and space: contesting the borderless world, *Transactions, Institute of British Geographers*, 23: 291–309.
Yuill, D. (1979) Background notes to regional incentives in Britain. In K. Allen, ed., *Balanced National Growth*. Lexington, Mass.: Lexington Books, 35–54.

Zielinski, H. (1983) Regional development and urban policy in the Federal Republic of Germany, *International Journal of Urban and Regional Research*, 7/1: 72–92.
Zonneveld, W. (1989) Conceptual complexes and shifts in post-war urban planning in the Netherlands, *Built Environment*, 15/1: 40–8.

《城市研究系列》总目

☑ 已出版，☐ 待出版

☑ 马克思主义与城市
☑ 保卫空间
☑ 城市空间的社会生产
☑ 城市：非正当性支配
☑ 现代性和大都市
☑ 驱逐：全球经济中的野蛮性与复杂性
☑ 浮现的世界：21世纪的城市与区域
☑ 空间问题：文化拓扑学和社会空间化
☑ 文化崩溃：创意阶层的衰落
☑ 城市的视角
☑ 世界城市网络：一项全球层面的城市分析
☑ 社会理论与城市问题
☑ 全球城市政治：国家的非正规化
☑ 城市理论与城市经验：遇见城市
☑ 未来是什么？
☑ 贫困资本：小额金融与促进发展
☑ 在线游戏的社会与文化意义
☑ 新国家空间：城市治理与国家形态的尺度重构
☐ 阁楼生活方式：城市变化中的文化与资本
☐ 城市发展的基本趋势
☐ 大都市与精神生活
☐ 新城市空间：城市理论与尺度问题
☐ 城市发展史
☐ 空间、城市和社会理论
☐ 全球资本主义中的城市
☐ 边缘处的地方：现代性的另类地理
☐ 拱廊街计划
☐ 支离的都市
☐ 伍尔芙与伦敦：城市的性别政治
☐ 郊区化的世界：自外向内打造世界城市